**10대라면 반드시 알아야 할
교양 개념어 사전**

10대라면 반드시 알아야 할
교양 개념어 사전

초판 1쇄 발행 2022년 12월 31일
초판 2쇄 발행 2023년 7월 30일

지은이 신성권

펴낸이 박세현
펴낸곳 팬덤북스

기획 편집 김상희 곽병완
디자인 김민주
마케팅 전창열
SNS 홍보 신현아

주소 (우)14557 경기도 부천시 조마루로 385번길 92 부천테크노밸리유1센터 1110호

전화 070-8821-4312 │ **팩스** 02-6008-4318
이메일 fandombooks@naver.com
블로그 http://blog.naver.com/fandombooks

출판등록 2009년 7월 9일(제386-251002009000081호)

ISBN 979-11-6169-231-9 03300

10대라면
반드시 알아야 할

교양
개념어
사전

1교시. 철학은 우리가 살고 있는 세계와 그 안에서 우리의 위치에 대한 근본적인 질문을 던진다. 철학은 직접적인 지식이나 분명한 답을 찾아내기보다는 질문을 여는 것에 더 가깝다. 우리는 그것을 생각에 대한 생각 또는 '아이디어에 관한 탐구'라고 여길 수 있을 것이다.

2교시. 심리학은 인간의 사고과정을 과학적으로 분석함으로써, 인간에 대한 더욱 깊은 이해를 가능케 하고, 자기 자신과 타인의 행동, 더 나아가 사회적 현상을 해석할 수 있는 힘을 길러준다.

3교시. 정치·사회는 사회를 구성하고 있는 다양한 사람들 간, 생각의 차이와 다툼을 해결할 수 있는 안목을 길러준다. 그동안 인류의 역사에는 수많은 다툼이 존재해왔지만, 도덕적 호소나 논리적 이성 못지않게 힘의 논리가 현실사회에 미치는 영향은 매우 크다. 법에 대한 다양한 개념들을 포함했다. 4교시. 경제는 인간의 욕망과 그 욕망으로 인해 세상이 돌아가는 이치를 깨닫게 해준다. 인간의 욕망은 화폐인 돈에 집중된다. 인간이 자기 욕망에 지배를 받듯, 돈은 그러한 인간들로 구성된 세상을 지배한다.

팬덤북스

수능 세대를 위한
교양 개념어 사전을 정리하다

이 책은 크게 철학, 심리, 정치사회, 경제에 이르는 4개 분야의 주요 개념을 일목요연하게 압축하여 독자들이 단기간에 그 핵심을 터득할 수 있도록 구성하였다. 각 분야의 주요 개념을 초심자의 눈높이에 맞춰 쉽고 명쾌하게 풀이했기 때문에, 비교적 방대한 양에도 불구하고 단기간에 효율적인 학습이 가능할 것이다. 한편, 이 책은 인문·사회·경제 분야에 대한 지적 교양 수준을 높이려는 초심자들을 주요 독자로 설정하고 있지만, 책의 구성이 현행 수능 과목문과기준 과 상당 부분 연관이 있어, 초중고 청소년들이 수능 관련 배경 지식을 쌓는 데도 큰 도움이 될 것이다.

1교시, 철학은 우리가 살고 있는 세계와 그 안에서 우리의 위치에 대한 근본적인 질문을 던진다. 철학은 직접적인 지식이나 분명한 답을 찾아내기보다는 질문을 여는 것에 더 가깝다. 우리는 그것을 '생각에 대한 생각' 또는 '아이디어에 관한 탐구'라고 여길 수 있을 것이다.

2교시, 심리학은 인간의 사고과정을 과학적으로 분석함으로써, 인간에 대한 더욱 깊은 이해를 가능케 하고, 자기 자신과 타인의 행동, 더 나아가 사회적 현상을 해석할 수 있는 힘을 길러준다.

3교시, 정치사회는 사회를 구성하고 있는 다양한 사람들 간, 생각의 차이와 다툼을 해결할 수 있는 안목을 길러준다. 그동안 인류의 역사에는 수많은 다툼이 존재해왔지만, 도덕적 호소나 논리적 이성 못지않게 힘의 논리가 현실사회에 미치는 영향은 매우 크다. 법에 대한 다양한 개념들을 포함했다.

4교시, 경제는 인간의 욕망과 그 욕망으로 인해 세상이 돌아가는 이치를 깨닫게 해준다. 인간의 욕망은 화폐인 돈에 집중된다. 인간이 자기 욕망에 지배를 받듯, 돈은 그러한 인간들로 구성된 세상을 지배한다. 금융 또한 경제의 한 부분으로 추가하였다.

지식을 전하는 사람이 어떠한 마음으로 집필에 임하느냐에 따라 방대한 지식 중 어떤 부분을 취해 소개할 것인지, 그리고 그것을 어떤 방식으로 풀어나갈 것인지가 정해지고, 그에 따라 최종적으로 담기는 내용이 달라지게 된다. 필자는 단편적인 지식을 전달하면서도, 중간 중간에 자신과 세상을 해석할 수 있는 근본적인 힘, 즉 통찰력을 키우는 데 도움이 될 만한 내용을 담고자 노력했다.

진도를 나가다 보면 저절로 깨닫게 될 것이다. 개별적으로 보이는 각 분야의 지식이 좀 더 근본적인 차원에서 서로 긴밀하게 연결되어 있고, 그 연결을 발견할 때마다 세상을 해석하는 당신의 통찰력이 점차 신장되고 있다는 사실을 말이다.

인문사회 지식 연구가
신성권

차례
—

**2교시
심리**

3교시
정치사회

4교시
경제

1교시
철학

철학이란 무엇인가?

철학이란 무엇인가? '지혜에 대한 사랑'을 뜻하는 그리스어 '필로소피
아Philosophia'를 어원으로 하는 철학Philosophy은 지식과 삶의 의미에
대한 깊은 질문을 던진다. 우리는 그것을 '생각에 대한 생각' 또는 '아
이디어에 관한 탐구'라고 여길 수 있다. 철학은 직접적인 지식이나 분
명한 답을 찾기보다는 질문을 여는 것에 더 가깝다. 철학은 우리가 살
고 있는 세계와 그 안에서 우리의 위치에 대한 근본적인 질문을 던
진다.

간단히 말해, 철학은 단순히 어떤 것에 대한 지식이나 이론이 아
니다. 철학은 인간과 인간을 둘러싼 세상을 해석하는 하나의 세계관을
구축하는 것이다. 이 세계를 구성하고 있는 정치, 경제, 사회, 경영, 종
교, 과학, 미술, 농업 등 수많은 분야에서 본질적인 부분을 추출해 하나
의 세계관을 구축하는 작업이다. 이 과정에서 각 분과 학문들이 서로
어떠한 관계를 맺고 있으며, 이러한 관계를 통해 드러나는 세계 전체

라파엘로의 <아테네 학당>

의 모습이 어떠한 것인가에 대한 총체적 이해를 추구하게 된다. 결국, 철학자의 삶이란 가장 높은 꼭대기에 앉아 세계를 관조하는 삶이라고 할 수 있다.

철학은 논리학, 형이상학, 인식론, 윤리학의 네 분야로 나눌 수 있다. 논리학은 인간의 이성적 탐구활동과 관련된 특정 종류의 원리와 법칙들이 무엇인지를 탐구하고 이를 체계화하는 학문이다. 형이상학은 과학적 사실에 의존하기보다는 실제 물질세계를 넘어 우리가 보고, 듣고, 만질 수 없는 가상의 영역을 다룬다. 형이상학적 질문은 다음과 같다. 진실이란 무엇인가? 사람이란 무엇인가? 인간의 마음은 무엇인가? 신은 존재하는가? 인식론은 앎 혹은 지식의 본성과 범위, 그리고 그 한계를 연구하는 철학의 분과 학문이다. 사람이 무엇인가를 안다고 하는 게 어떤 것인지, 또 무엇인가를 어떻게 알 수 있는지, 참과 거짓을 어떻게 분별하는지 등을 연구한다. 윤리학은 어떤 것이 옳고 그른 것인지에 대해 탐구한다. 무엇이 좋고, 공정하고, 정의로운 것인지, 그리고 우리 주변의 다른 사람들을 어떻게 대해야 하는지, 우리가 어떻게 살아가야 하는지에 대해 탐구한다. 이러한 질문들은 우리 사회를 더 공정하고 더 정의로운 방향으로 인도하는 도덕적 나침반이 될 수 있다.

여기서 철학이 우리 삶을 더 윤택하게 만들어준다거나, 철학자들의 사상이 학습과 일의 효율을 높여 승승장구하게 만들어준다는 말은 하지 않겠다. 철학을 통해 무엇인가를 반드시 얻어야 하고, 실용적이어야만 의미가 있는 것처럼 여기는 순간, 철학은 오히려 術의 개념으로 격하되고, 다른 학문과 예술, 더 나아가 사회에 미칠 수 있는 영향력이 줄어들게 된다. 철학은 확실한 답을 제공하지 않기 때문에, 뜬구름 잡는 학문이라는 비난을 종종 받지만, 실용적인 지식이나 기술, 감동적인 예술작품 등 인간 일상의 거의 모든 것이 그 정신적 양식에 의해 영향을 받은 것이라는 점을 간과해선 안 된다.

철학과 종교는 어떻게 다른가?

현실적이고 구체적인 것을 문제 삼기보다는, 궁극적이며 근원적인 것을 추구한다는 점에서 철학은 과학과 구분되는데, 철학의 이러한 성격은 종교와도 통하는 부분이 있다. 그리하여 러셀은 철학을 과학과 종교의 중간지대라고 하였다.

철학은 신학과 마찬가지로 명확한 지식으로 단정내릴 수 없는 여러 가지 문제를 다루지만, 과학처럼 인간의 이성에 호소하지 권위에 호소하진 않는다. 명확한 지식은 다 과학에 속하고, 명확한 지식을 초월한 모든 주장은 신학에 속하는 것이다. 그러나 신학과 과학 사이에 양쪽의 공격 대상이 될 수 있는 중간지대가 존재하는데, 이 지대가 바로 철학이다.

_ 버트런드 러셀

종교와 철학은 과학으로는 해결할 수 없는 분야에 속한다는 점에서 공통적이다. 그리고 종교는 인간이 자신의 한계를 통감하고 전지전능한 절대자에 귀의하여 깨달음을 얻고 올바른 인생을 살려고 하는

미켈란젤로의 <아담의 탄생>

요구에서 비롯되는 것이며, 이러한 종교가 맹목적인 믿음에 머무르지 않고 이성으로 나아갈 때 철학과 그 목적이 교집합을 형성한다고 할 수 있다. 철학도 인생을 살아가는 데 있어 무엇이 올바른 삶인지, 다른 사람을 어떻게 대해야 하는지 등을 탐구하고 밝힘으로써 올바른 삶을 추구하게 된다.

이처럼 철학과 종교는 서로 공통되는 부분이 많지만, 철학과 종교는 그 내용을 다음과 같이 달리하고 있다.

첫째, 종교는 궁극적인 존재를 그 대상으로 한다. 철학 역시 초월적 존재를 문제 삼기도 하지만 초월적 존재를 대하는 태도에 있어서는 종교와 차이가 있다. 철학은 어디까지나 초월적 존재의 정체를 이성으로서 파악하고자 하는 데 비해, 종교는 초월적 존재를 향한 감정적 믿음에 의존한다.

둘째, 종교는 삶의 문제를 신앙에 의탁하여 해결하려 하지만, 철학은 인간의 이성으로 끝까지 궁리하고 사색하여 그 문제를 극복하고자 노력한다. 중세의 어느 철학자는 '나는 불합리한 까닭에 믿는 것이다'라고 하였는데, 이것은 이성보다 감정에 호소하는 종교적 태도를 단적으로 보여주는 것이다. 철학은 불확실성에 대한 줄기찬 대결과 끝없이 되묻는 반성적 비판을 중시한다. 이런 점에서 철학은 미완결적이면서도 종교보다 지적 작업의 근간으로서 객관성과 보편성을 지향한다.

셋째, 철학과 종교는 모두 삶에 대한 궁극적 진리를 추구한다는 점에서 공통적이지만, 종교에서 어떤 것이 옳은 것이고 가치 있는 것인지는 이미 경전에 해답이 있다. 만약 이에 이의를 제기하거나 비판적 태도를 보이게 되면 이단으로 몰리게 된다. 그러므로 종교인에게 남은 것은 이미 정해진 진리를 학습하고 그대로 실천하는 일이다. 반면 철학을 하는 사람에게 무엇이 옳은 것인지, 무엇이 가치 있는 것인지는 스스로 사색을 통해 구해야 할 문제다. 끊임없이 질문하고 비판적 태도와 이성적 숙고로 새로운 해답을 제시하기 위해 노력해야 한다.

철학과 과학은 어떻게 다른가?

철학이나 과학이나 모두 진리에 대한 사랑에서 시작되었으며, 그 탐구 대상도 인간과 인간을 둘러싼 이 세계다. 이런 관점만 보면 철학과 과학은 서로 차이가 없다. 그래서 처음에는 철학과 과학의 구분 없이, 모두 철학이라고 하였던 것이다. 그러나 사회가 점차 발전하고, 전문 영역이 형성 및 분화됨으로써 철학에 속했던 여러 학문들이 점차 분리되어 나가기 시작했다. 철학을 구성하고 있던 우주론, 자연철학, 국가론은 각각 천문과 지리학, 생물학과 물리학, 정치학과 사회학으로 떨어져 나갔다. 오늘날의 철학은 자기로부터 떨어져 나간 과학에게 권좌를 빼앗긴 형국이다. 본래 한몸이었던 철학과 과학은 오늘날 어떤 차이를 보이고 있는 것일까?

첫째, 과학이 개별 구체적인 영역을 다룬다는 점에서 특수학이라면, 철학은 존재의 근원을 보편적·총체적으로 다룬다는 점에서 보편

갈릴레이의 천체 망원경

학이라고 말할 수 있다. 과학과 철학의 탐구대상은 인간과 인간을 둘러싼 이 세계, 즉 자연이다. 이 관점에서 보면 과학과 철학은 차이가 없지만, 과학은 세계 전체가 아니라 어느 특수한 부분을 연구하고, 철학은 세계의 궁극적 원리, 즉 본질을 통일적·보편적으로 탐구하는 것이다.

둘째, 진리를 추구하는 방법론에 차이가 있다. 과학의 방법은 세계적으로 공통적이며 체계화되어 있다. 어떤 학자든 그 방법의 동일성이 유지된다. 과학은 실험, 관찰, 측정, 비교 등을 통해 새로운 진리를 발견하고자 한다. 가설을 수립하고 가설을 검증함으로써 객관성을 확보한다. 그러나 철학은 궁리와 사색을 통해 진리를 탐구한다. 이 때문에 철학은 철학자마다 방법론이라고 할 수 있는 것들이 모두 다르다. 다만, 철학자의 사고와 논리에 있어서는 모순이 없어야 할 것이다**내적 일관성**. 철학은 이성과 비판적 사고를 사용해 진리를 추구하지만, 과학과 달리 실험이나 검증으로부터 자유로운 내적 사고의 결실이다.

셋째, 과학은 가치문제에 중립적이지만, 철학은 가치 자체를 문제 삼는다. 과학은 존재 자체에 대한 사실만을 문제 삼는다. 과학은 있는 사실을 그대로 설명하고 서술할 뿐, 아름다움과 추함, 행복과 불행, 선과 악 등의 가치에 관계하지 않는다. 과학 자체에는 선과 악이 없다. 단지 그러한 사실만이 존재할 뿐이다. 철학은 여기에 어느 목적을 선택함이 옳은가, 무엇이 더 가치 있는가에 대해 질문하고 해답을 제시한다. 그러므로 세계관이나 인생관은 오직 철학에서만 구할 수 있는 것이다. 인생관과 세계관은 주체적으로 세계와 인생을 보고 해석하는 것으로만 이루어질 수 있는 것이기 때문이다.

철학의 시작 :
만물의 근원은 물이다

탈레스는 밀레투스 출신의 철학자로 철학자 아리스토텔레스는 그를 철학의 창시자라고 불렀으며, 오늘날의 서양철학사에서 그의 이름은 첫 페이지부터 등장한다. 그가 철학의 창시자로 불리는 이유는 물이 만물의 기원이라고 주장하면서 신화적 세계관에서 벗어난 최초의 사람이기 때문이다.

그는 모든 것이 물로부터 생겨났으며, 물이 자연 현상을 지배한다고 주장했다. 비와 구름뿐만 아니라 생명과 에너지조차 물에서 생겨난다는 것이다. 또한 지구 중심에는 물이 흐르고 있는데, 그 물의 흐름이 잘못되면 지진이 일어날 수 있다는 주장도 하였다. 물론 만물의 근원이 물이라는 그의 주장은 오늘날 엉터리에 가깝다. 특정 부분 일리가 있는 이야기일 수 있지만, 그의 말이 정답이라고 말하기에는 부족한 점이 너무 많다. 하지만 어떻게 그러한 주장을 하고도 그는 철학의 창시자로 평가받을 수 있었을까?

물이 정말 만물의 근원인지는 중요하지 않다. 여기서 중요한 것은

탈레스

설명의 내용이 아니라 방식이다. 과학적 사고를 통해 세상을 이해하려고 한 최초의 시도라는 점이 중요하다. 탈레스 이전의 사람들은 모든 만물이 신에 의해 만들어지고 바뀌어왔다고 생각했다. 하늘에서 천둥·번개가 치면, 사람들은 신이 노했다고 생각했다. 이해하기 어려운 자연현상들을 모두 신에 의존하여 설명한 것이다. 그러나 탈레스는 만물의 근원을 신에 의존하여 설명하지 않았다. 그는 자연현상을 나름대로 과학적으로 설명하기 위해 노력했다. 세계를 이해하는 방식에 변화가 생긴 것이다.

만물이 물로 이루어져 있다는 진술은 과학적 가설로 간주해야 하며, 결코 어리석은 주장으로 취급해서는 안 된다. 불과 20년 전까지만 해도 만물은 물의 3분의 2를 차지하는 수소로 이루어져 있다는 견해가 통용되었다. 그리스인은 경솔하게 여러 가설을 세웠지만, 밀레토스 학파는 적어도 자신들이 세운 가설을 경험에 근거하여 시험할 준비가 되어 있었다.

물이 만물의 근원이라는 그의 주장은 과학이 발전한 오늘날에 보면 허무맹랑한 것이지만, 자연현상은 신이 관장하는 고유의 영역일 뿐이라는 생각에서 벗어나 자연을 관찰하고 연구했다는 것은 당시로써는 획기적인 일이 아닐 수 없다. 그 이후 만물의 근원이 공기라거나 원자라고 주장하는 철학자들이 등장했지만, 환원론적인 **복잡하고 변화무쌍한 자연도 근본적으로 가장 단순하고 변하지 않는 무언가로 구성되어있다는** 생각을 인류 최초로 한 것은 탈레스다.

그는 그림자 높이의 비례값을 활용해 피라미드의 높이를 재거나, 천문학적 지식을 활용하여 기원전 585년의 일식을 예측했다. 나일강의 범람 이유를 신이 아닌 다른 자연현상을 활용해 설명하기도 했다. 그는 과학적 분석력을 토대로 세상을 보다 합리적으로 설명했다. 그를 통해 인류의 신화적 사고는 논리적 사고로 변화하게 되었고, 이것이 그가 오늘날 철학자 1호로 인정받는 이유다.

수는 만물의 원리다

고대 그리스의 철학자 피타고라스는 대단히 기묘한 사람으로 알려져 있다. 피타고라스는 두 얼굴의 사나이였다. 하나는 엄밀하고 정확한 수학자의 얼굴이고, 다른 하나는 사이비 교주로서의 얼굴이다. 그가 만든 피타고라스학파는 학문을 연구하는 단체이기도 했지만, 사실상 피타고라스를 신처럼 모시는 종교집단과 다름이 없었다. 피타고라스의 한 쪽 다리가 황금으로 되어 있다든가, 네소스강이 그에게 인사를 했다는 등, 그를 신격화한 여러 일화가 전해져 내려온다. 피타고라스학파에는 이상한 규율도 많았다. 대표적인 것이 바로 콩을 먹지 못하게 했다는 것인데, 그 이유가 콩에는 영혼이 있기 때문이라고 한다. 수학자이자 종교단체의 교주였던 그는 당시 사람들에게 존경과 모욕을 동시에 받았다.

하지만 수학자로서 피타고라스는 천재적인 면모를 보였다. 그가 전개하는 수학적 논리에는 생명 탄생의 신비가 담겨 있을 만큼 폭이 넓었기 때문이다. 음악의 음계 역시 그가 만들었다고 알려져 있다. 피타고라스는 산책 중에, 대장간에서 들려오는 망치질 소리에서 음계의 수

피타고라스

학적 원리를 발견했다. 어떤 날은 망치질 소리가 듣기에 좋았지만, 어떤 날에는 불편하게 들린다는 것이 피타고라스의 호기심을 자극했다. 피타고라스는 연구를 통해, 특정 비율의 진동수가 있는 소리를 들으면 듣기가 좋고, 그렇지 않을 때는 별로 듣기가 좋지 않다는 사실을 발견했다. 그는 이에 착안하여 음계를 만들었고, 일상적으로 들리는 음의 체계를 구현함으로써 자연음에 불과했던 다양한 소리를 구체적으로 표현할 수 있게 하였다.

여기서 끝나지 않는다. 피타고라스는 수학이 물질적 사물에도 적용된다고 보았다. 우주의 별과 태양도 모두 수학적 원리를 따른다는 것이다. 자연의 조화 속에는 수적인 관계가 숨어 있다는 것을 안 것이다. 아리스토텔레스가 만물의 근원을 물, 불, 흙, 공기라고 말하고, 헤라클레이토스가 불이라고 말한 것은 단지, 만물의 구성 요소가 무엇이냐를 논하는 것이지만, 피타고라스에게 중요했던 것은 그 구성 요소가 아니라, 구성 요소 간의 수적인 관계와 원리였다. 탈레스부터 시작된 만물의 근원에 관한 탐구가 자연에 존재하는 물질에 관심을 둔 것이었다면, 피타고라스는 자연이 존재하는 형식에서 만물의 원리를 찾은 것이다.

수는 단위로 존재하는 독립된 것이다. 그러나 피타고라스는 독립적인 수 사이에 존재하는 질서를 발견했고, 이런 질서를 통해 만물의 조화를 추구하였다. 결국, 독립적으로 존재한 수와 수 사이의 질서를 발견함으로써 자연의 조화는 물론 생명 탄생의 신비까지 논하게 된 것이다.

인간은 만물의 척도다

프로타고라스는 기원전 5세기경 활동한 고대 그리스 철학자이다. 최초의 소피스트라 불리는 인물로 '인간은 만물의 척도이다.'라는 말로 진리의 상대성을 설파하였다. 기원전 5세기경, 그리스 아테네에는 소피스트라고 불리는 철학자들이 있었다. 이들은 말하는 언변이 뛰어나서, 사람들에게 변론술을 가르치는 일을 직업으로 삼은 자들이었고 프로타고라스는 이들의 대표 주자였다. 프로타고라스로 대표되는 소피스트들은 달변가답게 변하지 않는 진리나 공동의 선과 같은 것은 없다는 믿음을 가진 사람들이었다.

사람들의 의견이 다를 때 한 사람이 옳고 다른 사람은 그르게 되는 객관적 진리는 존재하지 않는다는 말이다. 예를 들어, 차가운 물에 손을 담그고 있다가 다시 미지근한 물에 손을 담근 사람은, 손을 뜨거운 물에서 미지근한 물로 옮긴 사람보다 물의 온도를 더 뜨겁게 느낄 것이다. 이에 대해 소피스트들은 이렇게 말할 것이다. '물이 따뜻한지, 미지근한지, 차가운지를 묻는 것은 의미가 없다.' 왜냐하면 똑같은 물이

프로타고라스

라도 누구에게는 시원할 것이고, 누군가에게는 미지근할 것이고, 누군가에게는 따뜻할 것이기 때문이다. 물 온도는 각자의 기준에 따라 달라지는 셈이고 절대적 기준이나 진리 따위는 존재하지 않는다.

프로타고라스는 '인간은 만물의 척도'라는 말로 자신의 철학을 표현하였다. 인간은 어떤 것을 인식할 때 모두 똑같이 절대적으로 이해하지 않고 각자의 기준으로 상대적으로 이해한다는 것이다. 이러한 프로타고라스의 생각은 절대적 진리와 선악이 존재한다고 생각했던 소크라테스와 대비되는 것이었다.

진리의 상대성과 관련하여 프로타고라스의 재판으로 유명한 이야기가 있다.

어느 날 수업이 끝나면 재판을 이긴 수임료로 수업료를 지급하기로 한 제자와 말다툼이 있었던 것이다. 프로타고라스는 그 당시 1타 강사 격 소피스트로 수많은 제자들이 그의 강의를 듣기 위해 돈을 지급하였고, 실제로 그는 강의를 통해 큰 부를 축적했다고 한다. 수업을 모두 마친 제자는 프로타고라스에게 수업료를 지급할 생각이 없었는지, 재판을 할 생각은 안 하고 놀기만 하였다. 이것을 답답해하던 그는 제자를 불러 '너는 나에게 수업료를 지불할 수밖에 없다.'라는 사실을 강조하였다.

프로타고라스는 '내가 너를 재판에 걸어 내가 이기면 판결에 의하여 내게 수업료를 지불하여야 하고, 내가 지면 너가 이기는 것이니 수업료를 내야한다.'는 논리를 펼쳤다. 이에 대하여 그의 제자는 '제가 스승님에게 이기면 판결에 의하여 수업료를 내지 않을 것이고, 제가 지면 계약에 의하여 수업료를 내지 않을 것입니다.'라는 논리로 맞섰다. 이 말을 들은 프로타고라스는 당황하여 뒷목을 붙잡았지만, 그만큼 자신의 가르침이 강력하다는 것을 깨닫고 만족해했다고 한다.

소크라테스의 산파술

소크라테스는 제자들에게 철학을 가르쳐 주면서도 수업료를 받지 않았다. 왜일까? 자기가 가르친 게 하나도 없기에 돈을 받을 수 없다는 것이다. 사람들은 지식을 이미 갖고 있는데 그것을 잊어버린 것일 뿐이고 자신은 그것을 다시 상기할 수 있도록 도와준 것밖에 없다는 것이다. 아기 낳는 걸 도와주는 사람을 산파라고 한다. 산파는 직접 아기를 만들어 주지 않는다. 이미 뱃속에 아이가 들어 있는 산모가 그 아이를 해산할 수 있도록 옆에서 도와줄 뿐이다. 마찬가지로, 자기가 사람들을 가르치는 게 아니고, 사람들이 이미 알고 있었지만 잊어버렸던 지식을 상기하도록 옆에서 도와주기만 했다는 것이다.

소크라테스는 상대방에게 질문을 던져 스스로 무지無知를 깨닫게 함으로써 사물에 대한 올바른 개념에 도달하게 했는데, 그것이 가능한 이유는 사람들이 이미 지식을 알고 있었기 때문이라는 것이다. 그는 자신의 지식을 주입하려 하기보다, 사유가 일어나도록 여건을 조성하는 일에 힘썼다.

소크라테스

소크라테스의 산파술은 다음과 같은 형식으로 진행된다.

- 상대방에게 어떤 개념의 정의를 묻는다.
- 상대방은 그 물음에 p라는 답을 제시한다.
- 이에 계속 질문을 던져 상대가 q, r, s…를 답변으로 제시한다.
- 소크라테스는 이 q, r, s…가 앞서 제시한 답변 p와 모순됨을 지적한다.
- 상대방은 p라는 자신의 믿음이 잘못되었음을 인정하지 않을 수 없다.

소크라테스의 산파술은 상대편에게 질문을 던져 스스로 무지를 깨닫게 함으로써 사물에 대한 올바른 개념에 도달하게 하는 방법이다. 소크라테스 자신도 명확한 정의를 제시해주지는 못한다는 이유를 들어, 그의 문답법이 파괴적이고 부정적인 방법에 불과하다고 여기는 사람들도 있다. 하지만 이러한 지적은 핵심을 완전히 잘못 이해한 것이다. 소크라테스는 산파술을 통해 어떤 새로운 개념이나 정답을 제시하고자 한 것이 아니라, 기존에 있는 개념을 명료하게 만드는 것에 목적이 있었기 때문이다.

소크라테스는 대화, 논쟁, 토론을 통해 아테네 젊은이들에게 스스로 사유하는 법을 가르쳤다. 젊은이들은 이제 당연하다고 생각해왔던 모든 것들에 대해 이것저것 따지기 시작했고, 이는 합의된 사회적 권위와 기득권층에 대한 도전으로 이어졌다. 이것이 소크라테스가 기소를 당하게 되는 실질적 이유가 된다.

나는 적어도 내가 모른다는 것을 안다

고대 그리스에서는 고소, 고발이 아주 빈번하게 일어났을 뿐만 아니라, 변호사가 따로 없었기 때문에 법정에서 자기 자신을 직접 변호해야 했다. 배심원들에게서 유리한 결과를 얻어내기 위해서는 호소력 있게 말을 잘해야 했다. 또한 말을 잘하면 정치적으로도 출세의 기회를 잡기 유리했다. 때문에 그 당시 말을 잘하는 것은 매우 중요한 능력 중 하나였고, 변론술, 수사학, 웅변술이 매우 성행하였다.

당시 아테네에서도 이런 걸 가르치는 강사들이 있었고, 이들을 소피스트라고 불렀다. 소피스트들은 수업의 대가로 고액의 수업료를 지급받았으며, 소피스트의 프로타고라스는 이를 통해 막대한 부를 축적했다. 철학자 소크라테스는 이러한 상황에서 세상에 등장했다. 그는 저술보다는 대화를 통해 철학적 교류를 하였고, 특히 상대방에게 계속

연설하는 페리클레스

질문을 해서 자신의 무지를 깨닫게 하는 방법을 썼다. 진리에 대한 확신을 가지고 있던 피질문자가, 질문자의 문답법에 의하여 결국 자신의 주장을 스스로 부정할 수밖에 없게 되는 것이다.

그는 시장 바닥이나 광장에서 지나다니는 사람을 붙잡아 두고 산파술을 통해 '당신은 아무것도 모른다.'고 말하는 인물이었다. 어쨌든 이렇게 소크라테스와 대화를 나누게 되면, 상대방은 이내 지적 수치심과 불쾌감을 느끼게 된다.

끊임없이 '왜?'로 물고 늘어지는 그의 특유한 논법은 지식을 가진 자들소위 정치인, 작가, 장인, 소피스트 등 의 무지를 증명했고, 이로 인해 그는 많은 사람들로부터 공분을 사게 되었다. 특히, 그의 산파술에 철저하게 망신을 당한 소피스트들은 속으로 이를 갈았을 것이다.

당시의 소피스트들은 제자들에게 웅변술을 가르쳐주는 대가로 수업료를 받았지만, 소크라테스는 그들보다 언변에 더 능통했음에도 불구하고 수업료를 받지 않고 사람들에게 철학을 가르쳐 주었다. 그래서 많은 사람들이 소크라테스에게 철학을 배우기 위해 몰려들었고, 당연히 소크라테스의 존재는 소피스트들에게 눈엣가시와도 같았을 것이다.

전해오는 이야기에 따르면, 당시 어떤 사람이 '아테네에서 소크라테스보다 더 현명한 자가 있습니까?' 라고 델포이 신전에 묻자, 무녀는 소크라테스가 가장 현명하다는 대답을 했다고 한다. 이를 전해 들은 소크라테스는 아는 것이 하나도 없는 자신이 아테네에서 최고의 현자일리가 없다고 생각하여, 당시 현명하다는 사람들정치인, 작가, 장인 을 상대로 그들의 지혜를 시험해봤다고 한다. 그러나 결국 현자로 보였던 그들은 자신의 무지혹은 편견 조차 몰랐다는 사실이 드러나게 되고, 그제야 소크라테스는 '자기가 무지하다는 것'을 알고 있었던 자신이 아테네에서 가장 현명한 사람임을 깨닫게 되었다고 한다.

악법도 법이다?

세계 4대 성인으로 언급되는 소크라테스가 남긴 대표적인 어록으로는 '너 자신을 알라적어도 나는 내가 모른다는 것을 안다' 외에 '악법도 법이다'가 전해지고 있다. '악법도 법이다'는 학창시절 누구나 들어봤을 법한 문구다. 1989년생인 나 역시 중학교 도덕 시간에 교과서에서 이 문구를 접한 적이 있다.

그러나 소크라테스가 정말 이런 말을 했을까?

결론부터 말하면 소크라테스는 이런 말을 한 적이 없다. 그의 말을 기록한 것을 알려진《대화편》에도 그런 말은 등장하지 않는다. 소크라테스는 당시 신을 모독하고 젊은이들을 타락시켰다는 죄목으로 기소되고, 사형을 선고받았는데 이 판결이 부당하다고 생각했던 동갑내기 친구 크리톤이 사형집행 직전, 소크라테스를 찾아가 탈옥할 것을 권한다. 사실, 간수도 이미 매수해두었고, 탈옥 비용도 다 준비되어 있었기 때문에, 탈옥하는 것은 그리 어려운 문제가 아니었다. 사법당국 역시 소크라테스를 처형했을 경우, 맞이할 여론악화로 인한 정치적 부담이 컸기 때문에 사실상 망명을 조장하는 방법을 선택했었다. 하지만 잘 알려졌다시피 소크라테스는 그 제안을 거절하고 독배를 들었다. 그가 죽으면서 '악법도 법이다.'라는 말을 했다고 전해지지만, 그런 말을 한 적은 없다. 죽음을 모면할 기회가 충분히 있었음에도 자신의 철학적 소신을 지키기 위해 죽음을 선택했다는 설이 유력하다.

그렇다면 '악법도 법이다.'라는 말은 어디에서 나온 것일까? '악법도 법이다.'라는 말은 1930년대 일본의 법철학자 오다카 도모오가 출

판한 《법철학》에 등장한다. 그는 법실증주의의 관점에서 소크라테스의 사례를 해석했다. 법실증주의란 법의 이론이나 해석·적용에 있어서 어떠한 정치적·사회적·윤리적 요소도 고려하지 않고, 오직 법 자체만을 형식논리적으로 파악하려는 입장이다. 국가기관에 의하여 실제로 제정된 법만이 법으로서의 효력을 갖는다고 주장하며, 제정되지 않고 자연히 존재하는 자연법의 존재를 인정하지 않는다. 이 논리는 법이라는 형식만 갖춰진다면 무엇이든 허용될 수 있다는 극단적 주장으로 발전하게 된다.

여기서 우리는 오다카 도모오가 소크라테스의 사례를 '악법도 법이다.'라고 왜곡한 이유를 금방 알아차릴 수 있다. 당시, 일본의 잔혹한 식민통치를 합리화하기 위해서였다. 일본 천황이나 지배층이 제정한 법에 저항하지 않고 무조건적으로 복종하는 무비판적 군대와 시민을 양성하기 위한 기획이었던 것이다. 오다카 도모오 아래서 수학했던 한국 제자들이 해방 이후 한국 법학계를 주도하는 인사들이 되었다. 이들이 이후 '악법도 법이다.'라는 말을 권위주의 정부의 이해관계에 맞게 재생산하였으니, 오늘날까지 이 말이 떠도는 것은 그리 신기한 일이 아니다.

2002년 11월, 국가인권위원회 : 제7차 교육과정 초등학교 6학년 교과서 '악법도 법이다.'라는 소크라테스의 말, 삭제, 수정 권고

2004년 11월, 헌법재판소 : 중학교 일부 사회 교과서가 준법정신을 강조하는 대표적 사례로 소개하고 있는 소크라테스가 악법도 법이라며 독배를 마신 일화는 부적절한 것으로 지적, 그 수정을 권고하였다.

플라톤의 동굴 비유

플라톤은 감각을 통한 인식이 전부가 아니라고 주장했다. 우리가 감각으로 받아들이는 것은 사물의 실재가 아닌 그것을 반영한 허구에 불과하다는 것이다. 이 말은 거짓되지 않은 존재는 감각을 통하지 않고도 인식이 가능하다는 의미다. 플라톤은 그 유명한 동굴의 비유를 통해 이를 설명하고 있다. 그것은 다음과 같은 상황을 전개한다.

깊은 동굴에는 많은 수의 죄수들이 벽면 쪽만 바라보도록 묶여 있다. 그런데 그들의 등 뒤, 즉 동굴의 입구 밖에는 태양이 있었다. 이 태양빛에 의해 동굴벽에는 여러 사물들의 그림자가 생겼는데, 그 그림자는 마치 살아 있는 존재인 것처럼 죄수들의 눈앞에서 아른거렸다. 죄수들은 자신이 보는 것을 사물의 실재라고 여기지만 사실은 벽에 비친 그림자일 뿐이다. 이때, 이 죄수 중에 한 명의 철학자가 족쇄에서 풀려나 동굴 밖으로 벗어났다고 가정해보자.

그는 최초로 동굴 밖에서 그림자를 만들었던 진짜 사물과 그러한 모양의 그림자를 가능케 했던 태양빛을 보게 된다. 그는 여태껏 동

플라톤

굴 속에서 실재라고 여겼던 모든 것들이 불완전한 것이었음을 깨닫게 된다. 그는 다시 동굴로 돌아가, 아직도 동굴벽에 비친 그림자를 사물의 실재라고 믿고 있는 죄수들에게 동굴 밖에 사물의 실재가 있음을 설명해보지만, 그는 죄수들 사이에서 미치광이 취급을 받을 뿐이다 **플라톤은 동굴의 비유를 통해 이데아의 세계를 엿볼 수 있는 철학자들이 직면할 위험을 경고하기도 했다.**

동굴 안	동굴 밖
가짜 세계	진짜 세계
현실의 세계	이데아의 세계

플라톤은 동굴의 비유를 통해 인간의 보편적 처지를 설명하고 있다. 즉, 대부분의 인간은 불완전한 감각에 의존하여 세상을 인식하고 있다는 것이다. 동굴 밖의 세계를 인식하는 것은 곧 참된 실재를 인식하는 것인데, 오직 소수의 철인만이 이성적 지혜와 통찰력을 통해 참된 이데아의 세계를 볼 수 있다. 이러한 이데아의 능력을 갖춘 철학자들이 정치를 했을 때, 진정한 이상국가가 실현될 수 있다고 플라톤은 생각했다.

플라톤의 이상국가론

플라톤은 정치문제에 이데아론을 적용하여 이상국가론을 제시한다. 플라톤의 국가관은 그의 영혼론에서 출발한다. 플라톤에 의하면, 인간은 금, 은, 동이 섞인 영혼을 가지고 태어나며, 그 차이에 따라 각 영혼의 품계가 구분된다.

금은 이성, 은은 의지, 동은 욕망을 상징한다. 이성의 덕은 지혜이고, 의지의 덕은 용기이고, 욕망의 덕은 절제이다. 이 세 가지 덕이 서로 조화를 이룰 때 정의의 덕이 발생한다. 플라톤은 이 논리를 국가에도 적용했다. 국가 역시, 이러한 세 계급으로 나누어져 서로 조화를 이루어야 정의가 실현된다는 것이다. 이는 지배자계급, 수호자계급, 생산자계급으로 나눌 수 있으며, 각각 철인, 군인, 직인이 이에 해당한다. 이들은 각자에게 맞는 고유한 임무를 가진다. 플라톤이 생각한 이상

국가는 이성적이고 지혜로운 철인들이 지배자가 되어 강한 의지를 가진 수호자 계급을 통해 욕망을 지닌 생산자계급을 지배하는 사회로 보았다.

또한 위에 언급한 각 3계급은 각각 진선미 眞善美 에 대응한다. 지배자계급, 즉 철인은 진 眞, 이성과 지혜 에, 수호자 계급은 선 善, 도덕성, 의지 에, 생산자 계급은 미 美, 아름다움과 욕망 에 각각 대

라파엘로의 <아테네 학당> 가운데 플라톤

응한다. 플라톤은 인간 최고의 가치들인 삼위三位 '진선미'의 창시자인 셈이다. 이러한 논리는 서양철학사에 지대한 영향을 미쳤는데, 일례로 칸트의 《순수이성비판》, 《실천이성비판》, 《판단력 비판》은 각각 진, 선, 미에 대응한다.

- **두뇌** : 지배자, 이성과 지혜를 지닌 철인
- **심장**: 수호자, 용감함, 기개, 도덕성을 지닌 군인
- **위**: 생산자, 자신의 욕망을 잘 절제할 수 있는 직인

금	진	지배자	이성	학문
은	선	수호자	의지	종교
동	미	생산자	욕망	예술

아리스토텔레스의 최고선과 중용

소크라테스와 플라톤은 올바른 앎의 문제를 옳음의 문제와 연관시켰다는 점에 공통점이 있다. 아리스토텔레스 역시 그것을 부정하지는 않았다. 그러나 아리스토텔레스는 좀 더 현실적인 문제에 집중했는데, 그것은 바로 인간이 어떻게 하면 잘 살 수 있는가에 대한 문제다. 그는 삶의 목적이 행복이라고 단언한다.

그렇다면 그가 말하는 행복이란 무엇인가?

아리스토텔레스는 목적론적 세계관을 가지고 있었다. 이 세상의 모든 것들은 목적을 가지고 있다는 것이다. 그리고 그것들이 각자의 고유한 기능을 잘 활용하여 목적을 이루는 것을 아주 바람직하고 좋은 것이라고 생각했다. 그리고 모든 행동은 선을 목표로 하는데, 결론적으로 '모든 것들은 제 기능을 잘 발휘할 때 선하다.'가 된다.

'인간의 행위 내지 활동은 모두 목적을 가지고 있고 그 목적을 잘 이루는 것이 선이다.' - 아리스토텔레스의 《니코마코스 윤리학》

아리스토텔레스

인간의 행위가 추구하는 목적들은 더 상위의 목적을 달성하기 위한 수단이 된다. 점점 상위의 목적으로 올라가다 보면 궁극적인 목적에 이르는데, 아리스토텔레스는 이 목적이 최고선이라고 했다. 예를 들어, 논문을 작성하는 행위는 학위취득을 위한 목적에, 그리고 학위의 취득은 학자가 되기 위한 목적에 종속된다. 그리고 학자의 행위는 학문적 성과를 내려는 궁극적 목적에 종속된다. 서로 다른 모든 능력과 기술이 보다 높은 하나의 능력에 종속됨을 알 수 있다. 이처럼 더욱 크고 높은 능력을 갖는 목적이, 종속되는 모든 다른 능력이 갖는 목적보다 더 바람직하다고 말할 수 있다. 이 궁극적 목표에 이르는 것이 최고선이며, 최고선은 다름 아닌 행복이다. 행복이란 인간의 선 중에서 가장 큰 선이다. 우리가 최고선으로서의 행복을 추구하는 것은 어떤 다른 목적이 있어서가 아니라 행복 그 자체를 위해서다.

또한 아리스토텔레스는 인간이 도덕적인 삶, 행복한 삶을 살아가지 못하는 이유가 욕망과 충동에 있음을 지적했다. 욕망과 충동은 항상 지나침과 모자람의 양극단으로 치우치기 때문에 인간이 정도를 걷는 것을 방해한다는 것이다. 여기에 대해 아리스토텔레스는 인간의 욕망을 어떻게 다스리고 통제할 수 있는가에 대한 훌륭한 대답을 주고 있다. 아리스토텔레스는 행복 추구의 방법으로서 '중용'을 제시한다. 중용이란 곧 넘치지도 부족하지도 않게 행복을 추구하는 자세로, 이성적인 인식과 삶의 자세를 필요로 한다. 예를 들어, 무작정 적진에 뛰어드는 행위가 만용이고, 자신의 몸을 사리기만 하는 것이 비겁이라면, 용기는 적절한 때에 적을 공격하고, 적절한 때에 후퇴할 줄 아는 것이다.

에피쿠로스의
쾌락의 기술

에피쿠로스는 이 세계가 더 이상 쪼갤 수 없는 작은 원자들의 우연한 결합에 지나지 않는다고 보았다. 즉, 죽음이란 이 원자들이 모였다가 다시 해체되는 현상에 불과하며, 그 이후엔 아무것도 남지 않는다는 것이다. 그래서 인간은 죽음 이후를 두려워 할 필요가 없다. 죽은 인간은 인식능력이 없기 때문이다. 인간의 죽음과 관련하여 에피쿠로스는 다음과 같은 말을 남겼다.

우리가 존재하는 한 죽음은 우리와 함께 있지 않으며 죽음이 왔을 때 이미 우리는 존재하지 않는다. _ 에피쿠로스

즉, 살아 있을 때는 죽음을 경험할 수 없고, 죽고 나면 인식기능의 상실로 죽음을 경험할 수 없기 때문에 죽음을 두려워 할 필요가 없다는 것이다. 이 논리는, 쓸데없이 죽음을 두려워하지 말고 현재 우리의 삶을 잘 살아내는 데 집중하라는 논리로 이어진다.

에피쿠로스

그럼 어떻게 하면 인생을 잘 살 수 있을까?

에피쿠로스는 쾌락에 집중했다. 다만, 그가 주장한 쾌락은 우리가 생각하는 쾌락과 다소 차이가 있으니 제대로 이해해야 한다. 그는 쾌락에 등급을 매겼고, 최고 수준의 쾌락을 추구할 것을 권했다. 쾌락이라고 해서 다 같은 쾌락이 아니란 것이다. 그가 제시한 상급의 쾌락은 삶에 필수적이고 지속가능한 쾌락이다. 식욕, 수면욕 등 의식주 전반을 말한다. 이러한 쾌락은 손쉽게 획득할 수 있고 지속시간도 길다. 중급의 쾌락은 자연스러운 욕구이긴 하지만 삶에 필수적인 요소는 아니다. 여기에는 성욕과 사치를 들 수 있다. 성욕과 사치는 제거할 대상은 아니지만, 과하지 않도록 경계해야 할 쾌락에 해당한다. 하급의 쾌락은 삶에 필수적이지도 않고 지속적이지 않은 저질의 쾌락이다. 여기에는 부, 명예, 권력, 인기 등이 있다. 이러한 쾌락은 바닷물과 같아서, 마시면 마실수록 갈증이 더 심해질 뿐이다. 처음에는 큰 쾌락과 행복을 느끼는 것 같지만 갈수록 쾌락과 거리가 멀어지게 된다.

이처럼 '쾌락주의'라는 수식어가 따라다니는 에피쿠로스가 무분별하게 모든 쾌락을 추구한 것은 아니었다. 그가 쾌락을 추구하면서 얻고자 한 궁극적 경지는 '아타락시아'다. 아타락시아는 고통에서 자유롭고 쾌락이 가득한 편안한 상태를 말한다. 말초적 쾌락은 순간적이고 공허하며, 의미 없는 기쁨을 가져다줄 뿐이기 때문에, 이에 집착하면 반드시 불행해질 것이다.

최소한의 욕구를 채우며, 소박하게 사는 삶이 우리를 아타락시아의 경지에 이르게 해줄 것이다. 실제로 에피쿠로스는 자신의 철학처럼 평안한 삶을 영위한 것으로 전해진다. 지위고하를 막론하고 다양한 사람들과 함께 정원에 앉아 철학을 연구했으며, 제자 및 친구 들과 소소하게 맛있는 음식을 나누어 먹으며 우정을 나눴다고 한다. 그 이후 그 당시로는 장수했다고 볼 수 있는 72세의 나이에 따뜻한 물로 채워진 욕조 안에서 포도주 한 잔을 들이키며 죽었다고 한다.

아우구스티누스의 정신의 삼위일체

신에게 고백함으로써 자신의 정신사를 관철했던 아우구스티누스는 예리한 논리와 깊은 심리학적 통찰로 근대철학의 기초를 닦았으며, 여러 가지 철학의 문제를 제시하였다. 아우구스티누스의 사고방식은 말할 필요도 없이 교회적·신학적인 문제의식에서 형성된 것이다. 그 철저한 통찰력에 의해 진리와 인식, 존재, 정신 등은 그 후의 근대철학의 기초가 되는 여러 가지 철학의 문제를 낳았다. 예를 들면, 진리를 확립하는 절대적 근거로서 자기 인식의 발견은 훗날 데카르트적인 자기의식의 확실성과 연관성을 가지게 되었다.

여기서 그리스도교의 교의 중 하나인 신의 삼위일체성부, 성자, 성령를 인간의 정신에 반영시킨 '삼위일체 구조'에 대해 알아보자. 성부는 아버지를 뜻하는 것으로 신성한 모든 것의 근원이며 원리다. 성자는 신의 아들로 성부에서 태어난 자를 말한다. 즉, 예수가 성자에 해당한다. 인간들은 신의 아들인 성자를 통해 신을 알고 신에게로 가까워질 수 있다. 한편 성령은 아버지와 아들에서 나오는 것으로 인간에게 신의

아우구스티누스

뜻을 전해주고 인간들로 하여금 신을 알게 해준다.

아우구스티누스는 성부, 성자, 성령을 구분하면서도 그 통일성을 자세히 설명하였다. 그는 '세 하나님이 계신 것이 아니라 한 하나님이시며, 성부가 성자를 낳으셨으므로 성부는 성자가 아니시며, 성자는 성부에게서 났으므로 성자는 성부가 아니시며, 성령은 성부나 성자가 아니라 성부와 성자의 영에 불과'하다고 하여 삼위일체의 구분을 뚜렷이 하면서도, '성부와 성자와 성령은 분리할 수 없으며 분리되지 않은 채 역사하신다'고 하여 그 구별성을 극복하고 통일성을 확고히 하였다. 삼위일체의 개념이 삼신론으로 전락하는 것을 방지한 것이다.

그는 하나님께서 세상을 창조하셨기에 피조물에도 하나님의 어떠하심이 새겨져 있다고 믿었다. 하나님이 창조한 피조물 중 최고는 인간이다. 그래서 그는 인간의 마음 안에서 하나님의 삼위일체의 흔적을 찾으려고 했다. 창조자인 삼위일체의 신이 그와 비슷한 모양의 인간에게도 반영되고 있다고 본 아우구스티누스는 정신을 '세 개의 근본적인 활동이 통일된 구조'로 이해하려고 하였다. 그것은 이전의 자신과 지금의 자신을 일치시키는 근원적인 기억이 있고, 이해력의 작용이 있으며, 그 인식을 사랑하고 긍정하는 의지의 작용이 있다는 것이다.

여기서 아우구스티누스는 기억에서 이해력이 나오고, 이해력에서 의지가 나오며, 이 의지의 작용이 정신을 자기와 일치시킨다고 설파했다. 결국 정신은 이 삼위일체 구조에 의하여 흔들림 없는 자아가 되는 것이다. 아우구스티누스는 기억, 이해력, 의지 이 셋은 세 생명이 아니라 한 생명이며, 세 마음이 아니라 한 마음이라고 하였다. 이것들은 세 실체가 아니라 한 실체다. 정신의 삼위일체 구조가 신학상 문제의식에서부터 생겨나기는 했지만, 아우구스티누스의 사고방식은 정신을 구조로서 파악하고, 그 작동방식에 주목했다는 점에 큰 의의가 있다.

철학 15

철학은 신학의 시녀다

9세기경, 교부철학의 해가 저물고 스콜라 철학의 해가 떠오르기 시작했다. 스콜라 철학은 중세 유럽에서 성행한 기독교 신학 중심의 철학 사상을 말한다. 스콜라 철학자들은 신학을 체계적으로 정리하고 이를 이성적 사유를 바탕으로 논증하려 했다. 대표적 인물이 토마스 아퀴나스인데, 그는 신을 철학과 이성을 통해 증명하려고 한 인물이다. 그는 아리스토텔레스의 철학을 바탕으로 신의 존재와 신앙의 존재 이유를 증명하고자 했다.

거룩한 가르침, 곧 신학은 자신이 전달하는 것들을 더 명백하게 드러내기 위해 철학이 필요하다. - 토마스 아퀴나스의 《신학 대전》

'철학은 신학의 시녀다.'라는 문구를 어디선가 많이 들어봤을 것이다. 하지만 이 문구의 뜻을 제대로 아는 사람은 별로 없다. 철학에

토마스 아퀴나스

대해 '시녀'라는 표현을 썼기 때문에, 신학이 철학을 단순히 노예화한 것처럼 이해하는 사람들이 있는데, 이는 정확한 이해가 아니다. 철학이 신학의 시녀라는 말은 철학이 신학에 이바지한다는 말이고, 신학이 철학에 기대어 많은 것을 취한다는 의미다. 왕족과 귀족은 곁에서 시중드는 사람들 없이 온전한 일상생활을 영위할 수 없다. 이런 점에서 시중을 제공하는 쪽이 권력을 가졌다고도 볼 수 있다.

하지만 토마스 아퀴나스는 모든 것을 받기만 하는 왕녀신학가 모든 것을 주기만 하는 시녀철학보다 우위라고 생각한 모양이다. 그에 의하면, 철학과 신학의 관계에 있어 철학은 신학 아래에 종속되어야 하는 것이 된다. 왜냐하면 철학이란 원래 초자연적 진리 그 자체를 입증할 수 없고, 다만 그에 반대되는 논지를 무력화할 수 있을 뿐이기 때문이다.

이성을 통한
신의 존재 증명

토마스 아퀴나스는 철학과 이성을 통해, 신의 존재를 증명하는 다섯 가지 길을 제시했다.

첫째, 운동으로부터의 논증이다. 그에 따르면, 모든 것은 다른 것에 의해 운동하게 된다. 그리고 그 원인을 찾아 끝까지 추적하다 보면, 무한 소급이란 있을 수 없기 때문에 결국 다른 것에 의해 움직이지 않으면서, 다른 것을 움직이게 만드는 최후의 존재를 만나게 된다. 그는 이를 부동의 운동자라고 불렀는데, 이것이 바로 신이라고 설명했다.

둘째, 능동 원인을 통한 증명이다. 어떤 결과가 있기 위해서는 반드시 원인이 있어야 한다. 원인 없는 결과는 없다. 선행하는 작용원인이 있어야 한다. 그러므로 원인이 결과를 낳고 그 결과가 다시 원인이 되어 또 다른 결과를 낳는 계층이 반복되고, 그 원인을 끊임없이 거슬러 올라가다 보면, 최초의 존재 원인이 있게 마련이다. 그것이 바로 신이라는 것이다.

셋째, 우연의 존재 이유를 통한 증명이다. 이 세상에 우연한 무언가가 존재하는 이유는 무엇일까? 너와 나는 왜 존재하는가? 토마스 아퀴나스는 필연적 존재에서 그 이유를 찾았다. 모든 존재가 우연적으로 존재할 수는 없으며, 적어도 우연적 존재자에 필연성을 부여하는 존재가 있어야 한다. 필연적 존재가 없다면, 이 세상에는 아무도 존재하지 않을 것이다. 그 필연적 존재가 바로 신이라는 것이다.

넷째, 완전성의 등급에 의한 논증이다. 우리는 이것저것을 보고 비교하면서, 무엇이 더 아름다운지, 무엇이 더 도덕적인지를 판단할 수 있다. 개별 존재들의 완전성을 비교하는 것이다. 그런데 그 완전성에 대한 절대적 비교 기준은 무엇일까? 토마스 아퀴나스는 그 근원을 찾아 올라가다 보면, 다른 모든 존재 안에서 완전성의 원인이 되는 지상 최고의 존재가 있을 수밖에 없음을 알게 되고, 그 존재가 바로 신이라고 주장했다.

마지막, 목적론적 방법에 따른 증명이다. 이것은 모든 자연계의 합목적적 구조를 관찰하는 데서 시작한다. 이 세상에 존재하는 각각의 존재는 나름의 목적을 가지고 살고 있다. 토마스 아퀴나스는 모든 자연적 사물로 하여금 일정한 표적을 향해 나아가게끔 하는 지적인 존재가 있다고 믿었다. 이것이 신이라는 것이다.

그는 인간의 이해 범위를 넘어서는 신의 초자연적 진리가 있다고 생각했기 때문에, 철학을 통해 신에 대한 모든 것을 증명할 수 있다고 믿지는 않았다. 하지만 그럼에도 신을 철학과 이성을 통해 증명하려고 했다는 점에서, 이전 시대의 신학자들과는 분명 다른 면모를 가지고 있었다고 평가할 수 있을 것이다.

군주는 사자인 동시에 여우이어야 한다

마키아벨리는 미켈란젤로, 레오나르도 다빈치가 활동했던 르네상스 시대 인물이다. 르네상스 시대를 흔히 사회적으로 안정되고 예술적인 분위기가 꽃피웠던 낭만적인 시대로 여기지만, 사실은 그와 달리 분열과 혼란의 시대였다. 15세기 말 이탈리아는 독일, 프랑스 등이 통일된 국가 형태로 발전해 나가는 것과 달리, 로마제국 멸망 이후 국가 분열이 더욱 악화되어 힘이 약해졌고, 외세의 침략에 고통당하고 있었다. 특히, 십자군 전쟁 이후 각 도시국가들의 발달은 더욱 국가적 통합과는 거리가 멀어 혼란에 박차를 가할 뿐이었다. 마키아벨리의 《군주론》은 이러한 복잡다단한 이탈리아의 상황을 배경으로 쓰인 것이다.

그렇다면 나라의 질서를 유지하고, 외부의 침입을 방어하기 위해서 군주는 어떻게 처신해야 하는가?

군주는 짐승의 방법을 교묘히 사용할 필요가 있으며, 야수 중에서도 특히 여우와 사자의 성질을 필요에 따라 쓸 수 있어야 한다. 사자는 강하지만, 강함만으로는 올가미에서 자신을 지킬 수가 없고, 여우는 꾀가 많지만, 힘이 약해 늑대로부터 자기를 지키지 못한다. 따라서 올가미를 알아차리기 위해서는 여우일 필요가 있고 늑대를 놀라게 하기 위해서는 사자일 필요가 있는 것이다. **_ 마키아벨리**

마키아벨리

마키아벨리는 당시 국가를 신학이라는 관점에서 논의했던 방식에서 벗어나 국가와 군주 본연의 자세를 도덕과 윤리로 부터 단절시키고, 보다 현실적으로 논하고자 했다. 《군주론》에서 그는 정치는 도덕과 구별되는 고유의 영역이라는 주장을 펼쳤다. 나라를 통치하기 위해서는 최종적으로는 힘의 행사가 중요하고 분열된 이탈리아의 통일을 위해서 군주는 강력한 리더십을 가지고 노련하게 권모술수를 부릴 수 있어야 한다는 것이다. 일각에서는 《군주론》이 군주의 행패를 비판적으로 풍자하기 위해 쓰였고, 마키아벨리가 주목한 건 군주에 대응하는 민중이라는 의견도 나온다.

마키아벨리는 왕들을 가르치는 체했다. 그러나 그가 진정으로 가르쳤던 이들은 바로 대중이다. _ **루소**

나는 생각한다.
고로 나는 존재한다

나는 내가 어릴 적부터 많은 거짓된 견해들을 참된 것 마냥 받아들여 왔고, 그런 원칙들에 근거하여 쌓아올린 지식이 매우 의심스럽다는 것을 여러 해 전에 깨달았다. 그래서 학문에서 어떤 확고부동한 것을 세우려고 한다면, 일생에 한 번은 지금까지 믿어온 모든 것을 철저하게 버리고 아주 기초부터 새롭게 시작해야 할 필요를 느꼈다. 나는 세상에는 하늘도, 땅도, 정신도, 육체도 없다고 스스로를 설득했다. 그러면 나 역시도 존재하지 않는다고 설득된 것은 아닐까? 그렇지 않다.

내가 무엇인가를 스스로에게 설득했다면, 나는 확실히 존재했을 것이다. 나를 속이는 사악한 악마가 있다고 해도 나는 틀림없이 존재한다. 그 악마가 온 힘을 다해 나를 속인다고 해도, 내가 나는 어떤 것이라고 생각하는 한, 그는 나를 아예 없게 만들 수는 없다. 이렇듯 모든 것을 깊이 숙고해보건대, '나는 생각한다, 그래서 나는 존재한다.'는 명제야말로 매번 생각이 들거나 생각을 할 때마다 반드시 참일 수밖에 없다. _ **데카르트의 《성찰》**

데카르트는 사람들이 갖는 지식의 체계를 검토하며, 더 이상 의심의 여지가 없을 때까지 의도적으로 계속 의심하는데, 이러한 방법론을

데카르트

방법적 회의라고 한다. 즉, '방법적 회의'란, 인간은 절대적으로 확실한 것을 인식할 수 없다고 하는 회의가 아니라, 절대적으로 확실한 인식을 찾기 위한 방법으로서의 회의이다.

감각은 때때로 인간을 기만하기 때문에 감각으로 얻은 정보를 확신할 수 없다. 내가 사실은 꿈속에서 커피를 마시고 있는 것인데, 내가 지금 커피를 마시고 있다고 생각할 수 있는 것이다. 혀로 느끼고 있는 커피의 맛에 대한 정보도 꿈을 꾸고 있는 경우와 현실의 경우를 구분할 수 없으므로, 의심이 가능하다.

감각적인 것이 아닌 이성을 통한 추론도 마찬가지다. 이를테면 2+3이 원래는 6인데, 어떤 악마적 존재가 나를 기만하여, 2+3이 5라고 생각하게 만들 수 있는 것이다. 내가 지금 악마에 의해 사유가 조종당하고 있을지 검토하는 것은 불가능하다. 하지만 그 어떤 의심을 하고 상상을 하든, 결국 그것은 내가 하는 것이다. 내가 악마에게 속는 경우라도, 속기 위해서는 '나'라는 존재는 반드시 있어야 한다. 그러므로 사유의 존재가 결론적으로 나의 존재를 입증한다. 곧 '나는 존재한다.'는 명제는 의심할래야 의심할 수가 없다는 것이다.

나는 정말 존재할까?

《플루타르코스 영웅전》의 플루타르코스가 든 예를 한 번 살펴보자. 테세우스는 크레타 섬의 미궁迷宮에서 괴수 미노타우로스를 죽인 뒤 배를 타고 아테네로 돌아왔다. 아테네인들은 미노타우로스를 물리친 영웅 테세우스를 기리고자 그가 타고 온 배를 1000년 가까이 보존했다. 배의 판자가 썩으면 그 낡은 판자를 떼어내 버리고 새로운 판자로 교체하는 방식으로 배의 상태를 유지했다. 배에서 썩은 판자 몇 개 교체하는 것은 별로 문제가 되지 않았다.

그런데 그렇게 판자를 계속 새로운 판자로 교체하다 보면 배를 구성했던 처음의 재료는 하나도 남지 않게 될 것이다. 모든 판자가 교체된 배는 과연 처음의 배와 같다고 할 수 있을까? 썩어서 떼어낸 판자들을 모아 다시 조립하면 하나의 배를 완성할 수 있을 것이다. 두 배중 어떤 배가 진짜 테세우스의 배인가?

관점을 조금 바꿔 생각해보면, 그냥 나무판자들만 존재했을 뿐, 테세우스의 배는 애초에 존재하지 않았다고 말할 수 있다. 나무판자를

플루타르코스

모아 놓고 거기에 인간이 '테세우스의 배'라는 가상의 개념을 붙여 넣은 것뿐이다. 테세우스의 배는 애초에 존재하지 않은 환상에 불과하다.

이 물음은 인간에게도 적용할 수 있다. 인간의 몸은 60~70조 개의 세포로 구성되어 있다. 그리고 각 세포들은 소멸과 생성을 반복하면서 주기적으로 교체된다. 가장 빨리 교체되는 세포는 위벽을 구성하고 있는 세포로 2~3일이면 교체되고, 가장 오래 걸리는 뼈의 경우 완전히 교체되는 데 8년 정도 걸린다. 그래서 우리 인체는 8년마다 완전히 새로운 세포로 교체된다. 지금 나의 몸을 구성하고 있는 세포와 8년 전 나의 몸을 구성하고 있던 세포는 다르다는 것이다. 그렇다면 8년 전의 나와 지금의 나는 동일하다고 할 수 있겠는가?

우리가 '나'라는 가상을 내려놓으면 어떻게 될까? 나무판자가 모여 가장의 배를 형성하듯, 우주에 떠도는 원자들이 모여 잠시 인간의 육체를 형성했고, 그것이 바로 가상의 나, 임시적으로 '나'라고 부르는 대상이 만들어진 것이다. 이를 깨달으면, 외부세계와 육체를 경계 짓던 '나'라는 가상이 사라지게 되고, 인간은 곧 무한함을 느끼게 된다. 성인들이 명상을 즐겼던 이유도, 명상을 통해 자신을 내려놓음으로써 우주와 하나가 될 수 있었기 때문이다. 그래서 '저것은 이것에서 나왔으며, 이것 또한 저것에서 나왔다. 이것이 또한 저것이오. 저것 역시 이것이다.'라는 말이 나오는 것이다.

인간이 이 우주와 맞닿아 있으므로 인간은 살다가 죽는 것이 아니라 다른 형태로 계속될 뿐이다. 모든 순간이 죽음이고, 모든 순간이 생명으로 이어진다. 모든 것이 순환이다. 그러므로 살아 있음에 기뻐하지도, 죽음에 대해 슬퍼할 필요도 없는 것이다. 어떤 의심을 하고 상상을 하든, 결국 그것은 내가 하는 것이다. 그래서 사유의 존재가 결론적으로 나의 존재를 입증한다는 것이다. 하지만 '나'는 정말 존재하는 것일까?

모든 것이 신이다

네덜란드의 유대계 철학자 스피노자는 그리스도교가 말하는 인격신 **인간처럼 분노도 하고 사랑도 하는 신**을 부정했다. 그리스도교가 믿고 있는 신을 인격신이라고 하는데, 거기서 신은 지혜롭고 덕이 있으며, 권세를 지녔다는 등의 초월적 모습으로 묘사된다. 이러한 신은 인간이 자신을 따르게 하고, 인간들에게서 감사와 존경을 받기 위해 신이 모든 것을 만들었다고 믿게 만든다. 하지만 스피노자는 이러한 인격신이라는 것은 한낱 상상력의 산물에 불과하다고 생각했다.

당연히 그는 신을 부정했다는 이유로 유대교 사회에서 불경건한 무신론자의 낙인이 찍혔다. 그는 당시 인간 사회에서 소외당했다. 그와 말을 섞는 것은 금지되었고, 기독교적 신을 모욕한 그의 책 역시 금서로 지정되었다. 유대교의 파문을 당한 후 테러 위협을 피해 암스테르담 근교의 작은 마을 외딴집 다락방에 숨어든 스피노자는 그곳에서 간간이 렌즈 깎는 일로 생계를 유지하다 44세의 젊은 나이에 생을 마

스피노자

감했다 렌즈 가루가 폐병을 일으켰다고 추측하는 사람들이 많다.

　그러나 그가 신의 존재까지 부정한 것은 아니다. 그는 분명 죽는 순간까지 신에 심취해 있었다. 단지 그가 생각한 신이 기독교적 신과 거리가 멀었을 뿐이다. 스피노자가 말하는 신은 어떤 신일까? 대부분의 종교는 신이 세계의 바깥 어딘가에, 아마도 하늘나라에 존재한다고 가르친다. 그런데 스피노자는 자연이 곧 신이고 신이 곧 자연이라고 했다. 이것은 범신론이다.

　범신론은 자연의 밖에 존재하는 인격적인 초월자를 인정하지 않고, 우주와 자연에 존재하는 모든 것이 신의 발현이며, 그 속에 신이 내재하여 있다고 보는 관점이다. 다시 말해, 세계 밖에 별도로 인격적인 신이 존재하는 게 아니라, 현재 존재하는 우주, 세계, 자연의 모든 것과 자연법칙을 신이라고 하거나, 그러한 세계 안에 하나의 신이 내재되어 있다고 보는 철학이다.

나는 존재하는 모든 것의 법칙적 조화로 스스로를 드러내는 스피노자의 신은 믿지만, 인류의 운명과 행동에 관여하는 인격적 신은 믿지 않습니다. _ 아인슈타인

　그래서 스피노자가 말한 '신에 대한 지적 사랑'이란 이 우주의 궁극적 실체인 우주의 필연적 원리에 대한 지적 인식을 말한다. 자연의 법칙, 세계의 질서, 우주의 원리, 이러한 것들은 우리 눈에 보이지 않지만, 이 세계의 배후에서 이 세계를 지배하는 원리이다. 이것이 바로 신이고 이러한 원리를 올바로 인식하는 것이 바로 신에 대한 사랑이다. 그렇다면 인간, 동물, 식물, 물질 등은 무엇일까? 스피노자는 그것을 신의 양태라고 생각했다. 물질도 인간도 사랑과 욕망도 모두 신이 이 세상에 나타난 그 변형물인 것이다. 세계에 존재하는 모든 것이 신의 발현이며, 그 속에 신이 내재되어 있다.

경험론 vs 합리론

구분	경험론	합리론
공통점	인간의 지식이 어디서 오는지 그 원천을 알기 위한 철학적 시도	
지식의 원천	후천적 경험	선천적 이성
지식의 획득 과정	관찰과 실험	논리와 추리
방법론	귀납법	연역법
대표적 사상가	베이컨, 로크, 버클리, 흄	플라톤, 데카르트, 스피노자, 라이프니츠

경험론이란 지식은 오직 감각적 경험에서 비롯된다는 이론이다. 이 이론에 따르면, 우리가 지식과 정보를 얻는 것은 오직 경험의 획득을 통해서라고 한다. 생득관념 타고난 지식 을 부정하고 경험과 증거, 특히 오감에 의한 지각을 강조하는 것이다. 가장 저명한 경험주의자 중 한 명인 로크는 우리가 비어 있는 석판의 상태로 세상에 태어난다고 말했다.

지식이 경험을 통해서만 얻을 수 있는 것이라면, 당연히 우리가 경험하지 못한 것에 대해 이야기하는 것은 불가능할 터. 경험론자들은 종교적·윤리적 개념의 타당성에 의문을 제기한다. 이러한 개념들은 관찰되거나 경험할 수 없기 때문에 무의미하다고 여겼다. 경험론자들에게 있어, 절대적인 진리나 완전한 존재 같은 것은 의심받아 마땅한 것이었다. 그렇다 보니 왕이나 군주, 신 같은 중세적 권위에 냉소적인 모습을 보였다.

합리론은 지식이 경험에 앞서는 이성을 통해 나온다는 이론이다. 경험론자는 지식의 궁극적 원천이 감각적 경험에 있다고 주장하지만, 합리론자들은 지식이 이성을 통해 **감각적 경험으로부터 독립하여** 얻어질 수 있다고 주장한다. 이성으로 얻은 지식이 확실하며, 이를 기초로 다른 지식들을 확장해야 한다고 믿었기에 당연히 오류 가능성이 낮은 수학, 논리학 같은 학문을 중시했다. 이런 영향으로 근대 이후 과학은 수학적 성격을 띠게 되었다. 아무리 훌륭한 과학이론도 수학적인 증명이 빈약하면 헛된 주장으로 간주되었다. 대표적인 합리론자인 데카르트 역시 수학적 지식을 모든 지식의 원형으로 생각했다.

합리론과 경험론은 인간의 지식이 어디서 오는지 그 원천을 알기 위한 철학적 시도였다. 비록 이 두 이론은 종종 서로 대조되지만, 이성과 경험은 모두 지식의 원천이 될 수 있다. 언어 습득을 예로 들 수 있다. 언어를 완벽하게 구사하기 위해서는 후천적 학습과 경험이 필요하지만, 어느 정도의 직관, 추론, 선천적인 지식도 필요하기 때문이다.

인간은 백지상태로 태어난다

데카르트와 로크는 인식의 원천이 무엇인지에 대해 문제의식을 가지고 있었다. 당시의 유럽은 지식이 폭발적으로 증가하고 있었던 과학혁명의 시대로 자연스럽게 인식문제에 관심을 가지게 된 것이다. 사랑과 정의라는 관념은 선천적으로 모든 인간이 가지고 태어나는 것인가, 아니면 나중에 형성되는 것인가?

합리론의 선두주자인 데카르트는 인간이 수학적 원리와 기하학적 원리, 도덕적 원리, 주체와 실체의 관념을 가지고 태어난다고 보았지만, 경험론의 선두주자인 로크는 인간은 백지상태로 태어날 뿐, 모든 관념이 후천적 경험을 통해 형성된다고 보았다. 다시 말해, 데카르트는 지식의 원천을 타고나면서부터 인간 이성 안에 내장된 관념에서 찾았고, 로크는 후천적 경험에서 찾은 것이다. 인간은 완전한 백지 상태로 태어난 후 다양한 경험을 축적해가며 여러 가지 관념들을 습득하는데, 이 백지상태를 '타불라 라사tabula rasa', 즉 비어 있는 석판이라

로크

고 부른다. 우리의 마음은 원래 아무것도 그려지지 않은 백지상태와 같다는 것이다. 이 백지에 글을 쓰는 것은, 즉 관념을 주는 것은 경험이다.

경험에는 감각과 반성이 있다. 감각은 외관에 의한 외적 경험이고, 반성은 내관에 의한 내적 경험이다. 로크는 인간은 사물을 감각에 의하여 수용하고, 그것을 반복하여 반성함으로써 하나의 관념이 만들어진다고 생각했다. 관념에도 단순관념과 복합관념이 있다. 단순관념은 감각과 반성에 의해 얻어지는 원시적 관념으로, 크기, 형태, 운동 등 객관적 성질을 1차 성질이라 하고, 색깔, 향기, 맛 등 주관적 성질을 2차 성질이라고 부른다. 예를 들어, 눈앞에 하나의 사과가 놓여 있다고 할 때, 사과의 둥근 모양과 매끄러운 표면은 1차 성질이고 사과에서 나는 향과 눈으로 지각되는 빨간색은 2차 성질이라고 할 수 있다. 즉, 1차 성질은 사물 그 자체가 지닌 객관적 성질이고, 2차 성질은 조건이나 관찰하는 사람에 따라 달라질 수 있는 성질을 말한다. 어두운 방에서 사과는 빨갛게 보이지 않을 것이고, 사람에 따라 사과의 맛을 달리 느낄 것이다.

그리고 지성은 이러한 단순관념을 재료로 하여, 이것들을 이런저런 방식으로 결합하고 비교하고 추상하여 다른 종류의 관념을 만들어 낼 수 있게 되는데, 이를 복합 관념이라 한다. 예컨대, 우리는 유니콘을 떠올릴 수 있다. 말이라는 단순관념과 뿔이라는 단순관념이 결합되어 유니콘이라는 복합관념이 만들어진 것이다. 이렇듯 인간은 단순관념들을 결합하고 종합해서 복잡한 관념들을 만들어 낼 수 있는 능력을 가지고 있다.

국가의 기원 :
만인의 만인에 대한 투쟁

홉스의 《리바이어던》은 성서에 등장하는 괴물의 이름에서 따온 것이다. 이 책에는 자연권을 양도받은 절대군주 리바이어던 에게는 종교도 복종해야 한다는 그의 사상이 담겨 있다. 수학과 물리학이 가장 정확한 지식이라고 생각했던 홉스는 이 세계가 물질에 의하여 구성되고, 인과법칙에 따라 움직인다는 자연과학의 세계관을 받아들였다. 그리고 이것을 인간에게도 적용하여 다음과 같이 생각했다.

- 물체의 본질은 자기보존에 있다.
- 인간도 물체다.
- 따라서 인간은 자기를 보존하기 위해 이기적, 즉 비사회적으로 행동한다.

이 세 가지 조건이 인간의 초기 상태이다. 이때 모든 개인은 자기를 보존하기 위하여 자기 마음대로 행동할 권리를 가지고 있다. 이것을

홉스

자연권이라고 한다. 그러나 만약 각자가 자연권을 무제한으로 행사할 수 있다면 어떻게 될까? 자기에게 필요한 것을 얻기 위해 다른 사람의 물건을 훔치거나 살인을 저지르면, 사람은 결국 불안에 떨게 될 것이다. 자기가 다른 사람의 물건을 강탈한 만큼 자신의 재산도 보장받을 수 없게 되기 때문이다. 무제한적인 자유는 곧 무제한적인 공포가 되어 돌아온다. 만인의 만인에 대한 투쟁이 시작되면, 모든 인간은 폭력과 공포에 노출된 생활을 해야 할 것이다.

그래서 사람들은 이처럼 비참한 상태에서 벗어나기 위해 결국, 자신의 자연권을 억제하기로 했다. 사람들은 자신의 자연권을 포기하는 계약을 맺음과 동시에, 이것이 모두에게 지켜질 수 있도록 국가**강제력**를 수립한 것이다. 수많은 개인들의 얼굴이 뭉쳐서 만들어진 리바이어던이라는 거인은 바로 홉스가 묘사한 국가의 모습이다. 인간은 이제 자연권을 국가에 양도하여, 제한적인 자유 속에서 공포를 제한할 수 있게 되었다. 살인의 자유를 국가에 양도함으로써, 살해의 위협도 제한된 것이다. 이제 모든 사람은 국가에 종속되어 질서와 생활의 안정을 보장받는다.

하지만 인간은 이기적이고 자기 욕망을 가장 중시하기 때문에, 이 계약은 언제든지 파기될 가능성이 있다. 여기서 국가는 그 권력과 강제력이 절대적일 필요가 생겨난다. 그래서 홉스는 군주가 국가의 통치권을 장악하여 절대권력을 보유하고 인민을 절대적으로 복종시킬 전제군주제를 옹호하였다. 즉, 홉스는 원칙적으로 국민들의 저항권을 인정하지 않았다고 볼 수 있다. 그럼에도 불구하고 홉스에게 있어 군주가 휘두르는 강력한 권력은 결국 민중들의 신약을 통해 탄생한 것이다. 결국, 왕이라는 존재는 자기 자신을 보호하려는 민중이 만든 것이다. 이는 신이 왕에게 신성한 권력을 부여했다는 왕권신수설을 정면 반박하는 것으로, 당시로서는 꽤나 혁명적인 관점이라 볼 수 있다.

베이컨의 우상론

유럽의 16~17C는 과학혁명의 시대였다. 중세의 종교적 세계관에서 근대의 기계론적 세계관으로의 변화가 일어나고 있었다. 이러한 과학혁명에 중대한 이바지를 한 철학자 중 한 명이 바로 베이컨이다. 베이컨은 중세의 학문에 대해 상당히 회의적이었다. 중세의 학문은 과학적이기보다는 종교적 권위에 의존하고 있었고, 신비주의적이며 자만에 빠져 있었다. 그래서 그는 중세의 학문과 단절해야 한다고 생각했고, 과거 아리스토텔레스의 논리학을 대체하는 새로운 논리학을 제시하겠다는 의미로《신기관》을 저술했다.

여기서 베이컨의 주장은 두 가지로 정리할 수 있는데, 하나는 낡은 편견으로부터 벗어나는 것, 다른 하나는 새로운 과학적 방법론으로 귀납법을 채택하자는 것이다. 귀납법에 대해서는 뒤에서 다루므로, 여기에선 낡은 편견에서 벗어나는 방법에 대해 다루고자 한다. 그는 중세의 학문과 단절하기 위해서는 마음속의 우상을 파괴해야 한다고 주장

베이컨

했다. 과학적 연구를 성공적으로 수행하는 데, 방해가 되는 여러 편견 또는 선입견을 '우상'이라고 한다. 그는 우상을 네 가지 종류로 정리했는데, 모든 우상과 편견을 버리고 사실의 세계, 경험의 세계에 돌아갈 것을 권유한다.

- 종족의 우상

이것은 인간이라는 종족, 즉 인간이기 때문에 인간의 관점으로 세상을 바라보다 보니 발생하는 편견을 말한다. 고양이는 고양이의 방식대로 세상을 바라보고, 개는 개의 방식대로 세상을 바라본다. 그런데 인간은 인간의 입장에서 자연을 바라보기 때문에, 판단에 오류가 생기는 경우가 많다. 가령 인간은 자기들이 목적적인 행동을 한다고 해서, 자연도 마찬가지로 일정한 목적을 가지고 변화 · 발전해간다고 생각하는 것이다. 단순한 자연현상이나, 동물의 행동에도 자신의 감정이나 의지를 개입해서 해석하는 것이다.

- 동굴의 우상

인간은 모두 자신만의 세계 속에서 살아가고 있다. 마치, 우물 속의 개구리처럼 자신만의 편견에 갇혀 세상을 바로 보지 못하는 것이다. 여기에는 각 개인 간의 교육 수준의 차이, 성향과 기호의 차이, 직업의 차이, 가치관의 차이 등 가지각색 개인차가 작용한다.

- 시장의 우상

인간이 언어를 사용함으로 인해 발생하는 편견을 말한다. 시장은 사람들이 많이 모이는 곳이다. 여기서 사람들은 물건을 사고파는 등의 행위를 한다. 그리고 이러한 거래는 언어를 매개로 하여 이루어진다. 시장의 우상이란 언어 사용에 따르는 편견을 말한다. 언어는 한갓 기호에 불과함에도, 우리는 이 기호에 집착하여 이 기호에 대응하는 것이 실재한다고 생각하기 쉽다. 어떠한 개념에 대해 계속 언급하거나 듣고 있다 보면, 마치 그것이 실제로 존재하는 것 같은 착각에 빠지게 된다.

- 극장의 우상

이것은 권위와 전통에 호소하여 발생하는 폐단을 말한다. 극장에서 연출되는 각본은 사실보다 더 우아하고 그럴듯하게 꾸며져 있다. 전통적인 학설이나 권위 있는 체계란 이러한 잘 짜여진 각본과도 같다. 가령, 직장 동료의 입에서 나온 말에서는 전혀 무게가 느껴지지 않지만, 그것이 아인슈타인의 말이었다고 한다면, 다시 그 말을 음미해보는 수밖에 없을 것이다. 기존의 권위와 전통에는 탄탄한 믿음이 형성되어 있기 때문에, 이에 반하는 새로운 주장을 펼치는 것은 매우 어려울 것이다.

연역법과 귀납법

연역법이란 일반적 사실이나 원리를 전제로 하여 개별적이고 특수한 사실이나 원리를 결론으로 이끌어내는 추리방법을 말한다. 반면, 귀납법이란 개별적이고 특수한 사실로부터 일반적인 사실이나 결론을 이끌어내는 연구방법이다. 사실, 위에 언급한 연역법과 귀납법의 정의는 전통적인 방식의 정의로 결코 완벽하지 않다.

전제1. IQ가 높은 사람은 대체로 수학성적이 우수하다 일반적.
전제2. 철수는 IQ가 높다.
결론. 따라서 철수는 수학성적이 우수할 것이다 구체적.

이것은 연역인가, 귀납인가? 일반적 전제로 시작하여, 구체적 결론을 끌어내고 있지만, 이는 분명 연역이 아닌 귀납이다. 귀납도 일반적 사실에서 구체적 사실을 이끌어낼 수 있고, 연역도 구체적 사실에서 일반적 사실을 이끌어낼 수 있다. 그래서 연역과 귀납에 대한 전통적 정의는 완벽하다고 할 수 없다.

연역과 귀납에 대한 정의는 다음과 같이 재정리할 수 있겠다.

연역이란 전제가 결론을 필연적으로 보장한다 확실성 100%.
귀납이란 전제가 결론을 개연적으로 보장한다 확실성이 100%는 아님.

<연역>

전제1. 모든 사람은 죽는다.

전제2. 소크라테스는 사람이다.

결론. 소크라테스는 죽는다.

<귀납>

전제1. 소크라테스는 죽는다.

전제2. 플라톤은 죽는다.

전제3. 아리스토텔레스는 죽는다.

결론. 모든 사람은 죽는다.

〈연역〉의 예시에서 모든 사람은 죽는다는 전제가, 결론을 필연적으로 보장함을 알 수 있다. 반면, 〈귀납〉의 예시의 경우, 아무리 많은 전제가 깔려도 결론을 필연적으로 보장하진 못한다. 단지 결론의 '개연성'을 보장할 뿐이다. 그렇다면, 확실성 100%를 보장하는 연역논증이 귀납논증보다 더 우월한 논증법일까? 연역논증의 장점은 결론이 필연적이라는 것이다. 하지만 그것은 곧 단점이기도 하다.

애초에 결론이 필연적으로 참일 수 있는 것은 이미 결론이 전제에 포함되어 전제를 벗어날 수 없는 구조이기 때문이다. 다시 말해, 연역논증은 우리가 전제를 통해 이미 알고 있는 사실을, 반복해서 도출하는 것에 지나지 않는다. 반면, 귀납논증은 도출된 결론이 거짓일 가능성이 존재하지만, 우리가 알지 못했던 새로운 정보라는 점에서 가치가 있는 것이다.

칸트, 경험론과 합리론을 통합하다

근대 인식론은 인간 의식의 원천을 이성과 경험으로 이해하고 두 원천 중 어느 것을 더 본질적인 것으로 보느냐에 따라 합리론과 경험론의 두 갈래로 나뉜다. 데카르트, 스피노자, 라이프니츠에 이르는 합리론은 선험적 이성을 통해 지식을 얻을 수 있다는 입장이고, 로크, 버클리, 흄에 이르는 경험론은 감각오감을 통해서 지식을 얻을 수 있다는 입장이다. 오늘날에야, 두 견해가 통합적으로 받아들여지고 있지만, 과거 철학사에서는 치열한 논쟁이 있었다. 당시 이성을 신봉하던 합리론은 경험을 도외시하고 실체와 인식을 추구했기에 독단에 빠지기 쉬웠고, 신, 영혼, 불멸자 등 세계의 모든 문제를 해결하지 못했다는 한계에 봉착하고 있었다. 데카르트 입장에서는 절대자 신은 사유될 수 있기 때문에 존재하는 것이지만, 경험론자의 입장에서는 경험될 수 있는 대상이 아니므로 절대자는 존재하지 않는다고 본다.

여기서 합리론과 경험론의 두 입장을 통합하고 형이상학을 새롭게 부활시킨 천재가 등장하는데, 그 천재의 이름은 칸트다. 그는 인간 이성의 능력에 한계를 긋고 사고의 코페르니쿠스적 전환을 이루어냄으로써 서양 근대철학을 종합했다. '내용 없는 사고는 공허하고, 개념 없는 직관은 맹목적이다.'라는 그의 짧은 문장이 합리론과 경험론의 통합을 압축해서 설명해준다. 칸트에게 있어 경험과 이성 어느 한 쪽만을 사용해 답을 내는 것은 만족스러운 해결책이 아니었다. 칸트는 이성만으로는 사물 그 자체, 즉 물자체를 결코 알 수 없다고 보았다. 우리 눈앞에 보이는 사과는 물자체가 아니라 현상일 뿐이다.

우리는 우리의 선험적 인식체계를 통해서 사과의 단면만을 인식할 뿐, 현상 배후에 있는 진정한 사과의 모습을 알 수 없다. 같은 사과가 개나 고양이, 뱀에게 각각 다른 모습으로 보이듯 인간은 자신만의 렌즈선험적 인식체계를 통해 사물을 바라보고 구성할 뿐이다. 칸트는 이성이 지닌 한계를 인정했지만, 그렇다고 전통적 형이상학을 전면적으로 부정하지는 않았다. 지식을 얻는 데는 경험도 중요하지만, 오감을 통해 수집한 감각자료를 이성이 해석했을 때, 비로소 지식이 될 수 있기 때문이다. 칸트의 인식론은 붕어빵을 만들어내는 과정에 자주 비유된다. 붕어빵을 만들어내기 위해서는 '밀가루 반죽'과 '틀'이 있어야 한다.

붕어빵틀선험적 인식의 틀, 즉 이성 이 없이 밀가루 반죽감각자료 만 있으면 개차반이 되고, 밀가루 반죽이 없이 틀만 있으면 그림 속의 빵이 되고 만다. 그래서 어떠한 대상에 대한 참된 인식을 위해서는 이성과 경험, 모두 필요한 것이다. 칸트는 이성의 한계를 인정하는 한편, 우리의 인식이 보편적 필연성을 가지는 근거를 경험에 앞서 있는 선험적인 인식 체계에서 찾았다. 인간은 물자체를 인식할 수는 없지만, 선험적인 인식 체계에 의해 물자체에 대한 보편적인 판단을 할 수 있게 된다.

칸트는 주체가 대상으로 향하는 것이 아니라 대상의 감각자료가 주체로 향하고 주체가 그것을 구성해낸다는 사고의 코페르니쿠스적

칸트

전환을 일으켰다. 우리가 인식할 수 있는 시간과 공간의 테두리 안에서 이성의 역할을 정하는 것. 그렇기에 보편적 지식이 구원된다는 것. 이게 코페르니쿠스적 전환의 결과다. 칸트는 이성의 기능을 회복시켰고 보편적 지식을 구원해냈다.

헤겔의 절대정신

역사는 절대정신이 변증법적 과정을 통해 자신을 실현하는 과정이다. 칸트는 세계를 지각이나 감각으로 경험할 수 있는 '현상계'와 그 자체로서 존재하는 '물자체'로 구분했으며, 인간의 이성만으로는 사물 그 자체, 즉 물자체에 도달할 수 없다고 보았다. 우리 눈앞에 보이는 사과는 물자체가 아니라 현상일 뿐이다. 우리는 우리의 인식체계를 통해서 사과의 단면만을 인식할 뿐, 현상 배후에 있는 진정한 사과의 모습을 알 수 없다. 인간은 시간과 공간이라는 렌즈를 통해 사물을 바라보고 구성할 뿐이다.

한편 헤겔은 칸트의 이런 철학이 현상계와 본체계를 분리했지만, 본체계를 주체의 손이 닿을 수 없는 미지의 영역으로 남겨 놓았음을 지적하면서 이성을 넘어서는 개념인 '정신'을 제시했다. 그것으로 주관과 세계를 포괄하면 칸트를 넘어설 수 있다고 본 것이다. 칸트의 현상계와 본체계의 이원론을 극복하여 일원화하고 정신이 변증법적 과

헤겔

정을 통해 자기를 실현해 나가는 과정을 체계적으로 정리하였다 헤겔은 물자체와 현상계를 '절대 정신'이라는 개념 아래에 다시 합쳐서 내놓았다.

칸트에게 있어 절대자라는 존재는 우리가 이성으로 인식할 수 없는, 우리의 세계와 완전히 단절해 있는 피안의 세계에 있지만, 헤겔에게 있어 유한자인 인간과 절대자는 독립되어 있지 않다. 절대자는 유한자인 인간을 품고 있으며, 이 유한자를 통해 절대자가 자기를 실현해가는 것이다. 이것이 바로 역사다. 역사라는 것은 절대자가 자신의 본질을 구현하는 과정이고, 역사 속에 필연적으로 내재되어 있는 절대정신 앞에서 인간은 결코 저항을 할 수가 없다. 과거의 역사적 위인들 역시 절대정신에 이용되었을 뿐이다. 영웅이나 천재 들은 자기 의지대로 뜻을 펼쳐나가는 것처럼 보이지만, 절대정신이 자신의 뜻을 펼치는 역사라는 장기판 위의 말에 불과하다. 이들은 그 목적을 다하면 무대의 저편으로 쓸쓸히 퇴장하고, 절대정신은 아무 일 없었다는 듯 새로운 인물들을 등장시키고 전진하기 시작한다.

헤겔은 절대정신이 인류의 역사 속에서 자신을 실현하는 방법을 변증법을 통해 체계화하였다. 역사는 정립, 반정립, 그리고 종합을 통해 발전하며, 이 과정에 종말은 없다. 첫 단계에서는 정설이 발생하고, 두 번째 단계에서는 정설에 대한 비판이 일어나며, 마지막 단계에서는 정설과 그 정설에 대한 비판을 종합하여 실재에 대한 더 크고 바른 이해가 가능해지게 되는 것이다. 그에 따르면 역사는 이러한 정/반/합의 과정을 통해 계단식으로 발전하는 것이었다. 결국, 인류의 역사란 절대정신이 그 본질을 실현해가는 과정이다. 헤겔은 절대정신의 최종목적이 자유의 실현에 있다고 보았다. 그래서 이 세상에 완전한 자유가 달성되었을 때가 곧 절대정신이 그 자체의 본질을 실현한 때이다.

칸트의 정언명령

인간은 물자체를 논리적으로 인식하는 것은 불가능하지만, 실천적으로는 그 존재를 확증할 수 있다고 생각한 칸트는 인간의 자유를 기초로 독자적 윤리사상을 형성했다. 칸트는 도덕법칙의 형식으로 정언명령을 내세웠다. 정언명령이란 의무적·무조건적으로 따라야 하는 규칙을 말한다. 예를 들어, '다른 사람에게 좋은 평판을 얻기 위해, 정직하게 행동해야 한다.'와 같은 가언명령은 다른 사람에게 좋은 평판을 얻고자한다는 조건이 사라지면, 정직하게 행동해야 할 이유가 없어지기 때문에, 도덕법칙이 될 수 없는 것이다.

칸트는 조건에 따른 행동이 결과적으로 도덕적 의무와 일치한다고 해서 윤리적 가치가 있다고 보지 않았다. 칸트가 말하는 정언명령은 '정직하게 행동해야 한다.'처럼 앞에 아무런 조건이 붙어 있지 않고, 그 자체로 자신이 원하든 원하지 않든 무조건 따라야 하는 규칙이다. 의무론자인 칸트는 행위의 결과_{행복과 쾌락의 극대화}를 가지고 도덕성을 판단하는 공리주의에 대해 도덕을 행복의 수단으로 격하시켰다고 비판을 가할 것이다. 그래서 칸트의 윤리사상을 형식주의라고 한다.

물론, 개인 한 명 한 명이 삶을 살아가면서 만드는 도덕규범은 사람마다 다를 수 있고, 사람들이 가지고 있는 모든 준칙_{준거할 기준이 되는 규칙이나 법칙}이 도덕법칙이 될 수는 없다. 어떤 준칙은 도덕법칙이 될 수 있지만, 어떤 준칙은 도덕법칙이 될 수 없다. 그렇다면 도덕법칙이 될 수 있는 준칙과 그럴 수 없는 준칙을 구분하는 기준은 무엇인가? 칸트는 여기에 두 가지 조건을 제시했다.

첫째, 보편성의 정식이다.

칸트는 '너의 의지의 준칙이 보편적 입법의 원리가 되도록 행위하라.'라고 하였다. 쉽게 말해, 세상 모든 사람들이 당신의 준칙에 따라 행동을 결정한다면, 어떤 결과가 초래될지를 생각해보는 것이다. 만약 당신이 '나의 이익을 위해서는 다른 사람의 권리를 침해해도 된다.'라는 준칙을 가지고 있다면, 이 세상은 무법천지가 되고 말 것이다. 그래서 해당 준칙은 절대 도덕법칙이 될 수 없는 것이다.

둘째, 인격성의 정식이다.

칸트는 '당신 자신이나 다른 사람의 인간성을 수단으로만 대하지 말고 언제나 목적으로 대하도록 행동하라.'라고 하였다. 인간과 동물은 모두 욕망_{자연적 경향성}을 가지고 있지만, 인간은 동물과 달리 자유 의지에 따라 자기 행동을 결정할 수 있으므로 인격성을 가졌다고 볼 수 있다. 칸트는 인격성을 지닌 인간을 철저히 존중해야 한다고 보았다. 그래서 인간을 수단으로만 대하지 말고, 목적 그 자체로 대해야 한다는 말이 나오게 되는 것이다.

이 책을 통해 교양을 쌓고 있는 독자들은 이 책의 저자를 수단으로 삼아 지식을 얻고 있는 것이다. 하지만 칸트는 인간을 수단으로 대하지 말라고 한 것이 아니라 수단으로만 대하지 말라고 하였으므로 이 책의 독자들이 저자를 수단으로 삼는 동시에 목적 그 자체로 대한다면, 도덕적인 행위가 될 수 있는 셈이다.

칸트는 두 가지 조건을 통해 우리가 스스로 어떤 준칙이 도덕법칙 인지 아닌지를 판단할 수 있다고 본다. 다른 사람에게 의존할 필요가 없이 우리가 가진 실천이성만으로 도덕법칙을 판단할 수 있다는 것이다. 이제 우리에게 남은 것은 하나다. 선의지를 통해 증명된 도덕법칙을 열심히 실천하면서 살면 되는 것이다.

삶은 곧 고통이다

쇼펜하우어는 우리가 살고 있는 이 세계가 우리가 생각할 수 있는 세계 중에서도 단연코 최악의 세계라고 말했다. 고통이야말로 삶의 실재이며 쾌락이나 행복은 다만 소극적인 것, 즉 고통의 부재 상태에 불과하다는 것이다. 그렇다면, 인간은 왜 이처럼 고통스러울 수밖에 없는 운명에 처했는가?

쇼펜하우어는 고통의 원인을 욕망에 있다고 보았다. 인간은 욕망 덩어리다. 식욕, 성욕, 수면욕, 명예욕, 소유욕, 권력욕 등 인간의 마음을 움직이고 행위를 유발하는 근원은 바로 의식이 아닌 욕망이다. 우리는 욕망을 맹목적으로 추구한다. 하지만 이러한 욕망은 잠시도 쉬지 않고 좀처럼 충족되지도 않는데, 충족되지 않는 욕망은 언제나 고통으로 남게 된다. 어렵사리 욕망이 충족되었다고 해도 그 만족감은 일시적인 것에 불과하여 얼마 못 가 권태라는 또 다른 이름의 고통에 빠져들게 된다.

쇼펜하우어

장난감을 가지고 싶다며 울고 불며 떼를 쓰는 어린아이에게 장난감을 던져주면, 아이는 그것을 아주 재미있게 가지고 놀지만 채 한 달도 지나지 않아 싫증을 내기 시작한다. 다른 장난감을 사달라고 울면서 조르기 시작하는 것이다. 그 아이가 성장하여 성인이 되면 장난감 대신 사회적 지위, 명성, 아파트, 고급 승용차 등을 추구하게 될 뿐이다. 마찬가지로 하나의 욕망이 충족되면 만족감은 오래가지 못하며, 또 다른 삶의 과제가 나타나고 우리는 그 충족되지 않은 욕망 앞에 서 또다시 고통을 겪게 된다. 그리고 언제나 냉정한 현실은 우리의 의지 실현을 가로막는 장애물들로 넘쳐난다.

　　물질적인 것뿐만 아니라 순수한 것, 정신적인 것으로 여겨지는 것도 예외일 수 없다. 사랑도 마찬가지다. 사랑에 목마른 두 남녀가 만나면 처음엔 서로에 대한 감정이 뜨겁게 불타오르지만, 그 이면의 근본적 욕구 **종족번식이라는 맹목적 의지** 를 충족하고 나면 얼마 지나지 않아 권태에 빠져들게 된다. 쇼펜하우어는 제아무리 고상하고 순수한 것으로 여겨지는 사랑도 그 감정의 이면에 더욱 원초적인 맹목적 의지가 깃들어 있다고 보았다. 그 원초적 욕망이 충족되는 순간 사랑이라는 감정도 식게 된다. 이처럼 욕망 덩어리인 인간은 겉으로는 제법 순수하고 고결한 명분을 내세우지만, 결국 결핍과 권태 사이를 오가는 시계추처럼 영원히 고통을 당하는 존재에 불과하다.

　　그러면 인간은 어떻게 하면 고통으로부터 해방될 수 있는가? 쇼펜하우어는 욕망 즉, 맹목적 의지와 결별함으로써, 삶의 고통에서 해방될 수 있다고 보았다. 이것이 쇼펜하우어의 행복론이다. 욕망을 초래하는 맹목적 의지에 굴복당하지 않기 위해, 우리는 고통을 초래하는 내면의 맹목적 의지를 인식하고 철저히 금욕적인 생활을 해야 한다는 것이다.

헤겔 vs 쇼펜하우어

쇼펜하우어는 자신의 철학이 칸트의 영향을 받았음을 인정하면서도, 함께 칸트 철학의 영향을 받은 헤겔에 대해서는 강렬한 비판을 가했다. 헤겔은 물자체와 현상계를 '절대정신'이라는 개념 아래에 다시 합쳐 놓았지만, 쇼펜하우어가 보기에 이것들은 다 엉터리이며, 칸트가 나눠놓은 물자체와 현상계를 그대로 둬야 한다고 생각했다. 그대신 쇼펜하우어는 '의지'라는 개념을 내세웠다.

쇼펜하우어는 세계를 현상계와 본체계로 구분한 칸트의 견해를 받아들였지만, 칸트가 설명하지 못한 본체계의 본질을 설명하고 싶어 했다. 칸트는 물자체에 관해 아무것도 파악할 수 없는 데 반해 쇼펜하우어는 그것을 의지라고 주장했으며, 인간 의식 안의 근원에 들어가면 물자체의 본질을 깨달을 수 있다고 말하였다. 쇼펜하우어에게 있어 칸트의 물자체는 '의지'였고 그것은 무의식적 충동과 연결되는 것이었다.

세계는 의지가 객관화된 것이다. 우리의 육체도 의지가 객관화된 것이다. 인간의 입과 혀는 식욕이 객관화된 것이다. 생식기는 성욕이 객관화된 것이다. 이것은 동식물뿐만 아니라 자연현상, 즉 물이 바다로 흐르는 것, 자석이 쇠를 끌어당기는 것조차 그 개체들의 의지에 의한 것이다. 세계의 의지란 곧 시공을 초월한 것이며 우리 개인의 의지 또한 마찬가지라는 것이다. 결국, 우주의 의지와 우리 내면의 의지는 동일한 것이 된다. 세계에 있는 모든 것들의 성질이 우리 안에 있는 성질과 동일하다. 의지는 시간과 공간이라는 개별화 원리에 따라 수많은 개별적 대상을 통해 나타날 따름이다. 우리는 개별성ego 을 내려놓고 의식 안의 근원으로 들어가 자신과 우주가 별개가 아님을 깨닫게 됨으로써, 다른 모든 사물과 생물에 대해 깊은 통찰을 해낼 수 있고 동질감을 가질 수 있게 된다.

쇼펜하우어는 칸트 철학에서 시작했지만, 칸트 철학을 넘어서려고 했으며, 칸트의 도덕법칙과는 차별화된 독창적인 윤리관을 정립했다. 하지만 그의 철학에 대한 세상의 태도는 무관심이었다. 쇼펜하우어의 철학은 1819년 출간된 《의지와 표상으로서의 세계》를 통해 본격적으로 세상에 드러났지만, 출판업자도 그 판본의 대부분을 폐지로 팔아버릴 결심을 할 정도로 이 책은 너무도 팔리지 않았다. 쇼펜하우어는 대학에서 고의로 헤겔과 동일한 시간대에 강의를 개설하고 학생들이 누구의 강의를 더 많이 선택하는 것으로 헤겔에게 도전했지만, 결과는 쇼펜하우어의 압도적인 패배였다. 헤겔의 강의실에는 학생들이 넘쳐났지만, 쇼펜하우어의 강의실에는 고작 5명의 학생이 참석한 것으로 전해진다.

이것은 너무나 뻔한 결과였다. 학생들 입장에서는 자칭 천재 쇼펜하우어보다는 이미 공인된 철학자인 헤겔 뒤에 줄을 서는 편이 출세에는 더 유리했을 것이다. 당시는 이성의 철학이 지배적인 시대였기에 맹목적 의지를 주장하는 쇼펜하우어의 철학은 대중의 눈에 들어올 리가 만무했다. 세상을 증오했지만, 세상의 인정을 받고 싶었던 쇼펜하우어는 죽음의 문턱 앞에 선, 백발의 노인이 되어서야 세상으로부터 명성을 얻기 시작했다. 하지만 헤겔과의 대결에서 결국 쇼펜하우어가 이긴 것이라고 보는 견해도 있다. 쇼펜하우어의 철학이 니체, 프로이트, 융, 비트겐슈타인, 아인슈타인 등 위대한 학자들과 도스토옙스키, 톨스토이, 토마스 만, 바그너, 카프카, 헤르만 헤세 등 수많은 예술가에게 큰 영향을 주었기 때문이다.

니체의 초인

니체가 말하는 초인은 하늘을 날아다니거나 자동차를 한 손으로 들어올리지는 못하지만, 삶의 모든 고통을 초극하며 끊임없이 자기 자신을 뛰어넘어 새로운 가치를 창조할 수 있다. 초인이란 외부의 가치를 따르지 않고 자신의 가치를 만드는 사람, 인간의 불완전성이나 제한을 극복한 이상적 인간을 말한다. 항상 자기 자신을 극복하는 존재이며, 자신과 세계를 긍정할 수 있는 존재이자, 지상에 의미를 부여하고 그 의미를 완성하는 주인의 역할을 하는 존재다. 니체는 《차라투스트라는 이렇게 말했다》에서 초인超人, Übermensch 이란 '지성과 긍지로 가득 차 있고 생명력은 넘쳐나며 그것으로써 자신의 한계에 끝없이 도전하여 자신을 높을 곳으로 끌어올리는 사람'이라고 서술하였다. 니체가 말한 초인은 대략 다음과 같은 인간으로 정의할 수 있다.

- 남이 제시한 가치관에 기대지 않는 자.
- 고난과 고통이 있어도 거침없이 자신의 길을 걷는 자.
- 기성 질서와 권위에 현혹되지 않는 자.
- 나의 의지를 관철시키는 데 장애물이 있어도 담대한 태도로 밀어붙이는 자.
- 자신의 한계를 끊임없이 초월하는 자.
- 허무주의를 넘어선 자.
- 디오니소스적 긍정의 힘을 지닌 자.

니체가 말하는 초인은 우리가 흔히 생각하는 슈퍼맨과 다르다. 니체의 초인은 전지전능한 신적 존재나 다양한 초능력을 쓰는 슈퍼맨과 다른 의미를 갖는다. 초인은 비극적 상황에서도 자긍심을 잃지 않고 기존의 가치를 뛰어넘어 새로운 가치를 창조하는 극복인克復人 이다. 우리는 내면에 고통이 없는 상태를 곧 이상적인 상태라고 생각한다. 고통이 없는 상태가 바로 행복 그 자체인 것이다. 하지만 니체는 고통이 없는 상태를 행복이라고 하지 않는다. 고통 속에서도 힘이 증가하고 있다는 느낌, 저항을 초극하고 있는 자기 힘에 대한 확신이, 곧 생명력이 충만한 상태임을 말해주는 것이며 그것이 바로 행복이라고 말한다. 이런 관점에서 초인은 고난을 견디는 것에 그치지 않고 고난을 사랑하는 사람이며, 오히려 고난이 찾아오기를 촉구하는 사람이다. 자신의 가혹한 운명마저도 사랑할 줄 아는 존재가 초인이다. 안락한 생존에만 연연하는 인간, 아주 작고 불편한 자극에도 불평을 쏟아내는 인간은 초인超人 과 대조되는 존재로서, 니체는 최후의 인간, 말인末人이라 했다. '초인'과 대비되는 최후의 인간 '말인'은 쾌락과 만족에 빠진 나머지 모든 창조력을 잃어버린 사람들이다. 작은 쾌락이나 소일거리에서 행복을 찾는 대부분의 현대인들이 이러한 '말인'에 해당한다.

반면, 지성과 긍지로 가득 찬 초인은 보편성에서 벗어나 자신의 독립적 가치를 창조할 수 있는 사람이다. 이것은 초인이 다른 사람들의 삶에 큰 영향을 미칠 수 있음을 의미한다. 초인은 존재의 고통을 알고 있기 때문에 고통 받는 한 개인이기를 넘어서서 인류의 향상을 실천할 의향이 있는 존재다.

니체

운명을 받아들이는 태도, 아모르 파티

나는 아무리 낯설고 가혹한 문제에 직면해서도 삶 자체를 긍정한다. 자신의 최상의 모습을 희생시키면서 자신의 고유한 무한성에 환희를 느끼는 삶에의 의지. 이것을 디오니소스적이라 부른다. _ 니체의 《이 사람을 보라》

니체는 인간이 운명을 대하는 태도를 크게 세 가지로 구분했다.

하나는 인간이 자신의 의지로 모든 것을 이룰 수 있다고 보는 태도다. 인간은 자신의 의지로 운명도 결정지을 수 있다는 것이다. 이는 일종의 자유의지의 철학으로 얼핏 보기에는 힘차고 주체적으로 보이기 때문에 니체의 철학과 유사해보인다. 하지만 극단적인 자유의지의 철학을 니체는 단죄의 철학이라고 비판한다. 인간이 자신의 운명을 결정지을 수 있다는 자유의지의 철학은 힘차고 희망적으로 보이지만, 그것은 곧 실패에 대한 용서가 없음을 의미한다. 하지만 초인은 앞서 살펴보았듯이 성공을 전제하지 않는다. 초인超人 과 말인末人 을 구분하는 기준은 삶을 대하는 실존양식에 있는 것이다.

다른 하나는 숙명론이다. 숙명론에 따르면, 인간의 운명은 애초부터 정해져 있으므로 인간은 무기력한 존재에 불과하다. 숙명론적 태도는 일종의 패배주의로서 자신의 모든 불행을 운명의 탓으로 돌리기 쉽다.

마지막으로는 운명을 긍정하고 사랑하는 태도다. 이것이 니체가 말한 운명애, 즉 아모르 파티Amor fati 다. 니체가 볼 때, 운명을 사랑한다는 것은 운명을 거부하는 것도 맹목적으로 순종하는 것도 아니다.

운명을 사랑한다 함은 운명을 아름답게 조각하는 것이다. 물론 그 창조의 과정에는 고통이 동반되겠지만 말이다.

니체의 운명애는 삶이 만족스럽지 않거나 힘들더라도 자신의 운명을 받아들여야 한다는 개념이다. 그렇다고 고난과 어려움 등에 굴복하거나 체념하는 것 같은 정신승리, 즉 수동적인 삶의 태도를 의미하지는 않는다. 니체가 말하는 아모르 파티, 즉 운명애는 자신의 삶에서 일어나는 어려움조차 받아들이는 적극적 방식의 삶의 태도를 의미한다.

즉 부정적인 것을 긍정적인 가치로 전환하여 자신의 삶을 긍정하고, 그에 대한 책임을 지는 것이다. 사기를 당했어도, 실업난에 허덕여도, 사고로 신체 일부를 잃었어도 모든 책임은 여러분에게 있다. 왜냐하면, 여러분이 인생의 주인이기 때문이다. 사기를 당해서 손해를 입었다면 잘못은 사기꾼에게 있지만, 긍정적인 에너지를 회복하고 인생을 다시 꾸려나갈 책임은 전적으로 당신에게 있는 것이다. 그 누구도 대신해줄 수 없다.

영원회귀, 현재의 삶이 영원히 되풀이된다면?

어느 날 낮이라도 좋고 밤이라도 좋다. 혼자서 적막하게 있는데 한 악령이 슬며시 다가와 이렇게 속삭인다. 너는 현재의 삶을 그리고 지금까지 살아온 이 현실의 인생을 일획의 수정 없이 다시 한 번, 아니 무한 반복해서 살아야 한다. 새로운 것이라고는 아무것도 없다. 일체의 고통, 일체의 환호, 일체의 사유와 신음, 네 생애 가운데 있었던 작고 큰 일체의 것들이 동일한 순서, 동일한 결과대로 너에게 되돌아온다. 현존의 모래시계는 영원히 회귀한다고 말한다면, 너는 굴복하지 않고 분노한 나머지 그렇게 말한 악령을 저주하겠는가 아니면, '너는 신이다. 나는 너 이상으로 신다운 것을 보지 못하였다.'라고 안도의 대답을 주겠는가? _ 니체의 《차라투스트라는 이렇게 말했다》

    니체가 말하는 영원회귀에서는 내세를 인정하지 않는다. 지금 우리가 존재하는 현세에 주목한다. 이 세계는 신에 의해 창조된 것이 아니라 스스로 존재하고, 운동하며, 생성 소멸한다. 초인은 오직 현재의 삶, 순간의 생을 절대적 가치로 긍정할 뿐이다. 초인은 현실의 생을 너무나 사랑한 나머지 생의 모든 순간이 결코 소멸되지 않고 다시 회귀해서 영원히 되풀이되길 바란다 물론 니체가 이 세계가 정말로 그렇게 돌아간다고 생각하는 것은 아니다. 이것은 일종의 사유실험이다.

    마치 현재의 삶이 영원히 되풀이된다는 자세로 삶을 대해야 한다는 것이다. 내세를 상정하지 말고 현재가 무한반복된다는 듯이 온 힘을 다해 삶을 살아야 한다는 가르침인 것이다. 그만큼 현실을 사랑하라는 이야기다. 영원히 되풀이된다고 해도 후회가 없을 만큼 우리는 성실하게, 최대한 멋지고 만족스럽게 살아야 한다. 이것이 바로 삶을 대하는 초인의 태도다.

초인에게 내세가 있다면 현실의 삶이 불만족스럽더라도 내세에서 더 만족스러운 삶을 기대하게 된다. 내세의 상정은 우리가 두 자리로 지탱하고 서 있는 현실세계, 즉 '이 세계'에 대한 암묵적인 평가절하가 깃들어 있다. 그렇게 되면 우리는 현세의 삶을 소홀히 하게 된다. 권력에의 의지는 축소된다.

영원회귀란 허무주의의 가장 극단적 형태로서 인간을 궁극적 결단의 상황에 직면케 하는 최대의 무게를 갖는 사상이다. 여기서 아모르 파티, 즉 운명애가 나온다. 아무리 힘든 운명이라도 단순히 견디는 것을 넘어 사랑하는 일이다. 인생에 있어 변경을 요구하지 않을 만큼 충실히 하는 것. 운명애는 맹목적으로 순환하는 것 같은 삶의 과정을 자기 고양의 필연적 계기로 승화시킬 수 있는 삶의 태도를 말한다.

우리가 다시 살고 싶지 않은 삶을 살고 있다면, 최선을 다하지 못하고 있음이 분명하다. 하루하루를 무의미하고 무기력하게 보내는 사람은 자신의 삶이 무한 반복된다는 것에 대해 극도의 거부감을 넘어 두려움을 느낄 것이다. 그렇게 우리의 삶이 무한반복된다고 상상했을 때, 우리가 삶을 어떻게 살아야 하는지가 자명해진다.

신은 죽었다

"신은 죽었다."

니체는 기독교에 뿌리를 내린 이 세상에 가장 도발적인 문장을 내던졌다. 기독교 집안에서 태어나 신학을 공부하며 자란 니체는 어째서 '신은 죽었다.'라고 외친 것일까. 신이 죽었다고 말하는 니체는 단순한 무신론자인가? 니체는 정말 신이 존재하지 않는 사실을 증명한 것일까? 아니면, 신은 원래 존재했는데, 이젠 죽고 없다는 사실을 증명한 것일까? '신은 죽었다.'라는 니체의 문장은 오늘날에도 수많은 오해를 받고 있다. 사람들은 니체가 말한 '신'이 무엇을 의미하는지 잘 모른다. 니체가 죽었다고 말하는 '신'은 기독교적 하나님이나 그리스도만을 의미하지 않는다. 여기서 신은 절대적인 가치, 진리 따위를 상징한다.

즉, 이제까지 인간을 지배해왔던 모든 종교적·철학적·도덕적 이념들을 상징적으로 표현하는 개념인 것이다. 서구의 사상은 필연적으로 기독교적 세계관에 뿌리를 내리고 있다. 기독교는 무엇이 절대적 진리인지, 무엇이 최고의 가치인지, 무엇이 선한 것인지를 설파하면서 우리가 어떠한 삶을 살아야 하는지를 우리의 의지에 앞서 미리 결정해버린다. 플라톤은 세계를 이분법적으로 접근하여 분석했다. 이것이 바로 현상계와 이데아의 세계이다.

현상계는 가변적이고 유한한 우리의 경험세계에 불과하지만, 이데아는 영원불멸하고 초경험적인 세계다. 참된 진리와 미는 이데아에 속해 있는 것이다. 세계를 이분법적으로 해부하는 이러한 접근은 수많은 버전을 가지고 있는데, 세계를 현상계와 물자체로 나눈 칸트가 그렇고, 기독교적 교리가 그렇다. 기독교도들 역시 플라톤과 칸트처럼 세계를 원죄를 가지고 태어난 인간들이 존재하는 '이 세계'와 천국에 있는 '저 세계'로 나누는 이분법을 가지고 있다. 세계를 '이 세계'와 '저 세계'로 나누는 것은 '이 세계'에 대한 암묵적인 폄하를 담고 있다. 증명할 수도 없는 '저 세계'가 우리에게 신성화된 의무를 부여하고 명령을 내림으로써 '이 세계'에 대한 가치를 평가절하하는 것이다. 플라톤은 '이 세계'가 참된 세계가 아니라고 역설하며 기독교는 '이 세계'를 죄로 타락한 세계로 본다.

그래서 니체가 말하는 신은 '이 세계'를 평가절하하는 기준이 되는 '저 세계', 즉 절대적 진리나 초월적인 선을 의미하는 것이다. 다시 말해 '신은 죽었다.'라는 상징은 인간을 지배해온 전통적 가치와 도덕 원칙들이 힘을 잃었다는 것을 의미한다. 당시의 사회는 종교와 과학 간 충돌, 종교개혁으로 인해 인간을 지배해온 기독교적 가치와 도덕 원칙들이 힘을 잃기 시작했다. 사람들은 그동안 절대적 진리로 간주되어 왔던 것들에 의문을 품기 시작했고, 니체는 그것을 지적해 "신은 죽었다."고 말한 것이다.

지금까지 인간을 지배해온 종교적·철학적·도덕적 이념이 사라지고 없는 시대, 이 빈자리를 무엇으로 채울 것인가? 우리는 이 허무함을 어떻게 극복할 것인가? 절대적 가치를 상실한 우리는, 대체 무엇에 의존해야 한다는 말인가? 니체는 우리에게 초인이 되라고 주문한다. 이제 신이 죽어 비어 있는 자리는 '권력에의 의지'를 추구하는 '초인'이 대신한다. 절대적 진리가 없고, 모든 것이 허무하다는 것을 능동적으로 바꾸면, 바로 그 자리에 자신이 스스로 새로운 진리와 가치를 세울 수 있다는 뜻도 된다. '신은 죽었다'라는 말은 너 스스로의 가치를 창조하라는 말과 같다. 더는 절대적 가치에 의존할 필요도 없고 의지할 만한 완벽한 가치체계가 존재하지 않는다고 투덜댈 필요도 없다.

벤담의 최대다수의 최대행복

영국의 철학자이자 법학자인 제러미 벤담은 최대다수의 최대행복의 실현이라는 공리의 원리로 사회가 선택해야 할 도덕에 명확한 정식을 부여했다. 공리주의에서 중요한 것은 '유익함'의 정도를 측정하는 척도에 있다. 어떤 행동이 우리에게 얼마나 많은 이익을 주는가를 기준으로 옳고 그름을 판단한다. 공리주의자에게 있어 쾌락은 곧 선이고, 고통은 곧 악이다. 결국, 어떤 행위가 가져다주는 쾌락의 양과 고통의 양을 계산하여, 합계에서 쾌락이 최대가 되는 행위를 선택하는 것이 도덕적으로 옳은 선택이 되는 것이다.

벤담은 이러한 공리의 원리를 개인적 차원의 생활에 적용할 수도 있지만, 법을 만들고 집행하는 과정에도 똑같이 적용해야 한다고 보았다. 즉 벤담에게 있어 도덕적이고 정의로운 법이란, 사회의 모든 사람의 전체적 행복을 양적으로 증진시킬 수 있는 법이다. 한 사람 한 사람의 행복을 계산해서 사회 전체적인 행복의 총량을 극대화하는 법과 제도가 도덕적이고 정의롭다고 판정하는 셈이다. 이 논리를 기반으로

벤담

벤담은 사회를 어떻게 이끌어야 할지에 대해 명확한 답을 제시한다.

예를 들어, 어떤 시에 쓰레기 소각장을 건설할 경우, A 지역에 세우면 A 지역 주민들 1,000명이 고통을 받게 되고, B 지역에 세우면 B 지역의 주민 2,000명이 고통을 받게 된다고 하자. 구성원 한 사람 한 사람의 쾌락을 평등하게 계산하기 때문에 소각장을 A 지역에 세울 경우, 공리가 $1{,}000_{2{,}000\text{-}1{,}000}$ 이, B 지역에 지을 경우엔 공리가 $-1{,}000_{1{,}000\text{-}2{,}000}$ 이 된다. 따라서 A 지역에 짓는 편이 최대다수의 최대행복을 실현하고, 도덕적으로 옳은 선택이 될 것이다. 벤담의 공리주의에서는 다수자의 이익을 위해 소수자의 희생은 발생할 수 있다고 생각한다.

한편 벤담은 세상엔 다양한 쾌락들이 존재하지만, 이들 사이에는 질적인 차이가 없다고 보았다. 지적인 쾌락이나 육체적 쾌락이나 질적인 차이는 없고, 단지 크기만을 기준으로 수치화해서 비교할 수 있다는 것이다. 그래서 벤담의 공리주의를 양적 공리주의라고 한다. 공리주의에도 많은 비판들이 있어왔다. 공리를 극대화한 선택의 결과가 비도덕적일 수 있다는 지적이 대표적이다. 다수의 생존을 위해 한 명을 살인해서 식인을 했다면, 그것은 정의로운 행동인가? 미뇨네트호 사건은 영국선 미뇨네트호가 희망봉 앞바다에서 난파하여, 표류 18일만에 음식이 떨어지자 선원 3명이, 소년 선원 1명을 죽여 그 고기를 먹고 살아남은 이야기를 담고 있다. 이 사례에서 선원들의 행위가 결과적으로 공리를 증대시켰지만 도덕적으로 옳다고 할 수 있을까?

배부른 돼지보다 배고픈 소크라테스가 되는 게 낫다

벤담은 '최대 다수의 최대 행복'이 인간 행동의 근거가 되어야 한다고 보았고, 이를 측정하기 위해 쾌락의 강도, 지속성, 확실성, 근접성, 생산성, 순수성, 범위성 등 일곱 가지 기준을 제시했다. 이 일곱 가지의 기준을 통해 끊임없이 쾌락과 고통의 양을 계산해 나가며 공리를 증진시키자는 것이다. 그의 공리주의 개념은 기존의 관념적인 윤리학과 비교해 볼 때, 분명 현실 적용에 용이하다는 장점을 가지고 있었다. 하지만, 쾌락의 총량만을 중시하기 때문에, 자칫 소수의 행복이 무시당할 수 있다는 문제점을 가지고 있었다.

영국의 철학자 존 스튜어트 밀은 벤담의 공리주의를 이어받았지만, 벤담의 양적 공리주의에 문제가 있다고 보고 새로운 시각을 도입했다. 쾌락의 질적 차이에 주목하여 공리주의를 수정한 것이다. 밀은 정신적 쾌락이 육체적·감각적 쾌락보다 더 우월하다고 보았다. 예를 들어, 독서를 통해 얻는 쾌락의 양과 마약을 통해 얻는 쾌락의 양이 같다고 해도, 질적으로 두 행위는 결코 동일하지 않다는 것이다. 그래

밀

서 밀의 공리주의를 질적 공리주의라고 한다.

최대 다수의 최대 행복을 실현하는 행위를 선택했을 때, 사회 전체 행복의 총량이 최대가 되어도, 그 사회의 구성원 전원이 이익을 얻는 것은 아니다. 대부분의 사람들은 행복해질지라도, 일부의 사람들은 손해를 보거나 불행해지는 경우가 발생한다. 예를 들어, 어떤 병원에 각각 심장, 신장, 간이 나쁜 세 사람의 환자가 입원해 있다고 하자. 그들은 장기이식을 하지 않으면 곧 죽게 된다. 그런데 그곳에 어느 주정뀬 한 명이 실려 들어온다. 이 남자는 친척도 없고, 죽어도 찾아올 사람들이 없다. 이 남자 한 명을 살해하여 장기를 이식한다면, 세 사람이 행복을 얻고 한 사람이 불행해지므로 행복의 크기는 '3-1=2'가 된다. 그래서 한 사람을 희생시켜 이식을 진행하는 것이 최대 다수의 최대 행복을 실현하는 도덕적 행동이 되어버린다.

반면, 밀은 이것이 아이러니라고 생각했다. 이것은 너무 이기적이고 기계적이라는 것이다. 벤담은 행복의 기준인 쾌락을 양적으로 계산했지만, 여러 가지 쾌락의 사이에는 분명 질적인 차이가 있다. 따라서 질이 낮은 쾌락이 양적으로 많아졌다 하더라도, 소량의 질 높은 쾌락을 넘어설 수는 없다. 아무런 죄도 없는 사람을 살해하여 생명을 연장하는 저급한 쾌락을 몇 사람 몫으로 모아도 타인을 희생시키지 않는 삶의 방식을 선택하는 쾌락을 넘어설 수는 없다는 것이다. 밀은 이러한 생각을 '만족한 돼지보다는 불만족한 인간이 더 낫다. 만족한 바보보다는 불만족한 소크라테스가 더 낫다.'라고 표현했다. 하지만 밀의 질적 공리주의 역시, 행동의 결과를 중시하는 결과주의로 인해, **양적 공리주의와 마찬가지로** 도덕을 결과적 행복의 수단으로 격하시켰다는 비판을 받는다.

유물론과 관념론의 차이는 무엇인가?

세상을 해석하는 데는 크게 두 가지 생각법이 있다. 하나는 유물론적 방법이고 다른 하나는 관념론적 방법이다. 유물론자는 모든 현상이 물질의 상호작용에서 비롯된다고 본다. 유물론은 스펙트럼이 넓어서, 크게 존재론적 유물론, 기계론적 유물론, 변증법적 유물론으로 나눌 수 있다. 존재론적 유물론자는 존재하는 모든 것을 물질로 보며, 대표적 인물로 물을 만물의 근원으로 본 탈레스와 모든 현상을 원자의 운동으로 설명하려 했던 데모크리토스를 들 수 있다. 기독교가 중심을 차지하던 중세시대까지는 관념론이 대세였지만 17세기 계몽주의시기에 와서, 모든 것이 기계처럼 물리법칙에 따라 운동한다는 유물론이 우세해지기 시작한다. 데카르트는 정신과 육체를 따로 구분하는 이원론적 입장을 가지고 있으면서도, 부분적으로는 기계론적 유물론의 입장을 취했다.

　변증법적 유물론자로는 칼 마르크스가 대표적이다. 그는 물질이 관념을 결정한다고 생각했다. 물질과 관념을 모두 인정했지만 주도권을

마르크스

물질에 둔 것이다. 우리 사회에는 학문, 예술, 종교, 정치, 교육, 법, 철학이 있다. 우리는 이런 것들이 관념적인 가치를 실현하고 있다고 믿지만, 마르크스에 따르면, 이런 상부구조는 물질적 토대생산양식에 의해 좌우될 뿐이다. 즉, 학문, 종교, 예술, 정치 등의 상부구조는 단지 기득권자자본가가 자신들의 생산양식을 유지하기 위한 수단에 불과할 뿐이다. 그래서 사회를 변화시키려면, 상부구조를 바꿀 것이 아니라 혁명을 통해 생산양식을 빼앗아야 한다는 논리가 도출되는 것이다.

이제 관념론을 살펴보자. 관념론자들은 현실이 관념과 사고 속에서만 존재한다고 주장한다. 현실은 물리적인 것이 아니라 정신적 실체이며, 따라서 우리의 의식과 사고 밖에는 어떤 현실도 존재하지 않는다는 것이다. 대표적인 관념론자로는 물질의 세계 이전에 이데아가 있다고 주장한 플라톤을 들 수 있다. 우리가 정삼각형, 이등변삼각형, 직각삼각형을 모두 삼각형으로 인식하는 것은 우리 정신에 이미 삼각형의 이데아가 존재하기 때문이다.

18세기에 활동한 독일 철학자 칸트 역시 대표적인 관념론자다. 칸트는 우리가 외부 세계를 관찰해서 정보감각자료를 획득한다고 말한다. 이때 경험의 정보들은 경험에 앞서 일정한 체계로 구성된 우리 정신을 통해 조직화되고, 비로소 의미 있는 것이 된다. 칸트는 우리가 외부의 사물 자체는 알 수 없으며, 단지 사물이 우리의 선험적 인식체계를 통과한 뒤에 보이는 것현상만 알 수 있다고 하였다.

칸트는 우리의 인식체계를 넘어서는 외부세계를 알려는 헛된 목표를 포기해야 한다고 주장하면서도, 인간은 물자체를 인식할 수는 없지만 선험적인 인식 체계에 의해 물자체에 대한 보편적인 판단을 할 수 있게 된다는 점을 들었다. 결국 이성의 기능을 회복시켰고 보편적 지식을 구원해냈다코페르니쿠스적 전환. 이후 등장한 헤겔은 모든 현상과 개념을 포괄하는 일자가 존재한다고 주장한다. 이것은 역사적 과정을 통해 절대정신으로 드러난다.

변증법적 유물론이란 무엇인가?

헤겔은 역사의 발전을 절대정신의 실현으로 이해하였다. 역사는 정립, 반정립, 그리고 종합을 통해 계단식으로 발전하며, 이는 절대정신이 그 본질을 실현해가는 과정이다. 여기서 헤겔의 철학이 다분히 관념적이라는 것을 알 수 있다. 즉, 정신을 우선시하고, 물질은 부차적인 것으로 취급하여 역사를 해석한 것이다. 반면, 포이어바흐는 관념적인 헤겔 철학에 대한 비판을 통하여 유물론적인 인간 중심의 철학을 제기했다. 유물론은 세계의 근원을 물질로 보는 사유방식이다. 물질이 모든 것의 근원이기 때문에 정신은 물질에 의해 일어나는 작용에 불과하게 된다. 정신은 뇌의 작용이며, 뇌가 죽으면 정신도 사라진다.

독일의 경제학자이자 정치학자인 칼 마르크스는 헤겔의 관념적 변증법을 선택적으로 수용하고 포이어바흐의 유물론에 영향을 받아 세계 변화를 설명하는 자신만의 사상을 정립했다. 마르크스는 지금까지 존재했던 모든 사회의 역사를 '계급투쟁의 역사'로 규정하였다. 즉 지배하는 자와 지배받는 자, 착취하는 자와 착취당하는 자, 가진 자와 가지지 못한 자 간의 대립과 투쟁의 역사로 파악하였다. 지배자와 피지배 간의 대립 결과 역사는 변증법적 발전을 거쳐 궁극적으로는 인류는 계급 없는 평등 사회를 이룩할 수 있다고 마르크스는 주장하였다역사가 인간의 의식이나 사상에 의해 발전되는 것으로 본 헤겔과 달리, 그는 물질적 생산양식이 역사 발전의 원동력이라고 보았음을 알 수 있다 .

사회 단계	주요 구성 계급
원시 공산 사회	무계급
고대 노예 사회	자유민/노예
중세 봉건 사회	영주/영노
근대 자본주의	자본가/노동자
미래 공산주의	무계급

그는 인류의 역사가 5개의 발전 단계를 통해 계급 없는 평등사회로 나아갈 수 있다고 주장했다.

헤겔은 역사의 발전을 절대정신이 정반합의 과정을 통해 그 본질을 실현해가는 과정으로 해석했다. 헤겔은 절대정신의 최종목적이 자유의 실현에 있다고 보았다. 그래서 이 세상에 완전한 자유가 달성되었을 때가 곧 절대정신이 그 자체의 본질을 실현한 때이다. 한편 마르크스는 사회가 변증법에 따라 변할 것임을 인정하면서도 여기에다가 유물론을 결합하여 역사발전의 원동력이 물질적 생산양식에 있음을 주장하였다. 그리고 발전의 마지막 단계에는 계급이 없는 평등사회인 '미래 공산주의'가 놓여 있다. 이것이 변증법적 유물론을 역사 변화의 과정에 적용한 사적 유물론이다.

마르크스의 자본론

칼 마르크스는《자본론》에서 노동에서 소외라는 문제를 통해, 인간소
외 현상을 철학적으로 접근했다.《자본론》은 분량이 매우 방대한 저작
으로 총 4부작으로 구성되어 있다. 마르크스의 생전인 1867년 제1권
이 출간되었고, 마르크스가 평생을 들여 집필한 원고를 엥겔스가 정리
하여 제2권에서 제4권까지 완결시켰다. 애덤 스미스를 비롯한 정치경
제학자들의 견해에 따르면, 노동은 부를 축적할 수 있는 수단이며 소
유권의 정당한 원천이다. 그러나 이러한 주장에도 불구하고, 마르크
스가 활동하던 시절의 노동자들에게 있어 노동은 부의 원천이 아니라
생존의 함정이었다. 그들은 굶어 죽지 않기 위해 임금노동자가 되어야
했다. 교도소에 수감된 죄수의 식량과 비교될 정도로 낮은 임금을 받
으면서도 노동을 할 수밖에 없었던 것이 그 당시의 현실이었다. 마르
크스는 이러한 이율배반적 현실을 파악하고 개혁하고자 하였다.

　《자본론》의 내용을 간략하게 정리하면…

마르크스의 《자본론》

- 잉여가치의 개념을 설명했다. 잉여가치란 자본가에게 고용된 노동자의 노동으로 생산된 생산물 가운데 생산수단의 손실을 보상하고, 노동자에게 노동의 대가로 지불하는 임금을 제외한 나머지 이윤로 자본가가 수취하게 되는 부분이다. 자본가는 단지 생산수단을 소유하고 있다는 법적 사살만으로 이러한 잉여가치 형태로 생산된 가치를 소유할 수 있다.

- 이런 잉여가치를 자본가가 소유하는 것을 가능하게 만드는 자본주의의 조건을 분석했다. 자본주의에서 노동자들은 정치적으로는 자유롭지만, 생산수단을 소유하고 있지 않다. 반면 자본가는 생산수단을 소유하고 있다. 따라서 노동자는 생존을 위해 자신을 상품화해야 하고, 이로써 자본주의적 사회관계가 형성된다. 자본주의사회에서 노동자는 원시시대의 노예나 봉건시대의 농노와 다르지만, 생산수단을 소유한 자본가에게 사실상 예속되어 있으며, 자신의 노동 대가를 자본가에게 착취당하기 때문에 '간접적 노예'인 것이다.

- 임금이 노동자가 겨우 생존을 유지할 수 있을 정도로 낮은 것은 인구의 압력 때문이 아니라, 자본가들로부터 멸시받는 수많은 실업자군의 존재 때문이라 설명했다. 자본주의에 의해 끝없이 확대 재생산되는 실업자군을 산업예비군이라 하는데, 이들은 노동자 간 경쟁을 심화하고, 이는 노동자들의 처지를 더욱 불리하게 만들어 임금을 생존 유지에 필요한 최소 수준으로 낮추고, 장시간 노동하는 것을 불가피하게 만든다.

- 근대 정치경제학자들이 자본주의를 가장 이상적인 사회형태로 간주하고, 여기에 적절한 수정과 개혁을 기대하는 수준에서 그치지만, 마르크스는 자본주의를 노예제도나 봉건주의와 마찬가지로 역사에 있어 하나의 단계를 이루는 사회체제로 보았다. 자본, 이윤, 임금 등의 개념이 탈역사적 개념이 아니라 역사적 개념이라는 것을 논증하는 게 《자본론》의 중요한 과제였던 셈이다. 마지막으로, 마르크스는 생산력의 발전에 있어서 자본주의적 생산양식의 기여를 인정하면서도, 고도로 발달된 생활양식에서는 자본주의적 관계가 생산력의 발전을 가로막는 질곡이 될 수 있음을 표현했다. 공황으로 인해 끊임없이 위기에 봉착하게 되는 것이다.

인간은 자유를
선고 받은 존재

의자와 컵이라는 사물은 그 본질이 미리 결정되어 있다. 그 형태가 다소 다양할지언정, 각 시대와 상황을 초월하여 존재하는 공통적 본질이 있다. 인간이 아닌 야생의 동물들은 일반적인 종의 특성을 연구하면 그것들의 거의 모든 것을 예측할 수 있다. 예측가능하다는 것은 본질이 고정적이라는 이야기고 본질이 고정적이라는 것은 스스로를 변화시킬 잠재력이 없음을 의미한다.

　호랑이의 본질, 전갈의 본질, 악어의 본질은 정형화되어 있다. 하지만 인간은 어떠한가? 인간은 미리 정해진 본질에 따라 살고 있는 것은 아니다. 인간은 어떠한 의무와 사명도 부여받지 않은 채, 이 세상에 내던져진 존재다. 인간은 본질에 의해 규정되지 않았다. 인간은 삶의 매순간마다 선택을 해야 한다. 그래서 사르트르는 '인간은 본질에 앞선다.'라고 말했다. 실존주의는 인간 존재 그 자체를 중요시한다. 본질이 사물의 일반적 본성을 의미하는 데 반해, 실존은 사물의 개별자로서 존재를 의미한다.

사르트르

인간의 본질이 애초부터 결정되어 있다면, 그에 맞춰 살면 그만이지만 인간의 본질은 미정형이므로 인간 개개인은 스스로의 존재방식을 선택하고 감당하도록 운명지어졌다. 인간이 본질에 앞선다는 것은 창조의 가능성을 내포하고 있는 것이다. 하지만 완벽한 자유가 꼭 좋은 것일까? 자유는 부담스럽기도 하다. 자유는 인간에게 불안을 가져다주기 때문이다. 인간의 삶은 답이 정해져 있지 않다. 무수한 선택의 갈림길 앞에 놓여 있다. 그래서 인간은 불안하다. 인간은 어쩔 수 없이 수많은 모순적인 동기로 혼란을 감당해야 할 처지에 놓여 있다. 인간이 다른 모든 동물들을 제치고 오늘과 같은 지위에 오를 수 있었던 것은 역설적으로 모든 동물 중 가장 큰 불안을 겪을 수 있는 존재였기 때문이다.

사르트르는 '인간은 자유를 선고받았다.'라고 말했다. 불안을 느끼는 인간은 불안을 피하기 위해 자신이 마치 어떠한 것을 선택할 자유가 없는 것처럼, 다른 선택지가 없는 것처럼 행동하는데, 사르트르는 이를 자기기만이라고 불렀다. 하지만 인간은 불안을 감당하면서, 어떤 것을 선택하면서 자신을 계속 미래로 던져야 한다. 더구나 사르트르는 우리에게 부여된 이 자유에는 매우 중요한 의미가 있다고 주장한다. 어떤 상황에서도 그 상황의 범위 내에서 우리는 자유롭게 행동을 선택할 수 있는데, 여기에는 책임이 따르기 때문이다. 우리에게 선택지가 없다면 책임질 일도 없다. 모든 것을 우리가 자유롭게 선택할 수 있기 때문에, 우리는 자신의 선택과 행동에 철저하게 책임을 지지 않으면 안 된다.

죽음을 직시하라

인간은 태어날 때부터 죽음을 안고 살아감을 늘 인식해야 한다. 인간은 죽음을 인식하고 살아가는 본래적 존재와 그렇지 않은 비본래적 존재로 분류된다.
_ 하이데거

일상생활을 영위하다 보면 '나는 왜 존재하는가?'라든가, '삶의 목적은 무엇인가?' 등의 막연한 물음이 불안과 함께 순간적으로 밀려오는 경우가 있다. 이 막연한 불안감을 회피하지 않고 그 끝을 계속 추적해보면, 인간은 아무런 이유 없이 세상에 내던져진 존재이며, 언젠가는 죽음으로써 이 세계에서 강제적으로 퇴장당하게 될 운명임을 깨닫게 된다. 죽음이 언제, 어떻게 다가올지 모르기 때문에 인간은 불안을 느낀다. 유한한 존재인 인간에게 죽음에 대한 불안은 인간 실존의 기본 전제다. 하지만 불안은 그 자체로 고통이므로 나쁜 것이고, 회피해야 할 대상일까?

이 지점에서 하이데거는 죽음에 대한 불안이 '비본래적 존재'가 '본래적 존재'로 도약할 수 있는 핵심 키가 될 수 있다고 주장한다. 본래적 존재는 진정한 자신으로서 사는 사람, 자신의 고유성을 지각하며 사는 사람이고, 비본래적 존재는 가짜개성을 가지고 사는 사람이다.

하이데거

현대인 대다수가 비본래적 존재에 속하며, 자신의 삶에 대한 실존적 고민을 회피하고, 삶의 방향성을 잃은 채 살아간다. 이들은 타인이 만들어 놓은 보편적 가치를 신봉하며, 그 속에서 조작된 욕망을 추구하고 자신의 존재를 망각한다. 그러나 본래적 존재는 죽음을 직시하고 매 순간 인식하기 때문에, 타인이 만든 세계에 놀아나지 않고 늘 자신을 돌아보며, 죽음 앞에 당당한 삶을 살아가게 된다.

이처럼 하이데거에게 있어 불안감은 떨쳐내야 할 감정이 아니라 자신의 고유성을 발견하고 삶을 더욱 풍성하게 만들어줄 도구가 된다. 하이데거는 죽음의 자각이 대단히 중요하다고 주장했다. 우리는 죽음을 미리 경험함으로써, 자신의 존재를 이해할 수 있고 고유성을 되찾을 수 있다. 그렇게 되면 이제 조작된 욕망과 가짜 개성을 주입하는 TV 프로그램 따위에 더는 흔들리지 않게 될 것이다.

더불어 산다고 해서 모든 문제가 해결되는 것도 아니다. 인간은 더불어 있기 때문에, 오히려 실존을 경험하기가 더 어렵게 될 수 있다. 왜 사람들은 무리 속에 서로 어울려 있는가?

인간은 고독 속에 있을 때, 혼자서 불안을 감당해야 하지만, 다른 사람들 사이에 섞여 존재를 희석시키면 불안의 정도를 낮출 수 있기 때문이다. 그래서 많은 사람들이 내면의 소리보다는 바깥사람들의 목소리에 촉각을 곤두세우는 것이다.

불안을 피하기 위해 자기 이해를 제쳐놓고 다른 사람들 속에 존재를 희석시키는 존재방식은 하이데거가 보기에 바람직한 삶의 방식이 아니다. 주변의 잡음을 끄기 위해 인간은 혼자 있을 필요가 있다. 자신에게 주입된 조작된 욕망과 신념을 모두 비우면, 내면의 소리를 잘 들을 수 있고, 자기 확신과 그에 따른 자기 고유의 결단을 불러올 수 있다. 대세를 따르는 가짜 개성에서 벗어나 진정한 '나'로서 삶을 살아갈 수 있는 것이다.

나는 나의 신체이다

광화문 거리를 보는 방법은 두 가지가 있다. 하나는 지도나 거리뷰를 통해 가상으로 보는 것이고 다른 하나는 직접 그 장소에 가서 걷는 것이다. 거리뷰 기능은 유익할 수 있다. 실제의 거리 모습을 객관적으로 반영하고 있기 때문에, 우리는 그곳에 가지 않아도 어느 위치에 무엇이 있는지를 바로 알 수 있다. 하지만 우리가 실제 광화문 거리를 걸을 때 얻게 되는 감각을 통한 느낌을 거리뷰 기능을 통해서도 느낄 수 있을까? 당연히 불가능할 것이다. 지도와 거리뷰는 수학적 측량에 따른 결과일 뿐이다. 지도와 거리뷰는 나의 주관이 제거된 객관화다. 우리는 지도 속에서 숨을 쉴 수도 없고, 거리의 냄새도 맡을 수 없다. 그 가상이 실제의 공간과 전혀 다른 것은 아니지만, 실제 그 공간을 걷는 것과는 엄청난 차이가 나게 것이다. 그래서 광화문 거리를 직접 걷는 것은 그 자체로 경험이 되지만, 지도는 객관적 이론의 결과라고 할 수 있다.

메를로 퐁티

프랑스의 철학자 메를로 퐁티는 지금까지의 전통철학은 마치 위에서 예시로든 지도처럼 이론적 객관화에 치중해서 인간과 세계를 분석했다며 비판을 가했다. 전통철학자들이 경험론자든, 합리이성 론자든 인간의 지적 능력에만 초점을 두어 철학을 전개했다면, 메를로 퐁티는 몸을 내세웠다. 우리는 정신이 아니라 신체를 가진 자로서 이 세계에 정착하여 살고 있다는 것이다. 그는 우리의 몸이 이 세계와 어떻게 만나는지, 그리고 그 몸의 지각이 우리가 아는 이 세계를 구성하는 데 어떤 역할을 하는 지에 대해 많은 이야기를 했다.

우리가 이 세상에 태어나면, 개인으로서 의식이 생기기 전에 이미 신체가 세계와 접촉을 시도한다. 세상에 태어난 인간은 먼저 신체가 세계와 접촉하면서 정착하고, 외계와 신체가 하나 되어 자신이 살고 있는 세계를 생겨나게 한다.
_ 메를로 퐁티

그는 《지각의 현상학》에서 정신과 육체의 근원적인 통합과 나아가 모든 존재는 자신의 '지각적 토대'에서 분리될 수 없음을 주장한다. 즉, 모든 존재 의미는 자신의 '지각적 토대'인 몸이 실존함으로써 성립되는 것이다. 정신과 신체는 개별적인 존재영역으로 이루어지지 않고 근원적인 통합체를 형성하여 신체적 주관을 확립시킨다.

지식은 합리론자들의 주장처럼 '이성'으로 얻어지는 것이 아니고, 경험론자들의 주장처럼 '외부 감각을 받아들이는 것'으로 얻어지는 것도 아니다. 우리의 의식과 감각은 항상 몸이라는 한계 속에 있으며, 신체화된 의식을 통해서만 진정한 의미의 지식을 얻을 수 있는 것이다. 결국 우리는 자신의 신체 능력에 걸맞은 세계를 자신의 주위에 드러내고 있다. 이 때문에 메를로 퐁티는 '몸의 철학자'라고 불리며, 이후 프랑스 미술과 문학에 많은 영향을 미쳤다.

자유의지와 결정론의 관계

자유의지론은 우리가 적극적인 역할을 할 수 있고 우리가 어떻게 행동할지에 대한 선택권을 가질 수 있다는 생각이다. 예를 들어, 인간은 범죄를 저지를지 말지에 대해 자유로운 선택을 할 수 있으므로, 인간은 자신의 행동에 책임이 있는 것이다. 반면, 결정론은 자유의지는 환상이며, 우리의 행동은 자연법칙과 인과관계에 의해 결정된다고 보며, 인간의 운명 또한 미리 정해져 있다고 본다. 결과적으로, 우리의 행동은 예측가능한 것으로 여겨진다. 윤리 분야에서 인간의 자유의지는 자신의 행동에 대해 책임을 물을 수 있다는 점에서 중요하다. 법의 영역에서는 자유의지의 정도가 개인의 잘못에 대해 책임을 물을 수 있는 정도형량에 큰 영향을 미친다. 똑같은 범죄를 저질러도, 심신미약이 있다고 판단될 때 형량이 감소되는 것이 그 예이다.

'자유의지가 결정론과 양립할 수 있는가'에 따라 양립불가론과 양립가능론의 두 가지 입장으로 나누어 볼 수 있다. 양립불가론은 인간의 자유의지가 결정론적 입장과 양립할 수 없다고 보는 입장이고, 양립가능론은 양립할 수 있다는 입장이다. 양립불가론은 다시, 자유의지를 전면 부정하고 결정론만 성립한다는 쪽강한 결정론과 자유의지만 성립한다는 쪽자유의지론으로 나눌 수 있다. 반면, 양립가능론은 자유의지와 결정론 모두 옳을 수 있다고 보는 입장으로, 약한 결정론이라고도 한다.

결정론은 우리가 우리의 행동을 통제할 수 없다는 견해이지만, 그 정도에 따라 강한 결정론과 약한 결정론으로 나눌 수 있다. 강한 결정론은 우리의 통제 밖에 있는 힘_{자연법칙이나 인과관계}이 우리의 행동을 결정한다는 견해이다. 이에 따르면, 인과관계는 어떠한 의지나 노력으로도 바꿀 수 없으므로, 인간의 행동은 필연적으로 결정된다. 인간의 자유의지를 부정하기 때문에, 인간의 자유로운 행동과 도덕적 책임을 설명하기 어렵다는 문제가 생긴다. 강한 결정론은 자유의지와 양립할 수 없는 양립불가론적 결정론이다.

반면, 약한 결정론은 결정론적 입장을 받아들이면서도, 인간에게는 달리 행동할 자유가 있기 때문에 도덕적 책임을 물을 수 있다는 입장을 취한다. 약한 결정론은 많은 심리학자가 선호하는 대안적인 입장이다. 약한 결정론에 따르면, 행동은 자연법칙이나 생물학적 구성에 의해 제한되지만, 어느 정도까지만 제한된다. 이는 어떤 행동들은 다른 행동들보다 더 제한적이며 모든 행동에는 자유의지의 요소가 있음을 시사한다. 우리는 어떻게 행동할지 선택할 수 있지만, 보통 우리는 선택할 수 있는 제한된 수의 행동만을 가지고 있다. 다시 말해, 자유의지가 원인과 결과로 이어지는 필연성을 부정하는 것은 아니며, 원인을 찾아내고 문제가 되는 원인을 취사선택하여 행위하도록 한다. 그래서 우리는 그러한 선택에 대해 도덕적 책임을 지게 되는 것이다.

언어론적 전회란?

독일의 철학자이자 수학자였던 프레게는 논리주의를 처음 주창하였으며, 현대 논리학에 지대한 영향을 미쳤다. 러셀은 자신의《수학의 원리》에서 프레게가 자신과 비트겐슈타인에게 큰 영향을 끼쳤음을 언급하고 있다. 인간의 사상은 명제글로 표현된다. 따라서 논리와 언어를 정확하게 옳은 것으로 만들어가면, 세계를 정확하게 파악할 수 있을 것이다. 이러한 프레게의 이런 발상에서 20세기 최대의 철학적 변혁인 '언어론적 전회'가 시작되었다. 프레게는 우리의 사색이 모두 논리언어 속에서 이루어지며, 언어에 의해 표현된다고 보았다. 따라서 기호를 사용하여 논리와 언어를 정확한 것으로 만들 수 있다면, 세계를 정확하게 파악할 수 있다고 생각했다.

그러나 로켓이 달까지 사람을 태워 나르고, 원자폭탄은 정확하게 폭발한다. 이것들을 가능케 했던 중력가속도와 원자구조의 이론은 실험과 관찰을 통해 수집되었던 데이터에 기초하여 만들어졌기 때문에, 우리에게 중요한 것은 단순한 이론논리와 언어가 아니라 사실데이터 그

프레게

103

자체가 아닐까?

그러나 사실데이터에서 이론을 도출할 때, 실제로 우리는 '이론은 사실과 대조하여 만들어지지 않으면 안 된다.'는 또 하나의 이론에 기초하고 있다. 과학은 관측 데이터에서 이론을 도출하고 있는사실이 이론에 앞서는 것처럼 보이지만, 그러기 위해서는 사실에 근거한 것은 옳다는 또 하나의 이론이 성립하지 않으면 안 된다. 이렇게 항상 몇 가지의 이론이 사실에 선행하고 있다. 그렇다면, 인간이 이론언어와 논리의 밖으로 나와 직접 사실과 마주하는 것은 불가능하다.

결국, 논리를 구성하고 있는 언어를 초월하여 세계를 아는 것은 불가능하다. 역으로 말하면, 언어로 그 내용을 정확하게 기술할 수 없는 '진정한 것'과 '물자체' 따위는 인간에게 존재하지 않는다. 인간에게 진리란 언어의 분석에 의해 도달하는 것이다. 이렇게 프레게는 언어론적 전회의 개막을 고했다.

러셀의 기술이론

영국의 수학자이자 논리학자인 버트런드 러셀은 명제를 분석하고 일상 언어를 참과 거짓을 판별할 수 있는 유의미한 명제로 다시 써내는 기호이론을 활용하여, 프레게에서 시작된 언어론적 전개를 추진하고 분석철학의 기초를 다졌다. 우리가 사용하는 글명제 은 애매하고 진위가 분명하지 않은 것이 많다. 그러므로 철학은 부정확하게 된다이는 수학도 마찬가지였다. 러셀은 일반 수학자들이 사용하는 언어가 애매했기 때문에 엄밀한 수학적 증명체계를 만들려고 했다. 그렇게 생각한 러셀은 글명제 을 그 내용이 옳은지 틀린지, 실험과 관찰을 통해 명확하게 확정할 수 있는 요소요소명제로 분해하여 그 진위를 검토하면, 세계에 대한 정확한 인식에 도달할 수 있다고 보았다.

그는 우리가 문장을 주어+술어의 형식으로 구사하는 것에 익숙해지다 보니 주어 부분의 고유명사를 지시체그 용어가 가리키는 대상 라고 착각하는 것이라고 말한다이 때문에 파생되는 모순들이 적지 않다. 주어 부분의 고유명사는 지시체가 아니라 숨겨진, 위장된 기술구라고 말한다. 즉 고

러셀

유명사는 지시체가 아닌 기술구, 사태에 대한 서술일 뿐이라는 말이다. 그래서 러셀은 그것을 해결하기 위해, 언어로 표현할 때 고유명사를 지시체로 표현하는 것이 아니라 사태에 관한 서술로 풀어쓰는 방식을 도입했다.

예를 들면, '봉준호라는 사람은 영화 〈기생충〉의 감독이다.'라는 문장을 다음과 같이 사태에 대한 서술로 풀어쓸 수 있다.

①X는 영화 〈기생충〉을 감독한 인물이고, ②그런 X가 적어도 한 사람이며, ③그것이 봉준호다. 이렇게 세 가지로 분해된다. 그리고 ①, ②, ③을 관찰하여 확인하면, 모두 옳다는 것을 알 수 있다. 따라서 이 명제는 참이 된다.

또 '현재의 프랑스 왕은 파리에 있다.'는 명제는 다음과 같이 풀어쓸 수 있다.

㉮ X는 현재 프랑스 왕이다.
㉯ X는 파리에 있다.

관찰의 결과, 현재 프랑스는 공화제이므로 국왕은 없다는 것을 알수 있다. 따라서 ㉮는 거짓이다. 그래서 명제는 '거짓'이 되는 셈이다. 반대로, '현재의 프랑스 왕은 파리에 있지 않다.'라는 명제는 참인가? 거짓인가? 역시 프랑스에는 왕이 없으므로 이 명제 역시 거짓이 된다. 그런데 어떤 명제가 거짓이면 그 명제의 부정은 반드시 참이 되어야 하는데, 여기서 모순이 발생하게 된다. '현재의 프랑스 왕은 파리에 있다.'가 거짓이면, 이 명제의 부정인 '현재의 프랑스 왕은 파리에 있지 않다.'라는 명제는 참이 되어야 한다는 말이다. 이 모순은 어떻게 해결할 수 있을까?

하지만 주어 부분의 고유명사를 사태에 대한 서술로 풀어쓰는 러셀의 방식을 도입하면, 이 명제의 부정은 '현재의 프랑스 왕은 파리에 있지 않다.'가 아니라 '현재의 프랑스의 왕은 파리에 있다.'라는 것은 아니다.'가 된다. 'X는 왕이고, 파리에 있다.'라는 명제를 참으로 만들어주는 실체가 없기 때문에, 이에 대한 부정아니다 는 참이 된다. 그래서 모순이 아니라 참이 된다. 모순을 허용하지 않고 참인지 거짓인지 판단이 가능한 명제가 유의미한 명제다. 따라서 모든 명제를 위와 같이 요소 명제로 분석하면 세계에 관한 옳은 지식과 식견을 얻게 된다. 이것이 기술이론이다.

말할 수 없는 것에 대해 침묵해야 한다

영국의 철학자 비트겐슈타인은 《논리철학 논고》와 《철학적 탐구》를 통해 당시 철학의 중요한 주제였던 '언어'를 다뤘으며, 영국의 분석철학에 크게 이바지한 철학자다. 어느 날, 파리에서 일어난 교통사고에 관한 재판 기사가 그에게 영감을 주었다. 재판에서는 모형차와 인형을 활용해 사건 현장을 설명하고 있었다. 그런데 그 모형들을 가지고 사건을 설명할 수 있는 이유는 무엇일까? 그것은 각각의 모형들이 실제의 차와 사람 등에 대응하기 때문이다. 초기의 비트겐슈타인은 우리가 사용하는 언어도 이와 같다고 보았다.

언어가 의미를 지니는 이유는 각각의 말들이 실제 상황을 반영하고 있기 때문이다. 언어는 명제의 조합으로 이루어져 있고, 세계는 가능한 상황들로 구성돼 있다. 그리고 명제들과 상황들은 각각 일대일로 대응하고 있으며, 똑같은 논리구조로 되어 있다. 세계란 물체가 모인 장소가 아니라, '해가 뜬다', '영수가 카메라로 바다를 찍고 있다.' 등 여러 사태사실 의 집합체라는 것이다. 결국, 옳은 명제는 세계를 옳게

비트겐슈타인

반영해내는 것이다. 이러한 언어와 사실의 관계를 그는 사상이라고 불렀다.

명제가 사건을 옳게 반영해내기 위해 필요한 것은 관찰이다. 정확히 관찰하면 '해가 뜬다.'와 같은 명제를 만들 수 있다. 역으로 말하면, '해가 뜬다.'는 것은 관찰에 의하여 진위를 판정할 수 있는 유의미한 명제다. 실제로 관찰하여 해가 뜨지 않으면 거짓 명제라고 판정할 수 있다. 또한 '영수는 카메라로 바다를 찍고 있다.'라는 복합명제도 '그것은 영수다.', '영수는 카메라를 들고 있다.', '카메라가 찍고 있는 것은 바다이다.' 등으로 나눌 수 있다. 이와 같이 요소로 나누면, 결국 관찰에 의하여 진위를 판정할 수 있다. 하지만 '이 집에는 귀신이 살고 있다.'라는 명제는 그것을 확인하기 위하여 무엇을 관찰해야 할지 알 수 없다. 그러므로 유의미한 문장을 만드는 것이 불가능하다.

그래서 비트겐슈타인은 '말할 수 없는 것에 대해서는 침묵해야 한다.'라고 주장했다. '말할 수 없는 것' 즉, 실제로 관찰할 수 없는 형이상학적 가치와 요소로 분석할 수 없는 개념 등은 유의미한 문장으로 만들 수 없는 것이다. 그는 언어의 한계 밖에 있는 것들은 철학이 다루어야 할 문제가 아니라고 주장했다. 그는 철학자들이 고민했던 신, 자아, 도덕과 같은 문제들은 언어로는 말할 수 없을뿐더러 논리로도 해결할 수 없는, 논의 자체가 무의미한 것으로 정리해 버렸다. 비트겐슈타인은《논리철학 논고》를 쓴 뒤, 철학계를 떠나기로 결심했다. 철학의 모든 문제가 자신의 책으로 해결되었다고 믿었기 때문이다. 실제로 그는 초등학교 선생이 되기 위해 시골로 내려갔다.

비트겐슈타인의 언어게임

후기의 비트겐슈타인은 언어의 의미는 사용에 있다는 게임이론을 전 개하여《논리철학 논고》에 대한 비판을 시도한다.《논리철학 논고》로 모든 철학문제를 해결했다고 여겨 철학계를 떠났던 그가 자기 철학에 문제가 있음을 발견하여, 그것을 바로잡고자 다시 돌아온 것이다. 그가 죽은 뒤에야《철학적 탐구》가 발간되었는데, 이 책에는 자신의 초기 저서《논리철학 논고》에 대한 비판을 담고 있다. 이 책에 따르면, 언어는《논리철학 논고》에 언급한 것처럼 세상의 무엇과 대응함으로써 의미를 갖는 것이 아니다.

식당에서 고객이 '짜장면!'이라고 외쳤다고 하자. 이 말에서 그는 여기에 짜장면이 있음을 확인하고 있는 것인가, 아니면 짜장면을 내오라고 주문을 하고 있는 것인가? 당연, 후자일 것이다. 결국, 요소문장이 세계사건를 올바로 반영해낸다는 초기 비트겐슈타인의 사상이론이

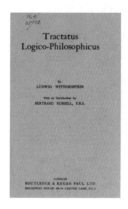

비트겐슈타인의《논리철학 논고》

성립하지 않게 됨을 알 수 있다.

더구나 여기에는 말을 사적으로 사용할 수 없다는 것도 증명되어 있다. '짜장면!'이라고 말한 사람은 상대에게 이해되지 않으면, 말을 옳게 사용한 것이 아니고, 그 말을 듣는 사람도 상대의 의도대로 파악하지 않으면 문장을 이해한 것이 아니다. 말의 의미는 그 말이 실제로 사용되고 있는 문맥에 따라 결정된다는 것을 알 수 있다.

그렇다면 언어와 그것이 가리키는 대상 사이의 명확한 관계를 밝혀서 오류가 없는 이상적인 언어를 만들려는 작업은 무의미하다. 그래서 비트겐슈타인은 '언어의 의미란 그 사용이다.'라고 주장했다. 곧 언어는 세계의 사상도 사적인 정신작용도 아니고, 일정한 생활양식과 규칙에 따라 이루어지는 행위다. 그리고 일반인에게는 일반의, 과학자에게는 과학의, 철학자에게는 철학자의 언어 사용 문맥과 규칙이 있다. 그래서 그는 이러한 여러 가지 생활형식, 문맥, 규칙의 체계를 총칭하여 '언어게임'이라고 불렀다.

푸코, 권력은 어떻게 작용하는가

철학을 조금이라도 공부해본 적이 있는 사람이라면, '권력'하면 푸코라는 철학자 이름이 가장 먼저 떠오를 것이다. 푸코는 권력을 논했던 철학자고, 권력은 그의 철학에서 핵심적인 비중을 차지하는 개념이다. 푸코는 권력을 소유할 수 있는 실체로 간주하는 것을 비판하였다. 권력이란 힘의 관계라고 생각한 것이다. 권력은 어떤 주체가 소유한 고유한 실체가 아니다. 권력은 누군가가 소유하고 있는 것이 아니라, 다른 것과의 관계에 의해서 드러나는 작용에 불과하다. 다시 말해, 권력이란 각 주체 간 힘의 관계이므로, 권력에는 소유자가 없는 것이다.

사람들은 '권력'이라는 말을 들으면 흔히 정치적인 권력이나 권한을 생각한다. 물론 우리 현실에서 권력은 이러한 모습으로 나타나기도 하지만, 이것들은 권력의 작용에 의해 나타나는 현상에 불과하다. 우리가 지각하는 권력의 현상은 권력의 관계가 겉으로 드러난 것에 불과하다. 권력은 눈에 보이지 않는 곳에서 활동한다. 좀 더 정확하게 표현하자면, 권력은 권력자와 피권력자가 맺고 있는 '관계'에 불과하다.

푸코

예를 들어, 고용주와 피고용자의 관계에서 고용자가 피고용자에 대해서 권력을 가지고 있다면, 그것은 고용주가 실제로 어떤 힘을 지니고 있어서가 아니다. 고용주의 권력은 사회의 교육제도와 여러 가지 제도적 장치들이 만들어낸 결과물이다.

그렇기 때문에 사실상 권력의 소유자와 피권력자는 불평등한 제도나 구조의 표면적 효과일 뿐이다. 권력은 소유되는 것이 아니고 행해지는 것이며, 이와 동시에 권력은 하나가 아니라 모든 곳에 존재하고 있는 것이다. 이제 권력이 어디서부터 나오는 것인지를 묻는 것은 무의미하다. 그보다는 권력이 어떻게 실천되고 있는가, 어떤 관계의 방식을 취하고 있는가를 탐구하는 것이 문제의 해결로 이어진다고 푸코는 생각했다.

그가 권력의 문제에 대해서 예민했던 것은 자기 자신을 권력의 희생물로 보았기 때문이다. 푸코는 부유한 집안에서 자랐으며, 성장해서는 저명한 대학교수로서 큰 명성을 누렸다. 이러한 그가 자신을 권력의 희생자로 여긴다는 것은 다소 이해하기 힘든 부분이다. 그러나 문제는 그의 성적 취향에 있었다. 그는 동성애자였기 때문에, 사회에서 정신병자나 환자로 취급당했으며, 그가 겪었던 멸시와 따돌림은 자신에 대한 부당한 권력의 행사처럼 느껴졌을 것이다.

푸코와 같은 동성애자가 권력을 소유하고 있지 않아서, 권력관계에서 피지배자가 된 것은 아니다. 그것은 동성애를 정상적인 성적 취향으로 간주하지 않는 우리 사회의 성담론과 관련 있다. 동성애는 정상적인 성담론에서 비정상적인 것으로 간주된다. 권력은 담론의 형태로 실행되는 것이다. 담론은 현실세계를 설명하는 지식일반을 뜻하며 담론은 인간의 행동을 통제하고 조작할 수 있다.

과연 목소리가 문자보다 중요한가?

서양철학에서 철학의 체계를 세웠다고 평가받는 철학자로 다섯 명이 꼽히는데, 고대 철학자로 플라톤과 아리스토텔레스, 중세의 토마스 아퀴나스, 근대의 칸트와 헤겔이다. 이들의 공통점은 이성을 중심으로 철학적 개념을 정리하고 철학의 체계를 견고하게 만들려고 했다는 것이다. 서구의 전통철학은 진리의 불변성, 이성, 형이상학을 추구하고 우선시해왔다. 이에 반해 변하는 것, 감각적인 것, 형이하학적인 것들은 찬밥신세였다.

한편 프랑스의 철학자 데리다는 이러한 플라톤 중심의 전통노선에서 발견되는 문제점들을 비판했고, 이러한 전통적 노선에서 벗어나 불변보다는 변화를, 동일성보다는 차이를 추구하려고 했다. 데리다는 당시 프랑스에 속해 있었던 알제리에서 태어나 그곳에서 어린 시절을 보냈다. 그는 유대인이었으며 그로 인한 차별과 서구 문명의 위선을 경험하며 자랐다. 이 차별의 경험은 그가 서양철학을 비판하고 해체 deconstruction 와 차연difference 이라는 개념을 만드는 데 영향을 미쳤다.

데리다

서양의 지적 전통은 문자보다 목소리를 중시해왔다. 로고스logos 는 '이성'이라는 뜻을 가지고 있지만, 동시에 '음성'이라는 뜻을 가지고 있다. 그만큼 서양에서는 문자보다 목소리가 대접을 받아왔다. 목소리가 원형이며, 문자는 목소리에 비해 부수적인 것으로 취급받아왔다. 예를 들어, 누군가가 편지를 보내어 편지를 읽는다면, 편지에 적힌 문자는 편지를 쓴 사람의 메시지이고, 그 문자는 사람을 대신하는 것이 된다. 편지를 쓴 사람이 직접 그 목소리를 들려주는 것보다는 못하다는 점에서, 문자는 목소리보다 간접적인것, 진정성이 떨어지는 것으로 취급된다. 그래서 진리에 가까운 것은 문자보다 목소리인 것이다. 이것이 이데아를 추구한 서양 전통철학의 입장이다.

이에 대해, 기존 형이상학이 목소리를 특권화하는 현전現前 의 형이상학이라고 비판한 데라다는 문자에 언어의 중요한 기능이 있다고 주장했다. 예를 들어, 국가의 지도자는 나라를 어떻게 통치해야 할까? 문제가 발생할 때마다 지방 곳곳을 찾아다니며 현장에서 전두지휘를 해야 할까? 그것보단, 차라리 지시사항을 문서의 형태로 만들어 해당 지역에 전달하는 편이 효율적일 것이다. 즉, 문자는 그 메시지를 가지고 있는 사람의 대리자 역할을 하게 된다.

여기서 대통령의 문자는 대통령이 부재한 곳에서 대통령을 대신하는 것이고, 원본대통령 이 아닌 복제문자 에 불과하지만, 대통령이 전국을 통치할 수 있는 것은 원본대통령 때문이 아니라 대리보충인 문자 덕분이다. 문자가 그 역할을 대신해준다. 문자는 목소리가 없는 곳에서 목소리보다 더 강한 힘을 가지고 있다는 것이다. 목소리는 그 소리를 들을 수 있는 곳에서만 그 힘이 작용하지만, 목소리의 대리보충인 문자는 수많은 자기복제자신의 또 다른 대리보충들 를 통해서, 목소리가 부재한 곳에서 목소리보다 훨씬 넓은 지역에 그 영향력을 행사한다.

데리다의 차연

모든 단어는 그것이 아닌 다른 단어들과의 차이에 따라 정의되고, 그러한 정의는 의미의 가능성에 한계를 가지게 한다**경계선**. 그러나 필연적으로 의미의 가능성은 지연될 수밖에 없다. 왜냐하면, 그 단어는 그것이 아닌 다른 단어에 의해서만 정의될 수 있는데, 그 다른 단어 역시 그와 또 다른 단어로 이루어진 정의를 필요로 하게 되는 등, 이런 식으로 끝이 없기 때문이다.

- A는 B가 아니다.
- B가 뭔지 알아야 결국 A를 이해할 수 있으므로, B가 무엇인지를 또 차이를 통해 이해해보려 한다.
- B는 C가 아니다.
- C가 뭔지 알아야 B를 이해하고 그래야 A를 이해할 수 있으니 C가 무엇인지를 또 차이를 통해 이해해보려 한다.
- C는 D가 아니다.
  ⋮

결국, 의미란 끝없이 계속되는 대체의 반복이며, 결코 거기에는 이데아가 존재하지 않는다. 이를 통해 데리다는 의미의 자기동일성이 성립하지 않음을 보임과 동시에 자기 동일성에 입각한 형이상학에 근본적 타격을 가한다고 생각했다. 차이는 한 번 발생했다고 해서 끝나는 게 아니라 계속 진행되며, 그에 따른 의미도 지속적으로 발생한다. 따라서 완성된 차이는 나타나지 못하며 지연되고 있다. 우리는 차이가 발생하고 있는 그 과정을 보고 있을 뿐이다. 차이가 진행 중이므로 고정불변의 진리이데아를 상정했던 고전 형이상학은 설 자리를 잃게 된다.

데리다는 이를 잘 설명하기 위해 차연difference이라는 개념을 제시했다. 차연은 '다르다'와 '지연된다'라는 두 의미를 동시에 갖는 용어다. '차이'가 아닌 '차연'이라는 표현을 쓰는 이유는 그냥 '차이'라고 하면 그 자체로 정태적진행이 완료된 느낌이 나기 때문이다. 하지만 차이는 진행 중에 있고, 계속 완성이 지연되고 있는 것이므로 '차이'에 '지연'이라는 단어를 합쳐 '차연difference'이라는 말을 만들어낸 것이다. 불어에서 차이를 의미하는 디페랑스difference와 발음이 동일한 이 신조어는 음성으로는 차이가 나지 않지만, 문자로는 차이가 나는 것스펠링 중 e 하나를 a로 바꿈을 의미심장하게 보여주고 있다.

이는 프랑스어에서 두 단어가 음성적으로는 동음이의어라는 사실에 착안한 것으로, 음성중심주의를 활자중심주의로 이행시키려는 그의 의도가 엿보인다. 또한 영어에서 현재진행형을 만들기 위해 단어 뒤에 'ing'를 붙이는데, 프랑스에서는 'ant'가 진행형의 성격을 갖는다. 데리다가 'difference'에서 'e'를 'a'로 살짝 바꿔 '차연difference'이라는 신조어를 만든 것은 진행형의 성격을 부여한 것이라고 볼 수 있다.

데리다의 해체

데리다는 앞서 설명한 '차연'이라는 방법을 토대로 하여 플라톤, 데카르트, 칸트, 헤겔로 이어지는 서구 합리주의의 대표적 철학가들을 차례로 '해체'한다. 데리다에 의하면 '해체'는 그 자체로는 완결되지 않는 글쓰기 방식으로, 끊임없이 반복되는 '해체'에 의해서만 스스로의 의미를 생산할 수 있다. 데리다는 플라톤 이래 지속돼 온 서구 형이상학을 육체보다 정신, 문자언어보다 음성언어가 중시된 이성중심주의로 간주했는데, 이 안에 모순이 감추어져 있다고 보았다. 플라톤 이래로 지속되어 온 로고스 중심주의는 결국 어떤 절대적인 체계나 진리를 중심으로 놓고 그것을 기준으로 쌓아올린 것이다.

하지만 그러한 중심이라는 것 혹은 절대적인 진리는 그와 반대되는 것을 추출하여 만들어진 허구에 불과하다는 것이다. 데리다는 해체라는 것이 바로 이러한 중심을 무너뜨리는 것이라 생각했다. 그는 해체란 어떠한 중심도 없고, 비록 중심이 있다 하더라도 그 중심은 고정된 위치가 아니라 하나의 기능, 즉 무한한 기호의 대치만이 적용되는 일종의 비위치만 있는 상태를 가리킨다.

데리다의 해체주의는 서구 형이상학의 해체작업이자 일종의 자기 비판으로서 의의를 가진다. 전통적 형이상학의 질서를 해체하고, 재구축하려고 한 데리다의 해체이론은, 미국 문학비평에 압도적인 영향을 미쳐 다의적인 해석을 가능케 한 '해체비평'을 탄생시켰다. 또한 윤리학과 정치철학에도 적잖은 영향을 끼쳤다. 해체는 불어로서 데콩스트릭씨옹 deconstruction 에 해당하는 단어이다. 이것은 '파괴하다'와 '구성하다'는 의미를 동시에 지니고 있는데, 파괴를 통한 구축이라는 데 리다의 입장을 잘 보여주고 있다.

프래그머티즘

철학

52

칸트나 헤겔의 관념론을 읽다 보면, 뜬구름 잡는 이야기 같고 이것들이 도대체 현실에 어떻게 적용될 수 있을지 모르겠다는 생각을 다들한 번쯤 해보았을 것이다물론, 이것들이 무용하다고 주장하는 것은 아니다. 이러한독일 전통의 관념철학은 미국 특유의 실용주의적 정서와는 맞지 않았다. 19세기 말 당시의 미국은 남북전쟁 이후 노예제도가 폐지되고 미서전쟁미국-스페인 전쟁을 전기로 하여 미국사회가 급속도로 공업적 자본주의체제로 비약하던 무렵이다.

　이러한 시대적 요청에 부응하는 사상은 인간에 의한 대규모적 자연개조 사상이었다. 이 시대적 요구에 훌륭하게 응답한 것이 다름 아닌 프래그머티즘이다이 말을 본격적으로 사용한 것은 퍼스다. 실용주의라 부르기도 한다. 프래그머티즘Pragmatism이라는 용어는 프래그마pragma라는그리스어에서 파생되었는데, 이는 실험, 실천, 행위를 의미한다. 다시말해, 생각만으론 진리를 얻을 수 없으며, 실험, 실천, 행위를 통해서만얻을 수 있다는 것이다. 실용주의는 미국에서, 퍼스가 실용주의의 씨앗을 뿌리고, 제임스가 꽃을 피우고, 듀이가 이를 집대성하여 열매를

퍼스

맺었다.

실용주의의 창시자인 퍼스는 진리를 실천의 유용성을 기준으로 결정했다. 즉, 개념의 의미는 이것이 실천적으로 검증될 때만 옳은 것으로 인정되고, 행동의 결과로서 나타날 수 없다면 가치가 없다는 것이다. 바꿔 말하면, 행동상의 실제적 효과의 유무가 결국 개념의 의미성 여부를 가르는 기준이 되는 것이다. 예를 들어, 돌이 단단하다고 했을 때, 돌이 정말 단단한지는 다른 물체와 직접 부딪혀보는 과정을 통해 의미를 갖게 된다. 머릿속으로 돌이 얼마나 단단한지에 대해 아무리 생각해본다 한들 의미를 갖지 못할 것이다.

합리주의 사상에서 인식은 머리_{생각}로 이루어지는 것이었지만, 퍼스는 과학적·실험적 탐구방법을 거친 지식의 중요성을 강조했다. 추론과 탐구를 통해 신념을 감각적으로 확인할 수 있는 결과를 중시한 것이다. 이 같은 퍼스의 이론은 제임스에게로 이어진다. 퍼스에게는 신념의 참이 내 안에서 탐구로 증명되면 그만이지만, 제임스는 실천의 과정을 통해 실제로 유용한 결과를 낳을 것까지를 요구한다. 제임스는 유용한 것이 곧 진리임을 주장하며 지식은 현금가치_{=실생활에 유용한 가치}를 지녀야 한다고 주장했다.

따라서 어떤 관념, 이론, 주장이 참이라고 한다면, 그것이 실생활 속에서 실천을 통해 반드시 유용한 결과를 낳아야 한다. 결국, 진리와 유용성은 동일한 가치를 지니게 된다. 퍼스와 제임스는 이 점에서 차이가 있었다. 퍼스는 진리를 이상적이며 절대적이라고 본 것에 반해, 제임스는 진리를 경험적이며 상대적이라고 보았다_{시대와 사회의 변화에 따라 유용함이 달라질 수 있기 때문에.}

유용한 것이 곧 진리다

윌리엄 제임스는 유용한 것이 곧 진리임을 주장하며 지식은 현금가치 **실생활에 유용한 가치**를 지녀야 한다고 주장했다. 제임스는 어떤 관념, 이론, 주장이 참이라고 하려면, 그것이 실제 생활 속에서 실천을 통해 반드시 유용한 결과를 낳아야 한다고 주장했다. 결국, 진리와 유용성은 동일한 가치를 지니게 되는 것이다.

제임스는 환경에 가장 적합한 개체가 자손을 남긴다는 적자생존설을 인간의 사상에 적용했다. 이렇게 되면, 과학과 종교를 비롯한 인간의 모든 사상과 관념은, 그것이 인간에게 얼마나 이익을 가져다주는가 하는 관점에 기초하여 평가를 받게 된다. 아무리 훌륭해보이는 사상도, 실제로 유용하지 않으면 가치가 없다는 것이다. 이 전제를 고수하면, 진리의 절대성이 부정된다. 무엇이 진리인가를 따질 때, 한 사람한 사람이 지닌 각자의 경험과 상황에 따라 그 여부가 달라지기 때문이다. 예를 들어, 똑같이 신에 대한 종교적 믿음을 가지고 있는 사람이라도, 그 믿음 때문에 겸허하고 양심적으로 사는 사람이 있는 반면, 전혀 남들과 다를 게 없는 삶을 사는 사람도 있다. 전자에게 있어 신이

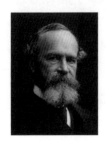

제임스

존재한다는 믿음은 겸허하게 분수를 파악하고 사는 데 기여를 했기 때문에 진리가 되지만, 후자에겐 진리가 아니게 된다.

제임스는 '어떤 관념이든지, 그 자체 하나의 신념으로서 유용한 것이라면 참된 관념으로 볼 수 있다.'라고 말하고 있다. 논리적 검토를 감당할 수 없는 관념이라 할지라도 그것이 우리의 실생활에 어떤 의미가 있으면 참된 관념이라 할 수 있다는 것이다. 하지만 진리를 절대적인 것으로 보았던 퍼스는 여기에 반대하였다. 단지, 유용함을 주는 관념이 곧 참이라고 말한다면, 동일한 하나의 신념이 어떤 사람에겐 참이되지만, 다른 사람에게는 거짓이 되는 모순을 허용해야 한다는 것이다.

이처럼 진리는 공적인 것이지 사적인 것이 될 수 없다는 것이다. 그러나 제임스는 공적 명증과 사적 만족을 날카롭게 구분하려는 퍼스의 주장에 굴복하지 않았다. 제임스는 예술적 감각이 탁월하고 종교적 정서가 풍부했던 터라, 프래그머티즘을 심화하고 윤택하게 하여 당시 미국의 정신적 상황에 부합하는 세계관을 수립하였다.

지식은 도구다

미국의 철학자이다 교육학자인 존 듀이는 실용주의에 바탕을 둔 보편적 교육학설을 창출하였다. 처음엔 헤겔의 사상에 영향을 받았으나, 제임스의 실용주의에 심취해 도구주의를 확립하였다. 그는 퍼스와 제임스의 사상을 종합했으며, 프래그머티즘을 더욱 포괄적이고 체계적인 사상으로 격상시켰다. 그가 확립한 도구주의란 우리의 관념과 사상은 사실 실생활의 문제를 해결하기 위한 도구에 불과하다는 것이다. 관념, 이론, 경험 등 이 모든 것은 우리의 실생활에서 문제를 해결하기 위한 도구에 불과하며, 우리가 지니는 창조적 지성 역시 도구사용의 능력일 뿐이다.

　인간도 생물의 일종으로서 다른 생물과 마찬가지로 자연환경 속에서 살아가며 또 변화하고 있다. 그래서 듀이는 인간이 가진 모든 자질은 환경과 깊은 관계에서 만들어지고 길러졌다고 생각했다. **듀이는 제임스의 실용주의와 다윈의 진화론을 결합해 도구주의라는 이론을 제시했다**. 새가 지푸라기, 낙엽, 나뭇가지를 모아 둥지를 만들듯이, 인간의 논리형식과 제 개념도 인간이 주위의 환경에 대응하여 그 성과를 반복하고 축적하면서 발견

존 듀이

되어온 것이다. 그러므로 인간의 사상은 환경과 관계를 단절하여 그 자체로 독립하여 있을 수 없다. 환경과 싸우는 구체적인 생활 속에서 사상은 비로소 진정한 의미를 갖게 된다. 반대로 말하면, 곤란한 사태에 직면한 인간에게 그 해결에 도움이 되지 않는 사상과 지식은 가치가 없다는 것이다.

인간의 지식과 사상도 현실적인 문제를 해결하기 위한 도구이기 때문에, 지식과 사상은 사변적이고 애매한 것이 아니라 구체적이고 현실적이어야 한다. 이리하여 듀이는 인간의 사고를 망치나 트럭과 마찬가지로 도구로서 현실에 얼마만큼 유용한가에 따라 평가해야 한다고 주장했다. 예를 들어, 심리학에 '트라우마'라는 개념이 있는데, '트라우마'라는 영역이 대뇌 안에 정말 물리적 형태로 존재하고 있을 리는 없다. 이것은 논리적 구성체에 불과하다.

그러나 '트라우마'라는 개념을 사용하면 인간의 심리와 행동을 설명하는 데 매우 큰 도움이 된다. 그러므로 이 '트라우마'라는 개념을 도구로서 유용하게 사용하는 것이다. 사고는 도구에 불과하다고 결론 짓고서, 그것을 사용하여 현실 생활을 훌륭하게 발전시키면 그 진위에 구애받을 필요는 없다. 듀이는 이것을 도구주의라고 하였다. 그러나 이후 실용주의는 진리를 상대화하고 도구화하여 많은 철학자에게 비철학적이라는 비판을 받았다.

심리적 이기주의

인간은 진정 이타적일 수 있는가라는 질문에 그럴 수 없다고 대답하는 이론이 있다. 그 이론을 심리적 이기주의라고 한다. 심리적 이기주의에서는 인간의 모든 행위가 자기 자신의 이익을 위한 것이라고 전제한다. 아무리 이타적으로 보이는 행동도 이기적이라고 주장한다. 심리적 이기주의를 처음 시작한 인물은 철학자 홉스다. 홉스는 인간이 자신의 욕망을 추구하는 이기적 존재라고 보았고. 이런 인간들이 자연 상태에 방치되면, 만인에 대한 만인의 투쟁이 일어날 것이라 보았다. 그는 우리가 소위 이타적이라고 부르는 심리적 동기들을 이기적인 것으로 재해석했다.

그에 따르면, 자선과 연민도 자기 욕망을 위한 이기적 행동일 뿐이다. 홉스는 자선의 동기를 이타적 마음이 아니라 일종의 과시로 보았다. 자신이 자선을 받는 사람보다 부유하고 강한 사람이라는 것을 과시하기 위해, 자신의 처지뿐만 아니라 다른 사람의 처지까지 책임질 수 있는 사람임을 과시하기 위해 자선을 한다는 것이다. 연민은 다른 사람에게 불행한 일이 닥쳐 슬퍼할 때 같이 슬퍼해주는 행위를 의미한다. 그러나 홉스는 연민을 불안의 일종으로 보았다. 상대방에게 닥친 나쁜 일이 자신에게도 다가올까 봐 불안해하는 우려의 감정이라는 것이다.

이런 홉스의 주장은 일정 부분 설득력을 가진다. 우리 주변의 몇몇 현상을 실제로 잘 설명해주기 때문이다. 하지만 그렇다고 해서 심리적 이기주의가 항상 맞는 것은 아니다. 적절한 사례를 통해 가능성만 논할 수 있을 뿐이다. 여기에서 벗어나는 사례도 아주 많다.

가령, 자살을 하려고 철로에 몸을 내던진 사람을 구하기 위해 목숨을 걸고 철로로 뛰어든 사람은, 한 사람의 목숨을 구함으로써 만족감을 얻을 것이다. 그가 자신의 만족욕구에 따라 행동했다고 하자. 그러나 자신의 안전마저 포기하며 다른 사람이 생명을 구한 것만큼 이타적인 행위는 없는 것처럼 보인다. 여기서 우리는 이기적인 행위의 기준이 단순히 '욕망'그 자체에 있는 것이 아니라 욕망의 대상이 무엇이냐임을 알 수 있다. 비록 자신의 욕망에 따라 행위한다고 해도 그가 다른 사람의 생명과 복지, 효용을 동기로 행위를 한다면 이타적이라고 말할 수 있다.

한편 심리적 이기주의의 주장은 검증가능한 진술이 아니라는 점에서 한계가 있다. 위의 예시에서처럼, 다른 사람의 생명을 구하기 위해 위험을 무릅쓰더라도 '자기만족'을 위해 한 것이 되고, 사람이 죽어가는 것을 보고 가만히 있어도 '자기만족'을 위해 하지 않은 것이 되어버린다. 어떤 말을 해도 맞는 말이 되는 진술은 있으나마나 한 진술에 지나지 않는다.

윤리적 이기주의

심리적 이기주의가 모든 사람이 자신의 이익만을 추구한다는 사실적 주장을 담은 이론이라면, 윤리적 이기주의는 모든 사람이 자신의 이익만을 추구해야 한다는 규범적 이론이다. 다시 말해, 심리적 이기주의는 우리가 언제나 자신의 이익을 추구한다고 주장하지만, 윤리적 이기주의는 우리가 실제로 자기 이익을 추구하든 안 하든 각 개인들은 오로지 자신의 이익만을 추구해야 한다고 주장한다.

이기주의가 어떻게 윤리적일 수 있느냐고 생각할 수 있다. '이기주의'라는 단어 앞에 '윤리적'이라는 수식어가 따라붙은 것이 다소 어색하게 느껴진다. 하지만 윤리적 이기주의는 다른 사람이 어떻게 행동하든 상관하지 않는 이론이 아니다. 윤리이론이라면 한 개인뿐만 아니라 모든 사람들이 어떻게 행동해야 하는가에 관한 이론이어야 한다. 윤리적 이기주의는 나만 자신의 이익을 추구해야 한다는 게 아니라, 다른 사람들도 나처럼 각자의 이익을 추구해야 한다고 주장한다는 점에서 윤리이론이 갖추어야 할 최소 요건인 일관성과 보편화 가능성을 만족시키고 있는 것이다.

윤리적 이기주의는 우리가 실제로 어떻게 행동하고 있는지와 상관없이, 자신에게 이익이 되는 것을 하는 것이 우리의 의무라고 말하지만, 그렇다고 해서 이타적 행위를 금지하는 것은 아니다. 다른 사람을 돕는 일이 자신의 이익을 도모하는 것과 같은 것이 될 수 있기 때문이다. 우리가 쉽게 동의할 수 있는 상식적 도덕에도 이기주의적 관점이 들어 있다. 가령, 우리는 타인에게 해를 끼치면 안 된다고 생각하는데, 그 이유는 그래야만 좋은 평판을 유지할 수 있고 도움이 필요할 때, 사람들에게 도움을 받을 수 있기 때문이다. 내가 정직해야 하는 이유는 그래야만 남이 나를 믿어주기 때문이고, 약속을 지켜야 하는 이유는 그래야만 신뢰가 형성되어 나의 이익을 증진시키는 데 도움이 되기 때문이다.

이러한 윤리적 이기주의는 일견 타당해보이지만, 현실적으로 이익의 충돌을 해결할 수 없다는 한계를 갖는다. 선거에서 A와 B가 자리 하나를 놓고 경쟁한다고 상황을 가정해보자. 논리적으로 봤을 때, A, B 두 사람의 대결을 생각해보면, A가 자신을 제압하려는 B의 행동을 막는다면 A의 행위는 잘못된 행위이면서 동시에 잘못된 행위가 아니라고 말할 수밖에 없다. A는 자신의 이익을 위해 B가 자신의 의무를 다하지 못하게 막아야 하는데, 바로 그 행위가 A가 해야만 하는 일이기 때문에 잘못인 것은 아니지만, 동시에 B가 그 의무를 다하지 못하게 막는 것은 잘못이기 때문이다.

윤리를 자기 이익이라는 관점에서 본다면, 이렇게 이익이 충돌하는 경우에 대한 해결책이 결코 존재할 수 없으므로 윤리적 이기주의는 수용하기 힘들다. 끝으로, 윤리적 이기주의는 왜 상대방의 이익보다 나의 이익이 더 중요한지에 대해 답을 하지 못한다. 윤리적 이기주의는 사람을 두 부류로 나눈다. 자신과 타인이다. 그리고 자신의 이익과 다른 사람의 이익을 차별대우한다. 그러면 이 차별대우에는 정당한 근거가 필요하다. 왜 나의 이익은 타인의 이익보다 절대적이고 특별해야 하는가? 여기서 더 나아가면, 성차별주의나 인종차별주의처럼 자신의 성별과 인종을 더 절대적으로 고려하는 이론이 될 수 있다.

거북이를 따라잡지 못하는 아킬레우스

기원전 5세기경 엘레아에서 활동한 그리스 철학자 제논은 자신의 스승 파르메니데스의 학설을 반대파에게서 지켜내기 위해 여러 논증법을 사용했는데, 그 중 가장 대표적인 것이 바로 〈아킬레우스와 거북이의 경주〉이다. 아킬레우스는 그리스 신화에 등장하는 전쟁의 영웅으로 전투력이 높고 발이 빠른 것으로 유명했는데, 이 역설에 등장하여 거북이와 경주를 하게 된다. 헤라클레이토스는 만물은 항상 변화 속에 있다고 하였고, 세상은 대립법칙으로 이루어져 대립물들의 상호작용이 조화를 만들어내는 방식으로 작동한다고 주장했다. 반면, 제논의 스승 파르메니데스는 그 어떠한 것도 변화 속에 있지 않다고 주장하였다. 제논은 〈아킬레우스와 거북이의 경주〉를 내세워 만물은 변한다는 주장을 공격해 간접적으로 일원성과 불변성에 대한 스승의 주장을 옹호했다.

이 역설에 의하면, 제아무리 발이 빠른 아킬레우스도 발이 느린 거북이를 결코 따라잡을 수 없다는 결론이 나온다. 왜냐하면 거북이를

아킬레우스

뒤쫓는 아킬레우스는 우선 거북이가 걷기 시작한 출발점에 도달하지 않으면 안 되는데, 그 사이에 거북이는 그 출발점보다 더 앞서가 있을 것이기 때문이다. 아킬레우스가 그 점에 도달하기까지 거북이는 더 앞으로 나아가 있을 것이다. 거북이가 A만큼 앞서 출발한다면, 아킬레우스가 A만큼 갔을 때 거북이는 다시 B만큼 더 가게 된다. 아킬레우스가 B만큼을 갔을 때 거북이는 다시 C만큼 더 가 있을 것이다. 이리하여 거북이와의 거리는 계속 좁힐 수 있어도 결코 따라잡을 수는 없게된다.

제논이 주장하고 싶었던 것을 이렇게 정리할 수 있다. 운동을 부분 부분으로 나누어 생각하게 되면 운동이 불가능하다는 결론이 따라나온다. 그러니 만약 운동을 분할가능한 것으로 생각하지 않고 단일한 하나로서 존재한다고 생각한다면, 즉 아킬레우스가 거북이를 따라잡는 과정 전체가 하나로서 존재한다고 생각할 경우 역설은 발생하지 않게 된다.

제논은 운동이 부분으로 나눌 수 없는 하나로서 존재함을 보여주려 한 것이다. 즉, 모순적 결론이 나옴을 통해 역설의 전제가 되는 운동의 분할가능성이 참이 아니라고 주장하는 것이다. 상대방의 주장을 가정할 때, 모순이 일어남을 보여줌으로써 이전 주장을 반박하는 논증 방법을 귀류법이라고 하는데, 이점에서 제논이 귀류법의 창시자라고할 수 있다. 물론 이 역설은 수학적으로 틀린 이론이다. 하지만 이것을 논리적으로 파훼하는 것은 당시의 수학 수준**당시의 시대엔 '무한', '극한'의 개념이 없었기 때문에** 으로는 불가능한 일이었기에 '역설'이라는 이름이 붙은 것이다.

체험적 직관을 중시한 동양철학

중국에서는 논리적 구성을 갖춘 철학이 부족했다. 막스 베버는 공자의 《논어》를 읽고, 그 표현의 형식으로만 보면 아메리카 인디언의 추장이 말하는 형태와 닮았다고 한 바 있다. 이는 단편적이어서 논증적이지 못한 것을 지적한 말이다. 철학이 논리적 구성을 갖추지 못했다는 것은 중국인들이 논리적으로 사물을 생각하고 표현하는 것에 서툴렀음을 의미한다. 왜 중국인들은 논리적 사고에 서툴렀을까? 중국인들의 사고력에 문제가 있다기보다는 그들이 사용하는 언어 구조에 원인이 있다. 중국어는 태국이나 티벳의 언어와 함께 소위 고립어의 유형에 속하는 것으로, 어미변화나 접사 등이 없다. 또한 각 단어는 단지 관념을 표현할 뿐, 문장 중의 위치에 의해서 문법적 기능을 하는 성질의 언어이다.

예를 들어, 화홍花紅 이라는 중국어는 영어의 'The flower is red'에 해당한다. 중국어는 영어의 'is'에 해당하는 말이 없다. '화'와 '홍'은 각각 고립된 것으로, 그것을 결합하는 접착제가 없는 것이다. 그런데 논리학에서 문제가 되는 것은 단어의 의미보다는 단어를 결합시키고 있는 접착제 부분일 것이므로, 이것을 빠뜨리고서는 논리학의 성립에 치명적인 결함이 될 수 있다. 전국시대 중국의 제자백가 사이에는 명가라 불리는 논리학파가 생겼지만, 명가도 그리스의 논리학 수준에는 도저히 미칠 수 없었다. 더구나, 명가의 흐름은 육조시대 초기 청담이 유행했을 때, 일시적으로 부활하였을 뿐 그 후에는 완전히 자취를 감추어 버렸다. 결국, 중국은 논리학에 있어 불모의 땅이었고, 중국 철학을 거의 그대로 수입해와서 철학을 하고 있었던 한국도 마찬가지의 상황이 전개되었다.

대신 동양에서는 체험적 직관을 중시했다. 좀 더 구체적으로 말하면, 체험적 직관을 기본으로 한 비유에 의한 표현, 상징적인 표현이 발달했다. 이와 같은 표현은 《논어》에서도 잘 나타나 있지만, 도가의 책에는 그러한 경향이 한층 두드러진다. 장자에 이르러서는 언어가 진리 표현에 장애가 된다고 하여 적극적으로 논리 자체를 부정하기 조차 했다. 이 체험적 직관을 극도로 중시하는 것으로서, 불교 중에 가장 중국적 색체가 강한 선종을 들 수 있다. 선종은 '이심전심以心傳心', '불립문자不立文字'를 모토로 한다. 이는 진리가 문자에 의해 전해지지 않음을 의미한다. 진리는 논리만으로 도달할 수 없는 영역에 존재한다. 진리는 문자나 언어의 매개에 의하지 않는 것으로 마음과 마음의 통합에 의해서만 체득되는 것이다. 즉 심중에 있는 본성을 직관하는 것에서 참된 깨달음을 얻게 된다. 이것은 체험적 직관을 진리에의 유일한 통로로 활용하고 있는 것이다.

공자의 차별적 사랑, 인仁

공자는 중국 춘추시대의 사상가로 유가의 창시자이며 이름은 구丘. 자는 중니仲尼 이다. 노나라 사람으로 여러 나라를 두루 돌아다니면서 인仁의 실현을 정치적 이상으로 하는 덕치정치를 강조했다. 공자의 사상은 2천 년 가까운 세월 동안 중국은 물론 동아시아 왕조의 국가이념으로 자리 잡으며, 동아시아 인문주의의 원형이 되었다.

　공자는 예수, 석가모니, 소크라테스와 함께 4대 성인에 들어간다. 예수는 아가페적 사랑을, 석가모니는 자비를, 소크라테스는 진리너 자신을 알라 를 역설했다. 그렇다면 공자사상의 핵심은 무엇일까? 공자사상의 핵심은 바로 '인'이다. 그렇다면 '인'이란 과연 무엇일까?

- 인은 유교의 가장 중심적인 정치·도덕 이념이다. 인이라는 개념은 다분히 추상적이어서 막상 한 마디로 정의하려고 하면 쉽게 입이 떨어지지 않는다. 그만큼 유형화하기가 어렵고 손에 잡히지 않는 개념이다. 인은 특정한 덕목을 지칭할 때뿐 아니라, 모든 덕목을 포괄하는 개념으로도 사용된다. 공자 스스로도 때와 장소, 사람에 따라 인이 제 각각 다르다고 말하고 있다. 하지만 이 책은 철학 초심자들을 위한 것인 만큼 언제 어느 상황에서도 관통할 수 있는 인의 핵

공자

심적 개념을 파악하여 전달하고자 한다.

- 인이란 사람다움이다. 풀어서 설명하자면 인이란 사람이 그것에 의하여 인간으로 규정될 수 있게 하는 인간의 본질이다. 인은 사람을 사람답게 만든다. 그래서 인자仁者란 완전한 덕을 갖춘 인격자와 동의어이다.

- 인 개념의 가장 기본적인 내용은 충忠과 서恕이다. 충서란 남을 배려하는 것이다. 충이란 자기가 이루고자 하는 것이 있으면 남도 이룰 수 있도록 배려하는 것이고, 서란 자신이 원하지 않는 것을 남에게 강요하지 않는 것이다. 충과 서를 합하여 충서의 도라고 하는데, 이것이 곧 인을 실현하는 방법이다. 그래서 인仁이란 결국 다른 사람을 사랑하는 것이다. '仁'은 '人'과 '二'가 결합된 글자다. 두 사람이 사이좋게 살아간다는 의미이기도 하다.

사실 공자가 인이라는 개념을 제시한 것은 당시의 시대적 배경과도 밀접한 관련이 있다. 공자가 살던 시대는 전쟁터에서 수많은 사람들이 죽어나가고 윤리와 도덕이 상실된 절망의 시대였다. 공자는 이러한 사회적 혼란을 배경으로 하여, 이상적인 사회를 이룩할 수 있는 철학의 핵심으로 인이라는 개념을 제시한 것이다.

하지만 우리가 주의해야 할 점은 공자가 말한 인이라는 사랑은 보편적·무차별적인 사랑이 아니라 차별적인 사랑이라는 점이다. 공자는 신분적 위계질서를 긍정했고 공자의 사랑은 지배계급 내부에만 국한된 상호 배려의 정신인 것이다. 공자는 인뿐만 아니라 예禮라는 개념을 적용함에 있어서도 귀족 계급을 편애하였다. 하지만 공자가 말한 차별적인 사랑은 효孝와 제悌 그리고 충과 서를 사회 전반으로 차등적으로 확장하여 화목한 세상을 이루고자 했다는 점에서 의의가 있다.

맹자의 성선설

맹자는 인간의 본성이 착하다는 성선설性善說을 주장했다. 물이 위에서 아래로 흐르듯, 인간 역시 선한 것을 따르려는 성질이 있다는 것이다. 물이 아래에서 위로 흐르는 경우가 있다면 그것은 외부의 인위적인 변수나 강제력이 발동한 결과일터, 물이 아래에서 위로 흐르는 것이 어찌 물의 성질이라고 할 수 있겠는가. 마찬가지로 본래 선한 마음을 가진 인간이 악행을 저지르는 것은 그 사람을 둘러싼 사회적 환경이나 제도가 불합리하게 왜곡되어 있거나 통치자들의 과오에서 기인하는 것이다.

그렇다면 인간의 본성이 선하다는 사실을 어떻게 알 수 있을까? 그는 인간의 본성이 착하다는 것을 증명하기 위해 '우물가의 어린아이'를 예시로 들어 설명했다. 만약 어떤 사람이 지나가는 길에 어린아이가 우물 속으로 빠져 들어가는 광경을 보았다고 하자. 이 광경을 보는 사람은 누구나 그 어린아이에 대해 애처로운 마음을 갖게 될 것이다. 우리의 이러한 마음은 천성에서 비롯되는 것이다. 우리가 우물 속으로

맹자

빠진 아이를 보고 슬픈 감정을 느끼는 이유는 그 아이의 부모와 친분을 의식해서도 아니고 아이의 부모나 동네 이웃들에게 보상이나 칭찬을 받기 위해서도 아니다. 이처럼 인간은 누구나 타인의 고통을 차마 보지 못하는 마음을 가지고 태어났다.

공자는 사람은 누구나 태어나면서부터 인의 덕을 가지고 있다고 보았다. 인은 인간의 본성으로 사람을 사랑하는 마음이며 배려하는 마음이고 인간을 인간답게 하는 마음이다. 맹자는 이러한 공자의 인을 받아들여 인을 인간다움이라고 하였으며, 공자가 말한 인을 인仁, 의義, 예禮, 지智의 4가지 덕, 즉 4단四端으로 확장하였다.

맹자는 누군가를 불쌍하고 측은하게 여기는 마음측은지심은 어짊의 시작이고, 부끄러워하는 마음수오지심은 의로움의 시작, 사양하는 마음사양지심은 예의 시작, 옳고 그름을 가리는 마음시비지심은 지혜의 시작이라고 말했다. 즉, 측은지심惻隱之心, 수오지심羞惡之心, 사양지심辭讓之心, 시비지심是非之心은 4가지 선한 마음의 단서인 것이다. 인간의 어짊과 의로움과 예의바름과 지혜의 실마리는 이미 태어나면서부터 우리 마음속에 깃들어 있다. 인간의 선한 본성의 실마리가 되는 이 4가지를 4단이라고 부른다. 그러므로 누구든지 타고난 천성대로 행동하면 누구나 착해질 수 있다.

우리는 우리의 선한 본성을 잘 보존하고 널리 키워나가기 위해 무엇을 해야 할까? 맹자는 인간이 타고난 천성에 따라 선하게 행동하기 위해서는 용기를 길러야 한다고 주장했다. 여기서 용기란 스스로 의롭다고 생각하면, 어떠한 외압에도 겁을 내지 않고 당당하게 행동하는 것을 말한다. 대장부로서 큰 뜻을 이루고자 한다면 시련을 극복하고 유혹을 물리치는 굳센 신념이 있어야 한다. 도덕적으로 높은 경지에 오른 사람은 위험한 상황 속에서도 굴복하지 않고 도덕적 원칙을 준수할 수 있다.

- 측은지심惻隱之心 : 남을 불쌍하게 여기는 타고난 착한 마음으로 인仁의 단서가 된다.
- 수오지심羞惡之心 : 자기의 옳지 못함을 부끄러워하고, 남의 옳지 못함을 미워하는 마음으로 의義의 단서가 된다.
- 사양지심辭讓之心 : 겸손하여 남에게 사양할 줄 아는 마음으로 예禮의 단서가 된다.
- 시비지심是非之心 : 옳음과 그름을 가릴 줄 아는 마음으로 지智의 단서가 된다.

순자, 선은 후천적으로 습득하는 것

순자의 이름은 순황荀況. 자는 순경荀卿 이다. 맹자와 같은 시대를 살았지만 맹자가 성선설性善說에 기반하여 덕치주의德治主義를 주장한데 반해, 순자는 인간의 본성은 악하다는 성악설性惡說에 근거하여 '예禮'로써 교육하고 다스려야 한다는 예치주의禮治主義를 주장했다.

맹자는 사람의 본성이 착하기 때문에 여러 가지 환경적 변수와 자극 속에서도 그 본성이 잘 발현될 수 있도록 하는 취지에서 교육을 강조한 반면, 순자는 사람의 악한 본성을 억제하기 위해 외부에서 가해지는 후천적이고 인위적인 교육이 필요하다고 보았다. 즉, 인간은 날 때부터 이익을 구하고 그 과정에서 서로 질투하고 미워하는 습성이 있기 때문에 그대로 놔두면 싸움이 그치지 않는다는 것이다. 그러므로 이것을 고치기 위해서는 성현의 예禮를 배우고 정신을 수련해야만 한다고 주장하였다. 순자는 각 개인들이 예禮를 학습하고 이기심을 극복함으로써 보다 도덕적인 세상을 만들 수 있다고 보았던 것이다.

순자

"사람은 태어나면서 무리를 짓는데 아래 위가 없으면 서로 다투게 된다. 그러므로 사람은 잠시라도 예禮를 버려서는 안 된다."

성인과 군자 그리고 소인의 구별은 결국 후천적인 노력에 달려 있다. 그에 따르면, 성인은 스스로가 후천적 노력을 통해 자신의 본능과 욕망을 극복하고 그 본성을 선하게 만든 경우에 해당한다. 주의할 점은 맹자와 순자가 말하는 인간의 본성은 각자가 주목하는 부분이 다르다는 데 있다. 순자가 말한 성악설의 '성 性'자는 맹자가 말한 성선설의 '성 性'자와 다소 차이가 있다. 인간에게는 이성과 욕망이라는 것이 함께 존재한다. 인간의 본성을 선하다고 규정한 맹자는 인간의 본능이나 욕구보다는 옳고 바른 것을 분별할 줄 아는 이성을 본성이라고 봤다. 한편 인간이 악하다고 규정한 순자는 인간 본성의 도덕적인 측면에 주목한 맹자와 달리 인간 본성의 생리적 욕구와 욕망에 주목했다.

순자는 소인뿐만 아니라 군자도 생리적 욕구와 욕망을 가지고 있다고 보았다. 다만 소인은 욕구에 지배당하지만 군자는 예禮를 통해 도덕적 원리를 내면화하고 절제할 수 있다. 이것은 본성인 욕구와 욕망을 억제할 의식적 노력이 있느냐 없느냐의 차이다. 순자는 그러한 의식적 노력을 제도화하려고 했고 그것이 바로 예치禮治다. 여기서 예가 지나치게 형식적이고 통치적인 기능에 치우친 것 같지만, 그는 예가 단순한 형식에 그치는 것이 아니라 내면의 도덕성으로 이어질 수 있다며 강조했다. 예가 처음에는 외형적인 형식에 불과하겠지만 성현으로부터 예를 배우고 익혀 지속적으로 실천하는 과정을 통해, 어느새 도덕적 원리가 내면화되어 악한 본성을 선하게 변화시킬 수 있다고 보았다. 이것이 화성기위化性起偽다. 그래서 순자의 사상은 공자가 말한 극기복례克己復禮와 일맥상통한다. 극기복례克己復禮는 자기 의지로 욕망이나 충동 따위를 억제하고 예에 어그러지지 않도록 하는 것을 말한다.

노자의 무위자연의 도道

유가가 명분과 인위적인 교육을 강조한 데 반해 도가道家의 시조인 노자는 무위자연無爲自然을 강조했다. 유가의 인위적인 도덕이 본래의 순수한 인간을 위선적으로 만들고 세상을 더욱 어지럽게 만들고 있음을 지적하고 좀 더 근원적인 앎으로 나아가려고 했다. 노자는 유가의 핵심적인 덕들을 인위적인 것으로 보아 지혜와 인의仁義를 끊을 것을 요구한다. 노자의 사상은 허虛, 공空, 무위無爲가 핵심이다.

공자와 노자 그리고 장자는 모두 혼란한 시대적 배경 속에서 세상을 바로잡고자 한 사상가라는 점에서 공통적이지만, 그 방법에 있어서는 큰 차이가 있었다. 공자는 직접 현실에 뛰어들어 문제를 해결하려 했다면, 노자와 장자는 인위적인 지식과 제도를 멀리함으로써 문제가 자연적으로 치유되기를 바랐다. 일상적 지식이나 지혜라는 것이 인간으로 하여금 사물을 분별하게 만들고 시비에 빠지게 하여 혼란과 고뇌를 초래한다고 본 것이다. 헛된 지식이 헛된 욕망을 일으키고 헛된 욕망이 도道를 체득하는 데 도리어 방해가 되는 것이다. 그러므로 우

노자

리는 일상의 작은 지식과 작은 지혜를 버려야만 한다.

　노자는 무지無知를 강조했는데, 인간은 무엇인가를 알면 알수록 고통과 번뇌에 빠지게 되며 현실에 불만을 갖기 쉬워 사회는 더욱 혼란에 빠지게 되기 때문이다. 지식과 욕망은 서로 간 충돌을 발생시키므로 사회문제를 해결하기 위해서는 아무것도 하지 않아야 한다. 천하는 무위無爲로 아무것도 하지 않음으로써 다스려진다. 여기서 아무것도 하지 않는다는 것은 단순히 아무것도 하지 않음을 의미하는 것이 아니라, 억지와 인위人爲를 피하고 자연스럽게 행하는 것을 의미한다.

　이는 세상의 혼란을 바로잡고자 인仁, 의義, 예禮, 지智, 충忠, 효孝 같은 도덕적 가치를 핵심적 가치로 떠받드는 유가와 배치되는 것이다. 인과 의라는 것도 결국은 인간이 인위로 만든 것으로 그것은 인간의 순박한 본성을 해치고 도리어 세상을 더욱 혼란스럽게 만들 뿐이다. 억지로 꾸미는 행위는 미봉책彌縫策에 불과할 뿐 오래가지 못하고 그치게 마련이다. 즉, 큰 도가 없어지고 나서 인과 의가 나타난 것이며, 육친이 화목하지 못하자 효도라는 것이 나타났으며, 나라가 혼란에 빠지자 충신이 나오게 된다는 것이다. 우리는 이러한 형식에 치우친 인위적 허례虛禮를 버림으로써 자연스러운 덕德을 회복할 수 있는 것이다.

　장자 역시 유가의 인의와 예를 사람의 본성과 배치되는 인위적인 것으로 보아 비판했다. 공자는 군군신신부부자자君君臣臣父父子子라는 정명正名사상을 토대로 명분을 바로 세워 혼탁한 세상을 바로잡으려고 했으나, 반대로 노자는 이름에 집착하지 말 것을 주문한다. 이름이 있고부터 사람들이 하나의 명칭에 구속되어 자기 자신이 없게 되고 쉽게 동류에게 돌아가 무리를 짓고 서로 다툰다고 보았기 때문이다. 자기 자신을 보호하는 길은 무명無明에 의존하는 것이다.

장자의 무용지용 :
쓸모 없음의 쓸모 있음

무용지용無用之用 쓸모 없는 것의 쓸모. 쓸모 없다고 생각하는 것이 실은 쓸모가 있음을 말한다. 재주가 빼어나 쓸모 있는 사람은 남의 도구로 부려지거나 시기와 모함을 받아 제명에 죽지 못하는 경우가 많았다. 오히려 가시가 많고 구불구불한 산목은 재목과 땔감으로 쓸모가 없기에 천수를 누리며, 사람과 다른 짐승들에게 시원한 그늘을 제공해 주는 쓰임이 있다. 그래서 노자와 장자는 재능이 있더라도 그것을 함부로 과시하지 말고 겸손할 것을 당부한다.

어느 날 장자의 현명함을 들은 초나라의 위왕이 신하 두 명을 보내 그를 재상으로 삼겠다는 뜻을 전달했다. 그때 장자는 강가에 앉아 낚시를 하고 있었는데, 장자는 다음과 같이 말하며 재상이 되길 거부했다고 한다.

"아주 귀한 소 한 마리가 있는데, 이 소의 털은 모두 같은 색으로 희우犧牛라고 불립니다. 이 소는 매우 귀한 대접을 받으며 여러 해 동안 좋은 먹이를 먹고 성장하지만 결국 왕실의 종묘에 재물로 바쳐질 운명에 처하게 됩니다. 특히 소가

장자

재물로 바쳐지기 전에는 굉장히 아름다운 비단옷이 입혀집니다. 마찬가지로 내가 재상이 된다면, 여러 해 동안은 좋은 대접을 받으며 신분이 상승한 것처럼 보이겠지만 사실은 감시당하는 것과 다름이 없어서 자유를 잃게 될 것입니다. 그때는 한 마리의 돼지가 되고 싶어도 될 수가 없게 됩니다. 그러니 나에게 더 이상 재상이 되라고 하지 마십시오. 나는 차라리 더러운 시궁창에서 노닐며 즐길지언정 나라를 가진 제후들에게 얽매이지는 않을 것입니다. 나는 죽을 때까지 벼슬하지 않고 내 마음대로 즐겁게 살겠소."

결국 초나라 위왕의 초대는 무산된다. 여기서 주의할 점은 소의 근본적 불행은 죽음이 아니라 자유를 잃은 것에 있다는 것이다. 자유를 잃었기에 생명마저 잃게 된 것이다. 그는 자연스러운 삶을 원했다. 그는 결코 자신의 자유를 정치권력이나 세속적 명예나 돈으로 교환하길 원하지 않았다.

인간이 물질적 욕망과 명예욕을 내려놓는다는 것은 사실 사회적으로 쓸모 없는 인간이 되는 것이다. 쓸모 없는 인간이기에 오히려 더욱 자유로워질 수 있다. 쓸모가 없기에 위험에 처하지 않게 된다. 이는 장자가 무용지용의 이치를 말하는 것이다. 쓸모 있는 존재가 되기 위해서 애쓰지 않으므로 스스로를 고통스럽게 하지 않는다.

장자는 헛된 성공을 좇아 자신을 괴롭히는 자를 자신의 그림자를 피해 달아나는 사람에 비유했다. 그는 자기 그림자에서 벗어나기 위해 더욱 힘차게 달리지만, 결국 한 발자국도 벗어나지 못하고 지쳐 쓰러지고 만다. 만약 그가 처음부터 나무 그늘 아래에 앉아 있었더라면 그림자가 생기지 않았을 것이다.

석가모니는 누구인가?

석가는 카필라Kapila, 지금의 네팔에서 성주 슈도다나와 마야 부인 사이에서 태어났다. 그의 부모는 인도의 명문 호족이었고 대대로 왕통을 계승하여 내려온 집안이다. 마야 부인은 해산을 위해 고향으로 가던 도중 석가를 잉태하였는데, 그를 잉태했을 때 콧등에 연꽃을 단 하얀 코끼리 꿈을 꾸었다고 한다. 아시타선인은 어린 석가의 관상을 보고 "그가 집에 머물러 왕위를 계승하면 전 세계를 평화적으로 다스리는 전륜성왕이 될 것이요, 그가 출가를 하면 반드시 부처가 되어 중생을 구제할 것이다."라고 예언했다.

선인의 이러한 예언을 들은 그의 아버지는 싯다르타가 왕이 되는 것 외에 다른 마음을 품지 못하도록, 현실세계의 어려움과 완전히 단절된 호화롭고 부귀한 환경에서 교육을 받을 수 있도록 했다. 아버지의 배려 하에 안락하고 행복한 생활을 보내던 싯다르타는 어느 날 인생의 근본적 괴로움과 직면하게 된다. 이른바 사문출유四門遊觀다.

그가 수레를 타고 동쪽 문으로 나갔을 때, 자기 몸도 제대로 가누지 못하는 노인을 보았다. 남쪽 문으로 나갔을 때는, 고통에 신음하는

석가모니 부처

병든 자를 보았다. 서쪽 문으로 나갔을 때는, 죽어서 이미 썩어버린 시체를 보았다. 북쪽 문으로 나갔을 때는, 세상을 초월한 남루한 옷차림의 승려를 보았다. 그는 이 사건을 이후로 고苦의 본질을 탐구하고 해탈을 구하고자 자신이 지금껏 누리던 부와 권력을 내려놓고 가족들을 떠나기로 결심한다. 그에게는 아버지뿐만 아니라 사랑하는 아내와 아들, 그리고 친지들이 있었다. 그들과 평생 함께하고픈 열망도 있었지만, 그는 고통으로 가득 찬 세상에 경악하여 열반에 이르는 길을 찾아 떠나기로 결심한 것이다. 이때가 그의 나이 29세였다.

그는 출가하기 이전에 철학, 예술, 건축, 역산, 음악, 의학, 논리 등을 배웠으므로 이미 종교적 수행방법에 대한 나름대로의 지식을 갖추었을 것으로 보인다. 그는 출가 후 그 당시의 출가자의 풍습이었던 고행苦行에 전념하여 깨달음을 구하고자 했다. 고행은 육체적인 면을 극소화하여 정신적 독립을 추구하는 것인데, 그는 히말라야 산속에서 삼씨와 보리쌀 한 알로 하루하루를 연명하면서 마치 해골처럼 될 때까지 고행에 전념했으나 심신만 쇠약해질 뿐 끝내 깨달음을 얻을 수는 없었다.

그는 별다른 결실 없이 6년 간의 고행을 중단하고, 다시 보리수 아래서 깊은 사색에 잠겨 있다가 마침내 깨달음을 얻었다. 이때부터 그는 붓다buddha가 되었고 인간 세상의 모든 번뇌에서 벗어나게 되었다. 붓다는 깨달음을 얻은 이후 제자를 양성하고 설교를 하는 것으로 평생을 보냈다. 석가모니는 형이상학적인 문제보다는 고통의 바다에 빠져 허우적대는 중생들을 구제하는 문제에 더 집중했다.

2교시
심리

심리학이란 무엇인가?

심리학Psychology 이라는 용어는 1590년, 독일의 철학자 루돌프 괴켈이 자신의 논문에 처음으로 사용하였다. Psychology는 psyche마음과 logos 논리라는 단어가 결합된 것으로, 인간의 정신작용을 논리적으로 연구하고, 그 구조를 과학적으로 해명하는 심리학이 되었다. 살다 보면, 자신이 특정한 행동을 해놓고도, 왜 자신이 이러한 행동을 한 것인지 이해하지 못할 때가 있다. 이는 인간 마음에 의식적 영역을 넘어선 무의식이 작동하고 있기 때문이다. 심리학이 예전에는 형이상학 범주에서 연구되었으나, 오늘날에는 관찰, 면접, 심리학 검사와 같은 실증적 연구의 경향을 띠고 있다.

심리학은 연구 분야에 따라 크게 기초심리학심리학의 기초 원리와 이론을 다룸과 응용심리학심리학적 원리와 이론의 실제 문제를 해결하기 위한 학문으로 나눌 수 있으며, 인문과학부터 자연과학, 공학, 예술, 군사, 산업, 교육에 이르기까지 많은 분야에 공헌하고 있다. 그도 그럴 것이 인간이 관계된 모든 분야는 직접적으로든 간접적으로든 인간의 행동과 기저 원리를

루돌프 괴켈

과학적으로 탐구하고 밝히는 심리학의 학문적 뒷받침이 요구되기 때문이다.

그런 관점에서 본다면, 심리학은 인간을 이해하는 학문이다. '우리는 누구인가?, 우리의 행동을 주도하는 것은 무엇인가?, 나와 타인은 어떻게 관계를 맺는가?, 우리는 주변에서 일어나는 현상을 어떻게 이해하고 대처해야 하는가?'와 같은 물음에 답하기 위해 연구한다.

◆ 심리학으로 알 수 있는 것

- 인간의 정신작용을 과학적 관점으로 연구하여 다양한 분야에 응용할 수 있다.
- 표정과 행동을 통해 사람의 속마음을 추측한다.
- 인간의 사고과정을 과학적으로 분석함으로써, 세상의 불합리에 맞설 수 있는 힘을 갖게 된다.
- 호감과 비호감의 이유를 구체적으로 알 수 있다.
- 자신의 진정한 개성과 개인들 간의 차이를 해명해낼 수 있다.
- 일과 학습의 효율성을 높일 수 있다.
- 환경이 인간의 사고와 행동에 미치는 영향을 알 수 있다.
- 다른 사람의 행동을 이해하는 계기를 마련해준다.

심리학, 철학에서 과학으로

아리스토텔레스는 영혼이란 아무것도 쓰여 있지 않은 서판이라는 경험론적 입장을 고수했고, '나는 생각한다. 고로 존재한다.'라는 명언을 남긴 프랑스의 철학자 데카르트는 인간의 내면에는 사물을 분별할 수 있는 힘이 선험적으로 내재되어 있다는 이성주의적 입장에서 마음을 논했다. 기원전부터 '심리학'에 대한 개념을 사용하지 않았을 뿐, 심리학에 대한 생각은 과거부터 계속 있어왔다고 할 수 있다. 하지만 현대 심리학이 정립되기 이전의 심리학은 철학자들이 다루는 영역으로 간주되어 왔으며, 그 경계가 다소 모호하였다.

그러나 18세기가 되면서, 수학과 물리학, 의학 등 자연 과학이 발달하고, 이것들이 심리학과 융합되면서 심리학은 더욱 실증적인 과학으로서의 길을 걷기 시작했다. 특히, 1870년 실험심리학의 아버지라고 불리는 독일의 빌헬름 막시밀리안 분트가 독일의 라이프치히 대학에서 '실험심리학 강습'이라는 강의를 하면서 심리학은 과학으로서의 학문적 지위를 갖게 되었다. 그는 지금까지의 철학적인 방법에서 벗어나

막시밀리안 분트

자연과학적 방법에서 인간의 심리를 연구했다. 즉, 개념으로서의 마음을 연구한 것이 아니라, 인간의 의식을 관찰하는 등 실증적 방법으로 마음을 연구한 것이다.

분트는 인간의 마음에는 다양한 심리적 요소가 복합적으로 작용하며, 이것들이 결합되어 인식이 성립된다고 주장했다. 그 결합법칙을 규명해낼 때 마음의 움직임도 이해할 수 있다는 것이다. 그래서 그의 학설을 구성주의라고 한다. 의식을 구성하는 기본 단위를 밝히기 위해 자극에 대한 마음의 내면을 관찰하고 언어로 기술하는 내성법을 사용하였다. 또한 그는 인간의 심리가 개인뿐 아니라 그 사람이 속한 집단, 사회, 민족, 국가, 종교 등에도 영향을 받는다며, 민족심리학 연구에도 매진했다 감각이나 감정 이상의 고등 정신과정은 실험법을 적용할 수 없는 영역이라 보고 민족심리학이라 구분하여 연구했다 .

구성주의 심리학 :
마음을 구성하는 요소를 분석하여 인간의 마음을 이해한다

구성주의는 철학적 접근에서 과학적 접근으로 진화를 이룬 최초의 심리학파로, 구성주의의 창시자 분트는 정신의 연구를 위해 구성주의와 내성법을 도입했다. 구성주의란 개념을 각 부분으로 나누어 분석하는 것을 말한다. 분트의 제자 티치너는 화학물질을 각각의 요소로 분해하는 방식으로 마음을 이해할 수 있다고 생각했다. 물이 수소와 산소로 분해되는 것처럼, 물의 구조가 수소, 산소로 이루어져 있다면, 마음의 구조도 감각, 생각으로 나눌 수 있다고 여겼다. 인간의 순수한 감각들이 의식을 구성하는 구성요소가 되며, 이것들이 조합되어 지각을 형성한다고 보았다. 다시 말해, 인간의 마음을 구성하는 기초요소를 발견해내고 분석함으로써 인간의 마음을 이해할 수 있다고 본 것이다.

구성주의의 주된 연구방법은 내성법이다. 분트와 그의 제자들은 내성이라는 방법으로 마음의 작용을 연구했다. 내성은 자신의 마음작용을 주관적으로 관찰하여, 당시 의식경험을 작성하여 보고하는 것으로, 일기를 쓰는 것과 비슷하다고 보면 된다. 실험이라는 통제된 조건 속에서 연구참여자에게 특정한 자극을 주고, 이후 그들에게 자신의 의식경험을 기술하여 보고하도록 요구하는 것이다.

하지만 사람마다 감정을 표현하는 정도, 감각을 느끼는 정도는 다를 수밖에 없다. 또한 과거의 경험을 기억해내는 과정에서도 인간의 기억은 많이 왜곡되고 변형된다. 내성법은 공통된 자극 대상에 대해 상충하는 내성을 보고하는 사례가 빈번하게 발생하는 등, 의식 경험의 기본 요소에 대한 합의점을 찾기 어려운 한계를 갖는다.

실제로, 분트와 그의 제자들이 사용한 연구방법내성법은 미국에서 별다른 인정을 받지 못했다. 당시 미국은 실용주의와 기능주의 철학이 대세였고, 실제 현실 문제에 적용할 수 있는 행동지향적 심리연구에 초점을 두고 있었다. 또한 대다수 심리학자들이 교육자를 겸하고 있어 학교 수업에서 적용할 수 있는 학습이론에 관한 연구가 활발하게 진행되었다.

심리
04

기능주의 심리학 :
중요한 것은 요소가 아니라 기능이다

구성주의 학자들은 마음을 구성하는 각 요소를 밝히고 그 결합법칙을 규명하는 과정에서 인간의 마음을 이해할 수 있다고 보았다. 하지만 미국의 심리학자이자 교육학자였던 윌리엄 제임스는 분트가 인간의 정신을 연구하는 것에는 동의했지만, 그 정신의 구성요소를 밝히는 것은 실생활에 별로 의미가 없다고 비판했다. 제임스는 분트처럼 마음정신을 일일이 분해하지 말고 실제 마음이 행하는 기능을 보아야 한다고 주장했다.

기능주의 심리학의 창시자인 윌리엄 제임스를 비롯해, 생물학의 발전에 영향을 받은 학자들은 마음이 어떠한 기능을 하는지, 마음의 각 구성요소가 어떤 상호작용을 하는지에 관심을 갖는다. 즉 구성주의가 마음의 구조를 발견하는 것에 관심을 뒀다면, 기능주의는 심리적 과정과 행동과정이 작동하는 방식에 집중한다. 말 그대로 '기능'이다.

의식의 정적인 구성 요소보다는 유기체로 하여금 적응하고 생존하고 번창하게 하는 의식의 작용을 규명해내는 것이 연구의 주된 목적

윌리엄 제임스

이다. 제임스는 실질적인 정서, 기억, 의지력, 습관, 매 순간의 의식의 흐름을 기능적 측면에서 분석할 것을 주장했다. 이들은 연구를 실험실에 국한했던 구성주의자들과는 달리, 연구를 일상생활에까지 확장시켰다. 카텔, 듀이 같은 기능주의 심리학자들은 교육자를 겸하고 있었기 때문에 아동의 발달, 교육의 효율성과 성취, 심리검사와 같은 주제에 더 관심을 두고 연구하였다.

기능주의 심리학자들은 단순한 요소들을 가지고 마음의 구조를 구성해보고자 시도하는 것은, 조립하지 않은 부품들을 살펴봄으로써 자동차를 이해하고자 시도하는 것과 마찬가지라며 구성주의 학파를 비판했다. 하지만 기능주의도 바로 뒤에서 다룰, 행동주의 심리학자들의 많은 비판을 받았다. 연구방법으로 여전히 내성법을 사용했기 때문이다.

다시 말해, 구성주의보다 좀 더 실용적인 연구목적을 지향하지만, 구성주의와 같은 연구도구를 사용함으로 인해, 결국 같은 한계점을 떠안을 수밖에 없는 것이다. 기능주의도 구성주의와 마찬가지로 실험 참가자가 경험한 것을 듣고 분석하다 보니 연구의 객관성을 확보하기가 어려웠다.

심리
05

행동주의 심리학 :
눈으로 관찰할 수 있는 자극과 반응만을
연구대상으로 하자

내성심리학의 문제점과 한계점은 계속 드러나기 시작했다. 내성법은 자기 자신의 지각, 사고, 감정 전체를 관찰하고 기록하는 것을 말한다. 마치 일기를 쓰듯 자기 자신의 의식경험을 기록했는데, 일기는 자극 당시의 심리과정과 경험을 있는 그대로 묘사하는 데 한계가 있을 수밖에 없다. 또한 사람에 따라 지각에 차이가 있는데, 어느 특정한 개인이 일기를 쓰듯이 기록하는 방법은 지극히 주관적일 수밖에 없다는 문제가 있다. 각 실험에서 내성 보고의 결과를 조작한 정황들까지 포착되면서 내성주의 심리학은 결국, 과학이 지향하고 있는 가장 중요한 구성요소 중 하나인 객관성이 결여되었다는 비판에 직면하게 된다. 이는 보이지 않는 내면의 작용은 배제하고 겉으로 드러나는 행동만 철저히 분석하자는 행동주의 심리학이 발전하게 된 계기가 되었다.

20세기 초반 행동주의 학파를 창시한 미국의 존 왓슨은 심리학이 과학이 되기 위해서는 인간의 정신을 연구하면 안 된다며, 분트가 행한 정신의 구성요소 분석은 물론 인간의 정신을 연구해야 한다는 자체에 대해서도 비판적 입장을 취했다. 심리학이 과학이 되기 위해서는

존 왓슨

객관적이고 일관성이 있어야 하는데, 이 객관성과 일관성이 담보되기 위해서는 눈으로 관찰할 수 있는 것을 대상으로 연구를 진행해야만 한다. 따라서 눈으로 볼 수 없는 인간의 정신보다는 눈으로 볼 수 있는 인간의 행동을 연구해야 한다는 것이다.

왓슨은 인간의 행동이 조건 형성에 의해 만들어진다고 주장했다. 어떤 특정행동이 어떤 조건에 따라 나타나는 것을 조건 형성이라고 한다. 예를 들어, 개에게 먹이를 주기 직전에 종소리를 들려주는 행동을 계속 반복하면, 개는 앞으로 종소리라는 자극에 먹이를 연상하여 침을 흘리게 될 것이다. 이를 조건반사라고 한다. 왓슨은 인간도 동물과 마찬가지로 거의 모든 행동이 조건형성의 결과라고 보았고, 환경이 특수한 습관을 강화시킴으로써 우리의 행동을 형성한다고 주장했다. 그래서 왓슨의 심리학을 자극stimulus 과 반응response 의 첫 글자를 따서 S-R 심리학이라고 한다. 특정 자극이 오면 특정한 행동을 하게 되어있는데, 이때 개입한 정신세계는 우리 눈에 보이는 것이 아니다. 그래서 정신을 연구대상으로 하지 말고, 눈에 보이는 자극과 반응만을 연구해야 한다는 것이 골자다.

행동주의는 인간의 동물적 특성에 기인한 행동은 잘 설명했지만, 인간만의 고차원적인 사고과정을 지나치게 기계적으로 다뤘다는 비판을 받는다. 결국, 이는 스키너, 클라크 힐, 에드워드 톨먼을 축으로 하는 신행동주의가 등장하는 계기가 된다. 신행동주의자들은 자극이 반응으로 직접 이어지는 것이 아니라, 여기에는 무엇인가가 개입될 수 있음을 지적했다. 스키너는 손잡이를 누르면 먹이가 나오도록 설계한 장치 안에 실험용 쥐를 넣었다. 이를 스키너 박스라고 한다. 실험용 쥐가 우연히 손잡이를 누를 때마다 먹이가 나오자 쥐는 이를 학습하여, 먹이를 먹고 싶을 때 손잡이를 스스로 누르는 행동을 취했다. 이 실험은 '능동적인 행동은 학습된다'는 사실을 입증했다는 데 의미가 있다.

심리 06

게슈탈트 심리학

게슈탈트 심리학은 인간의 마음이 하나의 덩어리이고, 요소로 환원될 수 없다며, 분트의 구성주의를 비판하며 등장했다. 나치의 만행으로 혼란스런 상황이 지속되어 미국으로 이민 온 독일 심리학자들이 주류를 이루었다. 게슈탈트는 '형태'를 의미하는 독일어다. 형태주의 심리학은 인간은 자신이 본 것을 조직화하려는 성향을 가지고 있으며, 뇌와 마음의 활동도 전체성을 가지며 각각의 활동을 합한 것 이상이라는 점을 강조한다. 즉, 전체는 부분의 합 이상이다. 그림은 색깔을 지닌 점들의 행과 열로 표현될 수 있지만, 그림의 경험은 그 이상의 것이다.

이 학파는 정신을 분리해서 분석하는 것을 비판했으며 인간의 전체를 봐야 한다고 주장했다. 부분은 전체적 맥락 속에서 볼 때 보다 제대로 이해할 수 있다. 인간의 지각은 단순한 개별적 감각자극에 의해 구성되는 것이 아니라, 그들의 전체적 틀큰그림에 의해 규정된다는 것이 게슈탈트 심리학자들의 입장이다.

- **근접성의 요인** : 서로 동일하거나 비슷한 조건에서는 가까이 있는 것끼리 무리지어 보게 됨.

160

- **유사성의 요인** : 서로 비슷한 조건에서는 유사한 색과 형태를 가진 것끼리 무리지어 보임.

- **연속성의 요인** : 진행 방향이나 배열이 같은 것끼리 무리지어 보는 것.

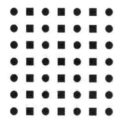

- **폐쇄성의 요인** : 닫혀 있지 않은 도형을 연결시켜 보거나 무리지어 하나의 형태로 보는 것.

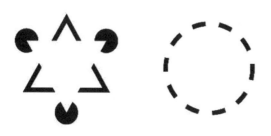

정신분석학파 :
무의식, 20세기 최대의 발견

20세기 초반 또 하나의 학파가 등장하는데 바로 정신분석학이다. 정신분석학의 창시자는 그 유명한 지그문트 프로이트로 그는 심리학자라기보다는 본래 정신과 의사였다. 정신분석학은 프로이트가 그의 정신과 환자들을 치료하면서 확립한 학문이라고 볼 수 있다. 정상인이라면 인간은 자기가 한 행동에 대한 원인을 알고 있어야 할 것인데, 그가 치료하고 있는 환자들은 그 행동의 원인에 대해 모르고 있었다. 그런데도 환자들은 그러한 행동을 지속적으로 하고 있음을 프로이트는 발견하였다. 이는 환자들이 의식하지 못하는 뭔가가 행동을 지배하고 있기 때문인데, 프로이트는 그것을 무의식의 세계라고 했다. 무의식은 우리 인간이 느낄 수 없는 생각, 충동, 욕망 같은 것들이다.

구성주의 학파의 분트는 의식을 중시했고, 의식을 구성하는 요소감정, 감각, 심상를 분석하여 인간의 마음을 이해하고자 했지만, 프로이트는 무의식을 중시했다. 그는 인간의 마음은 의식보다 무의식에 의해 대부분 지배를 받고 있다고 주장한다. 우리가 알 수도 없고 느낄 수도 없는 무의식도 가끔 밖으로 드러날 때가 종종 있는데 바로 꿈을 통해서다.

프로이트

또는 술에 취했거나 잠결에 의식이 희미해진 상태에서 실언을 통해서 드러나기도 한다.

정신분석학파에는 프로이트를 비롯해 융과 아들러가 있는데, 같은 학파일지라도 이들의 주장은 다소 다르다. 프로이트가 무의식을 주로 성적인 부분에 치중해서 해석하려 했다면, 융은 좀 더 일반적 범주로 해석하려 하였다. 또한 융은 인간의 무의식은 개인 무의식과 집단 무의식으로 나뉜다고 하면서 인간에게는 오랫동안 쌓아온 지혜가 있다고 했다. 아들러는 인간이 자신의 열등한 상태를 극복하려는 존재 우월성을 추구하는 존재 라 생각했고, 개인이 세상을 어떻게 바라보느냐에 초점을 두었다.

프로이트, 융, 아들러 모두 정신의학사에 가장 커다란 영향을 끼친 사람들이다. 인간의 정신을 분석함에 있어 이들은 서로 다른 견해를 보였지만, 각자 자신만의 독자적인 영역을 개척했다는 점에서는 우열이 없다. 이들의 공헌은 오늘날에도 인간의 정신세계를 분석하고 이해하는 데 아주 중요한 역할을 하고 있다.

프로이트는 인간의 마음을 의식, 전의식, 무의식으로 구분했고, 신경증 환자를 치료하면서 이를 다시 원초아id, 자아ego, 초자아superego로 구분하였다. 프로이트는 1923년 〈자아와 이드〉라는 논문을 발표했고, 여기에서 자아, 초자아, 원초아의 개념이 세상에 소개되었다. 원초아는 우리가 욕망하는 것들이 깃들어 있는 곳이고 성적 충동인 리비도가 머무는 곳이다. 원초아는 무의식 속에 존재하며, 어떠한 사회적 규범이나 도덕적 잣대에도 영향을 받지 않고 쾌락이나 만족을 추구한다. 프로이트는 원초아를 성난 말에 비유했는데, 자아가 발달하지 못한 영유아는 사실상 원초아의 명령에 따라 행동한다고 볼 수 있다. 영유아는 배가 고프면 울고, 기분이 상하면 소리를 지르며, 배설욕구가 느껴지면, 사회적 상황을 의식하지 않고 바로 해결하고 만다.

초자아는 원초아와 대조되는 개념이다. 초자아는 사회적 규범과 도덕적 기준을 통해 원초아가 무차별적인 욕망을 추구하는 것을 경계한다. 영유아는 사회적 관계에 노출되고 그때마다 새로운 기준들을 습득하게 된다. 그리고 이 기준들이 축적되어 초자아가 점진적으로 발전한다. 초자아가 발달하면, 인간은 죄책감, 자책, 수치심, 의무감을 느끼게 된다.

자아는 원초아와 초자아 사이에서 중재자 역할을 한다. 원초아는 욕망을 추구하게 하고 초자아는 사회적 요구를 제시한다. 그리고 자아는 이 둘의 간극 사이에서 욕망이 사회적 규범에 어긋나지 않도록 조정하는 역할을 한다.

프로이트의 리비도 :
불타오르는 성적 충동

리비도는 라틴어로 욕망을 의미한다. 프로이트는 인간이 원시적으로 가지고 있는 욕망 중 성과 관련된 것을 리비도라고 하였다. 물론, 리비도가 말하는 성적 욕망을 성교에 대한 욕망으로만 해석해서는 안 된다. 프로이트는 1921년에 발표한 《집단심리학과 자아분석》에서, '리비도는 사랑과 같은 보다 광의적인 개념으로 이해되어야 하며, 성적 욕동은 단지 리비도의 한 표현으로 보아야 한다.'라고 주장하였다. 프로이트는 리비도가 시간이 지남에 따라 발달하며, 이는 각 신체 부위에 대응하여 존재한다고 여겼다. 그래서 그는 각 시기에 성적 에너지인 리비도가 집중되는 곳 성적 흥분이 가장 민감한 신체 부위 에 따라 생물학적으로 예정된 성격발달단계를 설명하였다.

리비도는 주된 심리적 에너지로서 여러 단계로 구성된 발달단계가 있다.

- **구강기** : 생후 18개월까지, 구강으로 모유를 먹는 것이 쾌감으로 작용하며, 이 쾌감은 모유를 떼는 시기와 함께 종료된다. 점진적으로 주변 환경에 적응해가는 단계다.
- **항문기** : 1~3세, 배변이 리비도로 작용하나, 서서히 배변을 가리게 되면서 종료된다.
- **남근기** : 3~6세, 자신의 성기 남자는 페니스, 여자는 클리토리스 에서 리비도를 느끼기 시작한다. 성별이 다른 부모에게 성적 관심을 보이고, 동성의 부모를 미워하는 마음이 강해진다.
- **잠복기** : 6~12세, 일시적으로 리비도가 억제된다.
- **생식기** : 12세 이상, 생식이 목적이 되고, 성적 대상을 추구하게 된다.

이전 발달단계에서 추구하는 욕구가 적정 수준으로 충족되면 다음 단계로의 이행이 자연스럽게 진행되고, 건강한 성격을 형성하게 된다. 그러나 각 발달단계에서 욕구가 과도하게 충족되거나 결핍되면 다음 발달단계로 넘어가는 데 지장을 초래하고, 성인이 되어서도 그 단계에 고착되어 성격형성에 문제가 나타난다. 고착이란 심리성적발달의 초기 단계를 원만하게 거치치 못했을 때, 리비도의 일부가 특정 발달단계와 특정 대상에 얽매여 있는 상태를 뜻한다.

물론, 프로이트의 이론에도 한계가 존재한다. 주로 지적되는 문제로는 첫째, 프로이트의 이론은 성적 욕망을 지나치게 강조한 나머지 인간을 수동적이고 소극적   았다는 점. 둘째, 신경증 환자만을 대상으로 한 경험적   두기 때문에 비정상적인 사람의 성격발달은 설명될   인 사람에게 적용하기에는 무리가 따른다는 점이다.

오이디푸스 콤플렉스

리비도의 발달단계에서 3~6세, 즉 남근기를 오이디푸스기라고 부른다. 오이디푸스는 그리스 신화에 등장하는 인물로 자신의 친아버지인 라이오스 왕을 살해하고 왕의 자리에 올라 왕비였던 자신의 어머니와 결혼을 했다. 시간이 흐른 뒤에야 자신이 살해한 왕이 자신의 아버지고, 결혼한 부인이 자신의 어머니라는 사실을 알게 된다.

3~6세의 시기, 아이는 이성의 부모에게 성적 흥미를 갖기 시작하면서, 자연스럽게 동성의 부모에게는 미운 감정을 느끼게 된다. 남자아이의 경우 어머니의 사랑을 독차지하고자 아버지가 없거나 죽었으면 하는 생각을 하기도 한다. 무의식 속에 생겨나는 이러한 갈등을 오이디푸스 콤플렉스라고 한다.

그러나 아버지는 자신보다 크고 강하다. 곧 자신이 아버지의 상대가 될 수 없음을 깨닫고, 아이는 어머니에 대한 동경을 포기하게 된다. 그 대신 어머니가 아닌 다른 여성으로 성적 관심을 돌리게 되고, 자신과 아버지의 존재를 동일시하면서 콤플렉스를 해소하게 된다. 여자아이의 경우 아버지에게 성적 감정을 지니다가 사춘기에 이르러 다른

신화 오이디푸스

남성을 좋아하게 된다.

　프로이트는 오이디푸스 콤플렉스는 모든 사람이 겪는 것이라고 주장했으며, 이것이 제대로 해소되지 않을 경우 신경증 증상을 보이게 된다고 말했다.

심리 10

삶의 본능과 죽음의 본능

프로이트는 원초아의 충동을 크게 삶의 본능과 죽음의 본능으로 구분하였다. 삶의 본능을 에로스Eros 라고 하는데, 자기를 보존하고 더 나아가 종족을 보존케 한다. 쉽게 말해, 인간의 살고자 하는 욕망으로 사랑, 식욕, 성욕 등이 이에 해당한다. 이러한 삶의 본능 중에서도 성격발달에 가장 큰 영향을 미치는 것은 성적 본능이며 이것에 내재하는 정신 에너지를 리비도라고 한다. 즉, 에로스란 자기 보존적 본능과 성적 본능을 합한 삶의 본능이다.

반대로, 공격적인 본능들로 구성되는 죽음의 본능을 타나토스 Thanatos 라 한다. 제1차 세계대전에 의해 유럽이 철저하게 파괴된 것을 목격한 프로이트는 인간이 왜 전쟁과 같이 종족보존에 불리한 모순적인 행위를 하는 것인가에 큰 관심을 가졌다. 그 결과, 자기보존 본능과 성적인 본능의 이원론에서 삶의 본능자기보존 본능, 성적인 본능 과 죽음

신화 에로스와 타나토스

의 본능의 이원론으로 전향했다.

프로이트는 '모든 생명체의 목적은 죽음이다.'라고 주장한다. 모든 생명체는 본래의 무기물의 상태, 즉 생명 이전의 죽음 상태로 돌아가고자 하는 본능을 가지고 있다는 것이다. 죽음의 본능은 생명 본능의 반대 개념이며, 퇴행을 통해 이전의 존재 상태로 나아가게 하는 힘을 지니고 있다. 일반적으로 파괴적이고 위험한 행동으로 나타난다. 그래서 인간은 살아 있는 동안 자신과 타인, 환경을 파괴시키는 행동을 하게 된다. 자살을 하거나 전쟁을 통해 그 욕망이 발현되는 것이다. 프로이트는 인간이 에로스와 타나토스 이 두 가지 모순된 욕망을 가지고 살아간다고 결론 내렸다.

분석심리학 :
칼 융, 개인 무의식과 집단 무의식

칼 구스타브 융은 스위스의 심리학자로 바젤대학, 취리히대학에서 정신의학을 공부하고 연구자의 길로 접어들었다. 초기에는 프로이트의 정신분석에 매료되어 그의 후계자로 총애를 받았으나 후에 의견차이 때문에 결별했다무의식과 리비도에 대한 해석의 차이. 프로이트가 리비도를 성적 충동이라고 해석한 반면, 융은 성적인 것을 포함한 일반적 에너지로 해석했다.

칼 융이 창안한 분석심리학은 의식과 무의식 간의 관계를 확립하고 이해하는 데 초점이 맞춰져 있다. 프로이트와 마찬가지로 무의식을 중요시했지만, 무의식에 대한 해석이 좀 달랐다. 융의 분석심리학은 인간 정신의 구조를 의식과 무의식으로 구분하는 데서 더 나아가 무의식을 개인 무의식과 집단 무의식으로 세분화한다. 프로이트는 개인의 자각 수준에 초점을 맞춰 개인 무의식의 중요성을 강조하였으나, 융은 인류에서 보편적으로 나타나는 집단 무의식의 개념을 강조하

칼 구스타브 융

였다.

먼저, 의식은 자아에 의해 통제되는 부분으로, 현실을 인식하고 자신을 외부에 표현하는 기능을 한다. 개인 무의식은 개인의 과거 경험에서 비롯되며 쉽게 의식화될 수 있는 부분이다. 집단 무의식은 융의 독창적 개념으로 분석심리학의 핵심을 이룬다. 집단 무의식은 인간이 과거 선조 때부터 잠재되어 전해오는 것이며, 많은 세대를 거쳐 반복된 경험의 결과가 축적된 것이다.

집단 무의식은 인류가 역사와 문화를 통해 공유해온 모든 정신적 자료의 저장소로, **우리가 의식하지 못하더라도** 우리의 행동에 영향을 미치는 수없이 많은 원형으로 구성되어 있다. 원형이란 시간, 공간, 문화, 인종에 상관없이 인류에게 보편적으로 존재하는 가장 원초적인 심상을 말한다. 전 인류 역사에서 보편적이고 공통적으로 나타나는 문화적 주제들을 통해 드러나며 대모, 현자, 사기꾼, 페르소나, 아니마, 아니무스, 그림자 등의 원초적 이미지들을 포함한다.

원형 :
인류에게 보편적으로 존재하는 가장 원초적인 심상

원형이란 시간, 공간, 문화, 인종에 상관없이 인류에게 보편적으로 존재하는 가장 원초적인 심상을 말한다. 본능과 함께 유전적으로 갖추어지며 집단 무의식을 구성한다. 원형들은 집단 무의식 속에서 별개의 구조를 갖고 있지만, 서로 결합하기도 한다. 예를 들어, 악마의 원형과 영웅의 원형이 결합되면 무자비한 폭군 유형의 성격이 나온다. 따라서 개인마다 성격이 다르게 되는 것은, 모든 원형이 여러 형태로 결합되어 작용하기 때문이라고 할 수 있다. 원형에는 종류가 매우 많지만 핵심적인 것들만 정리하면 다음과 같다.

◆ 원형의 종류

- **대모** : 자신을 보호해주지만 동시에 구속하는 존재

- **현자** : 엄격하면서도 방황하는 사람을 이끌어주는 존재.

- **그림자** : 인간의 어둡고 동물적인 측면을 의미하는 원형. 그림자는 스스로 의식하기 싫은 자신의 부정적 측면을 말한다. 하지만 그림자는 자발성, 창의력, 통찰력 등 완전한 인간성 형성에 필요한 요소가 되기도 한다. 그림자를 너무 억압하면 창조성 또한 억압될 수 있다.

- **아니마와 아니무스** : 아니마는 남성의 내부에 있는 여성성을, 아니무스는 여성 내부의 남성성을 의미한다. 남성이 여성적 본성을 억압하고 경멸하면 자신의 전체성과 창조성이 고립되게 된다. 그 반대의 경우도 마찬가지다. 성숙한 인간이 되기 위해서는 자기 내부에 잠재된 다른 성을 받아들이고 개발해야 한다.

- **사기꾼** : 권위를 조롱하고 무질서한 상태로 만들려는 충동

- **페르소나** : 사람이 사회생활을 할 때 요구되는 적절한 역할_{가면}을 의미한다. 개인이 환경과 조화를 이루려는 적응의 원형이다. 너무 과해서도 안 되지만, 사회에 적응하기 위해서는 어느 정도 페르소나가 발달하는 것이 필요하다.
- **자기** : 자기_{self}는 성격 전체의 일관성, 통합성, 조화를 이루려는 무의식적 갈망으로 성격의 상반된 측면을 균형 있고 조화롭게 만드는 역할을 한다. 집단 무의식 내에 존재하는 타고난 핵심 원형으로 모든 의식과 무의식의 주인이다. 모든 콤플렉스와 원형을 끌어들여, 성격을 통일시키는 본래적이고 선험적인 '나'다. 자기는 다른 정신 체계가 충분히 발달할 때까지 나타나지 않으며, 일생에 걸쳐 분화와 통합을 통해 발달하는 과정을 거친다. 이를 개성화라고 한다.

개성화 :
자기실현의 과정

융은 인간의 정신을 내향성과 외향성의 대극, 비합리적 기능직관과 감각과 합리적 기능사고와 감정 의 대극으로 개념상 분리해서 설명할 수 있지만, 실제로는 전체성을 가진 하나로서 우리의 의식적 삶 속에서 실현되어야 한다고 말하였다. 개성화는 고유한 자기 자신이 되는 것으로, 무의식적 내용을 의식화하고 통합해가는 자기실현의 과정이다. 개인이 자신을 정확히 인지하지 못하고 자기를 실현하는 것은 불가능하므로, 융은 자기실현을 달성하는 것에 앞서 정확한 자기인식을 중시했다. 융은 우리가 내면의 그림자스스로 의식하기 싫은 자신의 부정적 측면 를 대면하고 껴안을 때 자기실현 즉 개성화의 단계로 나아갈 수 있다고 말한다.

자기self 는 성격 전체의 일관성, 통합성, 조화를 이루려는 무의식적 갈망으로 성격의 상반된 측면을 균형 있고 조화롭게 만드는 역할을 한다. 모든 콤플렉스와 원형을 끌어들여, 성격을 통일시키는 본래적이고 선험적인 '나'다. 자기는 다른 정신체계가 충분히 발달할 때까지 나타나지 않으며, 일생에 걸쳐 분화와 통합을 통해 발달하는 과정을 거친다. 이것이 바로 개성화다. 개성화가 일어나면 자아ego 와 자기의 관계가 밀착되어 모든 성격 구조에 대한 의식이 확장된다.

이때 우리는 무의식의 내용들을 의식의 영역으로 더 많이 가져올 수 있다. 인류 경험의 저장소인 집단 무의식에 대해 개방적이게 됨으로써, 나와 다른 사람의 구분이 사라지고 인류에 대하여 더욱 많은 연민의 정을 느낄 수 있게 된다. 융은 이러한 자기실현이야말로 인간에게 있어 궁극적 삶의 목표라고 보았다. 개성화를 통해 우리는 자신의 고유성을 억압하지 않고, 인간의 집단적 사명을 보다 바람직한 방향으로 충족시킬 수 있다. 이점에서 개성화를 자기실현이라고 말할 수도 있다.

◆ 개성화된 인간의 특징

- **자각** : 의식과 무의식 수준에서 모두 자기 자신을 잘 이해하고 있다.
- **자기통합** : 성격의 모든 측면이 통합되고 조화를 이루어 모든 것이 표출될 수 있다.
- **자기표현** : 자기 자신을 있는 그대로 나타내고 솔직한 생각과 기분을 표출한다 자기표현.
- **개방성** : 다른 사람들의 행동을 더욱 깊이 통찰할 수 있으며, 인류에 대하여 보다 많은 연민의 정을 느낄 수 있게 된다. 인간이 개성화될 때 한 차원 높은 성숙된 관계를 형성할 수 있다.

MBTI의 개요

MBTI는 인식과 판단에 대한 융의 심리적 기능이론, 인식과 판단의 방향을 결정짓는 융의 태도 이론을 바탕으로 제작한 검사 도구이다. 융에 따르면, 자신의 의식을 능동적으로 외적객관적 세계에 초점을 맞추는 경향을 외향성이라고 하며, 내적주관적 세계로 향하는 성향을 내향성이라 한다. 융은 우리가 모두 두 가지 상반되는 태도를 가지고 있으며, 하나의 지배적인 경향에 따라 우리의 성격 및 태도가 달라진다고 보았다. 의식이 외부세계를 인식하는 방식은 감각과 직관으로 구성된 비합리적 차원, 그리고 외부세계를 판단하는 방식은 사고와 감정으로 구성된 합리적 차원으로 나뉜다.

이 4가지 선호지표의 조합을 통해, 총 16가지 성격유형이 도출된다. MBTI는 개인이 쉽게 응답할 수 있는 자기보고식 문항을 통해 인식하고 선호하는 경향을 찾고, 이러한 선호 경향들이 하나 또는 여러 개가 합쳐져서 인간의 다양한 행동이 어떻게 형성되는지를 이해할

선호경향		
외향(E) ◄───	에너지 방향 ───►	내향(I)
감각(S) ◄───	인식 기능 ───►	직관(N)
사고(T) ◄───	판단 기능 ───►	감정(F)
판단(J) ◄───	생활 양식 ───►	인식(P)

MBTI의 4가지 선호지표 Myers, Kirby, & Myers, 1998

수 있도록 돕는다.

MBTI의 외향-내향 지표는 심리적 에너지와 관심의 방향이 자신의 내부와 외부 중 주로 어느 쪽으로 향하느냐를 보여 주는 지표이다. 외향적인 사람은 주로 외부세계에 관심의 초점을 두고 더 주의를 기울이며 사교적이고 활동적이다. 반면, 내향적인 사람은 자신의 내면에 더 주의를 집중하며 조용하고 내적 활동을 즐기는 경향이 있다. 생각이 많고 말보다는 글로 표현하는 것을 더 편하게 느끼며, 생각을 마친 후에 행동하는 경향이 있다.

- 감각형과 직관형
감각-직관 지표는 사람이나 사물 등의 대상을 인식하고 지각하는 방식에서 감각과 직관 중 어느 쪽을 주로 더 사용하는지에 관한 지표이다. 감각형인 사람들은 일반적으로 오관에 의존하고, 현재에 집중하는 경향이 있다. 일처리가 철저한 편이고, 실제적인 것을 중시하며, 사건을 사실적으로 묘사하는 경향이 있다. 반면, 직관형인 사람들은 상상력이 풍부하고 창조적이며, 보이는 것 그대로를 보기보다는 육감에 의존하려 한다. 나무보다는 숲을 보려는 경향이 있고, 가능성을 중요시하며 비유적인 묘사를 선호하는 경향이 있다.

- 사고형과 감정형
사고형인 사람들은 객관적인 사실에 주목하며 분석적으로 판단하고자 한다. 비판적이고 맞다-틀리다 식의 사고를 하는 경향이 있다. 반면, 감정형인 사람들은 논리적인 판단보다는 사람들에게 어떤 결과를 가져올지 등을 더 중요시한다. 이들은 정서적 측면에 집중하고 좋다-나쁘다 식의 사고를 한다.

- 판단형과 인식형
판단형의 사람들은 빠르고 합리적이며 옳은 결정을 내리고자 한다. 이들은 조직적이고 체계적으로 행동하는 경향이 있다. 인식형의 사람들은 판단형의 사람들보다 모험이나 변화에 대한 열망이 높고, 사전에 계획을 세웠다 하더라도 상황에 따라 유연하게 행동하는 경향이 있다.

MBTI의 I 유형

- **ISTJ** : 조용하고 진지하며 집중력이 뛰어나다. 철저하고 체계적이며 세부사항도 놓치지 않는 편이다. 근면 성실하고 책임감이 강하다. 표준적인 방식에 따라 계획적으로 일하는 것을 선호하며, 실제적이고 실용적인 분야에 관심을 갖는다.

- **ISFJ** : 조용하고 다정하며 신중하다. 자신에게 맡겨진 일에 책임을 다하고, 이를 꾸준하게 실행해 나간다. 소중한 주변 사람에게 헌신적이며, 관련된 구체적인 사항을 잘 알아차리고 기억한다. 직장과 가정이 정돈되고 조화로운 환경이 되도록 노력한다.

- **INFJ** : 사람의 동기를 이해하고 내면을 파악하는 통찰을 지니고 있다. 개념을 파악하고 가능성과 의미를 찾는다. 공동의 선을 추구하기 위한 명확한 비전에 관심을 가진다. 자신의 비전을 수행하기 위해 사람을 동기화시키고 조직한다.

- **INTJ** : 독창적이고 창의적인 마인드를 추구한다. 자신과 타인의 능력에 대해 높은 기준을 지니고 있으며, 자신의 아이디를 실현하고자 한다. 지적인 호기심이 많고, 광범위한 정보를 토대로 사건의 핵심을 통찰한다. 일을 조직하고 포괄적으로 수행한다.

- **ISTP** : 상황에 대해 관조적이고 유연하다. 일반적으로 조용히 관찰하지만, 어떤 일이 발생하면 해결하기 위해 빠르게 움직인다. 문제의 현실적인 원인을 분석하고 논리적으로 해결한다. 감정에 휘둘리는 모습을 잘 보이지 않으며, 기계나 물건을 다루는 것에 관심이 많다.

- **ISFP** : 조용하고 다정하며 친절하다. 자신의 가치를 중요시하며, 의미 있는 일이나 사람에게 헌신적이다. 자신과 타인의 정서에 민감하며, 어려움에 처한 사람에게 현실적인 도움을 주고자 한다. 현재의 순간을 즐기며, 논쟁이나 갈등을 싫어한다.

- **INFP** : 가치나 의미가 있다고 생각하는 이상적인 삶을 추구하는 데 열성적이다. 관대하고 융통성이 있으며, 감수성이 풍부하고 호기심이 많다. 실리보다는 어떤 일의 가능성을 보는 경향이 있다. 인간의 본질을 이해하려고 하며 이들의 가능성을 성취하도록 돕는다.

- **INTP** : 논리적이고 분석적이다. 관심 분야에 대해서는 문제해결에 깊이 집중하는 모습을 보인다. 추상적인 개념과 문제 해결을 위한 아이디어에 관심이 많다. 자기 생각을 조용히 보유하며, 상황에 따라 유연하게 대처한다.

MBTI의 E 유형

- **ESTP** : 상황에 유연하게 대처하며 행동 지향적이다. 이론이나 개념보다는 현실적으로 문제를 해결하는 데 관심이 많다. 즉흥적으로 행동하고, 즉각적으로 결론에 도달하기를 원한다. 현실적이고 실용적이며 솔직하다.

- **ESFP** : 사교적이고 친절하며 관용적이다. 매사 긍정적이고, 사람들과 함께 즐겁게 일을 해나가는 것을 좋아한다. 새로운 사람과 환경에 빨리 적응하는 편이며, 현실적이고 융통성을 잘 발휘한다.

- **ENFP** : 열정적이고 따뜻하며 상상력이 풍부하다. 세상을 가능성이 무궁무진한 곳으로 보기 때문에 다양한 분야에 관심을 보인다. 자발적이고 융통성이 있으며, 특히 자신이 관심 있는 일에는 매우 열성적인 모습을 보인다.

- **ENTP** : 활기차고 기민하며 거리낌 없이 표현한다. 새롭고 도전적인 문제를 해결하는 데 흥미를 느끼며, 개념적인 가능성에 민감하고 전략적으로 그것을 분석한다. 질문이 많고 토론을 즐긴다.

- **ESTJ** : 객관적이고 논리적이며 현실적이고 실용적이다. 추진력 있는 행동으로 결과를 지향한다. 목표를 효과적으로 달성하기 위해 업무와 사람을 체계적으로 조직하고 구조화하는 데 관심이 많다.

- **ESFJ** : 따뜻하고 협조적이며, 주변 사람들과 조화롭고 화합하기를 원한다. 상대의 감정을 잘 알아차리며 현실적으로 도와주고자 한다. 자기가 맡은 일은 끝까지 책임을 지며, 사소한 일에도 성실하게 임한다.

- **ENFJ** : 조화로운 인간관계를 중요시하며, 표현어휘가 풍성하고 따뜻하다. 사람의 정서, 욕구, 동기에 관심이 많으며, 상호작용을 통해 내면의 성장을 추구한다.

- **ENTJ** : 장기계획과 목표를 뚜렷하게 설정하고 이를 관철시킨다. 또한 자신의 아이디어와 비전을 제시하여 타인을 이끄는 경향이 있다. 문제에 논리적이고 객관적으로 접근하며, 전략적인 차원에서 해결 방안을 찾는다. 계획적이고 체계적이며 행동 지향적이다.

동시성 현상 :
우연처럼 보이지만 우연이 아닌

융은 〈싱크로니시티 : 비인과적 연관 원리〉라는 논문에서 동시성을 '둘 혹은 그 이상의 의미심장한 사건이 동시에 발생하는 현상으로, 여기에는 우연한 가능성 이상의 뭔가가 작용하고 있다.'라고 정의했다. 쉽게 말해, 인과관계가 없는 것처럼 보이는 두 가지 이상의 사건이 의미 있는 연관성을 가지며 일어나는 것을 말한다. 우연처럼 보여도 의미가 있기 때문에 의미 있는 우연이라고도 불린다.

- 융의 사례
융이 진료소에서 환자의 꿈 이야기를 듣고 있었다. 환자는 꿈속에서 어떤 사람이 자신에게 황금 풍뎅이를 선물로 주었다고 말했다. 그때, 융의 바로 뒤 창문에서 황금 풍뎅이가 발견되었다. 그래서 융은 황금 풍뎅이를 잡아서 환자에게 건네주었다.

스웨덴보그

- 스웨덴보그 사례

스웨덴보그라는 인물은 천국과 지옥을 마음대로 드나드는 능력과 천리안을 가졌다고 전해진다. 어느 날 스웨덴보그가 겟덴보그에서 열린 어떤 만찬에 참석하고 있었는데, 그가 겟덴보그에서 400여 킬로미터 떨어져 있는 스톡홀름에서 발생한 큰 화재를 천리안으로 본 사건이 일어났다. 당시 사람들에게 화재 상황을 정확하게 묘사했는데 나중에 보니 모두 정확하게 맞아떨어졌다.

융에 따르면, 동시성 현상은 단지 우연에 의해 일어나는 것이 아니라 우리가 모르는 어떠한 작용에 의한 것이라고 한다. 우연처럼 보이지만 우연이 아닌 것이다. 물리학자 데이비드 봄은 동시성 현상을 '감추어진 질서'라는 개념으로 설명했다. 시공간적으로 떨어져 있는 두 개의 사건이 다른 차원에서 보면 서로 연결되어 있다는 것이다. 동시성 현상은 우주에 존재하는 모든 물질이 다 연결되어 있기 때문에 생기는 것이다.

그렇다면 왜 우리에겐 물질들이 서로 떨어져 있는 것처럼 보일까? 그것은 우리의 의식이 우주의 일부 차원만을 볼 수 있기 때문이다. 우주의 모든 물질은 숨겨진 질서에 의해 서로 연결되어 있다. 우주의 모든 원자는 각각 우주의 모든 정보를 담고 있다. 우리의 의식이 우주의 일부 차원만 볼 수 있기 때문에 우주의 물질들이 시간적·공간적으로 떨어져 있는 것처럼 보일 뿐이다. 시공간의 제약에서 벗어나 우주의 전체 차원에서 볼 수 있다면, 모든 물질이 질서를 이루며 서로 연결되어 있다는 것을 알 수 있을 것이다.

프로이트 vs 융

융은 자신이 깊이 침잠한 정신분석의 세계에서 같은 사고방식을 가진 위대한 인물을 만났는데, 그가 바로 프로이트다. 둘은 만나자마자 서로를 한눈에 알아보고 즉시 의기투합했다. 융과 프로이트의 관계에 대한 가장 큰 오해는 두 사람을 사제지간으로 보는 것이다. 융은 프로이트와 만날 당시부터 **32세의 매우 젊은 나이에도 불구하고** 이미 중견 학자로서, 정신 분석학 분야에서 이름을 날리는 등 나름 입지를 구축한 상태였다. 스승과 제자의 관계라기보다는 학자 대 학자라는 대등한 관계에서 서로 교류하고 논쟁을 했다고 봐야 한다.

프로이트는 융이 자신의 후계자가 되기를 원했고, 융을 국제정신분석학회의 초대회장으로 추대할 만큼 그에 대한 신뢰와 애정이 깊었다. 하지만 융은 서서히 서로의 학설이 다르다는 것을 깨달았고, 결국 1912년 프로이트와 다른 학설을 담고 있는 〈영혼의 변환과 그 상징들〉을 발표한 것이 직접적인 원인이 되어 둘은 결별을 하게 된다. 융은 그 책에서 프로이트의 정신분석학 근간이 되는 '리비도libido'와 '근친상간'을 프로이트와 다른 각도에서 고찰했다. 프로이트는 리비도를 인간의 정신적 삶에 작용하는 성충동으로 여겼지만, 융은 성적인 측면을 과도하게 부각시킨 프로이트의 리비도를 편협한 것으로 보았다.

융에게 있어 리비도는 프로이트의 그것보다 더 넓은 의미로 사용된다. 자연상태에 있는 일종의 욕구로서, 사람들이 무엇인가를 추구하게끔 하는 힘 즉, 창의적 에너지로 보았다. 융은 프로이트와 학문적으로 결별한 후 고행의 길을 걷게 되었지만, 자기 자신에 대해 끝없는 몰

185

입과 침잠을 통해 '심리적 원형'이라는 자신만의 독창적인 학설을 정립할 수 있었다. 만약 이 시간이 없었다면 오늘날 융의 심리학은 탄생하지 않았을지도 모른다. 프로이트가 접한 환자들은 주로 성적 억압을 받은 환자들이어서 무의식을 성적 욕망의 갈등으로 설명할 수 있었지만, 조현병정신분열 증상을 설명하기에는 한계가 있었다. 융은 이런 증상을 설명하기 위해 집단 무의식, 원형 등의 개념을 사용했다.

개인 심리학 :
인간은 반응자가 아닌 창도자다

아들러의 개인 심리학에서 개인이라는 단어는 전인나눌 수 없는 의미의 라틴 어individium 에 기초하고 있다. 의식과 무의식, 신체와 정신 등의 대립을 인정하지 않고 인간을 분할할 수 없는 전체로서 파악하는 것이다. 개인 심리학의 특징은 행동의 원인을 분석하는 것이 아니라 행동의 목적을 분석한다는 것이다. 아들러에 따르면, 인간은 과거의 경험이나 트라우마에 의해 지배받는 존재가 아니라프로이트의 학설, 현재 목적에 따라 과거의 경험을 취사선택하며, 새로운 가치를 발견하고 그것을 추구할 수 있는 존재다아들러의 주장.

아들러는 신체적으로 장애를 타고난 사람들을 관찰하면서 자신의 이론을 심화하고 공고화하였는데, 똑같은 장애를 가지고 있음에도 어떤 사람은 자신의 장애를 강력한 성취의 동기로 활용하고 있었고, 어떤 사람은 장애로 인해 좌절하면서 삶을 방치하는 모습을 보였다. 똑같은 장애를 가진 사람이라도 의지와 용기에 따라 전혀 다른 삶을 살고 있는 모습을 그는 보았던 것이다. 결국, 자기 자신의 내면을 바라

아들러

보고 새로운 가치와 목표를 만들어내면 그 과정에서 열등감을 극복할 용기가 생기게 된다.

덧붙여 아들러는 이렇게 말한다. "어떠한 경험도 그 자체는 성공의 원인도 실패의 원인도 아니다. 경험 안에서 목적에 맞는 수단을 찾아내는 것이다." 즉, 객관적 경험이란 사실에 의해 결정되는 것이 아니라, 주관적으로 경험에 부여한 의미에 따라 자신을 결정하는 것이다. 어린 시절 학대를 받았다면 그런 일이 인격 형성에 미치는 영향이 전혀 없다고 할 수는 없지만, 어떤 이는 자신이 받은 불행을 되풀이하기도 하고, 어떤 이는 자신의 불행을 딛고 일어나 더 나은 삶을 지향하며 살기도 한다.

이처럼 우리는 객관적 사건에 의해 나 자신이 정해지는 피동적인 삶을 사는 것이 아니라, 스스로 나 자신을 정해가는 주체적 삶을 살고 있는 것이다. 개인 심리학의 주요 개념으로는 열등감과 우월성 추구, 생활양식, 허구적 목적, 공동체감과 사회적 관심, 가족구도와 출생순위, 삶의 과제 등이 있고, 변화를 위한 핵심 요인으로 격려를 강조한다.

열등 콤플렉스와 우월 콤플렉스

열등감은 누구나 가지고 있는 것이며, 열등감 자체는 나쁜 것이 아니다. 인간이 열등감을 느끼는 것은 본래 무기력한 존재, 불완전한 존재로 이 세상에 내던져졌기 때문이다. 그리고 인간은 그 무기력한 상태에서 벗어나고자 하는 보편적인 욕구를 가지고 있다. '우월성'을 추구하는 과정에서 인간은 더 발전하고 더 탁월한 존재가 된다. 예를 들어, '나는 학벌이 좋지 않으니까 남들보다 2~3배 노력해서 더 뛰어난 성과를 내야겠다.'라고 다짐한 사람이 전문직 자격증을 취득했다면, 이는 학벌에 대한 열등감을 성장의 기폭제로 활용한 경우다.

정말 문제가 되는 경우는, 열등감 자체가 아니라, 무기력함에 빠진 나머지 지금의 열등한 상황을 극복할 수 있다는 사실을 스스로 받아들이지 못하는 경우다. 이를 열등 콤플렉스_{열등감이 적절하게 극복되지 못한 병}

_{적 열등감 상태}라고 한다. 예를 들어, '나는 학벌 때문에 무시당하는 거야, 나는 학벌이 좋지 않아서 성공할 수 없어'라고 생각하는 사람은 열등 콤플렉스에 빠진 사람이다. 면접에서 탈락한 것도, 승진시험에서 탈락한 것도, 사람들에게 무시당하는 것도 모두 학벌과 연관 지어 생각해 버린다. 열등 콤플렉스는 자신의 열등감을 변명거리로 삼기 시작한 상태를 말한다.

열등 콤플렉스에 빠지면, 사람이 이상해지기 시작한다. 인생에서 뭔가 새로운 시도를 하기 보다는 열등감을 핑계로 아무것도 하지 않으려 하게 된다. 자신의 게으름_{의지박약}과 모든 나쁜 결과물을 열등한 학벌로 합리화하려 든다. 학벌이 별로인 것은 객관적 사실이지만 학벌

때문에 무시당한다는 주관적 해석으로 인해 인생의 많은 부분에서 발목이 잡히게 된다. 열등 콤플렉스에 빠지면, 열등감을 삶에 유용한 방향으로 해소하지 못하고, 잘못된 방법으로 보상을 시도하게 된다.

하지만 열등 콤플렉스보다 더 심각한 것은 우월 콤플렉스다. 우월 콤플렉스란 강한 열등감을 극복하거나 감추기 위해 자신이 다른 사람보다 우월하다고 믿는 병리적 신념을 말한다. 건강하고 정상적인 우월성 추구와는 달리, 자신의 열등감을 숨기기 위해 어색하고 과장된 방법으로 우월성을 과시하게 된다. 현실을 무시한 과도한 목표설정으로 자신의 열등감을 감추려 하거나, 남을 업신여김으로써 자신이 중요한 인물인 것처럼 행동하기도 한다. 하지만 왜곡된 보상노력은 열등감을 더욱 강화하는 악순환을 낳을 뿐이다.

프로이트 vs 아들러

프로이트, 융과 더불어 심리학의 3대 거장으로 손꼽히는 아들러는 1870년 오스트리아 빈에서 일곱 형제 중 둘째로 태어났다. 1888년 빈 대학에 진학하여 1895년 의학 박사학위를 받은 아들러는 1898년 안과 전문의로 개업을 했는데, 안과의사가 된 아들러는 눈이 나쁜 사람들에게서 독서가가 되려는 심리상태를 엿보게 된다. 아들러는 이를 자신의 열등감을 극복해나가려는 심리로 보았다. 이후 아들러는 지속적으로 심리학에 대해 관심을 가지게 되었고, 결국 정신과 전문의로 전공을 바꾸고 1902년 프로이트의 초청을 받아 학술모임에 참여하게 되는 기회를 얻게 된다.

이때부터 아들러는 프로이트와 인연을 맺었다. 프로이트는 아들러를 믿고 아꼈으며, 두 사람은 지적 자극을 주고받으며 동지의식을 키워나갔다. 그러나 아들러는 결국 프로이트와의 학문적 관계를 정리하게 되는데, 그 이유는 '인간에 대한 관점'에 차이가 있었기 때문이다. 프로이트는 과거의 트라우마를 비롯한 원인을 중시하면서 인간이라는 존재는 과거의 경험에 지배를 받는다고 주장했지만, 아들러는 인간은 목적에 따라 과거 경험을 취사선택할 수 있는 존재라고 주장했다.

아들러에 따르면, 인간은 경험이나 트라우마에 의해 지배받는 피동적 존재가 아니라, 현재 목적에 따라 과거의 경험을 취사선택하며, 새로운 가치를 추구할 수 있는 주체적 존재다. 따라서 아들러에 따르면 트라우마는 없다. 아들러는 인간의 의지를 중시했고, 사람의 행동이 과거의 경험에 종속되는 것은 아니며 인간의 의지가 그러한 종속적

관계를 끊어낼 수 있다고 보았다.

　프로이트를 추종하는 학자들은 아들러의 주장을 지나치게 낙관주의적이며 이상주의적이라고 비웃었지만, 오히려 아들러는 자신의 이론이 자신의 삶으로 직접 검증되었다면서 당당한 태도를 보였다. 아들러는 어린 시절 열등했지만, 그 열등함을 극복하고 더 우월한 존재로 성장했다. 아들러의 목적론은 아들러 본인의 삶과 정확히 일치하고 있다.

　결국 아들러는 자신의 지지자들과 함께 정신분석연구학회를 결성하고, 1913년 개인 심리학이라는 자신만의 독자적 영역을 만들어낸다. 만약 아들러가 스승인 프로이트의 원인론을 그대로 수용하고 따랐다면, 오늘날 '아들러'라는 심리학자의 이름은 우리 기억에 없었을 것이다.

심리학의 영역 :
기초심리학과 응용심리학

현대의 심리학은 크게 기초 심리학과 응용 심리학으로 나눌 수 있다. 기초 심리학은 심리학이 근간이 되는 현상을 연구하는 학문이며, 응용 심리학은 거기에서 얻은 원리와 법칙을 다양한 학문으로 활용하는 학문이다. 최근에는 응용 심리학의 전문화, 세분화가 더욱 진행되어 단순한 심리치료를 넘어, 청소년 문제, 노인 문제, 장애인 문제 등 사회적 이슈와 관련된 문제, 그리고 최고의 생산성을 목표로 하는 인사, 조직, 마케팅 등 경영학 분야에 이르기까지 다양한 영역에서 심리학이 활용되고 있다.

◆ 기초 심리학의 주요 분야

- **발달심리학** : 수정에서부터 죽음까지, 전 생애에 걸쳐 나타나는 인간의 모든 변화를 탐구하는 학문이다. 발달의 일반적 원리는 한 개인의 발달과정을 평가하고 예측할 수 있는 정보를 제공해줄 수 있다.
- **사회심리학** : 사회심리학자들은 인간의 사회화 과정을 기초로 다른 사람들과의 상호작용이 태도나 행동에 어떻게 영향을 미치는가에 관심을 갖는다. 그들은 또한 집단행동에도 관심을 가져 여론조사, 시장조사 등을 수행하며 선전과 설득, 집단 간 갈등, 태도형성에 관해 연구한다.
- **성격심리학** : 성격심리학자들은 성격형성과정과 성격의 개인차에 관심을 갖는다. 또한 성격심리학자들은 개인의 특질에 따라 사람들을 분류하는 방법에도 관심을 갖고 있어 관찰 및 심리검사의 방법을 사용하기도 한다ex. MBTI.
- **인지심리학** : 인지심리학자들은 인간이 환경에서 어떤 식으로 정보를 수용, 처리, 판단하는지를 연구한다.

- **학습심리학** : 기억과 학습의 원리를 다루는 분야로 우리의 언어, 지식, 태도 등은 모두 학습된 것이다. 학습에는 단순한 연합학습과 복잡한 인지학습이 있다.
- **실험·생리심리학** : 좁은 의미에서 실험심리학은 지각, 생리, 학습의 세 분야를 포함하고, 넓은 의미로는 성격·사회심리학 등 실험을 사용하는 다른 모든 이론심리학의 분야를 포함한다. 생리심리학은 유기체의 생물학적 과정과 행동의 관계신경과학, 약물과 행동의 관계약물심리학 에 대한 연구를 한다.

◆ 응용 심리학의 주요 분야

- **임상심리학** : 정서나 행동의 문제를 진단하고 치료하는 데 심리학적 원리를 적용하는 것을 말한다.
- **학교 및 교육심리학** : 교육심리학자들은 개별 학생들의 검사와 지도를 맡게 되며, 이를 토대로 문제가 있는 학생에 대해 학습지도 및 생활지도를 권고하게 된다.
- **산업심리학** : 공장 및 산업체에서 근로자들의 직업능률과 직무만족을 향상시키고, 더 나아가 직장 생활을 통한 삶의 질적 향상을 위해 심리학적 지식을 응용하는 학문이 산업심리학이다.
- **광고심리학** : 광고심리학자는 구매동기를 포함한 소비자 행동에 관한 연구를 맡으며, 소비자들에게 상품정보를 효율적으로 제시하는 기법을 개발한다.
- **건강심리학** : 비교적 최근에 발전된 심리학의 응용영역으로 신체적 건강과 더불어 정서 및 스트레스 관리 등과 관련된 심리학적 지식과 기법을 다룬다.

심리

23

임상심리학 :
마음의 병을 치료하는 학문

인간의 신체가 질병에 걸려 건강한 상태를 유지하지 못하듯 '마음' 역시 항상 건강한 상태를 유지하는 것은 아니다. 마음의 질병을 개선하고 치료하기 위한 학문이 필요한데, 이것이 바로 임상심리학이다. 임상심리학은 인간에 대한 이해를 통해 정신장애나 심리적 문제를 평가하고 치료하는 것을 목적으로 하는 학문이다. 임상심리학은 인지장애, 신경증적 장애. 심신 장애, 비행, 우울증, 신경쇠약, 조현병, 중독 등 마음과 관련한 전반적 문제에 대해 해결책을 제시하기 위해 노력하고 있다.

임상심리학의 기초는 미국의 심리학자 라이트너 위트머가 펜실베니아대학에서 심리진료소를 설립함으로써 마련되었다. 그는 관찰과 실험 등 과학적 방법으로 개인의 욕구와 상태를 고려할 것을 강조했으며, 임상심리학자는 개인이 자신의 잠재력을 개발할 수 있도록 돕는 교육자 역할을 해야 한다고 제안하였다. 이러한 맥락으로 볼 때, 임상심리학자는 전문적인 조언자로 볼 수 있다. 중요한 것은 환자의 문

위트머

제를 정확하게 진단하는 것이다. 임상심리학자는 개인의 적응을 돕기 위해 다양한 영역에서 개인을 검사하고 상담하는데, 인지검사, 성격검사, 신경심리검사 등 과학적으로 개발된 도구들을 사용해야 한다.

임상심리학자와 임상심리사의 개념이 헷갈릴 수 있는데, 임상심리학자는 임상심리 전공 석사 졸업 이상의 학력에 임상심리 관련 연구를 하는 사람을 말하며, 임상심리사 자격 취득을 위해서는 일반적으로 관련 학력뿐만 아니라 임상심리와 관련된 일정 기간의 실습수련과 실무경력이 요구된다. 최근 현대인들의 마음건강이 악화되고 있어, 지원자가 점차 증가하는 추세다. 물론, 환자의 문제를 제대로 진단했다고 해도 심리학자나 심리사가 약물을 사용해 환자를 치료하는 것은 불가능하다.

임상심리사는 주로 검사와 상담을 통한 심리치료로 환자의 내면 회복을 돕고 있으며, 기본적인 심리치료와 함께 약물 처방을 수행할 수 있는 사람은 정신과 의사다. 다만, 임상심리사는 한 명의 환자에게 비교적 많은 시간을 할애할 수 있다는 장점이 있기 때문에 정신과 의사와 임상심리사가 연계하여 환자를 치료하는 것이 보다 효과적이라고 할 수 있다.

발달심리학 :
인간의 생애에 걸친 심신의 성장과 발달을 연구

발달심리학은 심리학적 이론을 배경으로 인간의 전 생애에 걸친 심신의 성장과 발달을 연구하는 학문이다. 여기에는 아동심리학, 청년 심리학, 노인심리학 따위가 속한다. 발달이란 출생에서 성장, 성숙, 노화에 이르기까지 일생에 걸쳐 일어나는 변화의 과정을 의미한다. 인간은 일생 동안 계속 변화하므로 발달심리학은 다양한 시기에 수행하는 역할의 변화에 주목하고 연구를 수행한다.

발달은 성숙, 성장, 학습의 3가지 개념과 관련이 있다. 성숙은 유전적 요인이 발달에 영향을 미치는 것을 뜻하며 정량화할 수 없다. 성장은 키가 자라거나 몸무게나 늘어나는 것과 같이 신체 또는 신체적 능력이 발달하는 것을 뜻한다. 학습은 직접적이거나 간접적으로 외부 경험이 개인에게 영향을 주어 변화 및 발달을 일으키는 것을 의미한다.

전 생애에 걸쳐 나타나는 변화는 연령마다 다양하다. 발달심리학에서는 연령에 따라 발달단계를 구분하는데, 이것을 보면 각 단계에서 일어나는 변화의 내용을 한눈에 파악할 수 있다. 전 생애를 연령으로 구분하면 크게 3개의 주된 발달단계, 즉 아동발달단계, 청년발달단계, 성인발달단계로 구분된다. 물론, 연구자나 학문 분야에 따라 세부 단계로 나뉠 수 있다.

초기의 발달연구자들은 발달을 연령에 따라 다소 엄격하게 구분하여 연구했으나, 이후 발달은 계속성과 변화를 바탕으로 이루어지기 때문에, 전 생애적 조망에서 발달을 통합적으로 이해하고 연구해야 한다는 인식이 확산되었다.

최근에는 노화에 대한 연구가 활발해지면서 생애 주기도 넓어지고, 생애를 걸쳐 발달하는 것으로 발달의 관점이 바뀌어 가고 있지만, 그 중에서도 인생의 초기 발달과정은 전체 생애에서 중요한 부분이며 근간이 된다. 인간의 생애 초기 발달심리를 이해하지 않고 심리를 이해하기란 불가능하기 때문이다.

◆ 발달심리학의 주요 연구영역

- **지각발달** : 인간이 어떻게 청각과 후각 같은 감각기관을 이용해 정보를 습득하는지 어떻게 감각기관을 통해 받은 정보를 통합하는지와 관련
- **운동발달** : 인간이 살아가면서 필요한 움직임과 신체 통제능력의 발달
- **인지발달** : 정보를 이해하고 정보이용능력의 변화와 관련
- **도덕성발달** : 가치관의 형성이나 옳고 그른 행동의 판단 및 친사회적 행동 발달과 연관
- **사회성발달** : 여러 사람과 어떻게 상호작용하고 관계를 맺어가는지에 초점

인지심리학 :
인간의 마음이 작동하는 방식을 이해하다

인지심리학은 넓은 의미에서 '인간의 마음이 작동하는 방식'에 대해 연구하는 학문이라고 정의할 수 있다. 그러나 이 정의는 너무 포괄적이며, 보다 좁은 의미에서의 인지심리학은 인간의 마음이 환경과 자신에 대한 지식을 갖고 발전시키는 방법과 그 지식을 어떻게 활용하여 다양한 삶의 과제들을 수행하는지를 연구하는 학문이라고 할 수 있다. 인지심리학은 감각정보를 변형, 단순화, 정교화, 저장, 인출, 활용하는 등 모든 정신적 과정을 연구하는 학문이다. 쉽게 말해, 인간이 어떻게 지식을 획득하는지, 그리고 획득한 지식을 어떻게 구조화하여 축적하고 행동으로 표출하는지, 그 메커니즘을 밝혀내는 것을 주된 연구 목적으로 한다.

여기서 인지는 모든 형태의 지식을 일컫는다. 여기에는 주의, 기억, 추론, 상상, 예상, 계획, 의사 결정, 문제 해결, 아이디어 전달, 분류 또는 해석과 같은 처리 과정이 포함된다. 인간이 지식을 생성하고 활용하는 인지과정은 뇌의 물리적 특성에 의해 가능하므로 인지심리학은 물리학, 생물학, 생리학과 마찬가지로 연구과정에 실험과 가설검증 같은 과학적 방법을 활용하는 학문이라고 할 수 있다.

정보처리자로서의 인간이라는 관점은 심리학의 기초 분야에서 매우 깊이 있게 다뤄지고 있기 때문에, 인지심리학은 다른 심리학 하위 분야의 기초를 이루고 있다고 볼 수 있다. 다만 추론, 논증, 문제 해결과 같은 고등 사고과정은 철학, 교육학, 경영학, 법학, 사회과학 일반 등과 부분적으로 연결되는 부분이 많아 그 중요성에 비해 심리학에서 비중 있게 다루진 않는 편이다.

♦ 인지심리학의 주요 연구영역

- **신경인지** : 인지과정의 특성을 이해하기 위하여서는 뇌를 비롯한 신경계의 생리적·생물적 특성들에 대한 연구가 기반이 되어야 한다. 모든 인지과정은 뇌와 신경계에서 일어나는 생리적·생물학적 과정을 수반하기 때문이다.
- **지각** : 실생활에서 환경의 정보를 인간이 알기 위해서는 일정한 강도의 물리적 에너지가 필요하다. 너무 약한 자극은 인지할 수 없다. 감각기관이 활동할 수 있는 문턱 값인 일정한 역치 이상의 에너지가 제공되면 감각정보의 처리가 일어난다. 감각정보는 수많은 신경 뉴런의 활동에 의해서 일어나며, 감각정보의 확인을 위해서는 낱개 신경 뉴런의 활동을 통합하고 해석하는 과정이 일어나야 한다.
- **주의** : 인간은 주변 환경에서 많은 자극을 받지만 모든 자극에 대해 집중하는 것은 아니다. 주의 과정은 사람이 보다 깊은 정보처리를 할 수 있도록 어떤 특정 정보를 선택하고 의식 속에 유지시키는 기능을 한다. 주의에 대한 인지심리학적 연구에서는 주의의 용량, 주의의 지속성, 주의와 정서 또는 동기와 같은 문제들이 연구된다.
- **인지공학과 응용인지심리** : 인지심리학자들은 순수한 인지 현상만 연구하는 것이 아니라 응용인지심리학적 연구들도 수행한다. 인간-컴퓨터 상호작용 문제, 각종 하드웨어 및 웹을 비롯한 각종 소프트웨어의 인간 중심의 디자인 문제, 인지적 효율성 문제, 각종 기술수행 문제 등에서의 인지심리학적 원리의 발견과 적용의 문제를 다룬다.

범죄심리학 :
범죄 이유의 해명, 수사, 그리고 갱생

범죄심리학은 범죄자의 사고, 의도, 행동, 반응을 조사하여 범죄를 저지른 이유를 파악하는 학문이다. 범죄자들의 행동 특성을 분석하여 원인을 파악하고, 수사에도 도움을 줄 뿐 아니라 범죄예방 및 범죄자의 갱생을 목적으로 한다.

범죄심리학자는 범죄자의 성격, 정성, 인지 등의 특성을 파악하고 범죄행위를 분석 및 설명하며 범죄자들 간의 개인차를 밝히고 유형을 분류하는 등의 다각적 연구를 하는 사람이다. 범죄심리학적 지식을 통해서 범죄 현장에서 나타난 범죄자의 행동 패턴을 분석하여 범인의 연령, 직업, 결혼 여부와 같은 사회인구학적인 배경을 추론해 용의자의 범위를 좁힌다. 이 모든 것은 범인의 검거에 기여하는 수사 기법인 프로파일링의 바탕이 된다.

나아가 범죄자의 갱생에 기여하는 방법 등도 연구대상에 포함되기도 하므로 응용심리학의 한 분야로 분류된다. 여러 과학적 이론을 기초로 범죄행동의 원인 및 특성을 밝히는 것이 범죄심리학 연구의 주된 방향이기는 하지만, 범죄수사, 범죄이해, 범죄예방 및 재범방지, 범죄자 상담 및 교정, 범죄성 평가에 심리학적 전문지식을 폭넓게 적용하는 학문이기도 하다. 따라서 범죄와 관련된 사회과학 분야심리학, 사회학, 법학, 경찰학, 범죄학, 교정학 등 와 자연과학 분야의학, 생물학, 유전학 등 등 다양한 인접학문과 연계하여 활발한 연구를 수행하게 된다.

사회심리학 :
인간은 통제당한다

사회심리학은 개인 간의 상호작용 및 사회적 환경과 인간의 관계를 연구하는 학문이다. 이것은 사회학과 심리학의 중간 영역의 학문이고, 또한 양자를 결합하는 종합과학적 성격을 가지고 있다. 정신의 통제와 세뇌는 사회 심리학에서 비중 있게 다루는 연구 분야다. 당신이 인지하고 있든 아니든, 당신의 주변 사람들은 당신의 성격과 행동에 영향을 주고 있다. 그밖에 어떻게 사람들이 모여 집단이 형성되는지, 유행은 어떻게 일어나는지, 어려움에 부닥친 사람을 보고 도와주는 사람과 도와주지 않는 사람의 차이는 무엇인지, 왜 사람들이 권위에 복종하게 되는지 등 개인적 차원에서 사회적 차원에 이르기까지 인간의 다양한 행동을 연구한다.

주작논란이 있기는 하지만 1961년 사회심리학자 스탠리 밀그램은 복종에 대한 실험을 기획했다. 평범한 인간이 권위에 복종해 일마나

스탠리 밀그램

잔혹해질 수 있는지를 보여준 실험이다. 그는 '징벌에 의한 학습 효과'라는 이름으로 위장한 실험에 참여할, 나이 20대에서 50대 사이의 남성 40명을 신문 광고를 통해 모집하였고, 피실험자들을 교사와 학생으로 나누었다. 그리고 교사 역할과 학생 역할의 피실험자를 각각 1명씩 그룹 지어 실험을 진행했다 물론, 교사 역할은 피험자가, 학생 역할은 실험자가 맡도록 사전에 설계되어 있었다.

실험자는 교사 역할의 피실험자들을 전기 충격 발전기가 있는 방으로 안내하였다. 그리고 학생에게 문제를 내고, 틀릴 때마다 전기 충격을 가하고 그 수위를 계속하여 높일 것을 지시하였다 학생 역할을 맡은 사람은 배우였으며, 교사 역할을 맡은 피실험자에게는 전기 충격 장치가 가짜라는 사실을 숨겼다. 실험 결과, 피실험자의 65%가 450V의 자극을 주었고 35%만이 더 높은 자극에 대한 지시를 거부한 것으로 나타났다. 심지어, 전기 충격을 가하는 도중에는 학생들의 비명소리가 전달되기도 했다 비록 연극이지만.

이 과정에서 중요한 것은 바로 피실험자 교사 역할 옆에 있는 의사가 '모든 책임은 자신이 진다.'라는 말을 한 것이다. 권위 앞에서 개인의 도덕이나 믿음이 얼마나 약한 것인지를 증명한 실험이 되었다. 보통 사람이 권위 있는 인물에 복종하기 위해서는 두 가지 요건이 필요하다. 첫째, 그 사람은 명령을 내리는 사람이 그렇게 할 자격이 있다고 믿는다. 둘째, 그 사람은 명령을 내리는 사람이 그들의 명령이 무엇이든 책임질 것이라고 믿는다.

하지만 밀그램의 실험은 의도한 결과를 유도하도록 연구절차가 연출되었다는 비난을 받고 있으니 주의하여 받아들일 필요가 있다. 이후 예일대학교 기록보관소 자료에 따르면, 이 실험은 무려 24번에 걸쳐 진행되었으며 그 중 의도된 결과에 가장 적합한 실험만 따로 올려 발표했음이 드러났다. 또한 임의로 각본을 바꾸거나 변수를 만들어내는 등 실제 실험장에서는 연구의 전문성이 결여되어 있었다고 한다.

진화심리학 :
진화생물학과 심리학의 결합

심리학은 새로운 토대 위에 세워질 것이다. _ 찰스 다윈

진화심리학은 진화생물학과 심리학이 결합된 학문이다. 다윈에 의해
기초가 세워진 진화생물학은 생물이 돌연변이변이 와 선택에 의해 진
화한다고 주장한다. 돌연변이는 현존하는 종의 물리적 변화이다. 그
러나 돌연변이가 모두 자연적 선택을 받아 유전적으로 계승되는 것은
아니다. 기존 종에서 돌연변이가 발생하면 일부 돌연변이는 자연적으
로 선택되어 유전적으로 계승되는 반면, 다른 돌연변이는 유전적으로
계승되지 않고 도태된다. 자연 선택의 여부는 어디에 달려 있는가? 이
는 해당 생물의 변이가 주어진 환경 내에서 종의 번식과 생존에 유리

찰스 다윈

한지 또는 불리한지에 달려 있다. 따라서 현재 존재하는 종의 신체적 구조는 생식과 생존에 유리한 방향으로 진화한 결과로 볼 수 있다.

진화심리학은 진화생물학의 이러한 관점을 인간에 대한 심리학 연구에도 적용한다. 진화심리학자들은 인류가 오랜 진화의 역사를 거치면서 여러 유형의 적응 문제들에 직면했었고, 그런 문제들을 해결하도록 설계된 심리구조를 가진 개체만이 진화적으로 성공했을 것이라고 믿는다. 종의 현재의 물리적 구조가 생식과 생존에 유리한 방향으로 진화한 것처럼, 인간의 현재의 심리적 구조도 생식과 생존에 유리한 방향으로 진화된 결과일터. 인간의 번식과 생존에 유리한 물리적 구조가 몸에서 몸으로 계승되는 것과 마찬가지로, 인간의 번식과 생존에 유리한 심리적 구조도 뇌에서 뇌로 계승된다. 예컨대, 성욕에 대한 심리적 금기는 종의 번식에 불리하므로 대다수 인간에게 유전되지 않고 도태되기 쉽다.

직업심리학 :
심리로 적합한 일을 맞추다

자신에게 맞는 일, 커리어를 쌓아 경쟁력을 강화시킬 수 있는 일을 찾
는 것은 인간의 인생에서 매우 중요한 부분을 차지한다. 직업심리학은
진로를 탐색하고 구하는 사람들에게 힌트를 제공해주는 학문이다. 단
순히 직업 선택과 적응에만 도움을 주는 학문이 아니라, 진로탐색부터
시작해, 직업선택, 직업적응, 직업전환, 은퇴 이후의 생활까지 인간의
생애 발달상 나타나는 직업과 관련된 다양한 활동들을 통합적으로 연
구하는 학문이다.

　노동시장에 진입하기 전에는 진로탐색과 직업선택을 도와주고 취
업 후에는 직업적응과 전환을 관리하며, 은퇴 이후에는 효과적인 진로
개발을 돕는 학문으로 정착하고 있다. 직업심리학의 전통적 이론에는
홀랜드의 성격이론이 있다.

홀랜드

◆ 존 루이스 홀랜드의 성격이론

- 개개인의 성격유형이나 행동양식이 직업선택에 큰 영향을 미친다.
- 직업적 흥미에 대한 설명은 개인의 성격에 대한 설명이다.
- 개인은 직업을 선택할 때, 자신의 성격을 만족시켜줄 수 있는 직업환경을 선택하게 된다.
- 개인의 특성과 직업세계의 특징 간의 최적 조화를 이룰 것을 강조한다.
- 사람들의 성격은 현실형, 탐구형, 예술형, 사회형, 진취형, 관습형으로 구분된다.

성격구분	성격 특징	직업환경	대표적 직업
현실형	기계, 도구 등 조작적 기술을 좋아한다.	현실적 환경	기술자
탐구형	관찰적, 체계적, 분석적이며 호기심이 생기는 일을 좋아한다.	탐구적 환경	과학자
예술형	예술적 창조와 표현, 변화와 다양성을 좋아하고, 틀에 박힌 것을 싫어한다.	예술가적 환경	예술가
사회형	타인과 협조하여 일하기를 좋아한다.	사회적 환경	사회복지가
진취형	조직의 목표달성을 위해 조직원을 관리, 선도, 통제하는 활동을 좋아한다.	진취적 환경	정치가
관습형	보수적이며 체계적으로 일하는 것을 좋아한다.	관습형 환경	경리사원

매슬로우의 욕구단계이론

인간의 욕구는 얼마나 다양하고 각 욕구 간에는 어떠한 단계가 있는 것일까? 에이브러햄 매슬로우는 이런 본질적인 질문에 대해 1943년 인간욕구 5단계 이론을 제시했다. 이 이론은 인간의 욕구가 계층을 형성할 수 있으며, 고차원적인 욕구는 저차원적인 욕구가 충족될 때 동기부여 요인으로서 작용한다는 점을 가정한다.

첫 번째 단계는 생리적 욕구이다. 식욕, 배설욕, 성욕종족번식 등 우리 생활에 있어서 가장 필수적인 욕구다. 두 번째 단계는 안전 욕구이다. 생리적 욕구가 어느 정도 충족되면, 위험, 손실, 위협으로부터 자신을 보존하고자 하는 욕구를 추구하게 된다. 세 번째 단계는 소속과 애정의 욕구이다. 인간은 어딘가에 소속되어 사람들과 어울리고 애정을 나누길 원한다. 네 번째 단계는 존경 욕구이다. 인간은 자신은 물론 타인에게 중요한 존재로서 인정받고 싶어하는 욕구를 가지고 있다. 존경 욕구에는 자아 존중감, 자율성, 성취감 같은 내적 자존감 요소와 지위, 인정, 관심과 같은 외적 자존감 요소가 있다. 다섯 번째 단계는 자아실현 욕구다. 매슬로우가 말하는 최고 수준의 욕구로, 하위 단계의 욕구들이 모두 충족되어야만 이뤄질 수 있다. 매슬로우는 자아실현의 욕구를 가리켜 '인간이 실현할 수 있는 모든 것이 되어 보려는 욕망'이라고 하였다. 이 단계에서 인간은 자신이 가진 모든 잠재력을 최대한 발휘하여 최고 성취를 이루고자 노력하게 된다.

매슬로우의 욕구단계이론에는 기본 가정이 있다. 첫째, 인간의 욕구는 저차원에서 고차원으로 순차적으로 나타난다. 그래서 중간에 충

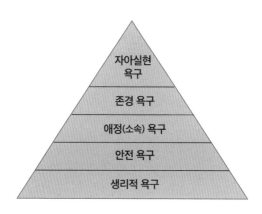

족되지 않은 욕구를 건너뛰어 상위 욕구를 추구하는 경우란 없다. 둘째, 욕구의 출현과 소멸은 결핍과 충족의 원리에 의해 이루어진다. 특정 욕구가 결핍되면 그 욕구가 개인의 의식을 지배하며, 이미 충족된 욕구는 인간행동의 동기를 유발하는 요인이 더 이상 아니다 . 결국 개인의 행동에 동기를 부여하는 것은 결핍이다. 셋째, 자아실현의 욕구는 다른 욕구와 달리 충족될수록 욕구의 크기가 더 커진다.

허즈버그 2요인 이론 :
위생요인과 동기요인

전통적인 관점

불만족	만족

허즈버그의 관점

불만족	불만족 0	만족 0	만족
위생요인 hygiene factors		동기요인 motivators	

허즈버그의 2요인이론의 특징은 만족과 불만족을 서로 독립된 개념으로 전제하고 있다는 점이다. 즉 만족의 반대는 불만족이 아니라, 만족이 0인 상태이며, 불만족의 반대는 만족이 아니라 불만족이 0인 상태를 의미하는 것이다. 만족과 불만족은 동일한 스펙트럼선에 있지 않다.

허즈버그는 만족에 영향을 미치는 요인들을 동기요인이라 하였고, 불만족에 영향을 미치는 요인들을 위생요인이라고 하였다. 동기요인이란 성취감, 도전감, 성장 가능성, 책임감 등 직무만족을 일으키는 내부적 요인이며, 위생요인은 급여, 승진, 보너스, 인간관계, 안정성 등 외적 요인이다. 매슬로우의 욕구이론처럼 인간의 동기를 고차원적인 욕구와 저차원적인 욕구로 나누고 있음을 알 수 있다.

허즈버그는 위생요인이 부적당하면 근로자들이 불만을 갖게 되지만, 그것을 충족시켜준다고 해도 저차원적인 욕구가 해소될 뿐, 동기부여 방법으로서는 비효율적이라고 보았다. 즉, 근로자의 불만을 해소하는 선에서 위생요인을 제공하는 것은 의미가 있지만, 계속 위생요인만 제공하는 방법으로는 직무만족과 동기부여를 촉진할 수는 없다고 본 것이다. 급여, 작업조건 같은 위생요인은 저차원적인 욕구와 관련된 것으로서 근로자들의 불만을 감소시켜주는 것에 관여할 뿐, 직무에 대한 만족도를 향상시켜주진 못한다.

그래서 허즈버그는 성취감, 도전감, 인정감 등 고차원적 욕구와 관련되는 동기요인을 함께 제공해주어야 종업원들을 제대로 동기부여 시켜줄 수 있다고 주장했다. 즉 위생요인을 제공해서 직원들의 불만은 줄이면서, 다른 한편으로 동기요인을 제공해 만족도를 높이는 것이다.

피아제의
도덕성 발달단계

프로이트는 도덕성 발달을 외적인 사회규범을 내적 신념으로 내면화하는 과정, 즉 초자아의 형성과정으로 설명하였다. 초자아는 자아 이상과 양심으로 구성되며, 자아 이상은 아동이 스스로 도달하고자 지향하는 가치체계를 말한다. 이는 부모와 어른들의 행위를 닮도록 행동하는 동일시에 의해 획득된다. 양심은 옳은 행동은 보상하며, 잘못된 행동은 처벌함으로써 수치와 죄의식을 느끼도록 하는 부모들의 통제**보상과 처벌**에 의해 형성된다.

이에 반해 피아제는 도덕발달을 전반적인 인지발달의 한 양식으로 설명하였다. 도덕성은 도덕적 특성이 관여되는 사태에서 옳고 그름을 판단할 수 있는 인지적 능력을 말한다. 유아가 인지적 판단능력을 가지고 있을 때, 비로소 도덕적 행동이 가능하다고 본 것이다**인지발달 관점에서 도덕성 발달이 타율적 도덕성에서 자율적 도덕성으로 발달한다는 이론**. 피아제에 따르

피아제

면, 부모의 권위적이고 강압적 태도는 아동의 도덕성 발달에 부정적인 영향을 미칠 수도 있다. 일방적 권력관계 속에서 아이는 규칙이란 '권위'나 '힘'을 가진 존재에서 나오는 것이라 생각하게 되며, 규칙 자체에 대해 숙고해볼 기회가 없어지기 때문이다.

피아제는 아이들에게 가상적인 딜레마를 제시한 후 수집한 답변 자료를 바탕으로 도덕적 사고발달에 대한 단계이론을 제안했다. 피아제는 아동의 도덕적 사고발달 과정을 전도덕적 단계, 타율적 도덕성 단계, 자율적 도덕성 단계의 3단계로 구분했다. 하지만 유아의 도덕적 판단에 있어 행위의 동기나 의도를 추론하는 능력은 피아제가 생각한 것보다 일찍 나타난다는 연구결과가 있으며, 유아의 도덕적 추론능력을 과소평가했다는 비판이 있다.

피아제의 도덕성 발달단계

전도덕성 단계	규칙이나 질서에 대한 인식이 거의 없음. 규칙 자체에 대한 지각 결여
타율적 도덕성 단계	규칙에 대한 일방적 존중이 나타남. 규칙은 절대적인 것, 고정된 것이라고 생각. 규칙을 어기면 처벌이 뒤따른다고 생각하며, 결과로 도덕성을 판단하는 객관적 책임의 특성이 나타남
자율적 도덕성 단계	규칙은 사람들의 동의하에 변경될 수 있다는 상대적 태도를 취함. 결과보다도 행위자의 의도를 고려하여 도덕판단을 하는 주관적 책임의 특성이 나타남

콜버그의
도덕성 발달단계

콜버그는 피아제의 이론을 직접적으로 계승하여 자율적 도덕성 단계 이상의 도덕적 사고의 발달단계에 대한 확장된 이론을 만들어 냈다. 콜버그는 도덕적 딜레마를 담은 이야기를 제시하여 옳고 그름과 그 이유를 답하게 하는 방식으로 피아제의 이론을 세분화하여 정립했다 **인지발달이론에 따라 아동이 도덕적 딜레마를 해결하기 위해 어떠한 논리를 사용하는지 관찰하고 이에 근거하여 도덕적 사고의 수준을 제시했다** .

콜버그의 도덕성 발달이론은 인지발달 이론에 기반을 둔다. 따라서 그는 인지발달 수준에 따라 도덕적 사고단계가 순차적으로 등장할 것이라고 예상했다. 콜버그의 도덕성은 3수준 6단계로 구분되며, 이는 윤리적 행동을 기반으로 하는 도덕적 추론이 여섯 단계의 발달구조를 가진다는 전제를 깔고 있는 것이다.

콜버그의 도덕성 발달단계이론은 학교 교육에 토론식 도덕교육방

콜버그

법을 제안하고 도덕성 발달에 있어 모델링 활용과 역할극을 강조하는 등 도덕교육의 방향과 내용을 결정하는 데 근거를 제공했다는 점에 의의가 있다. 하지만 문화적 편향성 공동체 중심사회와 개인주의사회의 차이를 고려하지 않음 및 성적 편향성 도덕성을 판단하는 남녀의 성향 차이를 고려하지 않음 의 가능성이 제기되면서 비판을 받기도 했다.

콜버그의 도덕성 발달단계

인습 이전 수준	1단계 : 처벌과 복종 (타율적 도덕성)	어떻게 처벌을 면할 수 있을까? 벌 받는 것을 피하기 위해 좋은 행동을 한다.
	2단계 : 개인적 쾌락주의 (도구적 도덕성)	자신의 욕구충족을 위해 다른 사람과의 형평성을 고려함
인습 수준	3단계 : 착한 사람 지향 (대인관계 도덕성)	인간관계에서 타인을 기쁘게 하는 행위인지 여부가 선악을 결정한다.
	4단계 : 법과 질서 지향 (사회체계 도덕성)	사회적인 법과 질서가 도덕적 판단 기준이 된다. 개인적 문제보다 사회적 의무를 더 중시하는 행동이 나타난다.
후인습 수준	5단계 : 사회적 계약 지향 (사회계약적 도덕성)	개인의 상황에 따라 법과 규칙을 적용한다(4단계의 기준이 절대적이지 않음).
	6단계 보편적 윤리 지향 (보편윤리적 도덕성)	스스로 선택한 도덕 원리에 따른 양심적 행위가 곧 올바른 행위가 되는 단계다.

감각과 지각의 차이점은?

감각이란 시각, 청각, 후각, 미각, 촉각과 같은 자극의 경험을 말한다. 우리의 감각기관은 여러 다양한 자극을 탐지하게 되어 있으나 외부자극을 있는 그대로 받아들이지는 않는다. 우리의 감각체계에는 외부에서 받은 자극을 적당하게 걸러 감소시켜 주는 장치가 있기 때문이다. 인류를 포함한 모든 동물은 생존에 필요할 때 감각능력을 증가시켜왔고, 필요 없을 때 감소시켜 왔다. 예를 들어, 매는 시각이 예민하지만 후각은 형편없다. 주의를 기울인다는 것은 많은 자극을 있는 그대로 감지하지 않고 필요한 정보만을 선택해서 받아들이는 것을 의미한다. 그만큼 우리의 정보처리용량이 제한적이기 때문이다.

자극이 있고 감각기관에 자극 에너지가 작용했다고 하더라도 반드시 감각이 발생하는 것은 아니며, 자극의 강도가 어느 정도 이상이 되어야 감각이 발생한다. 절대역이란 정신물리학에서 감각을 발생시키는 데 필요한 최소한의 에너지 강도 즉, 빛, 소리, 압력, 맛, 냄새 등을 탐지하는 데 필요한 최소한의 자극 강도를 말한다. 차이역이란 자극을 구분할 수 있는 최소 강도 차이를 말한다.

반면, 자극의 유무를 판단하는 것은 자극 자체의 강도뿐만 아니라 부분적으로 개인의 경험과 기대 그리고 동기와 피로수준도 작용한다는 이론이 있는데 이를 신호탐지이론이라고 한다. 즉, 하나의 절대역치는 존재하지 않는다는 것이다.

감각수용기에 들어온 자극을 이해하는 과정을 지각이라고 한다. 감각은 주로 감각기관이나 감각 수용기에서 일어나는 물리적인 활동을 의미하고 지각은 감각 그 이상의 것을 의미한다. 동일한 감각이라도 다르게 지각할 수 있다. 지각의 과정에는 수많은 요인들이 복합적으로 작용한다. 우리의 지각경험은 감각기관에서의 즉각적 정보에만 의존하지 않는다. 지각하는 사람의 지식과 경험 등 많은 것이 영향을 미칠 수 있으며, 한편으로는 지각하는 사람의 심리적 요인들과도 관련이 있다지각하는 사람의 동기, 기대, 성격, 그리고 문화적 환경 등.

예를 들어, 의존적인 사람은 환경을 전체적으로 보고 개별적 사물들에 대한 크기나 색 등을 잘 지각해내지 못하지만, 독립적인 사람은 여러 개별적 요소를 뚜렷이 구분하여 지각해낼 수 있다. 사람이 지각한다는 것은 감각기에서 외부의 물리적 정보를 수용하는 것 이상의 감각자료에 대한 해석과정이 포함된다. 그러한 처리 과정 중에 여러 심리적 요인 및 과거의 경험과 지식 등이 중요한 요인으로 작용하게 되는 것이다.

단기기억과 장기기억

우리가 받아들이는 정보는 감각 등록기에 일단 모두 저장된 다음 단기기억에 저장되며, 암송 등의 능동적 과정을 통해 영구기억으로 바뀌어서 장기기억구조에 저장된다. 기억의 과정은 학자와 이론에 따라 여러 가지로 분류되지만, 일반적으로 부호화 단계 → 저장 단계 → 인출 단계로 크게 구분할 수 있고, 또 단기기억과 장기기억으로 분류해볼 수 있다. 무작위로 구성된 숫자의 배열을 눈으로 보고 금방 회상할 경우에는 쉽게 읊어낼 수 있지만, 한참 시간이 지난 후 기억해내려면 그것을 반복적으로 학습해야 할 것이다. 이때 금방 기억해낼 수 있는 상태가 단기기억이고, 후자가 장기기억이라 할 수 있다.

단기기억은 현재 의식 내에서 활동 중인 기억이고, 장기기억은 현재 의식 속에는 없지만 저장되어 있는 기억이다. 단기기억은 반복학습이 없으면 부식과 간섭 요인으로 대부분 망각하게 된다. 단기기억 체제 내로 들어온 새로운 정보가 이전 정보를 밀어내는 것을 역행간섭이라 하고, 먼저 들어와 있던 정보가 나중에 들어온 정보의 회상을 방해하는 것을 순행간섭이라고 한다. 이는 우리의 단기기억이 처리할 수 있는 용량이 제한되어 있음을 보여주는 것이다.

장기기억은 기억 속에 저장되어 있어 인출이 가능한 것을 말한다. 우리들의 기억이 앞서 본 단기기억밖에 없다면 우리는 자신의 이름을 기억하기 위해 하루에도 수백 번 이름을 되새겨야 할지 모른다. 그러나 우리에겐 장기기억이라는 것이 있기 때문에 이와 같은 수고는 하지 않아도 된다. 장기기억은 단기기억의 내용이 반복학습이나 정교화의 단계를 거쳐 저장되기 때문에 오랫동안 저장할 수 있고 기억할 수 있는 용량도 방대하다.

에빙하우스의 망각곡선

기억에 대한 최초의 과학적 실험을 수행한 사람은 독일의 심리학자 헤르만 에빙하우스이다. 1880년대 당시엔 기억을 포함한 인간의 마음은 과학적으로 연구하는 것이 불가능에 가깝다는 생각이 지배적이었다. 그러나 에빙하우스는 기억도 과학적 연구대상이 될 수 있다고 믿었고 망각실험을 수행하였다.

에빙하우스는 망각연구를 위해 배경지식의 영향을 받지 않는 무의미 철자를 고안하였다. 즉, 일상의 단어나 철자는 배경지식이 작용하여 기억형성에 영향을 미칠 수 있으므로, 그러한 영향력을 최소화하고 누구에게나 동일한 조건이 적용될 수 있도록 영어의 자음과 모음을 무작위로 배열한 단어를 고안한 것이다. 무의미 철자를 실험참여자에게 완전하게 학습시킨 다음, 시간경과에 따라 망각량을 측정하여 도표로 작성한 것이 바로 에빙하우스의 망각곡선이다.

도표에 따르면, 망각이 매우 급격하게 일어나는 때는 학습 직후이

에빙하우스

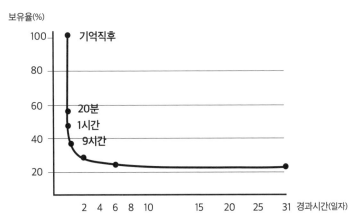

며, 특히 학습 직후 20분 이내에 40%가량이 망각됨을 확인할 수 있다. 이를 통해 학습된 내용을 오래도록 기억하기 위해서는 시간 간격을 두고 여러 번 학습하는 분산학습이 더 효과적이라는 결론을 내릴 수 있다. 기억이 망각될 때쯤 추가적인 학습으로 기억 흔적의 지속성을 더욱 증대시키는 것이다. 재학습 시 소요되는 시간은 처음에 학습하는 데 걸렸던 시간보다 훨씬 단축될 것이다.

하지만 이 연구는 무의미 철자를 사용한 것에 대해 강한 비판을 받았다. 배경지식이 기억형성에 미치는 영향을 최소화한 것은 실험결과 해석에 유리한 측면이 있기는 하지만, 현실의 교육현장에서는 배경지식이 기억형성에 중요한 영향을 미치고 있기 때문이다. 기억은 단순암기로만 형성되는 것이 아니다. 배경지식은 물론 이해력이 함께 동반되기도 한다. 에빙하우스의 망각곡선은 배경지식이나 이해력이 전혀 통하지 않는 무작위의 단순 정보를 암기할 때나 적용된다는 것이다.

지능은 무엇인가?

지능이란 암기와 계산을 빠르고 정확하게 할 수 있는 지적능력을 말하는 것일까? 아니면 사물의 근본 원리나 규칙성을 꿰뚫어 볼 수 있는 통찰력을 말하는 것일까? 지능이란 우리 일상에서 많이 듣고 사용하는 단어이지만 막상 정의하기가 어렵고 매우 추상적이다. 지능이 설령 정의될 수 없는 것이라 해도 지능에 대해 우리가 이해하는 총체적 인식에서 공통적 특징을 뽑아 일반적으로, 문화적으로 통용되는 표상을 만들어 볼 수는 있을 것이다. 지능에 대한 대표적인 견해들을 살펴보는 것은 개괄적인 수준에서의 이해를 도울 것이다.

린다 갓프레드슨은 지능이란 매우 일반적인 정신 능력으로, 추론, 계획, 문제 해결, 추상적 사고, 복잡한 생각의 이해, 빠른 학습, 경험에서 배우는 능력을 포함한다고 보았다. 그녀에 따르면, 지능은 단순히 책을 통한 학습능력이나 좁은 의미의 학업능력, 혹은 시험을 잘 보는 능력이 아니라 좀 더 광범위하고 깊이 있는 차원에서 주변 환경을 파악하는 능력을 말한다. 즉 무슨 일이 일어나는지 알아차리고, 대상을

린다 갓프레드슨

이해하며, 어떻게 행동해야 할지 알아내는 능력이다.

반면, 영국심리학자 레이몬드 카텔은 지능을 유동지능과 결정지능으로 구분하였다. 유동지능은 새롭고 추상적인 문제를 해결하는 능력이다. 후천적 경험이나 지식이 관여하지 못하는 영역으로 유전적 요소에 영향을 많이 받는 지능이다. 예를 들어, 빠진 곳 찾기, 차례 맞추기, 모양 추론하기, 숫자 외우기 등 주어진 대상을 분석하여 일정한 규칙을 찾아내는 능력과 관련이 있다.

유동지능은 소위 실행기능이라 불리는 정신작용을 통해 발휘되며, 실행기능은 작업 기억, 주의 조절, 억제 조절 능력을 포함한다. 대부분의 IQ 검사, 로스쿨 입학시험인 법학적성시험LEET, 국가 직무능력표준NCS, 그 외 각종 인적성검사 등이 지원자의 선천적 능력을 검사하는 시험이다. 때문에 이러한 유형의 시험들은 수많은 문제를 접해 경험을 축적해도 성적 향상에 한계가 있다. 사회에서 성공하려면 유동지능이 우수한 것이 유리하다. 이들은 선천적 능력을 타고난 사람들이기 때문에, 경험이나 배움의 기회가 부족해도 마주한 새로운 문제를 쉽게 해결할 수 있다.

반면, 결정지능은 후천적 환경으로부터 경험하고 학습된 영역과 관련이 있다. 이에는 어휘 이해력, 계산능력, 상식 등이 해당한다. 유동지능이 고정적인 능력임에 반해, 결정지능은 지식과 경험이 축적될수록 높아지는 가변성을 보인다. 유동지능이 부족하지만 결정지능이 우수한 사람은 비록 선천적 지능이 우수한 것은 아니지만, 배우는 능력이 탁월하기 때문에 후천적 교육을 통해 충분히 전문가로 성장할 수 있다.

레이몬드 카텔

IQ, 지능지수란 무엇인가?

1906년 프랑스 심리학자 알프레드 비네가 지능검사를 최초로 창안한 이래 지능검사는 학교에서 학습부진아를 예측해내는 수단으로써 사용되었으며, 이후 세계 대전에서는 정신이상자나 정신지체자를 골라내는 등 전쟁에 참여시킬 군인을 선발하는 과정에 활용되기도 하였다. 이후 1916년 루이스 터먼이 비네 검사를 기초로 스탠퍼드-비네 검사를 표준화하면서 지능검사에 지능지수를 추가했다. 이는 오늘날에도 많이 활용되는 지능검사 방법의 하나다.

지능지수IQ 라는 것은 말 그대로 지능을 수치화한 개념이며 이는 측정가능하고 서로 비교가능하다는 것을 의미한다. 평균값을 임의로 100으로 설정하고 평균보다 지능이 우수하면 100 이상으로, 둔하면 100 이하로 나누는 것이다. 인간의 지능지수를 100점 만점으로 하지 않은 것은 인간의 지능을 완벽하게 측정할 수 없기 때문이 아닐까 생

루이스 터먼

각한다. 인간의 머리가 얼마나 좋을지는 모르며 인간의 모든 지적 잠재력을 IQ가 측정해줄 수는 없다.

IQ 산정방식에는 크게 2가지 종류가 있는데 하나는 비율지능지수이고 또 하나는 편차지능지수이다. 비율지능지수는 실제 연령보다 정신연령이 얼마나 높은지로 판단하는 지능지수이다. 편차지능지수는 개인의 지능을 동일 연령집단 내에서 상대적인 위치로 규정하는 지능지수이다. 현대의 IQ 검사에서는 대부분 편차지능검사를 많이 활용하며 평균을 임으로 100으로 정의한 뒤, 이 평균을 중심으로 표준편차가 15인 분포를 만들어낸다. 국내에서 공신력을 갖는 편차지능검사 방법으로는 웩슬러 지능검사가 대표적이다.

평균이 100이고 표준편차가 15인 IQ의 분포

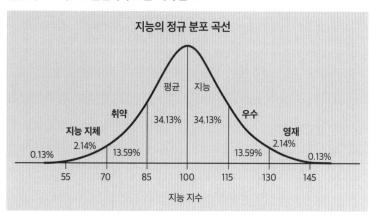

IQ 70 미만은 지능지체로 특수교육이 필요하며 IQ 130 이상은 우수 범위로 영재일 가능성이 있다고 판단해, 보다 정밀한 진단을 통해 그 수준에 맞는 교육이 필요하다 하겠다요즘은 IQ라는 단일요소만으로 영재를 판별하지 않는다. 덧붙여, IQ는 그 사람이 가진 지식의 양을 측정하는 것이 아니라, 지적 잠재력을 측정하는 것이다. 지적 잠재력이란 기억, 수리, 이해, 언어, 추리 능력 등을 말하며 외부의 지식과 정보를 효율적으로

수용하고 처리할 수 있는 능력을 말한다. 따라서 IQ가 높다는 것은 지식의 양이 많음을 나타내는 것이 아니라 정보를 효율적으로 분석하고 축적할 수 있는 잠재능력이 높다는 것을 의미한다.

IQ는 창의성과 관계가 있는가?

IQ가 높다는 것은 창조적 잠재력을 가졌음을 말한다. 하지만 깊이 사고할 수 있는 능력의 보유를 의미하진 않는다. IQ와 사고의 관계는 자동차와 운전자의 관계와 같다. 아무리 좋은 차라도 운전 기술이 미흡하면 자동차는 굴러가지 않는다. 반면 낡은 차라도 운전 실력이 우수하다면 차는 굴러간다.

_ 에드워드 드 보노

창의성은 지적능력 중의 하나이지만 지능검사에서 측정하는 지능과는 다른 능력으로 간주되기 때문에 높은 IQ가 반드시 높은 창의성을 보장해주는 것은 아니다. 미국의 심리학자 길 포드는 사고양상을 크게 2가지로 분류하였는데, 하나는 수렴적 사고이며 다른 하나는 확산적 사고이다. 수렴적 사고란 일정한 사물이나 대상을 분석하는 것으로, 주어진 정보를 통하여 가장 정확한 답을 찾아내는 능력과 관련이 있다.

주로 IQ 검사에서 요구되는 사고능력이라 할 수 있다. 반면 확산적

길 포드

사고란 어떤 문제에 대한 정보를 다각적으로 탐색하고, 상상력을 발휘하여 답이 미리 정해지지 않은 다양한 해결책을 모색하는 사고능력으로 이것이 창의성과 관련 있다. 대다수의 지능검사는 이미 주어져 있는 정보를 분석하여 가장 정확한 답을 찾아내는 수렴적 사고와 관련이 깊기에 확산적 사고를 제대로 측정하지 못한다는 한계가 있다.

그렇다면, 수렴적 사고능력만 주로 측정하는 지능지수IQ는 창의성과 거의 관련이 없는 것일까? 하지만 그렇다고 볼 수도 없다. 왜냐하면, 높은 창의성을 발휘하려면 기존의 개념이나 지식을 학습하고 그것을 제대로 분석할 수 있는 능력이 필요하기 때문이다. 그저 엉뚱하고 이상한 발상을 해낸 것을 가지고 창의성이 높다는 표현을 쓰진 않는다. 독특한 아이디어는 현실에 적용가능성이 있어야 한다. 범위가 한없이 넓어져도 문제가 된다. 수렴적 사고를 통해 적정범위 내로 조정되어야 한다. 엉뚱한 아이디어는 그 자체로는 원석에 불과하기 때문에 보석이 되기 위해서는 정교화 과정을 거쳐야만 한다.

그 정교화 과정에 필요한 것이 바로 지능IQ이다. 주로 수렴적 사고능력을 측정하는 IQ는 지식과 정보를 효율적으로 받아들이고 선택적으로 분석 및 축적하는 능력과 연결된다. 창의성, 창의력, 창조력, 독창성 등 비슷한 단어들이 많지만 결국 기존의 개념이나 생각들을 발판으로 새롭고 유용한 조합을 시도해내는 것이라고 할 수 있다. 결국, 지능지수IQ가 높다고 해서 창의성이 높은 것은 아니지만, 반대로 지능지수IQ가 너무 낮다면 낮은 수준의 창의적 잠재력이 있는 것으로 볼 수 있다.

EQ :
감성에도 지능이 있다고?

Emotional Intelligence의 약자인 EQ감성지능 은 지능지수IQ 와 대조되는 개념으로 자신의 감정을 잘 통제하고, 원만한 인간관계를 구축할 수 있는 '마음의 지능지수'를 뜻한다. 이는 미국의 심리학자 다니엘 골먼 의《감성지능》에서 유래되었다. 타임즈가 이 책을 특집으로 소개하면 서 'EQ'라는 용어를 처음으로 사용하였고, 기업과 학계에 널리 알려지 기 시작했다. 다니엘 골먼은 사람의 업무능력을 좌우하는 것은 감성지 능이라고 주장했는데, 조직에서 상사나 동료, 부하직원들 간에 원만한 관계를 유지하고 팀워크에 공헌도가 높은 사람들은 대부분 감성지능 이 높다는 것이다. 성공적인 리더와 그렇지 못한 리더의 차이도 기술 적 능력이나 IQ보다는 감성지능에 의해 크게 좌우된다고 한다.

조직생활뿐만 아니라 우리의 일상생활과 인간관계는 감성지능과 실로 많은 관련이 있다. 감성지능은 단순히 감정이 얼마나 풍부한지를

다니엘 골먼

나타내는 것이 아니다. 일반적으로 다음 5가지 능력을 포함한다.

- **자기인식** : 자신의 감정을 인식하고, 자신의 감정이 타인에게 미치는 영향을 이해하는 능력이다.
- **자기조절** : 자신의 감정을 잘 다스리고 부정적인 감정을 통제하여 바꿀 수 있는 능력을 말한다.
- **자기동기화** : 어려움을 찾아내고 자신의 성취를 위해 노력하고 자기 스스로 동기화하는 능력이다.
- **감정이입** : 타인의 감정을 느끼고, 이해하는 능력을 말한다.
- **대인관계기술** : 타인 감성에 적절히 대처할 수 있고, 적절히 인간관계를 조정하는 능력이다.

가드너의 다중지능이론

물고기가 나무를 얼마나 잘 타고 오르는지로 물고기의 능력을 판단한다면, 그 사람은 평생 자기가 쓸모없다고 생각하며 살 것이다. _아인슈타인

우리가 살펴볼 다른 측면은 다중지능이론이다. 인간의 지능을 논할 때 보통 IQ라는 것이 자주 언급되지만, IQ만으로는 인간의 모든 지능을 측정해낼 수 없었고, 이 문제를 지적하면서 등장한 것이 바로 다중지능이론이다. 하워드 가드너는 어떤 분야에서 성공하기 위해서는 언어지능이나 논리수학지능만이 영향을 주는 게 아닌데도 불구하고 IQ 검사가 두 지능만을 지나치게 강조하고 있다는 사실을 비판하였다. 전통적인 지능검사가 논리수학지능, 언어지능만 측정하고 다른 지능은 제대로 측정하지 못한다는 점을 분명하게 지적한 것이다.

이에 따라 하워드 가드너는 지능을 8가지 음악적 지능, 신체 운동 지능, 논리

하워드 가드너

수학적 지능, 언어적 지능, 공간적 지능, 대인관계 지능, 자기 이해 지능, 자연탐구 지능 로 구분하고, 각 영역은 서로 독립적이어서 영향을 끼치지 않는다고 주장하였다. 독립적이라는 의미는 어느 한 분야의 지능이 우수하다고 해서 다른 분야의 지능까지 우수함을 보장하진 않는다는 것이다. 이를 다중 지능이론이라고 한다.

IQ가 평범하여 범재로 취급되던 아이들의 숨겨진 영재성을 발굴하고 성장시켜 줄 수 있는 계기가 되었다는 점에서 의의가 있다. 20세기의 미술을 이끈 독창성의 천재 피카소의 IQ는 얼마나 높았을까? 분명한 점은 피카소는 수학을 못 했으며 10살 때 자퇴가 아닌 퇴학을 당했다는 점이다. 마찬가지로 모차르트의 절대 음감이나, 올림픽 금메달리스트들의 신체 운동 지능은 전통적인 IQ 검사만으로는 측정될 수 없는 영역에 속한다.

IQ와 다중지능

구분	IQ	다중지능
주창자	알프레드 비네	하워드 가드너
탄생시기	1905년	1983년
탄생배경	정신지체아 선별	IQ와 같은 단일 지능에 대한 비판
측정대상	기억력, 이해력, 추리력, 계산력	음악적 지능, 신체 운동 지능, 논리 수학적 지능, 언어적 지능, 공간적 지능, 대인관계 지능, 자기이해 지능, 자연탐구 지능
특징	사회적·정서적인 능력 측정 불가, 지능 서열화에 따른 부작용 유발	인간의 지적 능력에 대한 폭넓은 이해 개인의 특성에 맞는 다양한 지적 능력 개발

좌뇌형과 우뇌형의 차이는 있는가?

좌뇌형	우뇌형
단어와 언어를 이용한 사고	단어보다는 이미지를 이용한 사고
말로 하는 설명에 유리함	시각적인 설명에 유리
순차적으로 정보를 처리함	정보에 총체적으로 접근하며, 세부 사항보다는 전체적 관점에서 해석하는 것을 선호
세부 사항을 배우는 것을 선호하며, 구체적인 지시를 선호	상상력이 우수하며 추상적으로 사고하는 과제에 유리함
한 번에 한 가지 과제를 순서에 따라 정해진 절차대로 처리함	한 번에 여러 과제를 다루는 것 선호
구조를 좋아하며, 정리정돈이 잘 됨	개방적이고 유동적인 상황 선호, 스스로 구조를 만들어 내는 것을 선호함
논리적 · 분석적 사고 발달	직관적 사고 발달
기존의 문제를 다루고 해결하는 것 선호	새롭거나 스스로 만든 문제를 해결하는 것 선호
정답이 정해진 구체적인 과제 선호	계산보다 추론을 더 잘함
모든 상황을 진지한 태도로 접근	문제에 즐겁게 접근함

우리는 어떠한 과제를 수행할 때나 좌뇌와 우뇌를 모두 활용한다. 하지만 사람마다 상대적인 성향 차이는 분명히 존재한다. 좌뇌 우수형은 일정한 구조와 규칙에 따라 순차적이고 분석적으로 사고하며 요구되는 세부적인 사항들을 잘 정리해 나갈 수 있다.

좌뇌가 발달한 이들은 수학이나 과학 등 체계적 학문에 강점을 보이는 경향이 있으며, 학습 계획을 스스로 마련하고 하나하나씩 목표를 달성해 나갈 수 있는 능력이 탁월하다. 두뇌 유형을 제외한 다른 조건들이 동일하다고 전제할 때 현 교육체계에서는 좌뇌 우세형이 유리하다고 할 수 있다. 학교에서 진행되는 수업방식은 주로 그림이나 도표를 통한 시각자료보다는 청각적 의사소통에 의존하는 방식이기 때문이다.

또한 교육과정 자체가 유동적 사고능력을 요구하는 과목보다는 수학이나 국어 등 체계적이고 논리적인 분석능력을 요구하는 과목들이 주류를 이루기 때문에, 좌뇌가 우세한 사람들이 학업 성취 면에서 유리하다 볼 수 있다. 하지만 융통성이 부족하여, 변수에 능동적으로 대처하는 능력이 부족하다는 단점이 있다.

반면, 우뇌가 발달한 사람들은 매우 개방적으로 사고하며 직관적이다.영재들 중에는 우뇌형이 많다. 우뇌는 비합리적, 비상식적, 확산적 사고와 관련이 있다. 이들은 틀 밖에서 생각하고 논리적 사고의 궤도를 벗어나 과제를 해결하는 것을 좋아한다. 사물을 새로운 방식으로 연결하고 의미를 창조해내며 기존의 구조가 가진 한계를 넓히려는 경향을 보인다. 이들은 매우 독창적인 결과물을 만들어낼 수 있으나 논리와 상식을 중시하는 조직문화에는 부적합할 수 있다.

영재 :
비범한 잠재력의 소유자

한국의 영재교육 진흥법 제2조에서는 영재란 '재능이 뛰어난 사람으로서 타고난 잠재력을 계발하기 위하여 특별한 교육이 필요한 사람을 말한다.'라고 정의하고 있다. 영재에 대한 정의는 정의하는 주체마다 조금씩 차이가 있을 수 있지만, 결국 우수한 잠재력과 그 개발가능성을 골자로 하고 있다. 영재의 로마자 표기가 'Gifted person'인데, 여기서 'Gifted'는 '재능이 있는'이라는 뜻으로 '-ed'형 형용사가 사용된 것은 후천적 요소가 개입되기 전에 이미 선천적으로 뛰어난 소질을 보유했다는 것을 의미한다. 한자로 풀이해보아도 영재英才의 '英'은 꽃부리라는 뜻이 있어 역시, 꽃을 피울 수 있는 존재, 즉 우수한 잠재력을 전제하고 있다.

세계보건기구WHO는 전체 인구의 2% 정도가 영재라고 추정하며, 어떤 학자들은 5%까지 보기도 한다. 2~5%는 매우 희소해보이는 수치지만, 최소 50명 중 1명 이상은 영재에 해당한다는 말이고, 이것은 우리가 생각했던 것보다 주변에서 어렵지 않게 찾아볼 수 있음을 의미한다. 가족 중에 있을 수도 있고 학교, 심지어 직장 내에도 영재가 있을 수 있다는 뜻이다영재가 꼭 어린이만을 지칭하는 것은 아니다. 또한 수학이나 과학적 재능에 한정해서 영재를 판별하는 경향이 있으나, 미술, 음악, 문학과 같은 예술 분야에서 두각을 드러내거나 인문학적인 이해력과 창의력이 보통 사람보다 월등한 경우도 영재에 해당한다. 사교육에 의존한 선행학습으로 양적인 차원에서 많은 지식을 축적할 것을 요구하기보다는, 자신이 흥미를 느끼는 분야에 끊임없이 질문하고 호기심을 가지며 이해력, 통찰력 등이 탁월하여, 일반인들보다 심오하게 사고할 줄 아는 존재들이 영재에 해당한다.

영재교육진흥법 제5조에서는 특별한 교육을 받아야 할 영재교육대상자에 대한 선정 기준을 다음과 같이 명시하고 있다.

'일반지능, 특수학문 적성, 창의적 사고능력, 예술적 재능, 신체적 재능, 그 밖의 특별한 재능의 여섯 가지 사항 중 한 가지에서 뛰어나거나 잠재력이 우수하여 영재교육기관의 교육영역과 목적에 부합한다고 인정받는 사람'

이를 통해 영재라는 것이 꼭 학문적 우수성에만 한정되는 것이 아님을 알 수 있으며, '그 밖의 특별한 재능'이라는 항목을 제시함으로써, 법에 구체적으로 명시되어 있지 않은 다양한 영재성이 무시되거나 배제되지 않도록 했음을 알 수 있다. 시대가 변하고 사회가 변화하면서 **법에 구체적으로 명시되진 않았지만** 사회적으로 귀하고 가치 있게 여겨질 수 있는 새로운 개인적 특성을 보이는 학생들도 영재교육대상자로 선발될 수 있는 여지를 남긴 것이다.

한편, 영재는 '잠재력'의 개념이기 때문에 재능이 우수하여 장래가 기대되는 어린이를 지칭하는 경우가 많지만, 영재라는 개념이 꼭 아이들을 한정해서 지칭하는 것은 아니다. 어린 시절 자신의 적성을 발굴하지 못하고 비교적 평범하게 성장한 성인 영재들도 많이 존재한다.

영재를 평가하는 3요소 :
렌줄리 모형

미국에서 영재교육의 대가로 통하는 조지프 렌줄리는 영재에 대해 특정 지식을 습득하는 능력, 창의성, 과제 집착력을 고루 갖춘 아이라고 하였는데, 이러한 렌줄리 교수의 영재에 대한 정의가 통설로 받아들여지고 있다. 렌줄리 모형에 따르면, 영재란 자신의 잠재력을 언젠가 크게 발현하여 작게는 지역사회 크게는 모든 인류에게 공헌할 가능성이 큰 아이를 말한다.

렌줄리는 역사상 큰 업적을 남긴 위인들은 '극단적으로 높을 필요가 없는 보통 이상의 지적능력', '높은 창의성', '높은 과제 집착력'을 갖추고 있었다고 주장한다. 여기서 보통 이상의 지적 능력이란 평균 이상의 IQ를 말한다고 봐도 무방하다. 이 정의는 '과제 집착력'과 같은 비지적 요인을 영재 판별의 한 요소로 인정했다는 점에서 큰 의의가 있다. 물론, 세 가지 요소 모두 대단히 우수해야만 영재인 것은 아니다. 적어도 한 요소가 2% 이내에 속하고, 나머지 요소가 상위 15%에 속하면 영재

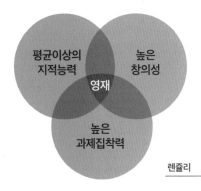

렌줄리

에 해당할 여지가 충분하다는 것이다.

예를 들어, 어떤 아이의 IQ가 120으로 영재의 기준치인 130에 다소 미달한다 해도 창의성이 우수하고 높은 과제 집착력을 보인다면 이 아이는 충분히 영재교육의 대상이 될 수 있다. 세 정의는 영재의 선별과 교육에 관한 한 세계적으로 가장 많이 인용되고 있는 개념으로, 심화학습 프로그램을 제공하는 대부분의 미국 교육기관은 이 정의에 따라 영재를 판별하고 교육하고 있다.

- 보통 이상의 지적 능력
보통, IQ가 높을수록 높은 성과를 낼 수 있다고 믿는 경향이 있지만, 렌쥴리는 IQ가 보통 이상이면 영재교육의 대상으로서 무리가 없다고 보았다.
- 창의성
현재 통용되고 있는 창의성의 개념에 따르면, 개인의 아이디어나 산출물의 독창성, 유창성, 융통성, 정교성을 기준으로 창의성의 정도를 평가한다.
- 과제 집착력
과제 집착력은 어떤 한 가지 과제 또는 영역에 자신의 에너지를 집중시키는 성격 특성을 일컫는다.

렌쥴리의 영재성 3고리 모형은 이후의 영재성 연구와 개발, 교육 현장에서의 교수법, 교육프로그램 형성 등에 지대한 영향을 미쳤다. 나아가 창의성과 과제 집착력 등 비인지적이지만 행동적 성과와 관련이 있는 요소를 영재성의 핵심축으로 받아들인 것은 렌쥴리의 탁월한 통찰이라고 생각한다.

발달장애란 무엇인가?

발달장애란 어느 특정 질환이나 장애를 지칭하는 것이 아니라, 의사소통, 사회적인 관계, 인지 발달의 지연과 이상을 특징으로 하고, 제 나이에 맞게 발달하지 못한 상태를 모두 지칭한다. 또래의 성장속도에 비해 언어, 인지, 운동, 사회성 등이 떨어지기 때문에 실생활에서 부모나 사회의 보조가 필요한 경우가 많다. 경도발달장애는 지적장애를 수반하지 않는 정도의 발달 장애를 말하며, 여기에는 ADHD, 아스퍼거 증후군 등이 있다.

명칭이 '경도'라고 해도 실생활에서 그 증상이 심하게 나타나는 경우가 많아 '경도'라는 명칭에 대해서는 학자마다 이견이 존재한다. 유전적 원인, 후천적인 뇌 손상, 환경적 요인 등 여러 요인이 복합적으로 발달 장애를 유발할 수 있으며, 발달 장애가 의심되면 반드시 소아청소년과 신경분과 전문의에게 상담받아야 하며, 지속적인 관찰과 검사가 필요하다.

주요 경도 발달장애는 다음과 같다.

광범위성 발달 장애	자폐증, 고기능 자폐증, 아스퍼거 증후군 등 원활한 의사소통에 문제가 있다.
주의력결핍 및 과잉행동 장애 (ADHD)	아동기에 주로 나타나는 장애로, 지속적으로 주의력이 부족하여 산만하고 과다활동, 충동성을 보인다.

학습 장애	중추 신경 기능 장애로 말하고 읽고 쓰고 계산하는 능력 중 일부가 떨어진다.
경도 지적 장애	이전에는 '정신 지체'라 불렸으며, IQ가 70미만으로 사회 적응 능력이 떨어진다.
발달성 협응 장애	선천적으로 뇌에 장애가 있어 서투르고 운동 기능이 떨어진다. 주로 주의력 결핍 및 과잉 행동장애나 학습장애의 합병증으로 발생한다.

ADHD :
주의력결핍 과다행동 장애

주의력결핍 과다행동 장애이하 ADHD 는 주의력결핍이나 과다행동, 충동성을 주 증상으로 보이며 대부분 유전에 의한 선천성으로 어린 시절부터 나타난다. 과잉행동의 증상은 얌전히 있지 못하고 몸을 자꾸 비틀거나 팔다리를 흔드는 등 산만한 모습으로 나타나며, 충동적인 행동으로 일을 그르치는 경우가 많다. ADHD가 있는 사람은 지속적인 주의력을 유지하거나 특정 작업에 집중하는 데 어려움을 겪는 것을 포함하여 일상에서 다양한 장애를 경험한다.

이들은 순간순간 떠오르는 생각대로 말을 하는 경향이 있기에 대화의 주제가 일관되지 못하고 오락가락하는 모습을 보일 수 있다. 상대방의 기분이나 분위기에 맞춰 대화하는 것이 아니라, 자신만의 정신 세계 속에 떠돌던 생각들을 여과 없이 바로 내뱉기 때문에 타인의 마음을 읽거나 공감하는 능력이 다소 떨어져 보이기도 한다. 이들이 4차 원적 성격을 지닌 괴짜로 취급받는 이유이기도 하다.

♦ ADHD 아동이 학교에서 보이는 행동 특징 ────────

- 과제를 수행할 때 세밀하게 주의 집중을 못 하거나 부주의하여 실수를 빈번하게 한다.
- 과제나 활동을 체계적으로 하는 데 자주 어려움을 보인다.
- 교사의 지시나 학교 규칙을 잘 따르지 못하고 충동적으로 어기는 경우가 많다.
- 학용품, 우산, 준비물 등 물건을 잘 잃어버린다.
- 충동적인 행동으로 일을 극단적으로 처리하는 경향이 있다.

- 타인의 대화에 자주 끼어든다.
- 싫증을 내고 집중력 결여로 과제의 수행 속도가 느리다.
- 학교 성적이 저조하거나 변동이 심하다.
- 자주, 외적 자극 때문에 쉽게 산만한 모습을 보인다.

하지만 위의 증상을 보인다고 해서 ADHD로 쉽게 진단을 내릴 수는 없다. 왜냐하면 충동적이고 산만하다는 것은 아이가 자라는 중에 보일 수 있는 정상적인 모습이기도 하기 때문이다. 모든 상황에서 100% 집중할 수 있는 사람은 없다. 정확한 진단을 위해서는 전문가들의 상담을 받아보는 것이 좋다.

아스퍼거 증후군 :
사회관계 형성에 어려움을 보인다

아스퍼거 증후군은 지능이 비교적 정상 이상으로 지능이 손상된 자폐 증처럼 극단적인 수준은 아니지만, 타인과 상호작용하고 세상을 이해하며 정보를 처리하는 방식에 영향을 미칠 수 있는 장애다. 지금은 자폐 스펙트럼 장애라는 명칭을 사용하는 것이 정확한 표현이다. 일반인들은 타인의 표정, 몸짓, 억양 등을 통해 상대방의 기분을 파악하고 이에 적절하게 반응할 수 있지만, 아스퍼거인들은 이러한 신호를 읽는 것이 매우 어려운 일에 해당하며, 일상의 사회적 상황에서 어색함과 불편함을 자주 겪을 수 있다. 이들은 자신의 감정을 표현하는 방식에도 문제가 있다. 이들은 타인의 말을 지나치게 액면 그대로만 해석하는 경향이 있기에, 원활한 사회생활을 위해 꼭 필요한 농담과 빈정거림도 잘 수용하지 못한다.

♦ 아스퍼거 증후군에 해당하는 아이들의 특징

- 눈치가 없다. 타인과 소통하는 능력이 부족해 대인관계에 관심이 있음에도 불구하고 감정적 교류를 하는 것이 어렵다.
- 유머 코드가 남다르다. 웃어야 할 대목이 아닌 엉뚱한 대목에서 웃는다.
- 표정과 움직임이 어색하며, 상대방의 표정을 사회적 신호로써 적절히 해석하지 못한다.
- 한두 가지 특정한 대상에 집요하게 몰두한다. 일반인들이 사소하게 취급하는 물건이나 대상에 필요 이상으로 집착하는 모습을 보이기도 한다 수집벽이 있을 수 있다.

- 말투가 로봇처럼 밋밋하다.
- 단어를 이론적으로는 알고 있으나, 적절한 문맥과 상황에 따라 활용하는 능력은 떨어진다.

　자폐증이나 아스퍼거 증후군에 해당하는 사람은 모두 대인관계에 어려움을 보이고, 공감력이 부족한 사람처럼 보이며 사회적인 신호나 단서에 둔감해 눈치가 없는 사람으로 여겨지는 특징이 있다. 하지만 자폐증이 극단적인 IQ가 70 미만에 해당하는 등 지능 손상을 가져오는 것과 달리, 아스퍼거 증후군은 IQ 85 이상으로 극단적인 지능의 손상까지 보이는 것은 아니다. 능력 간에 심각한 편차를 나타내기도 하지만 지능이 높은 경우 영재 수준 IQ 130 이상에 해당할 수도 있으며, 이들 중에는 뛰어난 기억력과 언어 유창성을 보이는 예도 있다.

　또한 어느 한 가지 주제나 대상에 대해 깊이 있게 파고들며 방대한 지식을 습득하는 등 몰입의 행동 특성을 보인다는 점에서 영재행동과 유사한 측면도 있다. 이에 따라 학자들은 아스퍼거 장애와 영재행동 간에 어떠한 유사성이 있다고 판단하기도 한다. 대표적으로 아인슈타인, 다윈, 뉴턴, 앤디 워홀, 비트겐슈타인, 미켈란젤로 등 이름만 대면 알 만한 천재들이 아스퍼거 증후군을 앓았던 것으로 추정되며, 이들은 공통적으로 사교활동에 거리를 두는 등 고립된 생활을 한 것으로 전해진다.

불안장애 :
불안과 공포로 일상이 무너지다

불안장애는 다양한 형태의 비정상적 불안과 공포로 인하여 일상생활에 장애를 일으키는 정신 질환을 통칭한다. 당면한 위험에 대한 경고 신호로서의 불안과 공포는 정상적인 정서 반응이지만, 지나칠 경우 상황에 대한 적절한 대처를 더 어렵게 하고 정신적 고통과 신체적 증상을 유발할 수 있다. 불안장애는 하나의 원인으로만 설명하기는 어려우며 생물학적 요인과 심리학적 요인이 복합적으로 작용하여 나타난다고 알려져 있다.

불안장애는 다음과 같은 종류가 있다.

- 분리불안장애
주 증상은 부모나 애착 대상과 분리되거나 분리될 것 같은 예상, 또는 집과 분리되는 것에 대한 극도의 불안으로 일상생활에 지장이 초래될 정도로 비정상적인 불안을 느끼는 것을 말한다. 양육자와 분리되는 것을 걱정하고, 분리에 대한 악몽을 꾸는 정서적 고통으로 나타난다.

- 사회불안장애
주로 청소년기에 발병하며, 낯선 사람이나 또래 관계에서 공포감을 갖거나 위축, 당황, 굴욕감 등을 느껴 집단생활이나 사회적 활동에 심각한 방해를 받는 것에 대한 공포를 말한다. 이런 경우는 또래 관계를 비롯해서 두려운 사회적 상황을 회피하지만, 피하지 못할 경우 불안감이나 고통을 참는 경우가 많다. 그리고 그 사회적 두려움이 비합리적이라는 것을 인식하지 못하는 경우가 많다.

- 강박장애

세균이나 더러움에 대한 걱정, 불길한 사건에 대한 걱정, 과도한 치장, 사물의 배열상태에 대한 과도한 집착, 반복확인과 같은 강박행동과 부적절한 사고가 반복해서 나타나는 증상을 말한디. 강박행동으로 인해 일상생활에 심각한 지장을 초래하며 다른 생각이나 행위를 중화시키기 위해 노력하는 행동을 보이기도 한다. 고개 흔들기, 중얼거림, 특정한 신체행동 등이 수반되는 경우가 많다.

- 공황장애

주로 신체적 두려움과 관련된다. 현기증, 떨림, 두근거림, 숨가쁨, 숨이 막히거나 질식할 것 같은 느낌, 마비, 찌릿찌릿한 느낌 등과 자제력을 상실할 것 같은 느낌을 수반한다.

- 광장공포증

광장공포증은 광장이나 공공 장소, 특히 급히 빠져나갈 수 없는 상황에 도움 없이 혼자 있게 되는 것에 대한 공포를 주 증상으로 하는 불안장애의 일종이다. 혼자 외출하는 것, 군종 속에 있는 것, 줄을 서거나 다리 위에 있는 것, 버스, 기차, 자동차 여행을 하는 것에 불안을 느끼는 경우가 많다. 광장공포증 환자의 대다수가 공황장애를 가지고 있다.

- 외상 후 스트레스 장애

외상 후 스트레스 장애는 사람이 전쟁, 고문, 자연재해, 사고 등의 심각한 사건을 경험한 후 그 사건에 공포감을 느끼고 사건 후에도 계속적인 재 경험을 통해 고통을 느끼며 그로부터 벗어나기 위해 에너지를 소비하게 되는 질환으로, 정상적인 사회생활에 부정적인 영향을 끼치게 된다. 외상 후 강한 두려움, 급성 스트레스, 분리되는 느낌, 주변 환경에 대한 자각상실, 심리적 불안, 외상의 재 경험 등을 겪게 된다.

나르시시즘 :
자기애성 인격장애

지나친 자기애를 뜻하는 말인 나르시시즘Narcissism은 나르키소스 신화에서 유래한다. 나르키소스는 매우 아름다운 청년으로 많은 소녀들의 흠모를 받았으나 그 누구의 마음도 받아주지 않았다. 그에게 실연당한 숲의 요정 에코는 식음을 전폐하고 슬퍼하다 몸은 사라지고 목소리만 남게 된다. 나르키소스는 결국 복수의 여신 네메시스에게서 자기 자신과 사랑에 빠지는 벌을 받아, 호수에 비친 자기 모습을 사랑하여 그리워하다가 물에 빠져 죽어 수선화가 되었다고 한다.

나르시시스트들은 자신의 재능, 성취에 대해 과도한 느낌을 가지고 있다. 스스로가 매우 특별하고 중요한 인물이라고 생각하기 때문에 주변 사람들로부터 언제나 주목을 받아야 하고 특별한 대접을 받아야 한다고 생각한다. 본모습보다 거창하고 환상적인 비전을 가지고 있으며, 거기에 도달하면 그들의 꿈은 더 환상적으로 되기 때문에 결코 만

나르키소스

족은 이루어지지 않는다.

나르시시스트들은 이처럼 늘 장엄함과 우월성에 대한 망상에 사로잡혀 있기 때문에 자신의 재능이나 성취에 대한 타인의 평가에 매우 신경질적이고 예민한 반응을 보일 수 있다. 철저하게 자기중심적으로 돌아가는 이들의 사고는 타인의 감정에 대한 몰이해와 배려의 부족으로 나타나며, 심할 경우 정상적인 사회생활을 영위할 수 없게 된다. 사실, 나르시시스트들은 현실의 자기 자신보다 자신의 이상을 더 사랑하는 사람들이다. 내적 불만족과 공허함을 극복하는 수단으로서 이상에 과도하게 집착하고 그것을 자신과 동일시하게 되는 것이다.

다음은 자기애성 인격장애를 가진 사람에게서 보여지는 주요 특징이다. 5가지 이상 해당하거나 혹은 이 특징으로 인해 일상생활에 까지 지장이 초래되는 경우 자기애성 인격장애에 해당될 수 있다.

- 자신의 중요성에 대한 과대한 느낌을 가지고 있다 예: 성취와 능력에 대해서 과장한다. 적절한 성취 없이 특별대우 받는 것을 기대한다.
- 무한한 성공, 권력, 명석함, 아름다움, 이상적인 사랑과 같은 공상에 몰두하고 있다.
- 자신의 문제는 특별하고 특이해서 다른 특별한 높은 지위의 사람 또는 기관 만이 그것을 이해할 수 있고 또는 관련해야 한다고 믿는다.
- 과도한 숭배를 요구한다.
- 특별한 자격이 있는 것 같은 느낌을 갖는다. 즉, 특별히 호의적인 대우 받기를, 자신의 기대에 대해 자동적으로 순응하기를 불합리하게 기대한다.
- 대인관계에서 착취적이다. 즉, 자신의 목적을 달성하기 위해서 타인을 이용한다.
- 감정이입의 결여: 타인의 느낌이나 요구를 인식하거나 확인하려 하지 않는다.
- 다른 사람을 자주 부러워하거나 다른 사람이 자신을 시기하고 있다고 믿는다.
- 오만하고, 건방진 행동이나 태도를 보인다.

반사회적 성격장애 :
사회적 범죄를 만드는 성격장애

죄의식 없이 타인의 권리를 대수롭지 않게 여기고 침해하며, 반복적인 범법행위나 거짓말, 사기성, 공격성, 무책임함을 보이는 인격장애를 말한다. 사회적응의 여러 면에서 문제가 발생하는데, 초기 아동기에는 반복적인 거짓말, 도둑질, 싸움, 무단결석을 하는 등의 모습을 보이며, 사춘기에 접어들면서 음주, 불법 약물 사용, 비정상적인 성적 행동 등을 보인다. 이런 모습들은 성인기까지 지속된다. 여성보다는 남성에게서 주로 나타난다.

미국정신의학계에서 발표한 DSM-5에 따르면, 반사회적 성격장애의 진단기준은 아래와 같다. A, B, C, D 기준을 모두 충족시켜야만 반사회적 성격장애로 진단할 수 있다.

♦ **A. 타인의 권리를 침해하고 무시하는 경향이 15세 이후 나타나는데, 구체적으로 다음의 특성 중 3개 이상을 보인다.**

- 체포될 만한 범법행위를 반복적으로 저지르고, 사회적 규범을 따르지 않는다.
- 자신의 이익이나 쾌락을 위해 거짓말, 가명 사용 또는 사기 행동을 일삼는다
- 충동적이고, 미리 계획을 세우지 못한다.
- 쉽게 흥분하고 공격적인 행동을 반복한다.
- 자신이나 타인의 안전을 신경 쓰지 않는 무모함을 보인다.
- 책임감 결여로 경제적·사회적 활동을 꾸준히 유지하지 못한다.
- 다른 사람에게 해를 입히거나 법에 위배되는 행동을 하고도 자책감을 느끼

지 않는다

- ✦ B. 최소 18세 이상이어야 한다.
- ✦ C. 15세 이전에 품행장애를 보인 경력이 있다.
- ✦ D. 반사회적 행동이 조현병 정신분열증 또는 양극성장애 조울증 등의 다른 정신 질환과는 직접적 연관이 없어야 한다.

반사회적 성격장애를 지닌 사람들은 직장생활을 꾸준히 지속하지 못하고, 동료들과의 갈등과 충돌 및 업무수행의 미숙으로 자주 해고를 당한다. 그래서 이들은 경제적으로 가족에게 의존하는 경우가 많으며, 술이나 도박 등에 빠지는 경우가 많다.

사이코패스와 소시오패스는 어떻게 다른가?

사이코패스들은 일반인과 비교하여 감정적 과제수행에서 더딘 면을 보인다. 자신의 감정과 고통에는 예민하지만, 타인의 아픔에 대한 공감능력은 결여되어 있기 때문에 자신의 쾌락과 욕구를 충족시키기 위해서는 무슨 일이든 저지를 수 있다. 거짓말과 속임수에 능하며, 잔인한 범죄를 저지르고도 죄의식을 느끼지 못한다. 흔히, 사이코패스와 반사회적 성격장애를 혼동하는 경우가 많지만, 반사회적 성격장애를 가진 사람 중 극소수가 사이코패스에 속한다.

심리학자 로버트 헤어는 사이코패스가 100명 중 1명꼴로 존재한다고 했다. 수치상 1%는 별거 아닌 것처럼 보이지만, 직원이 100명인 회사에서 1명은 사이코패스일 수 있다는 소리다. 즉 우리 주변에는 사이코패스가 존재한다. 사이코패스 기질은 평소에 잠재되어 있다가 끔찍한 범행을 통해서만 물 위로 떠오르기 때문에 사이코패스를 미리 알아보기는 쉽지 않다. 사이코패스는 다혈질이고 공격적일 것 같지만,

로버트 헤어

의외로 자신의 의도와 감정을 잘 숨기고, 얌전하고 성실하다는 평가를 받는 경우가 많다.

드라마나 영화를 통해 사이코패스의 이미지가 잔혹한 연쇄살인범, 성폭력범죄자로 굳어져 있지만, 이들이 꼭 범죄자가 되는 것은 아니다. 실제로 사회 상류층이나 전문직 종사자 중에 사이코패스가 의외로 많이 존재한다. 사이코패스들은 감정적 과제수행에 둔감하지만, 고도의 지능과 논리력을 가지고 일반인들이 감당해 내기 힘든 과제를 수행해내기도 한다. 이럴 경우 사회에서 성공하는 경우가 많다.

사이코패스의 원인은 무엇일까? 사이코패스의 뇌 구조가 일반 사람들과 다르다는 연구결과는 계속 나오고 있다. 사이코패스는 이마에 위치한 전두엽의 기능이 정상인들보다 떨어지고, 세로토닌 **기분조절에 관여하는 뇌 분비물** 이 부족하기 때문에 공격적인 성격을 보인다는 것이다. 이러한 생물학적·유전적 요인에 어린 시절 학대받은 경험, 범죄경험 등 사회환경적 요인이 더해지면 사이코패스의 성향이 나타날 가능성이 높아진다고 말할 수 있다.

한편 소시오패스는 사회를 뜻하는 socio와 병리 상태를 의미하는 pathy의 합성어로, 반사회적 인격장애의 일종이다. 잘못된 행동에 대해 죄책감이 없고 타인에 대한 동정심이 없다는 점에서 사이코패스와 비슷하지만, 자신의 행동이 잘못되었음을 인지 **범행 인지** 한다는 점에서 사이코패스와 차이가 있다.

소시오패스는 우리 주변에 사이코패스보다 더 높은 빈도로 존재하는데, 전 인구의 4%정도가 소시오패스라고 한다 **25명 중 1명**. 그들은 타인의 고통을 알고 공감할 줄도 알지만, 자신의 성공을 위해서는 그것을 오히려 역이용할 줄 아는 존재들이다. 사이코패스가 충동적이고 감정적인 데 비해, 소시오패스는 자신을 잘 위장하며 감정조절 능력이 뛰어나다. 자신의 이득을 위해서 필요하다면 순한 양처럼 행동할 수도 있다. 그래서 겉으로는 매력적이고 사교적으로 보일 수 있다.

생물학적 요인과 사회환경적 요인 중 어느 요인에 더 많은 영향을 받았느냐에 따라 사이코패스와 소시오패스를 구분하기도 한다. 사이코패스는 선천적으로 충동적이고 공포를 느끼지 못하는 기질을 가지고 태어나는 면이 강하다. 반면, 소시오패스는 남들과 반드시 다른 기질을 타고난 것은 아니지만, 유년기 시절의 사회환경적 결핍요인에 의해 성격장애를 가지게 된 경우가 많다.

방어기제 :
자존감 보호를 위한 정신적 책략

자아가 위협받는 상황에서, 무의식적으로 자신을 속이거나 상황을 다르게 해석하여, 감정적 상처로부터 자신을 보호하기 위해 사용하는 정신 책략들을 일컬어 방어기제라고 한다. 1894년 프로이트의 논문 〈방어의 신경정신학〉에서 처음으로 사용되었다. 방어기제의 종류에는 부정, 동일시, 퇴행, 반동형성, 전위, 합리화, 승화 등이 있다. 너무 극단적인 방어기제 사용은 정신병리와 관련이 있을 수 있으나, 방어기제의 적절한 사용은 일상에 적응하는 데 도움을 줄 수 있다. 정상적인 일반인도 방어기제를 매일 사용하는 것이 사실이다.

- **부정** : 부정이란 특정한 사건을 있는 그대로 받아들이는 것이 고통스럽기 때문에 인정하지 않으려 하는 것을 말한다. 지각을 왜곡해서 현실을 회피하거나 지각한 것을 인지하는 과정에 자신만의 공상을 곁들여 현실을 다르게 받아들이는 식으로 나타난다. 부정은 주로 미성숙한 방어 기제로 분류되지만, 외부의 상황이 극히 치명적일 때 사용될 수 있는 방어기제.
- **동일시** : 자신을 보다 강하고 중요한 인물과 동일시함으로써 자신의 자존감을 높이는 방어기제를 말한다. 두려움을 불러일으키는 대상과 자신을 동일시함으로써 그 두려움을 극복하는 것도 동일시의 한 예이다.
- **퇴행** : 욕구불만이 장기화되거나 실패가능성이 높은 상황에서 현실을 회피하기 위해 아이처럼 미성숙한 상태로 돌아가려는 방어기제를 퇴행이라고 한다.
- **반동 형성** : 금지된 충동을 억제하기 위해 오히려 그와 반대되는 사고와 행동을 보이는 방어기제를 말한다. 동성애 성향을 무의식적으로 감추고 있는 사

람이 겉으로 동성애에 대한 강한 혐오를 드러내며 동성애자들을 공격하는 경우를 들 수 있다.

- **전위** : 내적인 충동이나 욕망을 상대적으로 덜 위협적인 대상으로 옮기는 것을 말한다. 직장상사에게 호되게 당한 후 부하직원에게 화풀이하는 것이 그 예이다.

- **합리화** : 원하는 것을 얻는 데 실패했을 때, 그럴듯한 이유를 찾아내 자아가 상처받는 것을 방지하는 것이다. 이솝 우화에 나오는 '여우와 신포도' 이야기가 좋은 예이다.

- **승화** : 사회적으로 허용되지 않는 충동을 허용되는 행위로 전환하는 것을 말한다. 성적 욕망이나 공격성을 예술작품에 담아 표현하는 것이 그 예이다. 프로이트는 모든 예술적 창조 등이 승화된 충동의 결과라고 주장했다.

호감 :
상대방에 대한 호의적인 태도

호감을 갖고 있지 않은 경우에도 어떠한 목적을 위해 사람을 사귈 수도 있지만, 호감은 사람을 끌어당기고 사귀는 데 있어 매우 기본적인 조건이 된다. 똑같은 사람이라도 특별히 더 가까이 가고 싶고 더 많은 이야기를 나누고 싶은 사람이 있다. 그의 어떤 점이 우리를 끌어당기는가? 호감을 불러일으키는 4가지 요소를 정리하면 다음과 같다.

- **근접성** : 이웃사촌이라는 말이 있듯이 서로 멀리 덜어져 있는 사람들보다는 가까이 있는 사람들끼리 친해지기 쉽다. 가까운 거리에 있게 되면 만날 기회가 자연스럽게 많아지기 때문이다. 물리적으로 가까이 있다는 것 그 자체로 호감을 유발하는 것은 아니지만, 자주 만남으로써 상대방의 너그러운 행동 기대, 친숙성, 행동 예측 가능성의 기대 등을 높여 주어서 이것이 호감을 증가시키게 한다.

- **유사성** : 연구에 의하면 태도나 종교, 가치관, 또는 취미가 비슷한 사람들끼리 호감을 더 갖게 되고, 따라서 사귀게 되는 경우가 많다는 것이 밝혀졌다. 태도나 가치관이 비슷한 사람을 좋아하게 되는 이유는 무엇일까? 자신과 유사한 태도나 가치관을 갖는 사람들은 곧 자신이 세상에 대해 판단하고 있는 것들에 대해 수긍하고 찬성하는 사람들로 받아들여지기 때문이다.

- **외모** : 얼굴이나 몸매가 잘생기고 멋진 사람이 타인에게 더 호감을 많이 받으리라는 것은 상식적으로 예측가능한 것인데 많은 연구들이 이를 실증적으로 뒷받침하고 있다. 이성의 경우 잘생긴 것 자체가 성적인 매력을 갖기 때문이라고 볼 수 있겠지만, 동성이든 이성이든 어느 경우를 막론하고 외모가 탁월

한 사람은 그들이 다른 면에서도 좋은 점을 가지고 있다고 보는 경향이 있다
후광효과.

- **능력** : 이전의 사회심리학 연구에서는 유능한 사람이 그렇지 않은 사람보다
더 많은 호감을 받는다는 결과를 보여주고 있다. 그렇다면 완전무결하게 능
력을 갖춘 사람이 가장 많은 호감을 받을 것인가? 한 연구에 의하면, 능력이
적은 사람이 실수하는 것을 보게 되면 그것으로 호감이 낮아지지만, 능력이
많은 사람의 경우는 실수가 오히려 그 사람에 대한 호감을 증가시킨다는 결
과가 있다. 이것은 유능한 사람이 약간의 실수를 하게 되면 그것이 그 사람을
보다 인간적인 사람으로 보이게 만들기 때문에 호감이 높아진다는 것.

조하리의 창 :
내가 모르는 나를 알게 해주는 도구

미국 심리학자 조셉 루프트와 해리 잉햄이 제시한 내용으로, 대인관계에 있어 자신이 어떻게 보이고 또 어떤 성향을 가지고 있는지를 시각적으로 파악할 수 있도록 한 심리학 이론이다. 다른 사람과의 관계 속에서 자기 자신에 대해 더 잘 파악할 수 있도록 해주는 도구라고도 볼 수 있다. 심리학자 두명의 이름을 조합하여 '조하리의 창'이라 불리게 된 것이며, '자기인식' 또는 '자기이해 모델'이라고도 불린다.

조하리의 창은 열린 창, 보이지 않는 창, 숨겨진 창, 미지의 창의 4개의 창영역으로 이뤄져 있다. 여기에는 세로축과 가로축이 있는데, 가로축은 '자신이 아는 것과 모르는 것'이며, 세로축은 '타인이 아는 것과 모르는 것'이다. 사람마다 각 영역의 크기가 조금씩 다르게 나타나며, 이때 어떤 영역이 가장 넓은지에 따라 자신의 성향을 파악할 수 있다.

조하리의 창

	자신이 아는 부분	자신이 모르는 부분
다른 사람이 아는 부분	열린 창 Open area	보이지 않는 창 Open area
다른 사람이 모르는 부분	숨겨진 창 Hidden area	미지의 창 Unknown area

첫 번째 영역은 나도 나를 알고, 남도 나를 아는 영역이다. 내가 아는 내 모습과 남이 보는 내 모습이 일치하는 영역으로 이 부분을 '열린 창'이라고 한다. 두 번째 영역은 나 자신에 대해 모르지만, 남들은 다 알고 있는 부분이다. 그래서 이 부분을 '보이지 않은 창'이라고 한다. 세 번째 영역은 내가 어떤 사람인지 자신은 아는데, 남들은 모르는 부분이다. 다시 말해 내가 상대방에게 공개하지 않은 부분 즉, 숨기는 부분이다. 그래서 이 부분을 '숨겨진 창'이라고 한다. 네 번째 영역은 나 자신도 모르고 남들도 모르는 부분이다. 그래서 '미지의 창'이라고 한다.

조하리의 창을 통해 우리는 자기 자신을 좀 더 객관화해서 받아들일 수 있게 된다. 자신의 성격으로 고민하는 사람은 자기 개방의 정도를 높임으로써, 열린 창의 영역을 넓히거나 숨겨진 창의 영역을 좁히는 것이 필요하다. 물론, 이를 위해서는 보이지 않는 창을 지적해주는 사람의 말을 진지하게 경청할 줄 알아야 한다.

인지부조화 :
진실을 바꿀 수 없으니 생각을 바꿔 정신승리한다

신념 간에 충돌이 있을 때 또는 신념과 진실 간에 괴리가 있을 때 생기는 것으로, 사람들은 인지부조화가 생길 때 불편함을 느끼고 본능적으로 그것을 제거하려는 반응을 보인다. 이때 진실을 자기 생각에 맞게 바꾸기는 어렵고, 차라리 생각을 바꾸는 것이 더 쉬우므로 생각을 바꾸려는 현상이 일어난다.

이솝 우화에 등장하는 '여우와 신포도' 이야기가 인지부조화를 설명하는 좋은 사례가 될 수 있다. 이야기에서 여우는 저 위에 보이는 포도를 먹기 위해 안간힘을 다 쓰지만, 결국 손이 닿지 못해서 좌절하고 만다. 포도를 먹지 못한 여우는 자신의 욕망이 좌절된 것에 대해 원한, 질투, 분노, 피해의식, 열등감을 갖게 되는데, 여우는 그것을 해소하기 위해 정신승리의 길로 나아가게 된다. 저 위에 달린 포도가 실은 시고 맛이 없는 포도일 것이라고 정신적으로 자위하는 것이다.

이런 식으로 자신의 생각을 바꿔서 인지부조화를 해소하는 것이다. 여우는 이솝 우화에만 등장하는 것이 아니다. 우리 주변에는 실패를 부인할 수 없는 상황에서도 이런저런 핑계를

여우와 신포도

대면서 자기합리화를 하는 사람들이 정말 많다. 속이 뻔한 거짓말을 늘어놓아 망신을 당하는 일도 있다.

1950년대, 미국의 어느 마을에서 한 사이비 종교 교주가 자신이 신으로부터 계시를 받았다며, 곧 있을 세계 멸망에 대한 연설을 했다. 조만간 큰 홍수가 닥쳐 세계가 멸망하고, 오직 자신을 믿고 따르는 신도들만이 비행접시로 구출될 수 있다는 것이다. 이를 믿은 신도들은 교주에게 전 재산을 헌납하고 기도에 들어갔다. 적지 않은 사람들이 교주가 약속한 운명의 날을 기다렸는데, 웬걸 그 운명의 날엔 아무 일도 일어나지 않았다. 하늘에 구름 한 점 없는 맑은 날씨였다. 교주는 거짓말이 들통 나서 도망쳤을까? 아니다. 교주는 반대로 행동했다. 교주는 신도들을 다시 모이게 한 후 이렇게 말했다.

"당신들의 믿음 덕분에 세계는 멸망의 문턱에서 구원받았다."

이 말을 들은 신도들은 기뻐서 축제를 벌였고, 교주를 더욱 신실하게 믿게 되었다.

어떻게 이런 일이 일어났을까? 누가 봐도 교주가 사기꾼이라는 것을 쉽게 알 수 있는 상황에서, 적지 않은 사람들이 진실과 반대로 행동할 수 있느냐는 말이다. 지적 존재인 인간은 자신이 적어도 멍청하지 않다고 믿는 신념을 가지고 있다. 이러한 전제와 모순되지 않으려면, 결국 다른 생각할 수밖에 없는 것이다. 교주가 사기꾼이라는 진실은 변하지 않지만, 자신들이 멍청하지 않다는 신념을 지키기 위해서는 자신의 기도로 정말 세계가 구원되었다고 믿을 수밖에 없는 것이다.

첫인상이 중요한 이유 :
후광효과와 초두효과

후광효과는 어떤 사람에 대한 특정 견해가 그 사람의 다른 구체적 특성을 평가하는 데에 영향을 미치는 현상을 말한다. 예를 들어, 홍길동이라는 사람이 서울대를 졸업했기 때문에 분명 똑똑한 사람일 것이라 평가하고, 그 사람이 저지른 업무적 실수에 대해 다른 사람들보다 관대한 평가를 내리는 것이다. 이러한 현상은 마케팅, 광고, 사회심리학 분야에서도 흔히 일어난다. 마케팅에서는 매장, 제품, 브랜드에 대한 태도와 평가와 관련하여 나타나고 포장지가 훌륭하면 내용물도 고품질일 것으로 생각 → 상품 선택에 영향, 사회심리학에서는 사람의 인상, 성격, 업무수행능력을 평가하는 것과 관련하여 나타난다 체격 좋고 품행이 단정한 병사--> 지적능력, 리더십 역시 탁월할 것이라 예상.

미국 심리학자 손다이크는 인간은 일반적으로 특정 대상에 대하여 호불호의 감정을 가지며, 그 일반적인 생각을 기반으로 그 대상의 특정 행동을 평가하는 경향이 있다고 설명했다. 한편 심리학자 블룸과 네일러는 개인에 대한 특정한 평가가 개인의 다른 다양한 특성에 대한 평가에도 영향을 미친다는 것을 확인했다.

초두효과란 먼저 제시된 정보가 추후 알게 된 정보보다 더 강력한 영향을 미치는 현상을 말한다. 인간은 자료의 앞부분에 제시된 정보를 나중에 제시된 것보다 더 잘 기억하며, 더 잘 인출한다. 이는 나중에 제시된 정보는 기억인출을 할 때 먼저 제시된 정보에 간섭효과를 받기 때문이다. 미국의 사회심리학자 솔로몬 애쉬는 A와 B, 두 사람의 성격에 대한 정보를 제시하고 실험을 진행했다. 아래의 자료를 보면 알겠지만, 정보는 똑같은데 단지 정보가 제시되는 순서가 다를 뿐이다.

A	B
똑똑하다	질투심이 많다
근면하다	고집스럽다
충동적이다	비판적이다
비판적이다	충동적이다
고집스럽다	근면하다
질투심이 많다.	똑똑하다

순서만 다르게 배열했을 뿐 제시된 정보에 차이가 없음에도 실험 참가자들은 B보다 A에 대해 더 긍정적인 평가를 내렸다. 이 실험은 긍정적인 정보가 먼저 제시되었을 때, 그 긍정적인 정보가 나중에 제시된 부정적인 정보에 간섭을 일으킴을 보여준다.

성 고정관념

인간은 태어날 때부터 생물학적인 성을 가지고 태어나며, 한 개인에 대한 사회적 기대로서의 사회적 성을 가지게 되고, 이에 대한 자신의 자각과 인식인 성정체성을 지니게 된다. 사회는 남성과 여성이 각기 다른 원인으로 인하여 차이가 발생한다고 믿고 이에 따라 남성과 여성에 대한 성 고정관념을 형성한다. 사회는 구성원들이 남성과 여성이라는 구분에 상응하는 사고, 정서, 행동을 보이기를 기대하고성역할, 사회가 요구하고 기대하는 역할에 순응하는 정도에 따라 개인이 자신의 성역할 정체감을 형성하게 되는 것이다.

전통적으로 남성과 여성은 주된 특성에서 차이가 있다고 여겨져 왔다. 미국 사회학자 파슨스와 베일스는 남성과 여성의 특질은 일직선 상에서 양극에 있는 양립적인 특성 군으로 보았다.

- **남성의 주요 특성** : 수단적이어서, 이성적, 객관적, 독립적, 목표 지향적인 특징을 지님
- **여성의 주요 특성** : 표현적이어서, 감성적, 주관적, 의존적이며 수동적인 특징을 지님

물론, 우리 사회가 갖고 있는 이분법적 성 고정관념과 관련하여 여러 가지 논란이 계속 있어 왔다. 특히, 성 고정관념이 실제의 남성과 여성의 특질을 얼마나 잘 반영하는지에 대한 검증이 계속 있어 왔다.

남성과 여성이 사회가 가정하는 것처럼 비교적 정확하게 이분되어 있다면, 이러한 특질들은 어떤 과정을 통해 형성되는 것인가에 대

해 연구자들은 해답을 구하기 시작한 것이다. 이에 대한 해답은 '생물학적 결정론'과 '사회문화적 결정론'이라는 두 갈래의 논의로 모이고 있다.

- 생물학적 결정론

프로이트의 정신분석학 이론에서 주장하는 생물학적 결정론은 남성과 여성이 갖고 있는 특성들은 해부학적으로 다른 신체적 조건에 따른 결과라고 설명한다. 정신분석학 이론에서 개인의 성정체감 형성과정을 설명하는 기본 기제는 인생의 초기에 동성의 부모에게 보이는 동일시다. 남아는 오이디푸스 콤플렉스 속에서 자신을 아버지와 동일시하게 되는데 아버지에 대한 이러한 동일시를 통해서 남성상을 형성하게 된다. 물론 여아들도 일렉트라 콤플렉스 속에서 남근 선망을 하게 되고 남근을 가진 아버지에 대한 애정을 획득하기 위해 어머니와 닮으려 노력하게 되고, 이를 통해 여성상을 형성하게 된다.

- 사회문화적 결정론

다른 심리학적 이론에서는 남성과 여성의 특성들은 사회문화적으로 키워진 것임을 주장한다. 미드는 문화적 요인이 개인의 성격 발달을 위한 중심 요소라는 '문화적 결정론'을 주장했다. 서로 다른 남성성과 여성성의 원인에 대해서도 남성과 여성에게 주어지는 상이한 사회문화적 영향력과 양육의 차이를 지적했다. 미드는 아라페쉬 부족의 남성과 여성 모두가 여성적이라고 일컬어지는 협동심, 비공격성, 타인의 요구에 대한 민감성 등을 지닌 반면, 먼더거머 부족의 남성과 여성은 모두 남성적 특성인 공격성과 비반응성 등의 특성을 지녔음을 발견했다. 미드를 지지하는 또 다른 연구에서는 유전적 이상으로 인하여 생물학적 성이 불완전하게 태어난 아이들은 인위적으로 하나의 성 남성 혹은 여성 을 부여받게 되는데, 재미있게도 이들이 성장하여서는 자신들이 부여받은 성의 정체감을 갖게 됨을 발견했다.

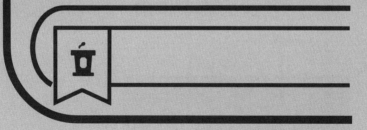

3교시
정치사회

정치란 무엇인가?

좁은 의미의 정치는 정치권력을 획득하고 유지하고 행사하는 활동을 말한다. 국회의원이나 대통령 등 정치가들이 나랏일과 관련된 활동을 하는 것을 좁은 의미의 정치라고 할 수 있다. 보통 '정치'라 함은 '좁은 의미의 정치'를 의미하는 경우가 많다. 정치를 영어로 폴리틱스politics 라고 하는데, 이는 도시국가를 의미하는 그리스어 폴리스polis 에서 유래한 것이다. 옛날 그리스에서 도시가 처음 만들어졌을 때 도시를 '폴리스polis'라고 하였으므로, 정치는 곧 도시국가의 업무를 말한 것이다. 아리스토텔레스는 '인간은 곧 정치 공동체인 국가를 떠나 살 수 없고, 공적인 영역에 참여하면서 최고의 행복을 누린다.'고 말해 정치의 중요성을 강조했다.

하지만 넓은 의미의 정치를 생각한다면 우리 주변 사적인 영역 에서 훨씬 더 많이 찾아볼 수 있다. 넓은 의미에서의 정치는 국가를 포함한 모든 사회집단에서 나타나는 현상이다. 개인이나 집단 간의 이해관계 대립이나 갈등을 합리적으로 조정하고 해결하는 활동이 이에 속한다. 가

그리스 의회

정이나 학교에서, 회사에서, 친구들 사이에서 발생하는 갈등이나 문제를 해결하는 모든 활동을 넓은 의미의 정치라고 할 수 있다. 학급회의를 통해 반장을 뽑는 것도 정치고, 가족회의를 통해 여행지를 정하는 것도 정치다.

정치는 사회질서를 유지하는 기능을 한다. 이해관계가 다른 다양한 사람들이 모여 사는 사회엔 수많은 갈등이 발생하고, 갈등이 생겼을 때 서로 자기 의견만 내세운다면 사회질서가 어지럽게 된다. 그래서 생각의 차이나 다툼을 해결하는 활동인 정치가 필요하다. 정치는 사회 구성원 간의 대립과 갈등을 조정하고 반사회적 행위를 통제하여 사회질서를 유지한다. 또한 정치는 사회발전을 도모하는 기능을 한다. 구성원들이 인간다운 삶을 영위할 수 있도록 사회적 조건을 개선해나가고, 공동체의 장기적 목표를 설정하며, 구성원들의 협력과 동참을 유도한다.

권력은 무엇인가?

권력을 한마디로 정의하기는 어려우나 대체로, 개인 또는 집단이 다른 개인 또는 집단을 자기의 의사에 따라 행동하게 하는 힘이라 할 수 있다. 이러한 힘이 정치적 기능을 위하여 형성된 경우를 정치권력이라 한다. 사람들이 모여 사는 사회에는 어디서나 갈등과 분쟁이 있기 마련이고, 이의 공적인 해결은 권력에 의하여 이루어지는 것이 보통이다. 이러한 현상은 정치세계에서 더욱 뚜렷하다. 권력은 모든 정치현상에 직간접적으로 관련되어 있으며 권력과 무관한 정치는 상상할 수 없다. 예를 들어, 권력은 자원분배, 국가 간의 상호작용, 평화와 전쟁, 개인과 단체의 이익추구 등 거의 모든 정치현상에 영향을 미친다.

권력은 경제학에서의 화폐, 물리학에서의 에너지가 차지하는 위상 못지않게 정치학에서 매우 중요한 개념이다. 정치권력을 둘러싼 중심적인 주제로 논의되어 온 것은 권력과 권위의 관계이다. 권력과 권위는 다른 사람을 지배 내지 복종시키는 힘이라는 점에서는 동일하지만, 권력은 그 지배가 타율적이고 외면적인 것에 반해, 권위는 그 지배가

프렌치와 레이븐

자율적이고 내면적이다.권력은 다른 사람을 복종시키거나 지배할 수 있는 공인된 힘을 의미하고, 권위는 타인 또는 사회로부터 자발적 복종을 이끌어내는 영향력을 의미한다 .

사회심리학자 프렌치와 레이븐은 권력을 강제적 권력, 보상적 권력, 합법적 권력, 전문적 권력, 준거적 권력의 5가지 유형으로 분류하고 있다.

- 강제적 권력은 인간의 공포에 기반을 둔 권력으로 다른 사람에게 불이익을 줄 수 있는 능력 또는 육체적·심리적으로 다른 사람에게 위해를 가할 수 있는 능력에 기반을 두고 있다. 강압적 권력은 이를 경험한 사람들이 분한 감정을 느끼고 저항할 수 있기 때문에 권력의 종류 중에서 가장 효과적이지 못하다.

- 보상적 권력은 권력 행사자가 수용자가 원하는 보상을 제공할 수 있는 능력에 기반을 두는 권력을 말한다. 사람들은 자신에게 경제적 이익과 사회적 지위의 향상을 가져다줄 수 있는 사람에게 복종하는 경향이 있다. 하지만 권력자가 사용 가능한 보상을 다 써버렸거나 보상이 더 이상 사람들에게 가치 있게 받아들여지지 않을 때, 그 권력은 약해진다.

- 합법적 권력은 법규에 따라 부여되며, 조직 내의 직위에 의해 결정되는 권력을 말한다. 권력 행사자에게 공식적으로 부여된 권력으로, 정당한 범위 내에서 사람들의 자발적 복종을 이끌어내기 유리하다.

- 전문적 권력은 기술 또는 전문지식에서 오는 권력이다. 어떠한 주제가 전문가의 분야와 관련 있을 때, 전문가의 의견은 더 중요해질 것이며, 다른 사람들의 의견을 압도하여 의사결정 과정에 큰 영향력을 행사하게 될 것이다.

- 준거적 권력은 다른 사람이 특정인에 대해 갖고 있는 신뢰나 존경, 매력에 기반을 두는 권력이다. 타인에게 인기가 있는 사람은 공식적 권한이 없어도 타인에게 영향을 미친다. 전문적 권력과 준거적 권력은 다른 권력에 비해 자발적 복종을 이끌어내기에 유리한 면이 있다.

정치사회
03 고대와 중세의 정치사상

정치사상은 정치와 관련된 사고 체계를 연구하는 정치학의 학문 분야이다. 아리스토텔레스가 인간은 정치적 동물이라고 말했듯이 인간은 개인적 차원을 넘어서 공동체적 삶을 영위하고 있으며, 공동체의 차원에서 이익과 목표를 추구하고 있다. 이러한 공동체 내에서 개인이나 집단의 이해관계가 충돌할 때 정치문제가 발생한다. 따라서 넓은 의미에서 인간의 공동체적 삶과 연관된 모든 체계적 사고가 정치사상이다. 즉 사회생활을 영위하는 존재인 인간이 어떻게 살아가야 하는가에 관한 윤리·도덕 문제를 비롯하여, 정치적 공동체는 어떠한 목표를 가지고 있어야 하며, 누가 통치해야 하고, 어떻게 운영되어야 하는가에 대한 논리적 인식과 윤리적 판단을 체계적으로 정리한 것이 정치사상이다.

정치사상은 시대에 따라 변화되어 왔다. 고대와 중세의 인간은 공동체나 신에 매몰된 존재였던 반면, 근대의 인간은 자유의지와 이성

아리스토텔레스

을 지닌 개체로 등장하고, 개인주의와 자유주의로 진화되는 모습을 보였다. 물론 시대적 흐름 이외에 공간적으로도 동서양의 차이는 명확하지만, 여기서는 서양의 정치사상을 중심으로 전개한다.

학문적 분야로 서양의 정치사상은 고대 그리스에 기원을 두고 있다. 고대 그리스의 국가 형태인 도시국가에 초점을 맞춘 것이었다. 도시국가를 배경으로 한 고대 정치사상의 대표자는 플라톤과 아리스토텔레스다. 이들은 권위의 구조와 통치권자의 자질을 논의하였다. 최고 권력자의 수에 따라 일인, 소수, 다수로 나누어 정부 형태를 구분하고, 정치적 권위가 일인에 집중되어야 한다는 철인정치와 군주제를 옹호였다. 즉 일인 통치자가 국가의 통일성을 제공하고 국가의 방향을 잡아주어야 한다고 보았던 것이다.

중세 정치사상가들은 정치사상을 신의 테두리 내에서 조망하였다. 아우구스티누스는 철학자가 아닌 신학자의 관점에서 저술 활동을 하였다. 아우구스티누스는 로마의 공화정을 최선의 정체로 규정하려는 키케로의 노력을 정면으로 비판한다. 인위적인 정의와 영광보다는 신의 은총이 사회의 결속력이며, 행복의 진정한 근원이라고 생각했다. 아리스토텔레스의 정치사상에 영향을 받은 토마스 아퀴나스는 정치제도와 기독교의 가치실현 사이에 긴밀하고 긍정적인 관계를 규명하고자 하였다. 그는 제국이나 도시국가가 아닌 왕국에 초점을 맞추고, 정치적 권위의 행사를 정치적 규율 체계에 종속되어야 한다고 보았다. 토마스 아퀴나스는 기독교의 비난 속에서도 국가가 인간 실존에 필수적이라고 주장하였다.

근대 정치사상의 전개

근대 초기 이탈리아의 강력한 도시국가를 배경으로 마키아벨리는 당시 국가들이 직면한 문제를 국가의 생존과 안정으로 보았다. 그는《군주론》을 통하여 '목적이 수단을 정당화한다.'라는 도덕적 기준을 제시함으로써 근대의 출발을 알렸다. 마키아벨리는《군주론》제15장에서 과거의 정치사상가들이 '상상의 국가'에 매달려 현실 정치에 유용한 지침을 제공하는 데 실패했다고 비판한다.

　마키아벨리에 따르면, 우리가 지식과 지혜를 얻을 수 있는 유일한 현실은 역사적 현실뿐이다. 그가 현실의 역사 속에서 발견한 '정치적 지식'의 내용은 세속적 가치와 질서의 중요성, 정치현실에서 힘의 의미, 강력한 민족국가 수립조건 등이다. 이러한 마키아벨리의 현실주의적 정치사상은 이후 많은 사람들에게 비난의 대상이 되기도 했지만, 동시에 정치의 '본질'과 정치세계에 대한 '유효한 진리'에 대해 깊이

마키아밸리의《군주론》

있는 통찰력을 제공해주었다는 평가를 받는다.

근대 정치사상은 개인의 차원에서는 인간의 자유와 독립성을 강조하는 개체성을 중시하였고, 국가의 형태는 절대국가를 지향하고 있었다. 참혹한 종교분쟁이 막을 내리고 새로이 등장한 유럽에는 크고 강력한 민족국가가 등장했고, 민족국가 내에서 통치자와 피지배자의 관계를 규정해야만 했다. 이를 이론화한 것이 토마스 홉스, 존 로크, 장 자크 루소로 대변되는 사회계약론이다. 모든 인간은 천부의 권리를 가지는데, 자연상태에서는 이러한 자유와 권리의 보장이 확실하지 않으므로 계약을 맺어 국가를 구성하고 자신들의 권리를 국가에 위임하였다는 견해를 사회계약설이라고 한다.

개인의 자유에 기초한 이상적인 정부로서 민주주의에 대한 논의는 19세기 제러미 벤담의 공리주의로 확대된다. 즉 정치적 권위는 공동체 내의 모든 구성원들의 이익을 최대화하도록 행사되어야 한다는 것이다. 이후, 산업화와 자본주의 시대의 도래는 빈부격차를 비롯한 문제를 낳았고, 경제구조의 불평등과 억압을 제거하기 위해서는 인민의 통제가 실시되어야 한다는 다양한 사회주의 사상과 칼 마르크스의 공산주의를 낳았다.

마르크스는 자본주의 사회는 자본에 의해 움직이므로 자본가의 지배권이 보장되고 노동자는 착취를 당한다고 보았다. 따라서 국가란 경제적 생산물의 반영이며 지배계급의 지배수단이다. 때문에 그는 국가소멸론을 주장하였다. 오늘날에는 부르주아적 국가이론이 지배적인 시각을 이루고 있다.

국가의 기원

국가의 기원에 대한 이론

구분	홉스	로크	루소
인간의 본성	성악설(이기적이고 충동적)	성무선악설(백지설)	성선설
자연 상태	만인의 만인에 대한 투쟁상태 (무질서, 폭력, 공포)	처음에는 자유롭고 평등하며, 정의가 지배하는 상태였으나 인간관계가 확대됨에 따라 자연권 유지가 불완전해질 가능성 존재(잠재적 투쟁상태)	자유와 평등이 보장된 평화로운 상태이지만, 점차 사회가 발전하고, 강자와 약자의 인위적 구분이 생기면서 불평등 관계가 생겨나고 자유를 억압받게 됨
자연권	평화, 안전보장(자기보전)	생명, 자유 및 재산권 보장	자유, 평등 보장
자연권 양도	전부 양도설	일부 양도설 (일부위임, 신탁)	양도불가설
정치 형태	절대군주체제 군주 주권론	대의민주정치 국민 주권론	직접민주정치 국민 주권론
저항권	불인정	인정	필요 없음

국가의 기원에 대해서는 다양한 논의들이 있어왔지만, 그중 현대 사회에 가장 강력한 영향을 미친 것은 17~18세기 영국, 프랑스에서 널리 퍼졌던 홉스, 로크, 루소의 사회계약론일 것이다. 철학자마다 주장에 차이가 있지만, 결국, 국가는 계약을 통해, 즉 자유로운 개인들의 합의를 통해 인위적으로 만들어졌다는 점에서 공통적이다. 사회계약론이 등장하기 전까진, 국가의 권위는 신에 의존하고 있었다. 사회계약론은 신에게서 독립적인, 인간의 기준에서 국가의 기원을 설명한 시도였기 때문에 독창적이라고 할 수 있다.

홉스는 앞서 살펴본 바와 같이, 인간의 본성을 이기적이고 충동적이라고 보았다. 자연상태는 만인의 만인에 대한 투쟁상태이고, 개인들은 자신의 안전을 보장받고자 계약으로 국가를 탄생시켰다. 그리고 인간은 본래 이기적인 존재로, 사회계약은 언제든 파기될 가능성이 있으므로, 이를 차단하기 위해 국가와 군주의 권력은 절대적일 필요가 있다.

반면, 로크는 자연권을 국가에 '양도'한 것이 아닌, '위임맡긴 것'한 것으로 보았다. 그래서 국가는 권력을 남용하여 개인의 자연권을 함부로 침해할 수 없으며, 국민을 노예화하거나 재산을 빼앗는 권력에 대해 국민은 복종할 필요가 없다. 국민의 저항권이 인정되는 것이다. 로크의 논리는 국민 주권론으로 이어지고 의회중심주의를 낳았다.

루소는 인간의 본성이 선하다고 생각했으며, 태초의 자연적 상태를 자유와 평등이 보장된 평화로운 상태로 보았다. 하지만 문명이 인간을 타락시켰다고 생각했다. 소유라는 관념의 탄생으로 인위적인 강자와 약자의 구분이 생겨났고, 힘 있는 사람들이 자신의 사유재산을 보호하기 위해 법과 정치 제도를 만들어, 자연상태에서 사람들이 누리던 자유와 평등이 완전히 없어졌다고 한다. 이때 자신의 자유를 되찾고 생명과 재산을 보호하기 위해 인간이 선택한 것이 바로 자신의 모든 권리를 사회에 넘기는 사회계약이라는 것이다.

루소에 의하면, 모든 인간은 개인의 이익을 앞세우는 특수의지와 공공의 이익을 추구하는 일반의지를 가지고 있다고 한다**일반의지는 개개인의 특수의지의 총합에 불과한 전체의지와 구별된다**. 일반의지는 전체 의지 중에서 언제나 옳고 공동 이익을 지향하는 의지만을 지칭한다. 루소는 이 일반의지를 주권 그 자체라 부르기도 했다. 일반의지에 의해 다스려지는 국가에 대해서는 저항권 행사가 불필요하게 된다. 사회계약의 기반이 되는 것은 일반의지이고, 사회계약을 통해 만들어진 국가는 철저하게 일반의지를 따라야 한다. 여기에서 시민들이 직접 자신의 의사를 개진하는 직접민주제의 논리가 도출되는 것이다.

국가의 4대 구성 요소

대내적으로나 대외적으로 완전한 국가가 성립되기 위해서는 영토·국민·정부·주권이라는 4대 요소가 갖춰져야 한다. 정치학이나 법학에서 국가 구성의 필수 요소 또는 국제사회에서 국가로 대우 받기 위해 갖춰야 할 조건을 설명하는 유용한 준거가 '국가들의 권리와 의무에 관한 몬테비데오 협약'이다. '몬테비데오 협약'을 살펴보면, 제1조에서 '국제법의 인격체로서의 국가는 다음의 자격요건을 갖추어야 한다. ① 상주하는 인구, ②명확한 영토, ③정부, 그리고 ④다른 국가들과 관계를 맺을 수 있는 능력'이라고 규정하고 있다.

- 국민이란, 한 국가의 통치권 하에 있고 그 국가의 국적을 가진 사람이다.
소재지와는 관계 없이 원칙적으로 일정한 국법의 지배를 받는 국가의 구성원이다. 국민의 개념은 종족 인종 이나 민족과 반드시 일치하는 것은 아니다. 국민은 국내법이 정하는 요건에 따라 그 지위가 주어지는 법적 개념이다. 국민인 신분을 국적 國籍 이라고 한다.

- 영토란, 나라의 주권이 미치는 땅의 범위를 말한다.
한 국가가 다스리는 땅이라는 의미로 국제법상 한 국가의 주권이 미치는 토지 영역을 가리킨다. 국가의 영역에는 영토, 영해, 영공이 있는데, 이 중에서 영토는 국가 영역의 가장 핵심적인 부분이다. 모든 국가는 크든 작든 간에 다른 국가와 구분되는 일정한 영토를 가지고 있다.

- 정부는 국가를 통치할 권위를 부여받은 공적 기관을 일컫는다.

넓은 의미로는 입법부·사법부·행정부 등 한 나라의 통치기구 전체를 가리키며, 좁은 의미로는 내각 또는 행정부 및 그에 부속된 행정기구만을 가리킨다.

- 주권은 국가의사를 최종적으로 결정하는 최고성, 독립성, 절대성의 권력을 가리킨다.
국가는 대내적으로 절대적인 권위와 통치력을 발휘하며, 대외적으로는 다른 주권 국가들과 동등한 지위를 갖고 있다.

이데올로기란 무엇인가?

이데올로기ideologie는 'idea'와 'logik'의 합성어이다. 'idea'는 현상의 관념적 인식과 이상ideal을 의미하며, 'logik'은 현상의 사실적 인식, 즉 과학적 인식과 관련된다. 즉 이데올로기는 사회 집단에 있어서 사상, 행동, 생활방법을 근본적으로 제약하고 있는 관념이나 신조의 체계, 역사적·사회적 입장을 반영한 사상과 의식의 체계이다.

이데올로기는 사고와 관념의 체계이므로, 현재의 사회 모습과 무관하지 않다. 한 사회에서는 다양한 사상과 신념들이 존재하고 이것을 정리한 것이 이데올로기라 할 수 있다. 인간은 이데올로기에 의해 자기 자신의 세계관이나 인생관을 형성하고 자신이 거기에서 해야 할 역할을 알게 된다. 즉, 이데올로기는 개인을 사회와 결부시키고, 사회적 자아를 부여하는 것으로 인간이 정체성을 확립하는 데 있어 중요한 수단이 된다.

정치 이데올로기는 국가, 계급, 정당 등의 집단이 국내 정치나 국제 상황에 대해서 안고 있는 신념, 표상, 환상으로 성립되어 있다고 할 수 있다. 그것은 자유민주주의의 이데올로기라든가 공산주의의 이데올로기와 같이 어느 정도 체계적으로 구성된다.

올바른 가치와 정확한 분석을 포함하는 이데올로기는 뛰어난 현실 인식을 가져오며, 그것에 의해 사람들의 사회적 요구에 올바른 실천적 해결의 길잡이를 제공하게 될 것이다. 이에 반해 단순한 주관적 원망이나 비합리적 확신에 크게 의존하는 이데올로기는 일시적으로 폭발적 에너지를 결집하는 경우가 있다 하더라도 그 비합리성 때문에 마침내 역사의 흐름에서 빗나가고 만다. 독일에서의 나치즘이나 일본의 군국주의 또한 비합리적인 신화에 기초를 둔 이데올로기의 전형이었다.

정치사회
08

민주주의란 무엇인가?

한 사람이나 소수에 의한 지배가 아닌 다수 민중이 지배하는 정치체제를 민주주의라고 한다. 모든 국민이 나라의 주인인 정치형태다. 민주주의의 역사는 고대 그리스 아테네에서 시작한다. 당시 그리스 아테네는 영토가 작고 인구가 적은 도시국가였다. 모든 시민이 정치에 직접 참여하는 직접 민주정치를 실현하고 있었으며, 민주주의의 기본 원리인 자치의 원리 다스리는 자와 다스림을 받는 자가 동일 에 충실했다. 그러나 노예제도에 기반을 둔 신분제 사회였으며, 노예, 외국인, 여성은 시민의 범주에서 배제되었다는 한계가 있다.

근대 사회로 넘어와서는 시민혁명이 일어났다. 시민계급을 중심으로 절대왕정을 타파하고 자유롭고 평등한 사회를 건설하기 위해 노력한 결과 정치적·사회적으로 대변혁이 일어난 것이다. 당시, 시민혁명의 사상적 배경이 되었던 것은 천부인권사상, 사회계약설, 계몽사상이었다. 인간은 남에게 침해받지 않을 기본적 권리를 태어나면서부터 가진다는 사상을 천부인권사상이라고 하며, 이러한 사상은 자연법론자인 로크와 루소에 의해 주창되었다. 그리고 모든 인간은 천부의 권리를 가지지만, 자연상태에서는 이러한 자유와 권리의 보장이 확실하지 않으므로 계약을 맺어 국가를 구성하고 자신들의 권리를 국가에 위임하였다는 견해를 사회계약론이라고 한다. 이러한 사회계약론에 따르면, 국가는 시민의 자유와 권리를 보장하기 위하여 합법적으로 권력을 행사할 수 있다. 그러나 국가의 권력행사가 시민의 자유와 권리를 중대하고 명백하게 침해할 경우에, 시민은 여러 가지 구제수단을 강구할 수 있다. 계몽사상은 인간이 이성의 힘으로 편견과 오류를 극복하고 사회적 모순과 부조리를 바로잡을 수 있다고 보는 사상으로 인간의 독립성과 자율성을 강조하였다. 계몽사상은 절대왕정 시대의 억압적인 정치질서와 불평등한 사회구조를 개혁해야 한다는 사회의식을 사람들에게 심어주었다.

대표적인 시민혁명에는 영국 명예혁명, 미국 독립혁명, 프랑스 대혁명이 있으며, 시민혁명의 결과 봉건제와 절대왕정이 타파되었고, 자유와 평등의 이념이 확산되었다. 또한 국민주권과 권력분립에 기반을 둔 대의제가 성립하였다 대의제란 주권자인 국민이 국가의사나 국가정책을 직접 결정하지 않고, 대표자를 선출하여 그들로 하여금 국민을 대신하여 국가의 중대사나 국가 정책을 결정하게 하는 통치구조의 구성 원리를 말한다. 하지만 참정권을 재산, 인종, 성별 등에 따라 제한 및 차등 부여했다는 점에서 한계가 있다.

현대 민주주의 사회에서는 대중 민주주의가 실현되고 있다. 보통선거 일정한 나이에 달한 모든 국민에게 선거권을 부여한다는 원칙 에 기반을 둔 대의제가 실시되고 있으며, 여기에 국민투표 유권자를 대상으로 한 투표를 통해 국민의사를 물어 헌법 개정이나 국가 주요 정책을 결정하는 제도, 국민소환 선거에 의해 선출된 공직자를 임기가 만료되기 전에 투표를 통해 직위에서 물러나게 하는 제도, 국민발안 일정한 수의 국민이 헌법 개정안이나 법률안 등을 의회에 직접 발의하는 제도 등의 직접민주제 요소를 도입하여 대의제의 한계를 보완하고 있다.

영국 명예혁명

영국에서 크롬웰의 독재정치가 이루어지면서 당시, 국민들은 다시 왕정으로 되돌아가고 싶어했다. 크롬웰이 죽은 뒤, 의회는 찰스 2세를 받아들여 왕정으로 되돌아갔다. 그러나 찰스 2세가 가톨릭을 옹호하며, 전제정치를 행하였고, 찰스 2세를 계승한 제임스 2세는 그 전제 정치를 더욱 강화하였다. 이에 왕을 지지하는 세력과 의회세력이 충돌하게 된다. 결국, 시민의 지지를 받는 의회세력이 승리하여 왕을 교체하기에 이른다. 제임스 2세가 망명하자 메리와 윌리엄 3세는 1689년 의회가 제정한 권리장전을 승인하고 왕위에 올랐다. 이 과정에서 전쟁 없이, 피를 흘리지 않고 평화롭게 왕을 교체했기에 영국인들은 이 사건을 '명예혁명'이라고 부른다.

명예혁명의 결과물로, 〈권리장전〉1689 이 있다.

영국 명예혁명

- 의회의 승인 없이 법을 제정하거나 법의 효력을 정지시킬 수 없다.
- 의회의 승인 없이 세금을 거둘 수 없다.
- 의회의 승인 없이 상비군을 유지할 수 없다.
- 의회의 선거는 자유로워야 한다.
- 의회 내에서의 토론은 자유로워야 한다.
- 의회는 자주 소집되어야 한다.
- 법은 공정하고 적절하게 운영되어야 한다.

　　그 내용으로 볼 때, 권리장전은 왕권을 제약하고 의회의 우위를 확인하는 문서임을 알 수 있다. 영국의 명예혁명은 국민의 대표인 의회가 중심이 되어 통치한다는 의회주의 확립을 세계 최초로 이뤄냈다는 점에서 의의가 있고, '의회주의'는 오늘날 우리나라와 같은 민주주의 국가들이 모두 따르는 민주국가의 대표적인 원칙이 되었다.

　　〈권리장전〉은 절대 권력이었던 왕의 권력을 '문서'로 제한했다는 점에서, 영국 민주주의의 상징이자 세계 민주주의 역사의 시작점이라는 평가를 받고 있다. 이러한 역사적 사건은 시민의 자유와 권리에 대한 의식을 높이게 되고 상공업의 발달과 더불어 시민세력이 성장하게 되는 결정적 계기가 된다. 이러한 흐름은 점차 강해져 100여 년 뒤에 있을, 미국의 독립혁명과 프랑스 대혁명에 큰 영향을 미치게 된다.

미국 독립혁명

미국 독립혁명이란, 18세기 후반 영국령 북아메리카 13개 식민지가 영국 본국의 지배에서 분리된 정치적 변혁을 말한다. 미국이 영국의 식민지에서 시작된 나라임을 고려해볼 때, 1600년대의 미국은 여전히 영국의 많은 간섭을 받고 있었다. 여기에 더해 영국 의회라는 또 다른 권력에 의해 미국인들의 자유와 권리는 더욱 제약을 받았다. 거듭되는 전쟁으로 재정이 어려워진 영국은 식민지들에 과도한 세금을 물었다 그 중 하나가 '차 법'인데, 이는 보스턴 차 사건의 단초가 된다. 미국인들은 인간의 존엄과 자유, 그리고 평등을 위해, 그리고 의회의 강압적인 식민 지배를 이겨내고자 1700년대부터 영국에 대항해 독립운동을 펼쳐 나갔다.

　결국, 미국인들은 〈독립선언서〉1776를 통해 인간의 존엄성을 선언하고 영국과의 전쟁을 치르게 된다. 토마스 제퍼슨을 중심으로 작성된 이 독립선언서는 '모든 인간은 평등하게 태어났으며, 결코 남에게

미국 독립선언서

넘겨줄 수 없는 생명, 자유, 행복 추구권 등의 권리를 신에게서 부여받았다. 정부는 국민의 자유와 행복을 위해 일하며, 정부를 바꾸거나 새로운 정부를 만드는 것은 국민의 권리다.'라는 내용을 담고 있다. 이 독립선언서는 인간은 태어나면서부터 하늘에서 권리를 부여받았다는 '천부인권사상'과 권력을 가진 정부를 만든 것은 우리 국민들의 뜻이라는 '사회계약론'을 바탕으로 한 것이다. 이러한 독립선언서의 정신은 10여 년 뒤 프랑스 대혁명에도 큰 영향을 주게 된다.

미국은 프랑스, 스페인 등의 열강을 끌어들여 결국 영국과의 전쟁에서 승리하고 파리조약으로 독립을 인정받게 된다북아메리카에 있던 대영제국 13개 주가 대영제국에서 독립해 미국이라는 하나의 나라가 된다. 독립전쟁에서 승리한 미국은, 영국의 식민지에서 독립함으로써, 세상에 없던 새로운 정치체제로 새로운 나라를 만들었다. 즉 왕도 없고 소수의 사람이 특권을 누리는 신분제도도 철폐했다. 세계 최초로 국민을 대표하는 사람들이 의회에 모여 임기가 정해진 대통령을 선출하고 그에게 국가 통치권을 부여했다. 시민들의 투표로 조지 워싱턴이 미국 1대 대통령으로 선출되었고, 그렇게 조지 워싱턴은 세계 최초의 대통령이 되었다. 이는 현대 민주주의의 시작이었다고 평가할 수 있는 대목이다.

프랑스 대혁명

미국 독립혁명의 성공은 유럽 대륙에도 큰 영향을 끼쳤다. 당시 영국과 경쟁과 대립관계에 있던 프랑스는 미국의 독립을 지원하느라 재정이 바닥났고, 프랑스 왕 루이 16세에 와서 본격적으로 위기에 봉착하게 된다. 이에 루이 16세는 재정을 확보하고자 프랑스 시민들에게 세금을 부담했는데, 이에 대해 시민들의 저항이 일어나기 시작했다. 왕족과 귀족은 세금을 면제받는데 왜 시민만 세금을 더 내야 하는가에 대한 불만이었다.

당시, 성직자와 귀족들은 전체 인구의 2퍼센트에 불과하였지만, 전체 농지의 40퍼센트를 차지하고 있었고 게다가 세금도 내지 않았다. 이러한 신분은 세습되었고, 영주의 각종 특권과 교회의 십일조 등은 농민들을 무겁게 내리누르고 있었다. 절대왕정의 전제정치와 구제도

프랑스 대혁명

의 모순을 더는 참지 못한 프랑스인들은 1700년대 후반에 자유, 평등, 사랑박애 의 정신을 내걸고 혁명을 일으키기에 이른다.

특히, 부르주아지들은 등골이 휘도록 국가에 세금을 바치고 있었는데, 전체 농지의 40퍼센트 이상을 차지하고 있으면서도 세금 한 푼 안내는 귀족과 성직자 들의 횡포를 더 이상 참을 수 없었다. 부르주아지를 중심으로 한 평민 대표들이 독자적으로 국민의회를 구성하자, 왕은 이를 진압할 계획을 세웠지만, 파리 시민들이 밤사이 무기고를 습격하여 무장한 뒤 이에 대항하였다. 시민들은 당시 왕권과 구체제의 상징이었던 바스티유 감옥을 습격했다.

총격전 끝에 바스티유 감옥이 함락되었고, 파리는 시민들의 함성으로 가득 찼다. 혁명의 불길은 전국으로 번져 나갔다. 국내에서 가장 많은 인구수를 차지하던 시민계층이 적극적으로 참여하면서 혁명은 결국 성공하게 된다. 이 결과로 프랑스의 왕은 모든 권력을 빼앗기고 시민들에 의해 처형을 당하게 된다. 이렇게 유럽 대륙에서 최초로 왕 없는 나라가 탄생했다. 혁명에 성공한 후 프랑스 의회는 1789년 8월 26일, 전문과 17개 조로 된 '인간과 시민의 권리선언'을 발표했다.

제1조: 인간은 태어날 때부터 자유롭고 평등한 권리를 가진다.

제2조: 모든 정치 조직은 인간의 천부적이고 소멸될 수 없는 권리를 지키는 것에 그 목적이 있다. 그 권리란 자유, 재산, 안전 그리고 독재에의 저항 등이다.

제3조: 주권은 본질적으로 국민에게 있다. 어떠한 단체나 개인도 국민으로부터 명시적으로 부여받지 않는 권리를 행사할 수 없다.

제11조: 사상과 의견의 자유로운 소통은 인간의 가장 소중한 권리 중 하나이다.

프랑스 대혁명의 결과로 탄생한 이 인권선언은 인간은 자유롭고 평등한 권리를 가지고 태어났으며, 나라의 주권은 국민에게 있음을 말하고 있다. 그러나 이런 이상이 글자 그대로 실현된 것은 아니었다. 부르주아지들은 왕과 귀족, 성직자의 특권에 저항하여 민중과 함께 혁명을 일으켰지만, 자신들처럼 교양이 있고 일정한 금액 이상의 세금을 낼 수 있는 부유한 사람만이 선거권을 가지고 정치에 참여할 수 있다고 생각했다. 부르주아지들과 함께했던 가난한 민중과 여성들은 여전히 '자유롭고 평등한 인간과 시민의 권리'를 누릴 수 없었다. 하지만 자유, 평등, 사랑박애 정신을 담고 있는 이 선언문은 1791년 제정된 프랑스 헌법의 전문이 되었고, 이후 세계 여러 나라의 헌법에도 많은 영향을 끼치게 된다.

쿠데타란 무엇인가?

역사발전에 따라 기존 사회체제를 변혁하기 위해 피지배계층이 기득권 세력에게서, 권력을 비합법적인 방법으로 탈취하고 권력 교체를 이루는 것을 혁명이라고 한다. 혁명은 단순한 정치변혁 이외에 사회 · 경제 · 문화 등을 포함하는 구체제의 붕괴와 사회체제의 근본적인 변혁을 통하여 신체제를 형성하는 것으로, 국민적인 지지와 정당성 확보가 요구된다.

반면, 쿠데타coup d'Etat 는 정부를 뒤집는다는 뜻의 프랑스어로 지배층 일부가 기성 법질서를 무시하고 무력 등 비합법적 수단으로 권력을 탈취하는 것을 말한다. 피지배계급이 주체로 체제변혁을 꾀하는 혁명과는 달리, 동일 체제 내에서 지배자의 교체를 목적으로 하며 민중의 지지를 필요로 하지 않는다. 단지 정권 담당자가 변경될 뿐, 근본적인 경제적 · 사회적 정책의 변경을 동반하지는 않는다.

나폴레옹의 쿠데타

그래도 쿠데타에는 그럴듯한 명분이 필요한데, 명분이 있어야 쿠데타에 동참할 세력들을 모으기 용이하고 피지배층의 반발을 최소화할 수 있기 때문이다. 쿠데타는 군대나 경찰 등의 무장집단 등에 의해 은밀하게 계획되어 기습적으로 감행되는 것이 일반적이며, 쿠데타 후에는 일반적으로 언론통제, 반대파 숙청, 계엄령 선포 등의 조치가 취해진다.

정치권력이란 건 결국 실체가 없는 규정과 문서, 체계와 관념의 집합이기 때문에 강제적 물리력이 존재하지 않는다. 또한, 과거 봉건시대와 달리 현대 민주주의 정부는 군사와 정치가 분리되어 있다. 그러다 보니 군대는 정부의 명령을 받으면서도 물리적 힘은 더 강한 집단이 되었다. 만약 군대가 물리적으로 정권을 침탈하면 정부는 이를 통제할 방도가 없게 된다.

하지만 정치적 선진국에서는 쿠데타가 일어나기가 쉽지 않다. 인사권이 철저하게 민주정부에 있어 민주주의를 부정하고 쿠데타를 일으킬 인사를 대부분 걸러내는 데다, 국민이나 정치인, 심지어 대부분의 군인들까지도 민주주의 의식이 높고 이를 수호하고자 하는 의지가 강하기 때문이다. 이런 환경에서 몇몇 군인들이 쿠데타를 시도한다면 실패 가능성이 높고, 일시적으로 성공하더라도 그렇게 얻은 권력을 유지하는 건 어렵게 된다.

쿠데타가 일어나서 성공적으로 권력을 장악하는 경우는 후진국의 사례에서 많이 발견된다. 국가가 혼란스럽거나 민주의식이 부족한 국가에선 쿠데타가 일어나기 쉽다. 주로 중동, 아프리카, 남미 국가들이 이런 상황이다. 국가가 혼란스러운 상황 속에서 경제적 빈곤과 문화적 요인으로 국민은 정치개혁에 신경 쓰지 못한다.

파시즘이란 무엇인가?

fascism은 '파쇼fascio 의 사상'이다. 파쇼는 19세기 이탈리아에 존재했던 작은 정치결사집단에서 유래된 것이다. 그 어원은 라틴어인 fasces로, 나무 막대기 묶음에 도끼날이 결합된 것을 가리킨다. 이는 고대 로마에서 권위의 상징이었다. 나무 막대기는 처벌, 도끼는 처형을 의미했다. 또 이 말은 동시에 묶음을 뜻한다는 점에서 정치적으로는 결속과 단결의 뜻으로 사용되기도 했다.

1919년 3월 23일 이탈리아의 무솔리니는 새로운 파시스트당을 결성하면서 국가의 절대권력과 로마의 영광을 재현한다는 의미에서 '파쇼'를 당의 상징으로 도입했다. 파시즘은 통상, 제1차 세계대전 직후인 1920년대부터 제2차 세계대전 말기인 1945년까지 세계 여러 국가들 사이에서 나타났던 독재적 정치·경제·사회사상, 정치체제의 총칭을 말한다. 공통적으로 자유주의를 부정하고 폭력적인 방법에 의한 일

이탈리아 무솔리니

당 독재를 주장하여 지배자에 대한 절대적인 복종을 강요한다는 특징이 있다.

　또한 대외적으로는 철저한 국수주의·군국주의를 지향하여 민족지상주의, 반공을 내세워 침략 정책을 주장한다. 하지만 파시즘에 대해 학자들 사이에 완전히 합의된 정의는 없다. 파시즘은 일관된 모습이 없고, 이론체계가 변화무쌍하고, 민족에 따라서 제각기 양상을 보이기도 하기 때문이다. 독일 히틀러의 파시즘은 반유대주의, 인종차별주의, 우생학 등이 추가되어 나치즘민족사회주의 이라 불린다. 일상에서는 권위주의, 독재, 전체주의, 군국주의 등을 파시즘과 구분하지 못하는 경우가 많다.

민족주의이란 무엇인가?

민족주의는 사회적 삶의 기본 단위로서 다른 어떤 단위에 앞서 민족을 으뜸으로 생각하는 정치 이념이나 사회 운동을 의미한다. 민족주의자들은 자신들의 국가가 다른 모든 국가들보다 우월하다는 신념을 가지고 있다. 그리고 이러한 우월감은 종종 공유된 민족성에 뿌리를 두고 있다. 민족주의는 공유된 언어, 종교, 문화 또는 사회적 가치의 집합을 중심으로 구축된다.

민족주의의 독특한 점은 그 사회의 다양한 보편적 이데올로기와 결합해야만 거대한 역사적 동력을 발휘할 수 있다는 것이다. 민족주의는 현실에서 다양한 이념과 사상과 결합하여 나타나게 되는데, 이는 민족주의가 2차적 이데올로기라는 특징을 갖기 때문이다. 즉 그 자체로 민족주의는 구체적 내용을 갖기 힘들고 다른 정치적 이념과 결합함으로써 특정한 내용을 갖추게 된다고 말할 수 있다.

나렌드라 모디

민족 대신 계급을 강조하는 사회주의는 민족주의를 부르주아 이데올로기로 규정하여 비판적 입장을 취했지만, 실제로는 사회주의도 민족주의를 적극 활용했으며 그 대표적인 사례가 북한의 주체사상이다. 더군다나 북한의 주체사상은 개체성이 용납되지 않는 일사불란한 동원체제와 혈통, 유기체적 집단을 강조한다는 점에서 20세기 전반기 파시즘의 영향에서도 자유로울 수 없었다.

민족주의는 다수의 사람들을 하나로 모으는 등 공동체 의식을 고조시킬 수 있지만ex, 금 모으기 운동, 월드컵 응원 등, 반면 혈연 공동체에 지나친 집착이나 타 민족, 타 국가에 대한 배타성을 심화시켜 세계화의 추세에서 고립을 자초할 수도 있다. 민족주의와 파시즘이 결합된 독일 나치즘이 자행한 유태인 학살 및 게르만족 우월주의가 그 예이다. 21세기 민족주의의 예는 전 세계에 퍼져 있다. 2014년, 인도는 힌두 민족주의자 나렌드라 모디를 선출했다. 블라디미르 푸틴은 러시아인들을 살린다는 명목으로 러시아인들을 규합하여 우크라이나를 침공했다.

민족주의와 애국심의 차이는 무엇인가? 애국심은 조국에 대한 자부심과 나라를 지키려는 의지와 같다. 반면, 민족주의는 그것이 군사적 침략으로 확장되기가 쉽다. 민족주의자들은 자신들의 국가가 다른 모든 국가들보다 우월하다는 신념을 갖고 있기 때문에 다른 나라를 지배할 권리가 있다고 믿는다. 그들이 반드시 군국주의적인 것은 아니지만, 민족주의와 파시즘이 결합된 독일 나치즘의 사례처럼 그러한 논리로 전개되기가 쉽다는 말이다.

전체주의란 무엇인가?

전체주의란 사전적 의미로, 개인의 모든 활동은 오로지 전체, 즉 민족이나 국가의 존립과 발전을 위하여 존재한다는 이념 아래 개인의 자유를 억압하는 사상 및 체제를 말한다. 통상, 제1차 세계대전 후에 나타난 독일의 나치즘 체제와 구소련의 스탈린 체제를 전형으로 하는 정치체제의 총칭이다. 원래 1920년대, 이탈리아의 무솔리니가 개인들의 삶에 어떤 의미를 부여하는 최상의 가치로서 파시스트 국가 개념을 규정할 때 전체주의라는 용어를 사용했다. 하지만 그 후 이탈리아 파시즘뿐만 아니라 독일의 나치즘이나 소련의 공산당, 특히 스탈린 체제를 부정적으로 총칭하는 말로 확대되었다. 슬로건은 '하나는 전체를 위하여, 전체는 하나를 위하여 one for all, all for one'이다.

전체주의에 대한 정의나 속성에 대해 합의된 정설이 있는 것은 아니나, 지배형태에서 전체주의적 특징을 찾아낼 수는 있다. 일반적으로 전체주의는 개인주의와 대립하는 개념으로 이해되고 있다. 이러한 일반적 의미에서의 전체주의는 부분에 대한 전체의 선행성과 우월성

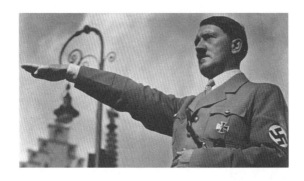

히틀러

을 주장한다. 즉, 전체주의란 개인의 이익보다 집단의 이익을 강조하여 집권자의 정치권력이 국민의 정치생활은 물론, 경제·사회·문화 생활의 모든 영역에 걸쳐 전면적이고 실질적인 통제를 가하는 것을 말한다. 이념 특성상 '단합되어 다른 부류보다 먼저 우위를 점하고 뒤처지지 않는 완벽하고 무결한 집단'을 지향하며, 그 결과 민족주의, 국수주의, 국가주의, 군국주의 등과도 쉽게 결합한다.

전체주의는 '권위주의'의 하위 범주에 포함시켜 보는 경우가 많은데, 사실 전형적인 '권위주의'와 전체주의 간에는 차이가 있다. 권위주의는 '상위계층이 하위계층을 권위적으로 억누르는 이념'으로 이해할 수 있는데, 개념상 상위계층과 하위계층의 구분을 인정하며 자유를 상당 부분 억압하긴 해도 약간의 자유는 남아 있는 경우가 많다. 반면 전체주의 이념 안에서는 전체 이외 것은 존재하지 않으므로 자유로운 개인이라는 개념 자체를 인정하지 않는다. 전체주의 공동체는 인간의 기본적 권리이자 성향인 개인의 자유 자체를 억누르고 그 관심을 철저히 공동체에 집중시켜야 하므로, 끊임없이 전체주의 공동체를 유지하기 위한 사업이 진행된다. 그래서 이를 따라오지 못하거나 거부하는 개인은 배척 혹은 배제된다.

사회주의와 공산주의란 무엇인가?

사회주의 국가에서는 주요 생산수단이 공적 소유형태다. 민주주의가 개인의 정치적 평등을 지향한다면, 사회주의는 개개인 간의 경제적 평등을 지향한다. 사회주의자들은 자본주의사회에서 나타난 여러 사회적 모순과 병폐의 원인을 개인주의로 보고, 사적 이윤추구를 목적으로 하는 사적 소유 및 자유경쟁을 반대하였다. 한편, 공산주의는 사회주의와 비슷한 개념으로 인식되고 있으나, 사회주의가 개인주의에 바탕을 둔 생산수단의 개인 소유를 부정하고 생산의 사회화를 통해 자본주의의 모순을 해결한 데 비하여, 공산주의는 생산의 사회화를 공산주의로 가는 한 수단으로 보고 있다. 따라서 공산주의는 생산의 사회화뿐만 아니라 분배에 있어서도 공평을 요구하는 '공동생산, 공동분배'를 원칙으로 하여, 사유재산 제도를 전면으로 부정하고 공유재산제를 시행함으로써 빈부의 격차를 완전히 없애는 것을 그 목적으로 하고 있

레닌

다.

사회주의는, 자본주의에 비해서 사회 발전의 새로운 길을 보여주는 '공산주의적 사회구성체'가 역사적으로 나타나는 최초의 단계이다. 이에 비해 공산주의는 '공산주의 사회구성체'의 보다 높은 두 번째 단계를 이룬다. _한국철학사상연구회의 ≪철학대사전≫

즉, 공산주의적 사회구성체는 두 단계를 거쳐 발전하게 되는데, 그 첫 번째 단계는 자본주의적 형태가 아직도 남아 있는 사회주의 사회이고, 두 번째 단계는 이러한 사회주의가 좀 더 높은 형태로 발전한 공산주의 사회이다. 사회주의 사회는 자본주의 사회에서 공산주의 사회로 이행하기 위한 과도기적 단계로서 프롤레타리아트 독재가 행해지고 있으며, 이에 비해 공산주의 사회는 좀 더 고차원적인 단계로서 모든 계급이 사라지고 필요에 따른 분배가 이루어지는 사회다.

이러한 공산주의와 사회주의의 개념적 구분은 레닌에 의해 행해진 것이다. 레닌은 러시아에서 사회주의 혁명인 볼셰비키 혁명이 일어났지만, 곧바로 공산주의 사회로 나아갈 수는 없고 일정 기간 과도기적 단계를 거쳐야 한다는 점을 주장하기 위해서 이러한 구분을 하였던 것이다. 이에 비해 마르크스와 엥겔스는 '공산주의 사회구성체'의 두 단계를 구분하기는 하였지만, 이 두 단계를 가리키기 위해서 사회주의와 공산주의라는 용어를 구분하여 사용하지는 않았다.

자유주의란 무엇인가?

인간은 이성적 존재로서 그 이성에 의하여 각 개인은 마땅히 존중되어야 하며 보호되어야 한다. 이와 같은 가치관은 국가는 질서를 유지하고 개인과 집단의 권력남용을 감시함으로써, 시민의 자유와 자율권을 보호하는 일에 국한해서 그 기능을 수행하고, 그 밖의 것은 개인들의 지배적인 행위에 맡겨야 한다는 주장을 갖고 있다. 이러한 자유주의는 소비수단과 생산수단을 포함한 재산의 사유를 무엇보다도 강조하며 개인의 자아실현 가능성을 최대한 보장하는 이념이다.

자유의 원리를 두 가지로 요약하면 다음과 같다.

첫째, 보편적 인권의 원리, 즉 정신적·사회적 활동에 있어서 개인의 자유에 대한 원리이다. 그것은 개성과 활동의 다양성을 전제로 하며, 이성적인 의사소통을 통해서 보다 나은 것이 형성될 것을 믿는 입

프랑스 인권선언문

장이다. 개인의 정신적·사회적 활동의 자유에 대한 비인간적·강제적 구속과 획일화를 가능한 제거하는 것은 낭연한 결과이다. 신체의 자유, 거주·이전의 자유, 종교의 자유, 사고와 표현의 자유, 집회·결사의 자유, 직업 선택의 자유, 죄형 법정주의, 재판에서의 정당한 절차의 존중 등의 시민적 자유는 이 원리의 전형적 표현이다.

둘째, 보편적 시민권의 원리다. 즉 앞서 말한 시민적 자유를 보장받을 수 있도록 정치 제도와 정책과 기관을 비판하고, 만들고, 고칠 수 있는 자유를 모든 남녀에게 인정하는 원리이다. 정치사회를 구성하고 운영하는 권리로서의 참정권, 정치에 있어서의 토론과 설득 과정의 중시, 정치에 대한 사고와 비판의 자유, 보도의 권리알 권리, 정치적 집회·결사 활동의 자유, 소수자의 권리보호 등의 정치적 자유가 여기에 해당된다.

자유주의라는 말이 사용된 것은 19세기이지만 그 내용은 이미 17~18세기 서유럽의 시민혁명 '권리청원' 1628, '권리장전' 1689, '미국 독립선언' 1776, '프랑스 인권선언' 1789 이념에 나타나 있다. 이 시기의 자유주의는 '고전적 자유주의'라고 한다. 고전적 자유주의의 대리인은 신흥 중산계급인 부르주아지에 의해 대표된다. 그들은 토지 귀족이나 왕권에 반대하고 자신의 계급적 이해를 관철하기 위해 자유롭고 평등한 인간상을 이상화하여 언급하였다. 그러나 그들의 요구는 자신들처럼 자본과 교양을 갖춘 사람들에 한정되었으며 노동자 및 빈곤 계층의 사람들은 적용대상이 아니었다. 따라서 당시의 자유주의는 보편적 인권의 원리, 보편적 시민권의 원리와는 현실적으로 괴리가 있었고, 자본가 계급에 의한 자본축적을 정당화하는 사상 정도에 불과했다고 볼 수 있다.

진보주의 vs 보수주의

진보주의란 지금까지 보편적 가치로 받아들여져 오던 전통적 가치나 체제, 정책, 논리 등에 반박하여 그 틀 자체를 허물고 새로운 가치나 내용을 주장하는 사상 또는 태도를 말한다. 현재의 정치·사회체제·문화·제도에서 나타나는 문제점을 날카롭게 지적하고 새로운 혁신을 꾀할 수도 있지만, 전통적 질서 경시로 인한 사회혼란 초래, 절대적인 진리의 경시, 사회의 미래상에 대한 구체적 방법론 결여 등으로 비판을 받기도 한다.

반면, 보수주의자들은 통상 인간의 불완전성을 인정하고 개인의 추상적이고 독단적인 이성보다는 집단적인 경험을 통해 얻는 지혜를 더욱 소중히 여긴다. 이런 관점에서 볼 때, 보수주의는 전통이나 관습을 존중하는 주의 혹은 주장이라고 말할 수 있다. 제도의 보존을 소중히 하면서 점진적인 개혁을 추구하는 보수주의는 기득권층의 이익만을 대변한다는 비판을 받기도 하지만, 급격한 변혁으로 인하여 발생하는 정치적 혼란을 방지할 수 있는 지혜를 제공해왔다고 평가받기도 한다.

한편, 진보와 보수는 고정적인 개념이 아니라 시대적·역사적 배경에 따라 유동적이고 상대성을 띠는 개념이다. 예를 들어, 18세기 유럽의 절대왕정에 반발하여 루소 등이 주장한 자유주의와 민주주의를 그 당시엔 진보적이라고 말할 수 있지만, 현대 사회에서는 산업혁명 이후 자본주의의 모순에 반발하여 사회주의가 형성되었다는 점에서 자유주의와 민주주의는 다소 보수적인 개념이 된다. 한때는 상당한 진보적 색깔을 띠었던 자유민주주의라는 개념이, 오늘날에는 다소 보수적인 개념으로서 인식되고 있는 것이다.

여론정치란 무엇인가?

여론이란 주요 사회 문제나 이슈에 대한 대다수 사람들의 공통된 의견이나 생각을 말한다. 기술적으로 말하면, 특정 시점에서의 특정 사회 문제에 대한 국민들의 의견 구조와 그 분포 상태를 의미한다. 여론은 대다수 국민의 공통된 의견이기 때문에 다수결이 기본 원칙인 민주사회에서는 정치적 의사결정에 영향을 미치고 결국, 정책결정을 좌우하게 된다. 정책결정의 방향은 여론의 방향에 따라 결정되며, 이에 따라 정책결정이 내려져야 정책의 민주적 정당성이 확보된다. 또 그 정책을 시행하고자 하는 집단은 국민들의 동의와 지지를 받게 된다.

여론정치는 민주주의 이념과 일치하는 정치 원칙이다. 민주주의는 국민의 의사를 존중하고 그에 따라 정치가 이루어지기를 기대한다. 따

프랑스 진보신문 <디플로마티크>

라서 현대의 모든 정치 활동은 여론을 통해 정당화되고 권력자들은 대중의 지지를 통해 자신의 정책을 강력하게 시행하고자 한다.

이와 같은 여론정치가 가능한 이유는 정보통신기술의 발달에 있다. 현대 과학 기술의 발달로 다양한 정보 매체가 등장하고 있으며, 다양한 정보를 국민에게 제공함으로써 국민들이 판단의 근거로 삼을 수 있게 된 것이다. 무엇보다 중요한 것은 국민의 의사가 적극적으로 표출되어 여론 형성이 쉬워졌다는 것이다. 이렇게 형성된 여론에 따라 정부는 다양한 사회정책을 수립하고 시행하게 된다.

과학기술의 발전도 중요하지만, 근본적으로 여론정치가 발전하기 위해서 국민이 자주적이고 자발적으로 여론 형성에 참여해야 한다. 최근 몇 년 동안 참여민주주의의 중요성이 강조되고 있는데, 참여민주주의는 국민이 적극적으로 정치문제에 참여하는 것이다. 국민이 자신의 의사를 정확하게 표현하는 것만으로도 민주주의를 실현하는 데 큰 도움이 된다.

이미지 정치란 무엇인가?

선거권 자격의 규제 완화에 의한 유권자수의 증가와 선거 민주주의의 규모의 확대, 정보공개 확대에 의한 정치정보의 범람, 정책과제의 전문화·복잡화·다양화 등에 따라, 유권자도 의사결정자도 개별 정책에 대해 상세한 분석을 기초로 합리적인 판단을 내리는 것이 어려워졌다. 감정적이고 감각적인 이미지에 의존하여 정책이나 정치의 선악과 적부를 판정하는 경우가 많아졌다.

이미지 정치는 인간의 생물학적인 지각능력의 한계, 언론매체를 통한 국민의 정치 이해, 실체보다는 외관을 강조하는 언론매체의 속성이라는 세 가지 명제에 근거하고 있다. 언론매체가 이미지 정치를 강화하는 구체적인 양상은 언론매체의 선거보도를 통해 잘 나타나고 있다. 자본주의 시장 질서 하에서 언론매체가 늘 염두에 두는 것은 보도의 상품성이다. 선거보도라고 해서 예외일 수는 없다.

트럼프 대통령 선거운동

사람들은 흔히 신문이든 텔레비전이든 뉴스를 재미로 보느냐고 항변하지만, 그건 재미 또는 흥미성이라고 하는 개념을 너무 좁게 이해한 데서 비롯되는 것에 지나지 않는다. 흥미성에 집착하는 미국 언론의 선거보도의 특성을 한 마디로 압축 얘기하자면 '경마 저널리즘horse race journalism'이다. 마치 경마를 취재하는 스포츠 기자처럼 오로지 누가 앞서고 누가 뒤쳐지느냐에만 집착하여 보도한다는 뜻이다. 경마 저널리즘의 내용에 있어서 가장 큰 특징은 기사의 획일성이다. 모든 언론매체의 보도내용은 크게 다르지 않다. 대통령 선거를 취재하는 기자들은 분명히 각기 독립적으로 기사를 작성한다. 그럼에도 불구하고 그들의 기사내용은 거의 비슷하다.

헤게모니란 무엇인가?

헤게모니라는 단어는 군軍에서 장수의 지위를 의미하는 그리스어 hēgemonia에서 유래된 말이다. 헤게모니는 한 계급이 자신의 세계관을 형성하여 그것을 확산하고 대중화함으로써, 총체적인 사회적 권위를 행사하고 타 계급의 동의를 얻는 데 필요한 경제적·정치적·지적·도덕적·지도력을 장악하는 것을 의미한다.

이탈리아 정치사상가 안토니오 그람시에 의하면, 지배계급은 정치적·경제적 지배권을 갖고 있을 뿐만 아니라 그 계급이 갖고 있는 도덕, 정치, 문화 등에 관한 가치관과 자연이나 사회에 대한 사고방식을 피지배계급으로 하여금 받아들이게 함으로써 그 지배에 대한 헤게모니를 확립한다고 하였다. 정당성이 부여된 지배계급이나 집단은 헤게모니를 획득한 것이다. 그 지배는 의심할 바 없이 받아들여지고 다른 대안은 토의 대상이 되지 않는다.

안토니오 그람시

이러한 의미에서 혁명도 단지 정치적·경제적인 권력의 탈취뿐만 아니라, 지배계급의 지배권에 대신할 새로운 헤게모니의 확립을 필요로 한다. 권력 있는 집단이 지속적으로 헤게모니를 획득하고자 하지만, 헤게모니의 획득은 그렇게 쉽지 않다. 비록 권력은 힘에 의해 얻어질 수 있는 것이지만, 헤게모니는 궁극적으로 일련의 규범과 가치의 동의에 달려 있기 때문이다. 이 점에서 그람시는 지식인의 역할을 중시하였다.

특히, 공식적인 교육체계는 헤게모니를 획득하는 데 중요하다. 또한 헤게모니의 전파는 곧 언론이 그 역할을 맡는다. 언론매체는 현존하는 지배문화의 주요 분배자로서 지배문화에 적합한 의미와 가치관을 민중들에게 전파함으로써, 현존하는 불평등한 경제, 문화체제를 대체할 가능성을 아예 생각할 수 없도록 한다.

헤게모니와 이데올로기는 불가분의 관계이기 때문에 어느 하나를 이야기할 때 항상 다른 하나를 언급하게 되지만, 두 개념은 엄밀히 다른 개념이다. 이데올로기가 그 시대의 지배적 사상이라면, 헤게모니는 사회 안에서 주요한 집단들의 적극적인 합의와 동의를 통해서 얻어진 지도력. 곧 도덕적이고 철학적인 지도력을 말한다. 헤게모니의 정당화를 위해 이데올로기가 활용될 수 있으며, 이데올로기의 한계를 비판하며 또 다른 헤게모니 다툼이 생겨날 수 있다.

예를 들어, 조선 초기 양반 계층은 그들의 지배적 헤게모니를 위해 수직적 신분질서를 당연시하는 유교 이데올로기를 서민층에 강조하여 민중의 헤게모니를 굴복시켰다. 그들의 헤게모니는 정치는 물론 경제에 걸쳐 독점적이었고 이것을 뒷받침하던 유교 이데올로기는 근대로 넘어오면서, 그 모순이 축적되어 결국 신분제를 비롯한 차별정책이 사라지게 되었다.

포퓰리즘이란 무엇인가?

포퓰리즘populism은 대중의 의견 등을 대변하는 등 대중을 중시하는 정치 사상 및 활동을 이르는 말로, 인민이나 대중을 뜻하는 라틴어 '포풀루스Populus'에서 유래한 것이다. 대중에 호소하여 다수를 위한 정책을 수립하고 다수의 지지를 얻어내기 위하여 노력한다는 점, 소수의 정치 엘리트보다는 다수의 지배를 강조하고 직접적인 정치참여를 강조한다는 점에서 민주주의와 맥을 같이하는 부분이 있다.

정치이론가 에르네스토 라클라우는 '포퓰리즘은 기존의 이데올로기나 체제에 반대하여 지배계급의 한 분파가 국민에게 직접 호소하면서 일으키는 운동'이라고 정의했다. 미국의 사회학자 에드워드 쉴즈는 '포퓰리즘은 권력과 재산, 교육과 문화를 독점하면서 오랜 기간 확립되고 특권화된 지배계급의 질서에 대한 대중의 분노가 있는 곳에서는 어디에나 존재한다.'고 말했는데, 이처럼 포퓰리즘은 엘리트와 대중의

에르네스토 라클라우

관계에서 보는 시각이 유력하다. 엘리트에 대한 불신과 대중에의 직접 호소가 포퓰리즘의 핵심이라는 것이다.

포퓰리즘의 대표적 성공 사례로는 브라질의 루이스 이나시우 룰라 다 시우바 대통령이 추진한 기아 퇴치 및 실용주의 노선을 들 수 있다. 룰라 대통령은 월 소득액이 최저생계비에 미치지 못하는 가구에 정부가 현금을 지원하는 보우사 파밀리아Bolsa Familia 정책을 시행하였는데, 국가 재정을 고려하지 않은 선심성 정책이라는 비난을 받았으나 임기 동안 빈곤율을 10% 이상 떨어뜨리고 급속한 경제성장을 이룩하는 성과를 거두었다.

이에 반하여, 포퓰리즘을 대중의 인기만을 좇는 대중영합주의로 보는 부정적 시각도 존재한다. 정치지도자들이 이미지 정치를 노리거나 기회주의적 생각으로 비현실적인 정책을 내세워서 대중의 정치적 호응과 지지를 확보하고, 그것으로 국가와 국민이 아닌, 특정 집단의 정치적 목적을 달성한다는 것이다.

포퓰리즘은 이론적 기반이 빈약하기 때문에 지적인 깊이의 부족을 만회하기 위해 대중의 불만과 분노의 감정에 토대를 두고 호전적 행동을 부추기기가 쉽다. 그 부정적 감정들을 특정 방향정치적 반대세력 으로 폭발하도록 유도하는 것이 정치적 성패와 직결된다.

기능론과 갈등론은 무엇인가?

기능론은 사회 유기체설에 기반을 둔다. 사회는 여러 부분으로 나뉘는데, 우리는 이 부분을 기관과 조직이라고 한다. 기관과 조직은 어떤 기능을 담당한다. 유기체처럼 기관과 조직이 각자 맡은 기능을 수행함으로써 사회는 그 생명력을 유지할 수 있다. 사회의 생명유지를 위해 결국 기관과 조직은 상호협력하고 있다. 사회화는 구성원들이 기관과 조직 내에서 자신이 맡은 역할을 수행하고 규범을 지킴으로써, 사회안정이 가능하도록 지식, 규범, 신념, 가치 등을 배우는 과정이다. 기능론의 입장에서 사회불평등은 사회구조의 문제가 아니라 개인의 능력과 노력의 문제일 뿐이다. 사회는 계속 분업화되기 때문에, 이런 업무 중요도의 차이와 이로 인한 소득의 차이는 자연스럽게 더 심해질 수밖에 없다.

기능론은 이런 경제적 불평등 덕에 모든 개인들의 자신의 역량과 능력을 키우기 위해 노력하고 결국 개인과 사회의 발전이 가능하다고 본다. 의사는 청소부보다 사회를 위해 더 중요한 기능을 수행한다. 그리고 의사가 되기 위해선 청소부가 되는 것보다 훨씬 더 많은 노력이 있어야 한다. 따라서 의사는 더 많은 임금을 받게 된다. 이런 식으로 사회 중요도에 따라 구성원들 간의 소득차이는 생길 수밖에 없다.

지나친 불평등은 사회안정에 해가 될 수 있지만 적당한 불평등은 사회발전에 도움이 된다고 생각해서 불평등에 긍정적이다. 기능론은 기관과 조직이 사회유지를 위해 상호협력하는 사회구조 자체는 아무 문제가 없다고 본다. 문제는 이 사회구조가 제대로 작동하지 않을 때

즉, 구성원들이 규범을 어기거나 자신의 역할을 제대로 수행하지 못할 때 발생한다.

여러 기관과 조직의 상호협력적 관계로 사회를 본 기능론과 달리, 갈등론은 사회를 딱 두 계급으로 보고 이 둘의 관계도 갈등과 대립의 관계로 본다. 갈등론은 마르크스의 계급론에 기반한다. 사회는 지배 계급과 피지배 계급으로 구성되고, 이 둘 사이에는 필연적인 불평등과 차별이 존재한다. 제도와 규범, 가치는 지배계급이 자신들의 기득권을 유지하기 위해 만든 것으로, 사회화 과정을 통해 모든 계급은 지배 계급의 가치와 규범을 배움으로써 사회적 불평등과 차별을 정당하고 당연하게 생각하게 된다. 덕분에 지배계급은 피지배계급의 큰 반발 없이도 사회를 계속 지배할 수 있게 되는 것이다.

갈등론이 보는 불평등은 계급 간 세습의 산물이다. 지배계급은 자신들의 기득권을 계속 유지할 수 있는 사회구조, 교육제도, 경제제도를 만든다. 정말 운이 좋지 않고서는 개인의 계급은 쉽게 뒤바뀌지 않는다. 갈등론이 보는 사회구조는 그 자체가 문제다. 구조는 사회불평등을 유발하고 항상 지배계급에만 유리하게 작용하기 때문에 사회구조는 개혁되고 변화되어야만 한다. 사회적 불평등은 어디서나 볼 수 있는 현상이지만 사회 분화에 따른 자연스러운 현상이라기보다는 지배계급들이 만든 인위적인 현상일 뿐이다.

대통령제는 무엇인가?

대통령제는 국민에 의해 선출된 대통령이 국가 원수이자 행정부 수반으로서 권한을 행사하는 정부 형태다. 대통령을 중심으로 한 행정부는 입법부 및 사법부와 엄격하게 독립하며, 국가 기관 상호 간의 견제와 균형의 원리가 엄격하게 유지된다.

　　대통령제는 미국에서 시작되었다. 미국은 독립혁명을 전개하는 과정에서 영국의 식민지에서 해방되었는데, 당시 식민지였던 미국은 영국 의회의 자의적인 과세권에 대하여 반발하였다. 그러므로 대통령제는 미국이 영국의 의회제도의 부당함을 거울삼아 이를 개선하는 과정에서 등장한 정치제제이다.

대통령제의 특징

대통령제의 특징	내용
엄격한 권력분립	국민의 정치적 자유 보장을 위해 국가 권력을 입법, 행정, 사법으로 분립시키고 상호 견제토록 해야 한다는 몽테스키외의 삼권 분립론에 기초한다. 입법부와 행정부 간 엄격한 권력분립으로 견제와 균형의 원리에 충실한 정부 형태다.
입법부와 행정부의 상호 독립	대통령과 의회 의원은 각각 별도의 선거에 의해 선출된다. 의회 의원은 각료(각부의 장관)을 겸직할 수 없으며, 행정부는 법률안을 제출할 수 없다.
입법부와 행정부의 상호견제와 균형	- 대통령의 법률안 거부권과 공포권 행사(확정된 법률, 법규, 명령 등을 국민에게 알리는 것을 공포라 하며 법령이 효력을 갖기 위해서는 반드시 공포절차를 거쳐야 한다) - 의회의 각종 동의권과 승인권 행사 - 대통령을 비롯한 주요 공직자에 대한 의회의 탄핵 소추권 행사
행정부의 일원성	대통령은 국가 원수이며 국가 최고지도자인 동시에 행정부 수반으로서의 지위를 갖는다.

대통령제의 장점은 대통령 임기 동안 정국 안정을 이룰 수 있다는 것이다. 대통령을 중심으로 하는 하나의 행정부가 구성되고, 이러한 구조를 통하여 강력한 행정집행이 가능하게 된다. 이때 대통령은 국가를 대표하는 국가원수의 지위와 집행부의 수장으로서의 지위를 겸하게 된다. 대통령은 의회가 제정한 법률안에 대하여 거부권을 행사함으로써 **법률안 거부권** 의회 다수당의 횡포나 독주를 방지할 수 있다. 또한 대통령 임기의 보장으로 임기 동안은 다른 국가기관에 간섭을 받지 않고 국가정책의 지속성을 유지할 수 있는 것이다.

또한 입법부와 집행부가 상호 견제와 통제를 하게 됨으로써 권력의 균형이 유지될 수 있다. 대통령은 의회에 관하여 정치적 책임을 지지 않고, 또 의회에서 제정되고 통과된 법률안에 대하여 거부권을 행사할 수 있다. 하지만, 반대로 의회에서는 법률제정 권한을 독점하고, 행정부의 고위공무원 임명에 대하여 동의권 행사 및 국정감사나 국정조사, 집행부 구성원에 대한 탄핵소추 등을 통하여 행정부를 견제할 수 있게 된다.

대통령제는 권력분립의 원리에 충실하여, 권력의 균형이 유지될 수 있는 장점이 있지만, 입법과 행정이 상호 독립되어 국가활동이 통일적으로 수행되기 어려운 문제가 발생한다. 또한 행정부와 입법부가 서로 갈등상황에 있을 때에는 이것을 조정할 수 있는 기관이 없기 때문에, 국민여론을 분열시키고, 사회혼란을 야기할 가능성이 있다.

의원내각제는 무엇인가?

의회에서 선출되고 의회에 대해 책임을 지는 내각을 중심으로 국정이 운영되는 정부 형태를 의원 내각제라고 한다. 국민의 선거를 통해 의회를 구성하고 또 집행부가 의회에 의해서 선출되어 정치적 책임을 의회가 지는 형태로 국정이 운영되는 것을 의미한다. 따라서 의원 내각제 정부에서는 행정부가 의회에 종속된 형태를 갖게 된다. 내각은 행정부 최고 합의기관을 말한다. 의원내각제에서 내각은 행정권을 행사하며 의회에 대하여 연대 책임을 지지만, 대통령제에서의 내각은 대통령을 보좌하는 기관으로 의결권을 갖지 않는다.

의원내각제는 영국 명예혁명을 통해 의회에 의해 국왕이 선출됨으로써, 모든 국정은 의회가 장악하게 된 이후로 발전되어온 정치 형태

의원내각제의 특징

의원내각제의 특징	내용
권력 융합	의회에 의해 행정부가 구성되므로 권력 융합적 특징을 갖는다.
의회와 내각의 긴밀한 협조	- 내각은 의회에 대해 연대 책임을 지며 법률안을 제출할 수 있다. - 의회 의원이 각료를 겸직할 수 있다.
의회와 내각의 견제와 균형	- 내각은 의회 해산권을 행사할 수 있다. 의회 해산권은 총리가 의회 의원의 자격을 임기 만료 전에 소멸시킴으로써 의회를 해산할 수 있는 권리를 말한다. - 내각은 의회에 의하여 구성된다. 내각의 수반이 의회에 의해서 선출되고, 또 내각은 의회에 대하여 책임을 지게 된다. 그러므로 의회에서 내각을 불신임하면 내각은 사퇴하여야 한다.
국가 원수와 행정부 수반의 불일치	- 국가원수(국왕 또는 대통령)는 명목상 존재하며 정치적 실권은 행정부 수반인 총리에게 있다.

이다. 실질적 권한은 의회에 의해서 구성된 내각^{행정부 수반인 총리}에 부여되고, 대통령이나 군주는 국가를 대표하는 명목상의 국가 원수일 뿐이다.

의원내각제의 장점은 입법부와 행정부의 긴밀한 협조로 신속하고 능률적인 국정처리가 가능하다는 것이다. 내각의 존속 여부를 의회에 의존하게 하므로 책임정치가 구현 가능하고, 내각 불신임이나 의회 해산을 통해 대통령제에 비해 입법부와 행정부 간 정치적 대립을 신속하게 해결할 수 있다**책임정치란 의원내각제에서 행정부가 의회에 대하여 정책 수행에 관한 책임을 지고 의회의 신임 여부에 따라 그 진퇴를 결정하는 정치 방식을 말한다**.

또한 의원내각제 정부는 의회에 내각이 종속되는 형태이기는 하나, 집행부인 내각에서 정책집행을 잘못할 경우에 의회에서는 내각에 대하여 불신임권을 행사할 수 있다. 한편 의회의 입법활동에 대하여 내각은 해산권을 행사함으로써 적절한 상호 견제를 하게 된다. 반면, 과반 의석을 확보한 정당이 없어 연립 내각**다수당이 과반수 의석을 확보하지 못해 다른 정당과 함께 연합하여 과반수를 채워 구성한 내각**이 구성될 경우 정국 불안정을 초래할 수 있는 단점이 있다.

또한 행정부가 의회에 의해 구성됨으로써 의회가 정권 획득을 위한 정쟁의 장소가 되어, 본래 기능인 입법 활동을 등한시할 수 있으며, 행정부가 의회에 종속되는 결과로 강력한 집행을 수행할 수 없고, 집행부가 의회 다수당과 결합하게 되면 다수의 횡포로 전락할 위험성이 있다.

정당은 왜 존재하는가?

정치적 견해를 같이하는 사람들이 정권을 획득함으로써 자신들의 이념을 실현하는 것을 목적으로 조직한 단체를 정당이라고 한다. 정당은 19세기 이후 대의제의 발달로 후보자와 유권자 사이의 의사소통과 지지자의 조직화 필요성이 대두됨에 따라 발달한 것이다. 권력획득을 목적으로 선거에서 후보자를 공천_{정당에서 선거에 출마할 후보자를 공식적으로 추천하}_{는 것}하며, 선거에서 공약을 제시하고, 이것의 실천과 정책에 대한 국민의 평가를 받아 정치적 책임을 지게 된다. 특수한 이익보다는 공익을 도모하며 국민의 지지를 확보하기 위해 노력한다.

　정당의 기능으로는 크게 5가지가 있다.

- **정치적 충원 기능**: 각종 공직 선거에 후보자를 추천하고 대표자를 배출하는 기능을 말한다.
- **여론 형성과 조직화** : 국민 의견을 수렴하여 조직화하고 이를 정부에 전달하는 기능을 한다.
- **정치 사회화 기능**: 각종 강연회, 토론회, 대중 집회 등을 통해 정치에 대한 국민의 지식과 관심을 증진시킨다.
- **정부와 의회의 매개 기능** : 당정 협의회_{집권당과 행정부 주요 당직자들이 국가 정책을 협의}_{하기 위한 모임} 등을 통해 정부와 의회를 연결함으로써 양자 간 매개 역할을 수행한다.
- **정부 감시 기능** : 정부 정책에 대한 건전한 비판과 견제기능을 수행한다.

　정당제도의 유형은 일당제와 복수 정당제로 나눌 수 있는데, 민주주의 국가는 일반적으로 복수 정당제를 채택하고 있다. 그리고 복수 정당제는 다음의 표와 같이 양당제와 다당제로 구분할 수 있다.

정당제도의 유형

구분	양당제	다당제
개념	정권 교체가 가능한 대표적 정당이 두 개 존재한다.	경쟁할 수 있는 정당이 세 개 이상 존재한다.
장점	- 정국 안정에 기여한다. - 강력한 정책 추진이 가능하다. - 정치적 책임소재가 명확하다. - 유권자의 정당 선택이 용이하다.	- 다양한 의견이 반영될 수 있다. - 양당제 보다는 소수의 이익이 더 잘 보호될 수 있다. - 정당 간 대립 시 중재가 용이하다. - 유권자의 정당 선택 범위가 넓다.
단점	- 다양한 민의를 반영하기 곤란하다. - 다수당의 횡포로 소수 이익을 무시할 수 있다. - 양당 간 대립 시 중재가 어렵다. - 유권자의 정당 선택 범위가 좁다.	- 군소 정당 난립으로 정국 불안이 초래될 수 있다. - 강력한 정책 수행이 곤란하다. - 정치적 책임 소재가 불명확하다.
국가	미국, 영국	독일, 프랑스, 이탈리아

이익집단은 왜 존재하는가?

이익집단은 이해관계를 공유하는 사람들이 공동의 이익을 실현하기 위해 정부의 정책에 영향력을 행사하려는 집단을 의미한다. 이는 정권을 추구하지 않는다는 점에서 정당과 구분된다. 그럼 왜 이러한 이익집단이 생겨났을까?

첫째, 자본주의 사회가 발달함에 따라 이익이 다원화되고 세분화되었기 때문이다. 현대사회는 복잡다원화된 사회이다. 현 사회는 사회가 분화되어, 각 분야별로 특수성과 전문성을 띠고 있다. 이에 따라 시민들의 이해관계가 복잡해지고 세분화되는 경향을 보이는 것이다.

둘째, 대의민주주의의 한계다. 즉, 정당이 다양한 집단의 이익을 대변하지 못하는 것이다. 한국의 경우 국회의원들이 지역적 한계를 넘어 전 국민의 이익을 대변하는 국민의 대표로 기능해야 하지만 현실은, 자신의 출신 지역구의 이해관계를 먼저 생각할 수밖에 없다. 차기 선거에서 또 당선되기 위해서는 자기 지역구 주민의 지지가 필요하기 때문이다. 이에 따라 이익집단이 등장하여, 국가적 차원에서 자신들의 이익을 추구하기 시작한 것이다. 마지막으로 공공력의 획득, 즉 국가에 대응하는 하나의 방법으로 개인보다는 집단을 이루어 대응하는 것이 효과적이기 때문에 발생하였다.

정당은 사회 보편의 목표와 발전을 추구하지만, 이익집단은 특정 집단의 이익을 대변하기에 전체의 이익과 배치될 수 있다. 이익집단은 자신들과 이해관계를 같이하는 사람들을 모아 조직의 영향력을 확대하고, 자신의 이익을 관철시키기 위한 노력들을 전개하게 된다. 특히, 자금이 막강한 집단이 힘을 더 발휘하므로 자금력 확보에 힘을 기울인다. 로비 활동을 통해, 정치인들의 정책결정 과정에 압력을 가함으로써, 자신들의 이해와 요구가 정책에 적극적으로 반영될 수 있도록 활동하기도 한다. 이익집단을 압력단체라고 부르는 이유도 여기에 있다.

이러한 활동 때문에 이익집단을 바라보는 시각은 크게 둘로 나누어진다. 첫째, 긍정적인 시각에서 국가, 정부, 행정부에 영향력을 행사하여 시민사회의 발전에 기여한다는 입장과 둘째, 부정적인 측면에서 특정 이익만 대변하기 때문에 보편적인 이익에 대치될 수 있다는 입장이 그것이다.

이익집단의 기능

이익집단의 순기능	- 시민의사를 정부에 전달하고 정책입안자에게 전문화된 정보를 제공함으로써 정책을 보다 전문성 있고, 효율적으로 형성 집행할 수 있도록 해준다. - 이익집단의 언론활동으로 여론을 형성함으로써 국민의 정치교육에 기여하며, 국민들의 정치사회화 기능을 담당하게 된다. - 시민들의 특수 이익을 정치과정에 투입함으로써 정당제 민주주의의 한계를 보완하고 극복하게 해준다. - 정부정책에 대한 비판과 감시를 가능하게 하고 정부의 공권력을 제한하는 역할을 담당한다.
이익집단의 역기능	- 전체 이익보다는 소수 이득을 강조하게 되고, 이것은 공익과 충돌함으로써, 사회적 갈등과 혼란을 일으킬 가능성이 있다. - 이익집단이 국민들의 의사와는 무관한 영향력을 행사하고 이를 관철시킴으로써 다수의 공익이 침해되는 문제가 발생할 수 있다. - 로비 활동을 통해 정치인들과 접촉하여 정치인들에게 부정한 이득을 제공하게 됨으로써 권력의 부정부패 현상을 만연시킬 우려가 있다.

선거란 무엇인가?

선거란 국민이 자신을 대표하여 국가를 운영할 공직자를 투표로 뽑는 행위를 말한다. 대의민주주의에서 국민이 정책 결정에 참여하는 가장 기본적인 행위가 된다. 비민주적인 국가중국/북한-인민민주주의공화국 의 입장에서도 민주적으로 보이고 싶어 하며, 선거로 하여금 정통성을 가질 수 있다는 이유 때문에 선거를 실시한다선거가 민주주의의 필수 요건이긴 하나 제대로 된 선거여야 한다 .

선거의 4대 원칙

원칙	내용
보통선거	재산, 교육수준, 성별 등을 이유로 선거권을 제한하지 않고 일정한 나이에 달한 모든 국민에게 선거권을 부여한다.
평등선거	모든 유권자에게 동등한 투표권을 부여하고 투표 가치에 차등을 두지 않는 표의 등가성을 실현한다. 만약 어떤 사람은 2표를 행사할 수 있고, 어떤 사람은 1표만 행사할 수 있다면 평등선거 원칙에 위배된다.
직접선거	유권자가 직접 대표를 선출하는 것을 말한다.
비밀선거	투표자의 투표내용을 타인이 알 수 없게 하는 것을 말한다.

선거는 다음과 같은 기능을 한다.
- **국민 주권의 실현** : 선거는 지도자와 정책의 선택에 있어, 일반 대중이 어느 정도의 직접적인 영향력을 행사할 수 있도록 허용한다.
- **정치권력과 정책 결정에 정당성 부여** : 합법적인 선거 절차를 통해 국민의 지지를 얻어 구성된 정치권력은 정당성과 권위를 갖는다.

- **국민의 이익 표출 및 집약기능** : 선거를 통하여 각계각층의 다양한 국민의 의사, 가치, 이익을 정치과정에 투입 및 정리하는 것이다.
- **정치적 충원기능** : 지도자를 양성 및 선출함으로써 정치 지도자를 지속적으로 충원한다.
- **정치권력에 대한 통제** : 선거를 통해 대표자를 재신임하거나 책임을 물어 교체할 수 있다.
- **정치 교육의 장을 제공** : 선거 과정을 통해 국민들은 다양한 현안과 공약을 이해하고 정치 참여의 중요성을 인식할 수 있다.

선거구 제도의 의미:
소선거구제와 중·대선거구제

선거구란 대표자를 선출하는 지역적 단위를 말한다. 종류에는 소선거구제와 중·대선거구제가 있다.

소선거구제

의미	한 선거구에서 1인의 대표 선출
특징	- 다수당에 유리하기 때문에 양당제(정권 교체가 가능한 대표적인 두 정당이 존재)를 촉진한다. - 지역적 인물의 당선 가능성이 높아진다.
장점	- 군소 정당의 난립을 막아 정국 안정에 유리하다. - 선거구당 후보자수가 적어 유권자의 후보자 파악이 용이하다. - 한 선거구의 범위가 좁기 때문에 선거관리와 선거운동에 대한 감시와 단속이 편리하다.
단점	- 여러 후보자 중 한 사람만 당선되기 때문에 사표가 많이 발생한다. 정당별 득표율과 의석률의 불일치가 심하여 *과대 대표, *과소 대표의 문제가 발생하기도 한다. - 주요 정당 후보에게 유리하여 소수당이나 신인 정치인의 의회 진출에 불리하다.

* 특정 정당이 얻은 득표율에 비하여 그 정당이 얻은 의석률이 클 경우 그 정당을 지지하는 유권자들의 의사가 과대 대표되었다고 말하고, 그 정당이 얻은 득표율에 비해 그 정당이 얻은 의석률이 적을 경우 유권자들의 의사가 과소 대표되었다고 말한다.

중·대선거구제

의미	한 선거구에서 2인 이상의 대표를 선출
특징	- 소수당에 유리하여 다당제(경쟁할 수 있는 정당이 3개 이상 존재)를 촉진한다. - 선거구가 넓어 전국적으로 지명도 있는 인물에게 유리하다.
장점	- 여러 후보 중 2인 이상이 당선되기 때문에 사표 발생이 적다. - 후보자 선택의 폭이 넓어 국민의 다양한 의사가 반영될 수 있다.
단점	- 군소 정당의 난립 시 정국 불안정이 우려된다. - 한 선거구의 범위가 넓기 때문에 후보자의 선거 비용이 많이 발생한다. - 선거구당 후보자가 많아 유권자의 후보자 파악이 어렵다. - 동일 선거구 내의 당선자 간 득표율의 차이로 동일 선거구 내에서 투표 가치의 차등 문제가 발생할 수 있다.

대한민국은 소선거구제로 선거를 치르고 있다. 득표율과 의석률에서 현저한 차이가 나는 경우가 많은 것은 한 선거구에서 한 명의 당선자만을 배출하기 때문에 당선자가 아닌 후보자에게 준 표는 모두 사표가 되어 의석률에 반영되지 못하기 때문이다. 최근 이런 문제점에 대한 인식이 확산되면서, 중·대선거구제로 바꾸거나 비례대표제의 비중을 늘려야 한다는 주장이 점차 커지고 있다.

정치사회
30

대표결정방식 :
다수대표제와 비례대표제

다수대표제는 선거구 내에서 다수 득표자가 대표로 선출되는 제도이다. 선거구 내 후보자 중에서 1인이 당선되는 경우를 1인 선출 다수대표제라고 하며 소선거구제와 결합됨, 2인 이상이 당선되는 경우를 다수 선출 다수대표제 중·대선거구제와 결합됨 라고 한다. 당선 방식은 단순 다수대표제와 절대 다수대표제로 구분할 수 있다.

대표결정방식의 종류

구분	개념	특징
단순 다수 대표제	유효 투표 중 가장 많은 표를 획득한 후보자가 당선되는 방식	상대 다수대표제라고도 하며, 전체 득표의 절반을 넘지 못해도 다른 후보보다 한 표라도 많은 표를 얻으면 당선된다. 한 번의 선거로 당선자가 결정되므로 절차가 간단하고 비용이 적게 든다는 장점이 있지만, 사표가 상대적으로 많이 발생하는 단점이 있다.
절대 다수 대표제	유효 투표의 과반수를 획득한 후보자가 당선되는 방식	단순 다수대표제에 비해 선거 비용이 증가한다. 과반수를 얻은 사람이 없으면 상위 득표자를 대상으로 추가 선거를 진행(결선 투표제)하거나 유권자의 선호도에 따라 합산(선호 투표제)등의 방식으로 대표를 선출한다.

비례대표제란 정당의 총득표수의 비례에 따라서 당선자수를 결정하는 선거제도를 말한다. 다수대표제나 소수대표제가 다수나 소수에게 부당하게 유리한 결과를 가져오는 것을 시정하기 위해 고안된 제도로, 각 정당의 지지도에 비례하여 국회의원의 의석을 배분하는 것

이다. 사표를 방지하고 소수에게 의회진출의 기회를 줌으로써 정당정치의 발전에 기여한다는 장점이 있지만, 군소 정당의 난립을 초래할 위험성이 있다.

비례대표제의 장단점

개념	각 정당의 유효 득표 비율에 따라 의석을 배분하는 제도
목적	대표 선출에 있어 유권자의 의사를 의회 의석에 정확하게 반영하고자 함
장점	- 사표 발생을 완화하고, 정당 득표율과 의석률을 최대한 일치시킬 수 있다. - 국민의 다양한 의사가 그 세력에 비례하여 의회 구성에 반영된다. - 소수당의 의회 진출 가능성이 높다. - 정당중심 정치를 구현할 수 있다(인물에 대한 선호보다는 정당의 정책에 기반한 정치 과정이 일어나게 됨).
단점	- 의석률 배분이 복잡하다. - 군소 정당 난립으로 정국 불안정이 초래될 가능성이 있다. - 당선자가 국민의 대표가 아닌 정당의 대표로만 기능할 우려가 있다.

게리맨더링이란 무엇인가?

선거 시 자신의 당에게 유리하도록 선거구를 획정하는 것을 게리맨더링이라고 한다. 예컨대 자기 당에게 유리한 지역적 기반을 멋대로 결합시키거나 반대당이 강한 지구를 억지로 분할시켜 당선을 획책하는 것을 말한다. 선거구를 정함에 있어 특정 후보나 정당에 유리하도록 정했을 경우 선거의 공정성이 떨어질 수밖에 없다. 따라서 이런 폐단을 방지하기 위해 오늘날 대부분의 국가에서는 선거구 법정주의를 채택하고 있다. 선거구 법정주의란 특정 정당이나 후보의 당선을 위해 선거구를 조작하는 것을 방지하기 위해, 국회에서 선거구를 법률로 정하는 것을 말한다.

게리맨더링이라는 용어는 미국 메사추세츠 주시사였던 엘브리지 게리가 1812년의 선거에서 자기 당에게 유리하도록 선거구를 개정했

게리맨더링을 풍자한 그림

는데 그 기괴한 형태가 불 속에 산다는 그리스 신화의 불도마뱀 샐러맨더salamander 와 비슷한 데서 유래하였다. 즉, 도마뱀salamander 과 주지사 게리E. Gerry 의 이름을 합성하여 게리맨더Gerrymander 라는 말이 생긴 것이다.

실제, 주 상원의원 선거에서 공화당은 50,164표를 얻고 29명의 당선자를 배출하여 압승하였다. 반면, 야당은 51,766표를 얻고도 11명의 당선자만 배출하는 것에 그친 기현상이 발생하게 되었다. 그러나 두 달 뒤 치러진 주지사 선거에서 게리는 3선 도전에 실패했는데, 이는 자의적인 선거구 개편에 대해 부정적인 여론이 형성된 결과로 평가된다.

주요 시사 정치용어

✦ 필리버스터 Filibuster

의회 안에서 다수파의 독주 등을 막기 위해, 합법적 수단으로 의사 진행을 지연시키는 무제한 토론을 필리버스터라고 한다. 필리버스터라는 용어는 1854년 미국 상원에서 신설 법안을 반대하기 위해 상대편 의원들이 의사진행을 방해하면서부터 사용되기 시작했다. 다수의 독주 사태를 방지하기 위해 소수당이 합법적으로 진행하는 방해에 대하여 필리버스터라는 용어를 사용한다. 우리나라에서는 故김대중 전 대통령이 1964년 4월 임시국회 당시 자유민주당 의원의 체포동의안의 통과를 필사적으로 방지하기 위해 신청했고 원고 없이 무려 5시간 19분이나 발언을 이어 나갔다. 이로 인해 체포동의안 처리가 무산되는 결과를 얻을 수 있었다. 필리버스터의 방법에는 여러 가지가 있지만, 현재 한국에서는 무제한 토론만 인정하고 있다. 긍정적인 면도 있지만 토론 형태를 빙자하면서 부당하게 시간을 끌어 상황을 악화하는 부작용도 있다.

✦ 패스트 트랙 Fast Track

패스트 트랙은 단어에서 유추되는 것처럼 목표를 달성하기 위한 빠른 길이라는 뜻을 담고 있어 신속한 일처리를 위한 절차를 의미한다. 정치에서는 입법기관인 국회에서 법안이나 정책과 관련한 중요한 안건을 신속하게 처리하기 위한 제도로 사용되고 있다. 우리나라에서는 2015년에 도입됐으며 국회법 제85조의 2에 따른 신속처리 안건 지정을 패스트 트랙이라고 하고 있다. 정당 간의 갈등으로 인해 긴급한 법안들이 무한정 지연되는 것을 방지하기 위해 도입됐다.

◆ 섀도 캐비닛 Shadow Cabinet

말 그대로 그림자 내각이라는 뜻을 갖고 있는데 양당제가 발달한 영국에서 처음 시작됐다. 정권 교체에 대비해 야당이 사전에 내각 구성을 준비해두는 것을 말한다. 그래서 정권이 교체가 되면 총리를 포함해 미리 구성해 놓은 구성원 그대로 그 내각을 구성하게 된다. 섀도 캐비닛은 정권 교체 시 인계인수가 빠르고 국정 공백사태도 방지할 수 있다는 장점도 있지만 사전 구성 후 공개하면 선거 전열 정비가 어렵다거나 인사의 영입이 어렵다는 단점도 존재한다.

◆ 키친 캐비닛 Kitchen Cabinet

키친 캐비닛은 대통령과 친분이 있을 뿐, 어떠한 사적 이해나 정치 관계로 얽혀 있지 않은 사람을 의미한다. 사적 이해나 정치 관계와 무관하게 여론을 전달하는 통로 역할을 한다는 점에서, 행정부 안에서 정치적 영향력을 행사하는 실력자들과는 구분된다. 즉 직책은 따로 없지만 여론을 전달하는 비공식 내각인 셈이다.

◆ 스핀 닥터 Spin Doctor

1984년 뉴욕 타임스의 한 사설에 처음으로 등장한 스핀 닥터는 사실을 돌리거나 비튼다는 의미로 사용됐다. 현재 스핀 닥터는 대통령, 정치인, 고위 관료 등의 홍보 전문가를 지칭하고 있는데, 정치적 목적과 유권자의 지지를 얻기 위해 우호적으로 여론을 만들어 나가기도 하고, 정책 시행 이전에 국민의 생각을 수렴해 정책에 반영할 수 있게끔 하고, 또 반대로 정책을 구체화하여 국민을 납득시키는 역할까지 한다. 홍보 전문가로 단순히 사실을 왜곡하거나 여론을 만들어가는 것이 아니라 전문성을 갖고 국민의 마음을 잘 읽는 태도가 요구된다.

국제정치

국제정치를 보는 시각에는 정치이상주의와 정치현실주의가 있다.

정치이상주의자들은 인간의 이성과 양심에 호소함으로써 각 국가가 가야 할 방향으로 향하게 할 수 있다고 생각한다. 정치이상주의는 도덕·윤리·법 등의 규범적 측면을 강조한다. W.윌슨 등의 이상주의자들에 따르면, 정치현실주의가 표방하는 힘의 세계는 끊임없는 투쟁과 갈등을 일으킬 뿐이다. 따라서 평화를 지향하는 보다 높은 차원의 국제공동체를 건설하기 위해서는 인간의 감정에 호소하는 도덕과 법의 역할이 강조되어야 한다. 전쟁의 근절과 평화 실현의 전면적 해결을 기존 국제질서의 개혁과 세계 연방, 그 밖의 초국가적인 국제기구의 설립에서 돌파구를 찾는다.

반면, 정치현실주의자들은 인간이 근원적으로 선하거나 완전하다고 보지는 않으며, 다분히 권력추구적인 존재로 보고 있다. 그러므로 현재의 국제 대립은 모든 인간의 고유한 권력욕과 그 밖의 본성에서 유래하는 불가피한 투쟁이라고 간주한다. 그들은 단지 국가의 이익추구의 필연성과 그들 사이의 억제와 균형에 의한 국가 간의 타협·양보에 의해서 생성되는 상대적인 안정 속에서 평화를 기대할 뿐이다. 결국, 힘power 이 정치의 본질이자 기본 단위인 셈이다. 한스 모겐소는 다른 모든 정치와 마찬가지로 국제정치도 힘을 위한 투쟁이며, "국제정치의 궁극적 목표가 무엇이든 힘을 위한 투쟁은 항상 제1차적인 목표이다."라고 하였다. 그는 일반적으로 인간이나 국가는 힘을 추구하며, 이러한 집단 간 또는 국가 간의 힘의 추구가 자연적으로 국제사회를 '힘의 균형상태'에 이르게 한다고 보았다.

국내정치는 말 그대로 국내에서 일어나는 일련의 정치행위 및 그 결과를 말하며, 국제정치는 그 범위를 넓혀 국제사회에서 일어나는 정치적 사건들을 말한다. 견제와 균형, 권력분산과 같은 민주주의의 구조와 제도적 제약이 있는 국내정치에 비해 국제정치는 이보다 훨씬 힘의 논리에 의해 좌우되는 것이 현실이다. 국제정치에서는 이른바 명분보다는 실리와 군사, 안보, 경제 측면에서의 자국의 이익을 중시하며, 어제의 적이 오늘의 친구가 되고 어제의 친구가 오늘의 원수가 되는 냉엄한 현실을 자주 목격하게 한다.

국제연합 UN

국제연합은 제2차 세계대전 이후 국제 평화와 안전의 유지, 국제 우호
관계의 촉진, 경제적·사회적·문화적·인도적 문제에 관한 국제 협력
을 달성하기 위하여 창설한 국제평화기구다. 국제 연맹의 정신을 계승
하여 더욱 강화한 조직체로서 1945년 10월 24일에 정식으로 창립하
였다. 주요 기관으로는 총회, 안전보장이사회, 신탁통치이사회, 경제사
회이사회, 국제사법재판소, 사무국이 있다. 본부는 미국 뉴욕에 있다.
미국 등 강대국이 주도하고 신생 독립국들이 대거 참여하여 실질적인

국제기구의 역할

총회	모든 회원국이 참여하는 최고 의결기관이다. 국제 평화에 관한 권고, 안전보장이사회 비상임 이사국 선출 및 새로운 가입국의 승인 등의 역할을 맡고 있다. 표결방식은 1국 1표 주의다.
안전 보장 이사회	국제 평화와 안전 유지에 대한 국제연합의 실질적 의사결정 기관이다. 국제 분쟁 조정 절차나 방법을 권고하고, 침략국에 대한 경제적·외교적 제재나 군사적 개입을 맡고 있다. 5개의 상임이사국(미국, 영국, 프랑스, 러시아 중국)과 10개 비상임이사국으로 구성된다. 안전보장이사회의 의결 정족수는 절차에 관한 문제의 경우 15개 이사국 중 9개국 이상의 찬성이지만, 국가들의 이해가 걸린 실질적이고 중대한 문제를 결정할 때는 상임이사국의 반대 없이 9개국 이상의 찬성이 있어야 한다.
국제 사법 재판소	국가 간의 분쟁에 대해 국제법을 적용하여 해결하는 사법기관이다. 국제연합총회 및 안전보장이사회에서 선출한 국적이 다른 15명의 재판관으로 구성된다. 원칙적으로 분쟁 당사국 간 합의가 있어야 재판이 가능하며, 당사국의 판결 불복 시 국제사법재판소가 취할 수 있는 직접적인 제재 수단이 없다.
국제연합 전문기구	경제사회이사회와 협력하여 국제 사회의 분야별 관심사를 전문적으로 조사 및 연구하는 기구다. 국제연합 교육과학문화기구(UNESCO), 국제노동기구(ILO), 세계보건기구(WHO), 국제연합 식량농업기구(FAO) 등이 있다.

국제기구의 역할을 한다.

국제연합은 국제 협력을 증진하고 세계 평화를 유지하기 위한 목적으로 설립된 정부 간 국제기구지만, 구조적 한계로 인한 재원부족, 정책 대응과 조절의 실패, 운영의 책임성 부재 등의 문제가 주로 언급된다. 각 회원국의 분담금은 경제력의 정도에 따라 책정되는데, 전체 분담금 중에서 소수 강대국이 내는 분담금이 높은 비율을 차지하기 때문에, 국제 연합의 정책 결정 시 강대국의 영향력을 배제하기 어려운 문제가 있다.

법의 의미와 이념

법이란 대립이나 갈등을 해소하기 위해 국가가 제정한 사회규범을 말한다. 강제력이 있는 사회 규범으로 위반 시 제재를 가할 수 있다.

법과 도덕의 차이

도덕	- 선의 실현 - 주로 의무에 대한 규율 - 내면의 양심과 동기를 중시 - 자율적 규범 - 국가 권력으로 강제할 수 없음
법	- 정의의 실현 - 권리와 의무의 규율(양면성) - 타율적 규범으로, 반드시 지켜야 함 - 외면적 행위와 결과 중시 - 위반 시 국가 권력에 의해 제재를 받음(강제성)

법의 이념에는 정의, 합목적성, 법적 안정성이 있다.

정의란 법이 추구하는 궁극적 이념으로 옳고 그름의 판단 근거가 된다. 모든 사람이 인간으로서 동등한 대우를 받고 각자가 노력한 만큼의 몫을 얻는 것이다. 정의에는 평균적 정의와 배분적 정의가 있다. 평균적 정의는 차이를 고려하지 않고 모든 사람을 동등하게 대우하는 것**절대적, 형식적 평등 추구**을 말하고, 배분적 정의는 개인의 능력이나 사회에 이바지하는 정도에 따라 다르게 대우하는 것**상대적, 실질적 평등 추구**을 말한다.

합목적성이란 법이 사회가 추구하는 가치나 목적에 구체적으로 합치되는 것을 말하며, 시대와 장소에 따라 그 내용이 달라지는 특징이 있다. 어느 시대, 어느 국가에 사느냐에 따라 그 사회구성원들이 원하는 법의 방향은 다르게 마련이다. 예를 들어, 중세시대에는 '신'이 모든 가치의 중심이었기 때문에 중세시대의 법은 주로 종교에 대한 것이었다. 반면, 현대 복지국가에서는 개인의 이익과 공공복리의 조화가 지배적인 가치가 된다.

법적 안정성은 사회생활이 법에 의해 보호 또는 보장되어 안정된 상태를 이루는 것을 말한다. 법의 내용은 명확하고 실현가능해야 하며, 함부로 변경되지 않아야 하고 법의 내용이 국민의 법의식과 일치해야 한다. 만약, 법의 내용이 모호하다면 법을 준수하기가 어렵게 될 것이고, 실현불가능한 것을 법으로 제정한다면 국민 모두는 범법자가 되고 말 것이다. 또한 법의 내용이 명확하고 실현가능하다고 해도, 그 내용이 시도때도없이 변경된다면, 법에 대한 신뢰가 떨어지게 되고 국민들은 사회생활에서 불안을 느끼게 될 것이다. 정의, 합목적성, 법적 안정성이라는 3가지 이념은 상호모순의 입장에 있으면서도 상호보완의 관계에 있다. 극단적으로 정의만 강조하면 '세상은 망하더라도 정의는 세우라.'하고, 합목적성을 강조하면 '민중의 행복이 최고의 법률이다.'고 하며, 법적 안정성을 강조하면 '악법도 법이다.'가 된다.

헌법의 의미와 기능

헌법은 국가의 통치조직과 통치 작용원리를 규정하고, 국민의 기본권을 보장하는 국가의 기본법이자 근본법이다. 한 국가의 법체계에서 가장 상위에 있는 최고법으로 모든 법령의 제정 근거인 동시에 법령의 정당성을 평가하는 기준이 된다. 대한민국 헌법은 미국 헌법이나 일본 헌법처럼 명시적으로 헌법이 최고법임을 규정하고 있진 않지만, 일반 법률과 비교하여 더욱 엄격한 개정절차를 요구하는 점이나 위헌 법률 심사제를 통해 헌법이 최고 기본법의 지위를 가진다는 것을 간접적으로 인정하고 있다. 헌법은 가장 상위에 있는 법이며, 그 하위 법으로 법률, 명령, 조례, 규칙이 차례로 존재한다.

고전적인 의미의 헌법은 국가통치기관을 조직 및 구성하고 이들 기관의 권한과 상호관계 등을 규정한 규범이지만, 오늘날 현대 복지국가에서의 헌법은 국민의 생존권적 기본권을 보장하여 인간다운 생활을 영위할 수 있도록 하는 복지국가의 이념을 추구하는 규범이 된다.

헌법은 존재의 형식에 따라 성문 헌법과 불문 헌법으로 구분되는데, 우리나라와 미국은 문서에 의해 법전의 형식을 갖는 성문 헌법국가에 속한다. 반면, 영국과 캐나다는 법전의 형식을 갖추지 않고 관습법이나 판례법들이 모여서 헌법을 이루는 불문 헌법국가에 속한다.

헌법은 국가 내에서 다양한 기능을 하고 있는데, 다음과 같이 정리할 수 있다.

국가 창설기능

국가 성립에 필요한 국민의 자격, 영토의 범위, 국가 권력의 소재 등을 규정하여 국가를 창설한다.

> **헌법 제1조** ② : 대한민국의 주권은 국민에게 있고, 모든 권력은 국민으로부터 나온다.
>
> **헌법 제2조** ① : 대한민국의 국민이 되는 요건은 법률로 정한다
>
> **헌법 제3조** : 대한민국의 영토는 한반도와 그 부속도서로 한다.

조직 수권 기능

국가 기구를 구성하고 각 조직에 일정한 권한을 부여하는 것을 말한다.

> **헌법 제40조** : 입법권은 국회에 속한다.
>
> **헌법 제66조** ④ : 행정권은 대통령을 수반으로 하는 정부에 속한다.
>
> **헌법 제101조** ① : 사법권은 법관으로 구성된 법원에 속한다.

권력 제한 기능

권력의 자의적 행사와 남용을 방지하여 국민의 기본권을 실질적으로 보장한다.

> **헌법 제61조** ① : 국회는 국정을 감사하거나 특정한 국정 사안에 대하여 조사할 수 있으며, 이에 필요한 서류의 제출 또는 증인의 출석과 증언이나 의견의 진술을 요구할 수 있다

국민적 합의 기능

사회적 갈등을 해결하여 공동체를 유지하고 사회 통합을 실현한다.

헌법 제72조 : 대통령은 필요하다고 인정할 때에는 외교, 국방, 통일 기타 국가 안위에 관한 중요 정책을 국민 투표에 부칠 수 있다 헌법에는 '붙일 수 있다' 라고 명시되어 있지만 이는 맞춤법 오류다.

정치 생활 주도 기능

정치적 의사를 결정하고 문제 해결의 방향과 절차의 기준이 된다.

대한민국 헌법의 기본원리

국민주권주의

> **헌법 제1조** ① : 대한민국은 민주 공화국이다.
> ② : 대한민국의 주권은 국민에게 있고, 모든 권력은 국민으로
> 부터 나온다.

국민주권주의란, 국가의 최고 의사를 결정하는 주권이 국민에게 있고 모든 국가권력의 근거가 국민에게 있다는 의미다. 참정권 보장, 국민 투표제, 언론·출판·집회·결사의 자유보장 등을 통해 실현된다.

자유민주주의

> **헌법 제4조** : 대한민국은 통일을 지향하며, 자유민주적 기본 질서에 입각한 평화적 통일정책을 수립하고 이를 추진한다.

자유민주주의란 자유주의와 민주주의가 결합된 정치원리로, 법치주의, 적법절차의 원리, 사법권의 독립, 복수 정당제를 기반으로 하는 자유로운 정당 활동 등을 통해 실현된다.

복지국가의 원리

> **헌법 제34조** ① : 모든 국민은 인간다운 생활을 할 권리를 가진다.
> **헌법 제119조** : 국가는 균형 있는 국민경제의 성장 및 안정과 적정한 소득의 분배를 유지하고, 시장의 지배와 경제력의 남용을 방지하며, 경제주체 간의 조화를 통한 경제의 민주화를 위하여 경제에 관한 규제와 조정을 할 수 있다.

복지국가의 원리란 복지에 대한 책임을 국가에 부여하고, 사회권을 기본권으로 보장하는 헌법원리를 말한다. 모든 국민이 인간으로서의 존엄을 지키기 위해 기본적인 생활 수요를 충족시킬 권리와 건강하고 인간다운 생활을 영위할 수 있는 권리를 보장한다. 근로자에 대한 적정한 임금을 보장하고 최저 임금제를 실시하는 것도 이 원리를 실현하는 일환이다.

국제평화주의

> **헌법 제5조** ① : 대한민국은 국제평화의 유지에 노력하고 침략적 전쟁을 부인한다.

국제평화주의는 국제 질서를 존중하고 세계 평화와 인류 공동 번영을 위해 노력한다는 원리를 말한다. 침략적 전쟁의 부인, 조약과 국제 관습법 등의 존중, 상호주의 원칙에 따른 외국인 지위 보장 등을 통해 실현된다.

평화통일 지향

> **헌법 제66조 ③** : 대통령은 조국의 평화적 통일을 위한 성실한 의무를 진다.

대한민국은 분단의 상황 속에서 자유민주적 기본 질서에 입각한 평화적 통일을 추구한다. 평화통일정책 수립과 실천, 민주평화통일 자문회의 설치, 대통령에게 평화통일을 위해 노력할 의무부과 등을 통해 실현한다.

문화국가의 원리

> **헌법 제9조** : 국가는 전통문화의 계승·발전과 민족문화의 창달에 노력하여야 한다.

헌법 제9조에는 국가로부터 문화의 자유가 보장되고 국가가 문화를 보호 및 지원해야 한다는 원리가 담겨 있다. 전통문화의 진흥, 종교·학문·예술 활동 자유의 보장, 평생 교육의 진흥, 의무교육제도 등을 통해 이 원리를 실현한다.

기본권

기본권은 헌법에 의하여 보장되는 국민의 기본적 권리이다. 나라마다 헌법이 다르므로 규정하고 있는 기본권도 다를 수 있으나, 기본권은 보편적 인권사상에 기초하기 때문에 그 내용은 비슷하다.

기본권의 종류에는 인간의 존엄과 가치, 행복추구권, 평등권, 자유권, 참정권, 사회권, 청구권 등이 있다.

인간의 존엄과 가치는 인간으로서 존중받아야 할 권리를 말하며 헌법 질서 최고의 원리이자, 국가권력 행사의 한계가 된다. 행복추구권은 안락하고 풍족한 삶을 살 수 있는 권리로서 물질적 풍요뿐만 아니라 정신적 만족까지 추구할 권리가 포함된다. 인간의 존엄과 가치 그리고 행복 추구권은 다른 모든 기본권에 공통적으로 적용되는 기본권의 이념이자 기본권 보장의 궁극적 목적이 된다. 즉 모든 개별적인 기본권의 내용을 담은 포괄적 원리인 셈이다.

평등권은 인종, 성별, 종교, 신분, 장애 등에 의해 부당하게 차별받지 않고 동등하게 대우받을 권리를 말하며, 선천적·후천적 차이를 고려하지 않고 동등하게 대우하는 것을 형식적 평등, 사람이 처한 상황이나 여건에 따라 다르게 대우하는 것을 실질적 평등이라고 한다.

자유권은 개인이 자유로운 영역에서 국가권력에 의한 간섭이나 침해를 받지 않을 권리를 말한다. 자유권은 절대군주의 억압에서 벗어나기 위한 과정에서 시민혁명을 통해 보장되기 시작한 것으로 소극적·방어적 권리에 해당한다. 자유권에는 신체적 자유, 정신적 자유, 사회·경제적 자유가 있다.

참정권은 주권자로서 국가 정치 과정에 적극적으로 참여할 수 있는 권리를 말한다. 여기에는 선거권**국민대표를 선출할 수 있는 권리**, 공무 담임권**선출직·임명직의 공직을 담당할 수 있는 권리로 피선거권을 말함**, 국민투표권**국가 중요 정책을 결정하는 국민투표에 참여할 권리**이 있다. 사회권은 국가에 인간다운 생활을 요구할 수 있는 권리**국가에 의한 자유를 요구하는 적극적 권리**를 말하며, 사회권에는 교육을 받을 권리, 근로의 권리, 사회 보장을 받을 권리, 쾌적한 환경에서 살 권리 등이 있다. 청구권은 국민의 기본권이 국가나 타인에 의해 침해당할 때 그 구제를 청구할 수 있는 권리를 말하며, 다른 기본권 보장을 위한 수단적 권리가 된다.

반면, 대한민국 헌법 제37조 2항에는 국가가 국민의 기본권을 제한할 수 있는 요건을 명시하고 있는데, 이는 헌법에 제시된 목적, 방법, 한계에 부합하지 않게 기본권을 제한하는 것을 막아 국민의 기본권을 보장하기 위함이다.

헌법 제37조 ② : 국민의 모든 자유와 권리는 국가 안전 보장·질서유지 또는 공공복리를 위하여 필요한 경우에 한하여 법률로써 제한할 수 있으며, 제한하는 경우에도 자유와 권리의 본질적인 내용을 침해할 수 없다.

기본권은 국가 안전보장, 질서의 유지, 공공복리를 위해 국민의 대표 기관인 국회가 제정한 법률에 의거 제한될 수 있으며, 기본권을 제한할 때는 정당한 목적을 달성하는 데 필요한 범위 내에서만 행사해야 한다는 과잉금지의 원칙**목적의 정당성, 방법의 적정성, 피해의 최소성, 법익의 균형성**이 적용된다.

민법

개인 간 법률관계에서 발생하는 권리와 의무의 종류 및 그 내용을 다루는 법을 민법이라고 한다. 법은 크게 공법과 사법으로 나누어지는데, 민법은 그 중 사법에 속한다. 공법은 국가 기타의 공공단체와 개인 사이의 관계 및 공공단체 상호 간의 관계를 규율하며, 사법은 사인 상호 간의 관계를 규율하는데, 평등자의 대등관계로서 친족생활 및 경제 거래관계를 규율하는 규범 모두를 일컫는다. 민법은 개인 간 법률관계를 조율하는 기능을 수행하고, 신의·성실의 원칙 권리 행사와 의무 이행에서 신의와 성실로 행동해야 한다는 원칙 과 권리남용금지 원칙 부당한 권리행사에 대해서는 법적 효과가 발생하지 않는다는 원칙 등 법적 생활 관계의 행위기준을 제시한다.

근대 민법의 원칙

사유 재산권 존중의 원칙 소유권 절대의 원칙	개인 소유 재산에 대한 사적 지배를 인정하고 국가나 집단, 다른 개인이 이에 대해 함부로 간섭하거나 제한하지 못한다는 원칙이다.
사적 자치의 원칙 계약 자유의 원칙	각 개인은 자율적 판단에 기초하여 법률관계를 형성할 수 있다는 원칙이다.
과실 책임의 원칙 자기 책임의 원칙	자신의 고의나 과실에 따른 행위로 타인에게 손해를 끼친 경우에만 책임을 진다는 원칙이다.

근대 민법의 원칙은 개인주의와 자유주의 정신을 실현시켰다는 점에서 의의가 있지만, 자본주의 발달에 따라 빈부격차가 심화되고, 환경오염, 독과점, 강자에 의한 약자의 지배 강자가 자신에게 유리한 계약조건을 약자에

계 강요 등의 문제가 발생함에 따라 점차 한계가 나타나기 시작했다. 사회적 약자를 보호할 필요성이 대두됨에 따라 근대 민법의 원칙은 다음처럼 수정을 거치게 된다.

수정된 민법의 원칙

소유권 공공복리의 원칙	소유권은 무제한적으로 행사될 수 있는 것이 아니라, 공공복리에 적합하게 행사되어야 한다는 원칙이다. 개인의 소유권 행사가 공공의 이익을 위해서라면, 경우에 따라 제한될 수 있음을 의미한다(상대적 권리).
계약 공정의 원칙	계약 내용이 개인 간 자율적 판단에 기초한다고 하더라도, 그 내용이 사회질서에 위반되거나 공정하지 못한 경우에 법적 효력이 발생하지 않을 수 있다는 원칙이다. 이를 통해 강자가 약자에게 일방적으로 불리한 계약조건을 강요할 가능성이 줄어들게 된다.
무과실 책임의 원칙	자신에게 직접적 고의나 과실이 없더라도 일정한 요건에 따라 배상책임을 질 수 있다는 원칙이다. 제조물 결함으로 소비자에게 발생한 손해에 대해서는 무과실 책임원칙이 적용되고 있다.

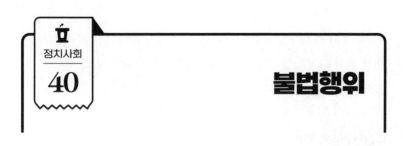

불법행위

고의 또는 과실로 위법하게 타인에게 손해를 입히는 행위를 불법행위라고 하며, 다음과 같은 요건에 따라 성립된다.

불법행위 성립요건

고의 또는 과실	가해자의 행위가 고의로 한 행위이거나 실수로 한 행위여야 한다.
위법성	법이 보호할 가치가 있는 이익을 위법하게 침해해야 하며, 정당방위나 긴급피난은 위법성 조각사유가 되어 위법성을 배제함. 정당방위는 다른 사람의 불법 행위로부터 자신 또는 제3자의 이익을 지키기 위해 부득이 그 다른 사람에게 손해를 가하는 행위를, 긴급피난은 급박한 위난을 피하기 위해 부득이 다른 사람에게 손해를 가하는 행위를 말한다.
손해 발생	가해자 행위로 인해 피해자에게 손해가 발생해야 한다. 재산적 손해뿐 아니라 생명, 자유, 명예 등의 침해로 인한 정신적 손해까지 포함된다.
인과관계	가해자의 위법행위와 피해자 손해 사이에 상당한 수준의 인과관계가 있어야 한다.
책임 능력	자신의 행위가 불법행위로서 법률상 책임이 발생한다는 것을 판단할 수 있는 능력이 있어야 함을 의미한다. 어린아이나 심신상실자는 사물을 제대로 변별하거나 의사를 결정할 수 있는 능력이 결여되어 있으므로 책임능력이 없다고 본다.

일반적인 불법행위 성립 요건과는 다른 특수한 요건을 가진 불법행위를 특수불법행위라고 한다. 이 경우 사람 또는 물건 등에 대한 관리와 감독 소홀, 다른 사람이 저지른 위법행위에 대해서도 배상책임을

질 수 있다.

특수불법행위

책임무능력자의 감독자 책임	책임 능력이 없는 미성년자나 심신상실자가 타인에게 손해를 가한 경우 이를 감독할 법정의무가 있는 자에게 손해배상 책임이 있다. 다만, 감독자가 감독의무를 게을리 하지 않았음을 증명한다면 책임이 면제될 수 있다.
사용자배상 책임	피용자가 업무와 관련하여 타인에게 손해를 가한 경우 사용자는 피용자의 선임 및 사무 감독상의 과실에 대해 손해 배상을 지게 된다. 다만, 사용자(고용주)가 피용자의 선임 및 사무 감독에 상당한 주의를 다하였음을 증명하면, 책임이 면제될 수 있다.
공작물 등의 점유자, 소유자 책임	공작물이란 인공적 작업에 의해 제작된 물건으로, 건물, 창틀, 교량, 도로, 저수지 등이 있다. 공작물 등의 설치 또는 보존상 하자로 타인에게 손해를 끼친 경우 점유자가 1차적으로 손해배상 책임을 지게 된다. 공작물 점유자가 손해방지를 위한 주의의무를 다하였음을 증명하면, 책임이 면제되며, 공작물의 소유자가 무과실 책임을 지게 된다.
동물의 점유자 책임	점유하는 동물이 타인에게 손해를 가한 경우 동물의 점유자가 손해배상을 책임을 지게 된다.
공동불법행위자 책임	여러 사람이 공동으로 타인에게 손해를 가한 경우 연대해서 손해배상 책임을 지게 된다.

미성년자의 행위 능력

한국에서 성인은 만 19세부터를 의미한다. 즉 미성년자는 만 18세까지를 의미한다**형사미성년자는 만 14세 미만이어서 범죄를 저지른 경우에도 책임이 조각된다**. 성년자인가 미성년자인가를 판단하기 위해서는 보통 호적부의 기재를 자료로 삼는다.

미성년자는 민법상 제한 능력자에 해당하여 확정적으로 유효한 법률 행위를 단독으로 할 수 없다. 단독으로 유효한 법률행위를 할 수 있는 지위나 자격을 행위능력이라고 하는데, 이러한 행위능력이 제한된 사람을 제한 능력자라고 한다. 원칙적으로 미성년자가 법률 행위를 할 경우 법정 대리인의 동의를 얻어야 한다. 법정 대리인의 동의를 얻지 않은 미성년자의 법률 행위도 일단 유효하지만, 미성년자 본인이나 법정 대리인이 취소할 수 있다**일정 기간 내에 취소하지 않거나 법정 대리인이 추인하면 확정적으로 유효하게 된다**. 이는 사회적 경험이 적고 합리적 의사결정 능력이 부족하여 불리한 계약을 맺을 가능성이 큰 미성년자를 보호하기 위한 것이다.

미성년자가 단독으로 할 수 있는 법률 행위에는 범위를 정하여 처분이 허락된 재산의 처분행위, 권리만 얻거나 의무만을 면하는 행위, 허락된 영업에 관한 행위, 임금청구 행위가 있다. 미성년자는 제한 능력자이므로, 미성년자와 거래한 상대방은 손해를 볼 수 있다**미성년자라는 이유로 임의로 계약을 취소할 경우**. 따라서 미성년자와 거래한 상대방을 보호하기 위해, 확답을 촉구할 권리와 철회권을 인정하고 있다.

미성년자와 거래한 상대방에게 인정되는 권리

확답을 촉구할 권리	미성년자와 거래한 상대방은 일정 기간을 정하여 미성년자의 법정 대리인에게 계약 취소 여부를 확정하도록 요구할 수 있으며, 일정 기간 내에 확답을 하지 않으면, 확정적으로 유효한 법률행위가 된다.
철회권	미성년자와 거래한 상대방은 계약이 확정적으로 유효하게 되기 전까지 거래의 의사표시를 철회할 수 있다.

법정 대리인의 동의를 받지 않은 미성년자의 법률행위는 미성년자 본인이나 법정 대리인이 취소할 수 있다. 하지만 취소권이 제한되는 경우도 있다. 미성년자가 자신이 성인인 것처럼 속이거나 법정 대리인의 동의를 얻은 것처럼 상대방을 기만하여 법률 행위를 했을 때는 그 법률 행위가 확정적으로 유효하게 된다.

혼인의 법적 효과

혼인은 남녀가 부부가 되는 것으로 일종의 계약에 해당한다. 성립 요건은 실질적 요건과 형식적 요건으로 구분할 수 있다.

혼인의 성립 요건

실질적 요건	- 양 당사자가 자유로운 의사에 기초하여 혼인에 대해 합의해야 한다. - 대한민국 민법에서 규정하고 있는 혼인을 할 수 있는 연령인 18세에 해당할 것. - 민법에서 제한하고 있는 혼인할 수 없는 친족관계가 아닐 것(8촌 이내의 혈족, 6촌 이내 혈족의 배우자, 배우자의 6촌 이내의 혈족, 배우자의 4촌 이내의 혈족의 배우자인 인척이거나 이러한 인척이었던 자 사이에서는 혼인할 수 없음).
형식적 요건	혼인신고를 통해 법률적으로 부부 관계가 될 것. 법률혼주의

두 남녀가 혼인하게 되면, 이에 따른 법적 효과가 발생한다. 친족 관계가 발생하며, 부부 간 동거·부양·협조의 의무, 일상 가사 대리권이 발생한다. 부부의 공동생활에 필요한 일상적인 일을 서로 대신해서 처리하는 것을 일상 가사 대리권이라고 한다. 생활필수품의 구입, 집의 월세나 자녀의 교육비 지급 등을 예로 들 수 있다. 원칙적으로 각자가 취득한 재산은 각자 따로 관리한다는 부부 별산제를 적용하나 일상의 가사에 대해 부부 중 한쪽이 지는 채무는 별도 의사표시가 없는 한 부부에게 연대책임이 발생한다. 한편, 성년 의제라는 것도 있는데, 미성년자는 제한 능력자이지만, 부모의 동의를 얻어 혼인했을 경우 행

위능력자로 인정되어 단독으로 유효한 법률행위를 할 수 있게 되는 것을 말한다.

사실혼이란 혼인 의사를 가지고 부부로서 공동생활을 하면서도 법적으로 혼인신고를 하지 않은 상태를 말한다. 대한민국 민법은 일정 범위 내에서 사실혼도 법적으로 보호하고 있다. 배우자의 친족관계 발생, 배우자 간 상속권 등을 제외하고 부부 간 동거와 부양 및 협조의 의무, 일상 가사 대리권 등이 인정되고 있다.

이혼

혼인관계를 인위적으로 해소하는 것을 이혼이라고 한다. 이혼의 유형에는 협의상 이혼과 재판상 이혼이 있다.

이혼의 종류

협의상 이혼	당사자 간 협의로 이루어지는 이혼을 협의상 이혼이라 한다. 이혼 사유에는 제한이 없으며, 법원에 이혼 의사 확인을 신청하고 이혼숙려 기간을 거쳐 법원이 이혼 의사를 확인한다. 최종적으로 행정 관청에서 이혼 신고를 할 때부터 이혼의 효력이 발생한다.
재판상 이혼	법이 정한 사유에 해당하는 경우 법원의 판결로써 이루어지는 이혼으로 어느 한쪽의 일방적 청구에 의해 이루어진다. 재판상 이혼 신청, 이혼 조정, 이혼 소송, 이혼 판결, 이혼 신고의 절차를 거치며, 이혼의 효력은 법원의 이혼 판결이 확정된 때부터 발생한다.

이혼숙려제도란 협의상 이혼을 신청한 부부에게 충동적인 이혼을 막고 신중하게 생각해볼 기회를 마련해주기 위해 만들어진 제도다. 원칙적으로 양육할 자녀가 있으면 3개월, 없으면 1개월이며, 폭력으로 인해 당사자가 일방에게 참을 수 없는 고통이 예상되는 등 이혼에 대한 급박한 사정이 있는 경우에는 이를 단축 또는 면제할 수 있다.

재판상 이혼은 예외적인 경우를 제하고는 조정 전치주의가 적용되어, 이혼 소송 전 가정법원의 조정절차를 거쳐야 한다. 조정으로 당사자 간 협의가 이루어지면 그것을 조서에 기재함으로써 이혼이 성립된다.

양 당사자가 이혼을 하게 되면, 배우자 및 인척관계가 소멸되며, 면접 교섭권**자녀가 있는 경우**, 재산분할 청구권, 손해배상 청구권이 발생하게 된다. 면접 교섭권이란 이혼으로 자녀를 직접 양육하지 않게 된 부모가 자녀와 지속해서 만나거나 연락할 수 있는 권리로, 자녀에게도 인정된다. 재산분할 청구권이란, 혼인 중 공동으로 마련한 재산에 대해 분할을 청구할 수 있는 권리를 말한다. 부부 중 어느 일방에게 이혼의 책임이 있을 때, 다른 상대방이 손해배상을 청구할 수 있는 권리를 갖게 되는데, 이를 손해배상 청구권이라고 한다.

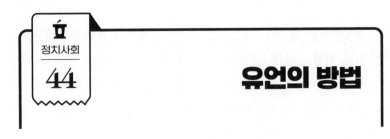

유언의 방법

17세 이상의 유언자가 자신의 사망과 동시에, 일정한 법률 효과를 발생시킬 목적으로 행하는 단독 행위를 유언이라고 한다. 법에서 정한 일정한 형식을 갖춘 유언만 효력을 인정하며, 유언의 효력은 유언자가 사망한 때 발생한다.

✦ 법에서 인정하는 유언 방식

- 자필증서 유언

유언자가 유언의 전문과 연월일 · 주소 · 이름을 기재하고 도장을 찍는 방식에 의한 유언이다 민법 제1066조 1항. 자필증서에 의한 유언을 집행하기 위해서는 반드시 가정법원에 의한 검인절차를 받게 되어 있다 민법 제1091조 · 가사소송법 제2조 1항. 그리고 자필증서에서 문자를 삽입하거나 유언문을 삭제 또는 변경하는 경우에는 유언자가 이를 직접 기재하고 도장을 찍도록 되어 있다 제1066조 2항. 주의할 점은 유언의 내용과 날짜, 주소, 이름을 정확히 기재한 후 날인을 해야 법적 효과가 발생한다는 것이다. 서명만으로는 효력이 없으며, 반드시 도장을 찍어야 한다.

- 녹음에 의한 유언

녹음에 의한 유언은 유언자가 유언의 취지, 그 성명과 연월일을 구술 입으로 말함하고 참여한 증인이 유언의 정확함과 그 성명을 구술함으로써 성립한다 민법 제1067조. 녹음에 의한 유언은 육성을 보존할 수 있으며 간편하다는 데에 장점이 있다. 유언의 녹음을 보관한 자 또는 발견한 자는 유언자의 사망 후 지체 없이 법원에 제출하여 그 검인을 청구하여야 한다 1091조.

- 공정증서 유언

공정증서 유언은 유언 방법 중 하나로 공증인을 통해 유언을 남기고 증명하기 위해 작성하는 문서이다. 공정증서 유언은 공증인이 유언자가 말하는 유언 전문을 기록하고 증인 2인이 참석한 자리에서 그 내용을 낭독한 후 유언자와 증인의 승인을 통해 서명 또는 기명날인 하는 방식이다. 민법상 가장 엄중하고 다른 유언 방식에 비해 시간이나 비용이 많이 소요되지만, 공정증서의 원본을 공증인이 보관한다는 점에서 분실, 위조, 파손 등의 위험에서 벗어날 수 있어 확실하고 분명하게 보장될 수 있는 장점이 있다. 공정증서 유언에 참여하는 증인은 유언자와 관계가 없는 사람이어야 유효하다. 공증인은 유언자의 유언 취지를 정확하게 기재하여야 한다. 유언자와 증인은 공증인의 기록 내용이 정확함을 승인한 후 서명 또는 기명날인을 하여야 한다.

- 비밀증서 유언

유언자가 필자의 성명을 기재한 증서를 엄봉 嚴封 · 날인 捺印 하고 이를 2인 이상의 증인이 면전에 제출하여 자기의 유언서인 것을 표시한 후 그 봉투표면에 제출연월일을 기재하고 유언자와 증인이 각자 서명 또는 기명 날인하는 방식에 의한 유언이다 민법 제1069조 1항. 이 비밀증서에 의한 유언 방식은 자기의 이름을 기재할 수 있는 사람이면 모두 할 수 있을 뿐만 아니라, 자필증서에 의한 유언 방식과 공정증서에 의한 유언 방식을 절충한 유언 방식이므로 유언 내용이 비밀을 유지하고, 그 누설을 방지하는 동시에 유언의 존재와 내용을 확실하게 할 수 있는 장점이 있다.

- 구수증서 유언

급박한 상황에서 구술 입으로 말함 내용을 증인이 받아 적고 증명하는 기록을 말한다. 병환이나 갑작스러운 이유가 있을 경우 2명 이상의 증인이 참석한 자리에서 문서를 작성한다. 구수를 받는 자는 유언 내용을 소리 내어 읽으며 기록한다. 유언의 내용을 자세하게 기록하여야 하고 분명하게 작성하였음을 인정한다는 내용을 작성해야 한다. 유언자와 증인은 필기자의 기록 내용이 정확함을 승인한 후 서명 또는 기명날인을 하여야 한다.

피상속인이 사망함으로써 그가 남긴 재산에 대한 권리와 의무가 상속인에게 승계되는 것을 상속이라고 한다. 이때 피상속인의 재산**적극적 재산** 뿐만 아니라 채무**소극적 재산** 도 상속된다. 피상속인의 유언이 있을 경우에는 원칙적으로 유언에 따라 상속이 이루어진다. 사람은 자신이 살아 있는 동안 축적한 재산을 자신이 사망한 후 어떻게 처리할지를 미리 정할 수 있다. 이를 유언 상속이라고 한다. 유언 상속의 효력이 인정되기 위해서는 법에서 정한 방식과 절차가 엄격히 준수되어야 한다. 유언자가 사망하면 원칙적으로 유언 내용에 따라 상속이 이루어진다. 유언자는 사망하기 전에 언제라도 유언 내용을 변경하거나 취소할 수 있다. 법적 효력을 갖춘 피상속인의 유언이 없을 경우 민법에서 정한 비율대로 법정 상속이 이루어지게 된다.

법정 상속 순위는 1순위-직계 비속, 2순위-직계 존속, 3순위-형제자매, 4순위-4촌 이내 방계 혈족 순이다. 배우자는 피상속인의 직계비속이나 직계존속이 있을 경우에는 공동으로 상속을 받으나**배우자는 공동 상속인의 상속분에 50%를 가산하여 상속받는다**, 피상속인의 직계비속이나 직계존속이 없는 경우, 단독으로 상속을 받게 된다.

유류분 제도란 피상속인의 재산 처분의 자유에 일정한 제한을 두어 그 비율액만큼은 상속인에게 보장하는 제도를 말한다. 피상속인의 자의로부터 상속인을 보호하는 것을 목적으로 한다. 피상속인의 직계비속과 배우자는 법정 상속분의 1/2, 직계 존속과 형제자매는 법정 상속분의 1/3을 유류분으로 인정한다.

한편, 상속인은 단순승인, 한정승인, 상속포기를 할 수 있는데, 단순승인이란 상속인이 상속재산의 승계를 무조건적으로 수락하는 것을 말한다. 단순승인으로 상속인은 피상속인의 권리·의무를 승계하게 되고_{민법 제1025조}, 나중에 취소_{철회} 할 수 없게 된다. 그리고 상속재산과 상속인의 고유재산은 완전히 일체화된다. 상속인은 상속개시가 있음을 안 날로부터 3월 내에 단순승인을 할 수 있고, 이 기간은 이해관계인 또는 검사의 청구에 의하여 가정법원이 연장할 수 있다_{민법 제1019조 1항}.

한정승인은 상속인이 상속에 의하여 얻은 재산의 한도 안에서만 피상속인의 채무 및 유증을 변제하는 책임을 지는 상속의 승인이다_{민법 1028조}. 상속은 재산 상속만이 아니라 채무도 같이 상속된다. 이 때 상속인이 한정승인을 신청하게 되면, 피상속인의 채무는 상속재산만으로써 청산하며, 상속재산이 부족하더라도 상속인은 자기 재산으로 변제할 의무가 없다. 한편 청산의 결과 상속재산이 남으면 이것은 상속인에 귀속한다.

상속포기란 상속인의 지위를 포기하는 것으로, 재산과 빚 모두 물려받지 않겠다는 것이다. 상속은 재산 상속만이 아니라 채무도 상속된다. 상속받을 재산보다 채무가 더 많을 경우 상속인은 재산과 채무를 모두 포기하는 '상속포기'신고를 할 수 있다. 상속포기신고는 상속개시가 있음을 안 날로부터 3개월 이내에 가정법원에 해야 한다.

형법

무엇이 범죄이고, 그것에 어떠한 형벌을 부과할 것인가를 규정한 법률를 형법이라고 한다. 공법公法 중의 하나로, 죄를 범한 자를 처벌하기 위한 법은 나라마다 수없이 제정되어 있지만, 그 많은 처벌법규 중에서 기본이 되는 것이 형법이다. 형법은 개인이나 공동체의 존립을 해하거나 위협하는 행위를 범죄로 규정하여 형벌을 부과함으로써, 개인과 사회의 근본 가치를 보호하며, 국가로 하여금 법률로 정한 범죄와 형벌만 적용하도록 하여 국가권력의 자의적인 형벌권 남용을 방지한다.

한편, 범죄의 종류와 그 처벌의 내용은 범죄 행위 이전에 미리 성문의 법률에 규정되어 있어야 한다는 근대 형법의 기본 원리를 죄형법

죄형법정주의의 파생원칙

관습 형법 금지의 원칙 성문 법률주의	범죄와 형벌은 미리 성문의 법률에 규정되어 있어야 한다.
명확성의 원칙	어떤 행위가 범죄이며 각각의 범죄에 대해 어떤 형벌이 부과되는지가 법률에 명확하게 규정되어야 한다.
적정성의 원칙	범죄 행위의 경중과 행위자가 부담해야 할 형사 책임 사이에 균형을 갖추어야 한다는 원칙.
소급효 금지의 원칙	범죄의 그 처벌은 행위 당시 법률에 의해야 하고 행위 후에 법률을 제정하여 이전의 행위를 처벌해서는 안 된다는 원칙.
유추해석 금지의 원칙	어떤 사항에 대하여 직접 규정한 법규가 없을 때, 그와 유사한 사항에 대하여 규정한 법률을 적용하지 못한다는 원칙.

정주의라고 한다. 죄형법정주의는 국가의 자의적인 형벌권 행사에서 시민의 자유와 권리를 보호하기 위해 등장한 원칙이다. 이는 일반 국민의 인권뿐만 아니라 범죄자의 인권도 보장하는 기능을 한다. 그리고 죄형법정주의의 파생원칙에는 다음과 같은 것들이 있다.

만약 어느 국가의 형법에 '나쁜 짓을 하는 사람은 매우 엄하게 처벌한다.'라는 규정이 있다면 이는 명확성의 원칙에 어긋난다. 이 규정을 해석하기에 따라, 길거리에서 쓰레기를 버린 사람도 사형에 처할 수 있다. '나쁜 짓'이라는 범죄와 '엄하게'라는 형벌이 누구나 명확하게 알 수 있도록 규정되어있지 않아 국가의 자의적 형벌권 남용이 가능하기 때문이다. 만약 어느 국가의 형법에 '절도죄를 저지른 사람은 사형에 처한다.', '살인죄를 저지른 사람은 징역 3년에 처한다.'라는 규정이 있다면, 이는 적정성 원칙에 어긋난다.

범죄의 경중에 맞는 처벌이 가해져야 하는데, 누구는 상대적으로 가벼운 범죄를 저지르고 사형을 당해야 하고, 누구는 매우 중대한 범죄를 저지르고도 그보다 가벼운 형사 책임만 지면 되기 때문이다. 이는 범죄의 경중과 행위자가 부담해야 할 형사 책임 사이에 균형이 맞지 않는 사례다. 만약 어느 법관이 개를 다치게 한 사람을 처벌하는 규정이 없음에도 개와 비슷한 고양이를 다치게 한 사람을 처벌할 수 있는 규정을 적용하여 갑에게 유죄를 선고한다면, 이는 유추해석 금지 원칙에 어긋난다.

대한민국 형법 제1조 1항에서는 범죄의 성립과 처벌은 행위 시의 법률에 의한다고 명시되어 있다. 이는 소급효 금지의 원칙을 말하는 것이다. 그러나 2항에서는 범죄 후 법률의 변경에 의하여 그 행위가 범죄를 구성하지 아니하거나 형이 구법보다 경한 때에는 신법에 의한다는 단서를 달아놓았다. 3항에서도 재판 확정 후 법률의 변경으로 인해 그 행위가 범죄를 구성하지 아니하는 때에는 형의 집행을 면제한다는 단서를 달아두었다.

범죄의 성립 요건

형법에 의해 금지되어 형벌의 부과 대상이 되는 행위를 범죄라고 한다. 범죄가 성립하기 위해서는 어떤 행위가 법률에서 규정하고 있는 구성 요건에 해당해야 하며, 위법성이 있고, 책임성이 있어야 한다. 범죄 성립 여부는 구성 요건 해당성, 위법성, 책임 순으로 판단한다. 구성 요건에 해당하면 위법성 여부를 판단하고 위법성이 있으면 책임 여부를 판단하게 된다. 구성 요건이란 형법에서 범죄로 규정한 행위에 대한 위법성에 대하여 규정한 요건을 말한다. 따라서 형법에서 규정한 범죄에 해당하는 요건을 갖춘 행위여야 범죄가 성립한다.

위법성은 어떤 행위가 범죄 또는 불법 행위로 인정되는 객관적 요건을 말한다. 한편, 어떤 행위가 범죄의 구성요건에 해당하지만 위법성을 배제함으로써 적법하게 되는 사유를 위법성 조각사유라고 한다.

위법성 조각사유의 종류

정당행위	법령 또는 업무로 인한 행위, 기타 사회 상규에 위배되지 않는 행위.
정당방위	자기 또는 타인의 법익에 대한 현재의 부당한 침해를 방위하기 위한 상당한 이유가 있는 행위.
긴급피난	자기 또는 타인의 법익에 대한 현재의 위난을 피하기 위한 행위로서 상당한 이유가 있는 행위.
자구행위	법정 절차에 의해 청구권을 보전하기 불가능한 경우 그 청구권 실행불능 또는 현저한 실행 곤란을 피하기 위한 상당한 이유가 있는 행위.
피해자승낙	처분할 수 있는 자의 승낙에 의해 그 법익을 훼손한 행위로서 법률에 특별한 규정이 없는 경우.

이에는 정당행위^{형법 제20조}, 정당방위^{제21조}, 긴급피난^{제22조}, 자구행위^{제23조}, 피해자의 승낙에 의한 행위^{제24조}, 명예훼손의 행위가 진실한 사실로서 오로지 공공의 이익에 관한 때^{제310조} 등이 있다.

책임성은 위법 행위를 하였다는 것에 대해 행위자에게 가해지는 비난 가능성을 말한다. 형사 미성년자^{14세 미만} 또는 심신상실자의 행위, 피할 수 없는 강요된 행위에 대해서는 책임성이 조각되며, 심신미약자, 청각과 발음 기능에 모두 장애가 있는 자가 범죄를 저지른 경우 범죄는 성립되나 형을 감경할 수 있다.

형벌의 종류

범죄인의 생명, 자유, 명예, 재산 등을 박탈하는 것을 형벌이라고 한다.

생명형은 수형자의 목숨을 끊는 것으로 교수, 참수, 총살, 화형 따위의 여러 가지 방법이 있지만, 한국의 현행법은 교수형으로 집행한다. 자유형은 범죄자의 사회적 격리에 의한 일반예방적 기능과 강제작업 또는 치료를 통한 교화개선의 특별예방적 기능을 가진다. 한국의 형법은 징역, 금고 및 구류 등 3종의 자유형을 규정하고 있다41조. 명예형은 범죄인의 명예나 자격을 박탈 또는 정지하는 형벌을 총칭한다. 현행 형법상 명예형은 자격상실과 자격정지의 2가지가 있다. 재산형은 범죄인에게서 일정한 재산을 박탈하는 것을 내용으로 하는 형벌을 말한다. 현행 형법은 재산형으로 벌금·과료 및 몰수의 3종을 인정하고 있다.

형법의 종류

징역	1개월 이상 교도소 등에 구금하여 징역을 부과하는 것
금고	1개월 이상 교도소 등에 구금하며 징역을 부과하지 않음.
구류	1개월 이상 30일 미만 교도소 등에 구금하며 징역을 부과하지 않음.
자격 상실	일정한 형의 선고가 있으면 그 형의 효력으로써 당연히 일정한 자격이 상실되는 명예형으로 현행 형법상 자격 상실이 되는 경우는 사형, 무기 징역 또는 무기 금고의 판결을 선고받는 경우다.
자격 정지	수형자의 일정한 자격의 전부 또는 일부를 일정 기간 정지시키는 명예형이다.
벌금	원칙적으로 5만 원 이상을 부과한다.
과료	2천 원 이상 5만 원 미만을 부과한다.
몰수	범죄 행위와 관련된 일정한 물건의 소유권을 국가에 강제로 귀속시키는 것으로, 범죄의 반복을 방지하고 범죄로 이득을 얻지 못하도록 하는 목적이 있다.

수사

범죄가 발생했거나 발생한 것으로 생각되는 경우 범인을 찾고 증거를 수집하는 활동을 수사라고 한다.

수사의 절차

수사 개시	고소나 고발, 현행범의 체포, 긴급 체포, 범인의 자수, 수사 기관의 인지 등에 의해서 수사 절차를 시작하는 것을 말한다.
수사	피의자를 불구속 상태에서 수사하는 것이 원칙이나 정당한 사유가 있는 경우 판사로부터 영장을 발부받아 피의자를 체포 및 구속하거나 압수수색할 수 있다.
검찰 송치	사법 경찰관이 피의자, 수사 기록 및 증거물을 검찰에 보내는 것을 말한다.
수사 종결	수사 기관이 공소 제기 여부를 결정할 수 있을 정도로 피의 사건이 규명된 경우 수사 절차를 종결하게 되는데, 이를 수사 종결 처분이라고 한다. 수사 절차는 공소를 제기 (기소)하거나 제기하지 않는 것(불기소 처분)으로 종결된다. 수사 개시는 검사 또는 사법 경찰관이 각각 행할 수 있으나 현행법상 수사 종결은 원칙적으로 검사만 할 수 있다.

　　고소는 범죄의 피해자 또는 그와 일정 관계에 있는 자가 수사 기관에 대하여 범죄사실을 신고하여 범인의 처벌을 구하는 의사표시를 말한다. 고발은 고소권자와 범인 이외에 제3자가 수사기관에 범죄사실을 신고하여 범인의 처벌을 구하는 의사표시다.

　　기소란 검사가 일정한 형사 사건에 대하여 법원의 심판을 구하는 행위를 말한다. 이를 공소제기라고도 한다. 기소는 국가 기관인 검사만이 행할 수 있으므로, 국가소추주의 또는 기소독점주의라 한다. 검사는 피해자를 위해서만 기소하는 것이 아니라, 사회질서유지라는 공익 측면에서 공익의 대표자로서 기소하는 것이다.

불기소 처분에는 피의사실이 인정되지 않거나 범죄를 구성하지 않는 경우에 내리는 '혐의없음', 위법성 조각사유나 책임 조각사유에 해당하는 경우에 내리는 '죄가 안 됨', 피의사실이 인정되지만, 범인의 성행이나 동기 등을 참작하여 공소를 제기하지 않는 '기소유예' 등이 있다.

기소유예란 죄를 범한 사람에 대하여 공소를 제기하지 않는 검사의 처분을 말한다. 검사는 범인의 연령, 지능과 환경, 피해자에 대한 관계, 범행 동기와 수단 그리고 결과, 범행 후의 정황 등을 참작하여 소추할 필요가 없다고 사료될 때는 공소를 제기하지 않을 수 있다. 검사가 기소하거나 불기소처분을 하면 수사는 종결된다. 기소하면 형사 재판이 열리고 불기소처분을 하면 피의자에 대한 형사 절차는 중단된다.

형의 선고

형의 선고에는 유죄선고와 무죄선고가 있고, 유죄선고는 다시 실형, 집행유예, 선고유예로 나뉜다. 여기에서는 대한민국 형법을 기준으로 서술한다.

형의 선고

유죄 선고	실형	법원의 선고를 받아 실제로 집행되는 형벌
	집행 유예	범죄자에게 단기의 자유형을 선고할 때에 그 정상을 참작하여 일정 기간(1년 이상 5년 이하) 그 형의 집행을 유예하는 제도를 말한다. 유예 기간 동안 일정한 범죄를 저지르지 않으면 형 선고의 효력을 상실한다.
	선고 유예	피고인의 유죄를 인정하면서도 정상을 참작하여 형의 선고를 미루는 것을 말한다. 일정한 범죄를 저지르지 않고 유예를 받은 날로부터 2년이 경과되면 면소된 것으로 간주한다. 면소란 형사소송에 있어서 당해 사건에 관한 당해 법원의 소송절차를 종결시키는 종국재판을 말한다.
무죄 선고		기소한 사건에 대하여 유죄를 인정할 만한 증거가 없거나 범죄 성립이 되지 않는 경우.

선고유예를 받게 되면 당장 형의 선고를 받지 않는다는 점에서 무죄판결과 동일하다고 생각할 수 있으나, 선고유예를 받은 날로부터 2년이 경과하기 전에 자격정지 이상의 형에 처한 판결이 확정되거나 자격정지 이상의 형에 처한 전과가 발견된 때에는 유예된 형을 선고

하게 된다.

형의 집행을 유예하는 경우에는 보호관찰을 받을 것을 명하거나 사회봉사 또는 수강을 명할 수 있다. 집행유예의 선고를 받은 사가 유예 기간 중 고의로 범한 죄로 금고 이상의 실형을 선고받아 그 판결이 확정된 때에는 집행유예선고는 그 효력을 상실한다. 보호관찰이나 사회봉사 또는 수강을 명한 집행유예를 받은 자가 준수사항이나 명령을 위반하고 그 정도가 무거운 때에는 집행유예의 선고를 취소할 수 있다. 그리고 집행유예선고 이후 그 선고의 실효 또는 취소됨이 없이 유예기간을 경과한 때에는 형의 선고는 효력을 잃게 된다.

한편, 가석방 제도라는 것이 있는데, 징역 또는 금고형을 받고 수형 중에 있는 사람이 개전의 정이 현저하여 재범의 위험성이 없다고 판단되는 때에 형기 만료 전에 일정한 요건을 갖추면 조건부로 석방하는 제도다. 무기에 있어서는 20년, 유기에 있어서는 형기의 3분의 1을 경과한 후에 행정 처분에 의해 미리 석방할 수 있다.

형사 절차에서의 인권 보장보호 원칙

인권보장보호 원칙의 종류

무죄추정의 원칙	피고인 또는 피의자는 유죄판결이 확정될 때까지는 무죄로 추정한다는 원칙으로 프랑스의 권리선언에서 비롯된 것이다. 검사에 의해 기소된 피고인은 물론 수사기관에서 조사를 받고 있는 피의자도 법원으로 부터 유죄 판결 받을 때까지는 범죄자로 단정해서는 안 된다.
적법절차의 원칙	공권력에 의한 기본권 제한은 법에 정해진 절차에 의한 경우에만 유효하다는 원칙이다. 국가 형벌권 남용에서 국민 인권을 보호하는 원칙이다.
진술 거부권	피의자나 피고인이 형사 절차에서 불리한 진술을 강요당하지 않을 권리를 말한다. 수사 기관과 법원은 각각 피의자와 피고인에게 권리를 고지(미란다 원칙)할 의무가 있으며, 고지 없이 얻은 진술은 증거 능력을 인정하지 않는다.
변호인의 조력을 받을 권리	피의자나 피고인이 수사 기관과 대등한 관계에서 자신을 방어할 수 있도록 헌법이 변호인의 조력을 받을 권리를 보장한다. 국선 변호인 제도가 그 예이다.

미란다 원칙이란, 경찰이나 검찰이 범죄용의자를 연행할 때 그 이유와 변호인의 도움을 받을 수 있는 권리, 진술을 거부할 수 있는 권리 등이 있음을 미리 알려 주어야 한다는 원칙을 말한다. 1966년 미국 연방대법원의 판결로 확립된 원칙으로, 한국 헌법과 형사소송법도 '체포 또는 구속의 이유'를 알려 주도록 규정하고 있는데, 미국의 미란다 원칙과 진술거부권의 고지 의무 여부 등의 차이는 있으나 근본정신은 같다. 대법원도 2000년 7월 4일 미란다 원칙을 무시한 체포는 정당한 공무집행이 아니라는 판결을 내렸다.

국선변호인제도는 법원이 직권으로 피고인의 이익을 위하여 선임하는 변호인이다. 대한민국 제12조 제4항 단서는 '형사피고인이 스스로 변호인을 구할 수 없을 때에는 법률이 정하는 바에 의하여 국가가 변호인을 붙인다.'라고 하여, 국선변호인제도를 채택하고 있다. 이에 따라 현행 형사소송법에는 피고인이 구속되었을 때, 미성년자일 때, 70세 이상인 자일 때, 농아자청각장애인과 언어장애인 일 때, 심신장애의 의심이 있는 때에 변호인이 없는 경우 법원에서 직권으로 국선변호인을 선임하도록 되어 있다.

그리고 빈곤, 기타 사유로 변호인을 선임할 수 없는 때에는 피고인의 청구가 있는 경우와, 피고인의 연령·지능 및 교육 정도 등을 참작하여 권리보호를 위하여 필요하다고 인정되는 때에 피고인의 명시적 의사에 반하지 않는 범위 안에서 국선변호인을 선임하도록 하고 있다. 또한 형사소송법 제282조는 사형 무기 또는 징역 3년 이상의 법정형이 내려지는 사건을 '필요적 변호' 사건으로 분류, 반드시 변호인이 출석한 상태에서 재판을 진행하도록 규정하고 있다. 따라서 법정형이 징역 3년 이상인 사건에서 변호인이 없거나 선임된 사선변호인이 재판 도중 불출석 또는 퇴정했을 때에 피고인의 변호를 위해 재판장이 직권으로 국선변호인을 선임하기도 한다.

영장실질심사제도와 구속적부심사제도

영장실질심사제도란 대한민국 형사소송법상 제도로 판사가 구속영장을 발부하기 앞서 구속사유 유무를 판단하기 위해 피의자를 면전에서 심문하는 제도를 말한다. 구속전 피의자심문이라고도 한다. 영장실질심사에서 구속영장이 발부되면 구치소에 구금하고 구속영장이 기각되면 석방한다. 구속영장이 발부되면 당해 법원에 서면으로 구속적부심을 청구할 수 있다.

영장실질심사제도는 종래 형식적 서류심사만으로 구속영장을 발부함으로써 구속이 남발되었던 것을 막으려는 취지에서 1995년 제8차 형사소송법 개정을 통해 우리나라에도 도입되었다. 영장실질심사는 피의자나 배우자, 직계가족 등의 신청이 있을 때에만 실시했지만 2007년 6월 1일 형사소송법 개정으로 2008년 1월 1일부터는 신청이 없어도 모든 구속영장 청구 사건에서 실질심사가 진행된다.

형사소송법 제201조의 2는 ① 영장에 의한 체포, 긴급체포, 현행범인의 체포에 따라 체포된 피의자에 대하여 구속영장을 청구받은 판사는 지체없이 피의자를 심문하여야 하고, ② 그 외의 피의자에 대하여 구속영장을 청구받은 판사는 피의자가 죄를 범하였다고 의심할 만한 상당한 이유가 있는 경우에, 구인을 위한 구속영장을 발부하여 피의자를 구인한 후 심문하여야 한다고 규정하고 있다.

구속적부심사제도란 구속된 피의자가 구속절차의 적법성과 필요성을 심사해줄 것을 법원에 청구하는 제도다. 구속적부심사청구의 사유는 구속영장의 사유가 법률에 위반되었다고 판단되는 때 또는 구속

후 중대한 사정변경이 있어서 구속을 계속할 필요가 없다고 판단되는 때이다. 구속적부심사청구에 대한 심사는 법원에서 한다. 법원은 심문이 종료된 때로부터 24시간 이내에 구속에 대한 적부의 결정을 내려야 한다. 그 결정에는 항고가 허용되지 않는다. 구속적부심사의 석방 결정에 의하여 석방된 피의자는 도망하거나 죄증을 인멸하는 경우를 제외하고는 동일한 범죄사실에 대하여 재차 구속하지 못한다 **형사소송법 214조의 3** .

사회법

사회법이라는 용어는 독일과 프랑스의 학자들에 의하여 등장한 것이며, 국가에 따라서 다양한 의미로 사용되고 있으나, 우리나라에서는 대체로 공법公法과 사법私法의 중간의 제3의 법역法域을 나타내는 의미로 이해되고 있다. 사회법은 공법과 사법의 중간적인 성격을 가지며, 오늘날과 같은 복지국가에서 사회법의 중요성이 더욱 강조되고 있다.

종래에는 법을 공법과 사법의 둘로 구별하였으나, 자본주의가 발달하면서 초래된 경제적 약자와 강자의 대립과 사회적 불균형으로 인하여 자유주의적 국가관에 대한 반성이 일어났고**빈부격차, 노동자와 사용자 간 대립, 환경오염, 계약 자유의 원칙 악용 등의 사회문제가 발생**, 개인의 생존보장에 대한 필요성이 대두됨에 따라 공법과 사법의 중간 영역에 해당되는 사회법이 등장하였다.

사회법은 근로자, 장애인, 저소득층 등 사회적·경제적 약자의 권리를 보호하고, 모든 국민의 최소한의 인간다운 삶을 보장하는 것을 목적으로 하며, 사회법의 종류에는 노동법, 경제법, 사회보장법이 있다.

노동법은 근로자를 보호할 목적으로 근로자의 권리와 근로조건 등을 규정한 법이다. 노동법은 노동자와 사용자 간의 이해관계를 조정하여 대립을 완화하기 위해 만들어졌다. 근로기준법, 노동조합 및 노동관계조정법, 남녀고용평등법, 최저임금법 등이 있다.

경제법은 공정한 경쟁을 통해 시장경제의 질서를 유지하고, 소비자와 중소기업을 보호하기 위해 만들어진 법으로, 바람직한 경제활동을 보장한다. 독점규제 및 공정거래에 관한 법률 등이 있다.

    사회보장법은 모든 국민의 기본적인 생활을 보장하고, 복지를 향상시킬 목적으로 만들어진 법이다. 국민기초생활보장법, 국민연금법, 국민건강보험법, 장애인복지법, 고용보험법, 노인복지법 등이 있다.

노동 3권

헌법상 보장된 근로자의 권리로 단결권, 단체 교섭권, 단체 행동권을
통틀어 노동 3권이라고 한다.

> **대한민국 헌법 제33조 ①** : 근로자는 근로조건의 향상을 위하여 자주적인
> 단결권, 단체교섭권 및 단체행동권을 가진다.

노동 3권의 종류

단결권	근로자들이 자주적으로 노동조합을 조직 및 운영할 수 있는 권리
단체 교섭권	노동조합이 근로 조건에 관하여 사용자와 교섭할 수 있는 권리로 사용자가 정당한 이유 없이 교섭을 거부할 수 없다.
단체 행동권	단체 교섭의 실효성 확보를 위해 쟁의 행위 등의 단체 행동을 할 수 있는 권리를 말한다. 정당한 쟁의 행위에 대해서는 민형사상 책임이 면제된다.

단결권은 근로자들이 단결할 수 있는 권리이다. 즉, 근로자가 사용
자와 대등한 지위에서 근로조건을 개선하고 근로자의 사회적·경제
적 지위의 향상을 도모하기 위해 근로자들을 대표하여 사용자와 협상
할 수 있도록 노동조합을 결성할 수 있는 권리이다. 근로자는 노동조
합에 자유롭게 가입하거나 탈퇴할 수 있으며, 이에 대해 사용자가 부

당하게 개입하거나 간섭해서는 안 된다. 또한 근로자가 노동조합에 가입했다는 이유로 불이익을 받아서는 안 된다. 사용자가 이를 침해하는 것은 부당행위로 간주된다.

단체교섭권은 노동조합이 근로자들을 대표하여 사용자 또는 사용자단체와 교섭할 수 있는 권리이다. 만약 노동조합이 정당한 단체교섭을 요구할 때, 사용자가 교섭에 성실하게 응하지 않고 정당한 이유 없이 거부한다면 사용자는 부당노동행위로 처벌을 받게 된다. 단체교섭을 통해 노동조합과 사용자 간에 합의하여 체결한 내용을 단체협약이라고 하는데, 단체협약은 취업규칙이나 근로계약보다 우선하여 법적 효력이 발휘된다. 즉, 단체협약에서 정한 근로조건이나 근로자 처우에 관한 기준에 위반하는 취업규칙, 근로계약상의 조항은 무효가 되는 것이다.

단체행동권은 근로자가 사용자에 대항하여 단체적 행동할 수 있는 권리이다. 사용자가 단체교섭에 성실하게 임할 것을 촉구하거나 단체교섭권을 행사하여도 소기의 목표를 달성하지 못했을 때, 근로자의 요구를 관철하기 위한 수단으로 단체행동에 나서는 것을 보장한다. 이러한 단체행동에는 파업을 비롯하여 태업, 연장근무 거부, 집회 등이 있다. 파업은 근로자들이 집단적으로 근로를 거부하는 행위이고, 태업은 의도적으로 작업능률을 저하시키는 것이다. 이처럼 업무의 정상적인 운영을 방해함으로써 사용자에게 직접적인 타격을 주는 행동을 쟁의행위라고 한다. 단체행동은 결국 쟁의행위의 형태로 나타나기 때문에 단체행동권을 쟁의권이라고도 부른다. 한편, 공무원 근로자에게도 법률로 인정된 자에 한하여 노동 3권이 주어진다.

근로기준법

근로기준법은 근로자의 인간다운 생활을 보장하기 위하여 근로조건의 최저기준을 정한 법을 말한다. 대한민국 헌법 제34조에서 정한 '모든 국민의 인간다운 생활'을 근로자에게 보장하기 위해 헌법 제32조 제3항에서는 '근로조건의 기준은 인간의 존엄성을 보장하도록 법률로 정한다.'고 규정하였다. 이 헌법 규정에 따라 근로조건의 기준을 정한 법이 바로 근로기준법이다. 근로계약에서 있어 일정한 수준 이상의 근로조건을 보장하려는데 이 법의 목적이 있다.

제50조 근로제한

① 1주 간의 근로시간은 휴게시간을 제외하고 40시간을 초과할 수 없다.

② 1일의 근로시간은 휴게시간을 제외하고 8시간을 초과할 수 없다.

제53조 연장 근로의 제한

① 당사자 간에 합의하면 1주 간에 12시간을 한도로 제50조의 근로 시간을 연장할 수 있다.

54조 휴게

① 사용자는 근로시간이 4시간인 경우에는 30분 이상, 8시간인 경우에는 1시간 이상의 휴게시간을 근로시간 도중에 주어야 한다.

제55조 휴일

① 사용자는 근로자에게 1주에 평균 1회 이상의 유급휴일을 보장하여야 한다.

근로기준법은 근로자의 기본적 생활을 보장 및 향상시키며 균형 있는 국민경제발전을 도모하기 위해 제정된 법이다. 이 법이 정한 위와 같은 근로조건은 최저 기준에 해당하므로, 이 기준을 이유로 근로조건을 저하시킬 수는 없다. 사용자는 근로자에 대해 성별, 국적, 신앙 또는 사회적 신분을 이유로 차별적 처우를 하지 못한다. 근로계약 중 법정 기준에 미달하는 근로조건을 정한 부분은 무효로 된다. 사용자는 근로계약을 체결하거나 변경할 때, 근로조건을 명시해야 하며 근로계약 불이행에 대한 위약금 또는 손해배상액을 예정하는 계약을 체결하지 못한다.

부당 노동 행위

부당노동행위란, 사용자가 헌법상 보장된 근로자의 노동 3권 단결권, 단체 교섭권, 단체 행동권 과 관련된 행위를 침해하거나 방해하는 행위를 말한다. 현행 노동조합및노동관계조정법 제81조는 개별적인 근로자를 대상으로 하는 부당노동행위와 노동조합을 대상으로 하는 부당노동행위로 구별하여 5가지 종류의 부당노동행위를 규정하여 이를 금지하고 있다.

첫째, 근로자가 노동조합에 가입 또는 가입하려고 하였거나, 노동조합을 조직하려고 하였거나 기타 노동조합의 업무를 위한 정당한 행위를 한 것을 이유로 그 근로자를 해고하거나 불이익을 주는 행위,

둘째, 근로자가 어느 노동조합에 가입하지 아니할 것 또는 탈퇴할 것을 고용조건으로 하거나, 특정한 노동조합의 조합원이 될 것을 고용조건으로 하는 비열계약을 맺는 행위 다만, 노동조합이 당해 사업장에 종사하는 근로자의 3분의 2 이상을 대표하고 있을 때에는 근로자가 그 노동조합의 조합원이 될 것을 고용조건으로 하는 단체협약의 체결은 예외로 하며, 이 경우 사용자는 근로자가 당해 노동조합에서 제명된 것을 이유로 신분상 불이익한 행위를 할 수 없다 .

셋째, 노동조합과의 단체협약체결 또는 단체교섭을 정당한 이유 없이 거부 또는 해태하는 행위.

넷째, 근로자가 노동조합을 조직 또는 운영하는 것을 지배하거나 이에 개입하는 행위와 노동조합의 운영비를 원조하는 행위 다만, 근로자가 근로시간 중에 사용자와 협의 또는 교섭하는 것을 사용자가 허용함은 무방하며, 근로자의 후생자금 또는 경제상의 불행 기타 재액의 방지와 구제 등을 위한 기금의 기부 및 최소 규모의 노동조합사무

소를 제공하는 행위는 예외이다.

다섯째, 근로자가 정당한 단체행동에 참가한 것을 이유로 하거나 또는 노동위원회에 대하여 사용자의 부당노동행위를 신고하거나 그에 관한 증언을 하거나 기타 행정관청에 증거를 제출한 것을 이유로 그 근로자를 해고하거나 불이익을 주는 행위이다.

이러한 행위로 권리를 침해당한 근로자 또는 노동조합은 그 부당노동행위가 있은 날계속하는 행위는 그 종료일 부터 3개월 이내에 관할 노동위원회에 구제를 신청할 수 있다노동조합 및 노동관계조정법 82조. 부당노동행위제도는 노사의 실질적 대등성에 기초한 공정한 근로조건 결정을 위해서 필요불가결한 제도로 인식되고 있다. 하지만 최근에는 복수노조의 전면허용에 따라 노동조합 간에도 공정한 교섭질서를 침해할 우려가 있음을 지적하면서 노동조합의 부당노동행위를 도입해야 한다는 견해도 있다.

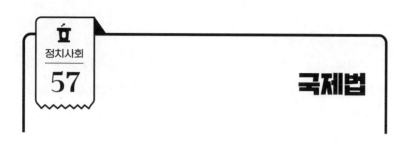

정치사회

57

국제법

국제법이란 국가 간의 합의에 따라 국가 간의 관계를 규칙으로 정해 놓은 법을 말한다. 국제법은 '조약'과 여러 국가들의 관행으로 인정되는 '국제관습법'으로 구성되어 있다. 국제법은 국제관계 주체들의 행위 기준과 행동 규범을 제공하며, 갈등이나 분쟁을 예방하고 해결하는 기능을 수행한다.

국제법의 종류

조약	국가나 국제기구 상호 간에 체결하는 법적 구속력을 가진 합의를 조약이라고 한다. 서로에게 일정한 행위를 하거나 하지 않을 것을 내용으로 하며, 문서 형식의 합의가 일반적이다. 대표적인 것이 UN헌장이다. 유엔에는 대부분의 국가들이 가입하고 헌장에 가입함으로써 국제연합이 주장하는 국제 법질서에 동의하며, 이로써 국제 사회를 규율하는 법질서로 인정받게 된다. 조약은 조약이란 명칭에 국한되지 않고 협약, 협정, 규약, 헌장서, 합의서 등 어떠한 명칭이라도 국가 간에 체결된 구속력 있는 합의를 조약이라 부른다.
국제 관습법	국제 사회의 반복적인 관행이 국제 사회에서 법 규범으로 승인되어 효력을 가지게 된 관습 법규를 말한다. 국제관습법이 성립되면 원칙적으로 국제 사회의 모든 국가에 대한 법적 구속력이 발생한다. 국제관습법은 조약과는 달리 체결 행위 과정이 불필요하고, 국제 행위 주체의 명시적인 의사와는 상관없이 모든 국제 사회 행위주체에 영향을 행사하고 이들을 구속하게 된다. 대표적인 것으로는 외교관에 대한 면책특권, 내정불간섭, 포로에 관한 인도적 대우 등 당연히 국제 사회에서 지켜야 하는 법규범 등이 여기에 포함된다.

국제법은 국내법과 비교하여 법의 설정과 적용 및 집행에 있어 불완전한 면이 많은데, 이로 인하여 일부 학자들은 국제법의 법적 성질을 부인하기도 한다. 국제법은 강제력이 결여되어 있기 때문에 법적

382

성질을 인정할 수 없다는 것이다. 즉, 강제관할권을 가진 국제법원이 없고, 설령 국제법원이 있어 소송 당사국들의 동의에 입각하여 재판을 하는 경우에도 판결에 복종하지 않는 패소국에 대하여 판결의 내용을 강제 집행할 기관이 없기 때문에, 국제법을 법으로 볼 수 없다는 것이다.

국제법은 가치를 추구하는 당위법칙으로서는 많은 결함을 지니고 있는 것이 사실이지만, 국제법이 국제 사회에서 최소한의 도덕적 행위 준칙으로서 국제평화와 질서유지에 기여하는 바가 크다는 점을 인정해야 할 것이다.

4교시
경제

경제란 무엇인가

경제는 사람이 생활하며 필요로 하는 물건이나 서비스를 만들고 나누고 쓰는 것을 말한다. 경제經濟 는 세상을 경영하여 백성을 구한다는 '경세제민 經世濟民'이라는 한자어를 줄인 말이다. 우리는 재화와 서비스를 소비하며 매일 경제활동을 하고 있다. 옷, 음식, 스마트폰처럼 만질 수 있는 것을 재화라고 하며, 사람들에게 지식을 전달하는 일, 고객에게 금융상품을 판매하는 일처럼 만질 수 없는 무형의 것을 서비스라고 한다. 이런 재화와 서비스를 만들고 나누고 쓰는 활동이 바로 경제활동이다. 그리고 인간의 경제활동에 기초를 둔 사회적 질서를 연구대상으로 하는 사회과학을 경제학이라고 한다.

경제학의 계보에 따라 경제학의 정의는 달리할 수 있겠지만, 어쨌든 인간의 욕망을 충족시키기 위한 수단이 항상 제한되어 있다는 사실자원의 희소성 에 직면한다. 그 제한된 수단을 가장 유효하게 활용하고자 선택을 하는 과정에서 인적 및 물적 자원이 어떻게 배분되고 소득이 어떻게 처리되는가를 관찰함으로써, 이들에 관한 일반적인 법칙을 구명하며 그 자원의 배분 과정에서 야기되는 경제적·사회적 문제를 적절히 해결할 수 있는 방법을 찾아내고자 하는 학문이 경제학이라고 할 수 있다.

현대 경제학은 연구대상의 범위와 방법에 따라 거시경제학과 미시경제학으로 나눌 수 있다. 거시경제학은 한 국가 전체의 경제현상을 분석하여 국가 전체의 소비, 투자 등을 연구하는 경제학문이다. 주로 국민소득지표GDP, GNP 등 , 물가, 실업률, 경제성장, 국제수지, 환율 등이 주된 연구분야다. 쉽게 말해, '한 국가의 경기 흐름이 어떻게 변하고 있는가?, 이 나라의 경제가 얼마나 성장하고 있는가?'에 초점을 둔다.

거시경제학은 국가 단위의 경제상황을 연구주제로 삼는 만큼, 국가가 경제에 어느 정도까지 개입해야 하는가를 두고 끊임없는 논쟁이 있어왔다. 입장에 따라 크게 3가지 학파로 나뉘는데, 고전학파는 정부의 개입을 반대하며, 경제는 시장의 보이지 않는 손에 의해 돌아간다는 입장, 케인즈 학파는 완전고용을 실현하기 위해서는 정부가 경제에 적극적으로 개입할 필요가 있다는 입장, 신자유주의 학파는 정부의 무조건적인 개입은 반대하지만 최소한의 복지와 안전을 보장하는 선에서만 개입해야한다는 입장을 가지고 있다.

미시경제학은 경제적 의사결정의 주체인 개별단위, 예컨대 가계, 기업, 생산요소의 공급자노동자, 자본가, 지주 등 와 이들 상호 간의 관계, 나아가서 개별시장의 행위를 대상으로 삼는다. 수요와 공급의 법칙이 미시경제학을 대표하는 이론 중 하나다. 수요와 공급의 법칙은 수요와 공급이 일치되는 지점에서 시장가격과 적정 거래량이 결정된다는 원칙이다. 수요가 공급보다 많으면 기업은 재화의 가격을 올리고, 가격이 너무 오르면 다시 수요가 줄어들게 된다. 결국 수요보다 공급이 많아져 기업은 재화의 가격을 내리게 된다. 이렇게 수요와 공급이 끊임없이 변하는 과정에서 적정 가격이 정해지게 된다. 거시경제학은 국민경제의 전체 방향을 해명할 수 있지만, 자원의 합리적 배분문제는 결국 미시경제학에 의존해야 한다. 따라서 오늘날에는 미시경제학과 거시경제학은 상호보완관계에 놓여 있다고 할 수 있다.

완전경쟁시장

모든 기업이 동질적인 재화를 생산하는 시장으로 재화의 품질뿐만 아니라 판매조건, 기타 서비스 등 모든 것이 동일하다. 그리고 공급자와 수요자가 시장 내에 다수 존재함으로써 상품의 가격에 어느 누구도 아무런 영향을 줄 수 없다. 소비자와 생산자 모두 가격에 영향력을 행사할 수 없으므로 가격결정자price maker 가 아니라 가격수용자price taker 일 뿐이다.

◆ 완전경쟁시장의 특징

- **재화의 동질성** : 완전경쟁시장에서 거래되는 상품은 질적인 면에서 모두 같아야 한다. 여기서 상품의 동질성은 품질뿐만 아니라 여러 가지 판매조건도 같음을 의미한다. 이런 조건에서는 어느 기업도 시장가격에 결정적인 영향을 끼칠 수 없게 된다.

- **가격수용자** : 시장 내에 수요자와 공급자의 수가 아주 많기 때문에 개별 수요자나 공급자가 수요량이나 공급량을 변경해도 시장가격에 영향을 끼칠 수가 없다.

- **자유로운 시장 진입과 퇴출** : 완전경쟁시장에서는 새로운 기업이 시장으로 들어오는 것과 비능률적인 기업이 시장에서 견디지 못하여 나가는 것 모두가 자유로워야 한다. 만일 그렇지 않다면 시장 참여자의 수가 한정되어 결과적으로 이러한 기업이 시장에 부당한 영향력을 행사할 수 있게 된다.

- **대칭적 정보** : 생산자와 소비자가 가진 정보의 격차가 전혀 없음을 의미한다. 완전경쟁시장에서는 재화의 정보에 대하여 수요자와 공급자가 모두 잘 알고 있어 정보의 비대칭성이 발생하지 않는다. 어느 한 쪽이 더 많은 정보를 가지고 있다면 정보를 많이 가진 쪽이 추가 이익을 보게 될 것이다.

그러나 이 조건들을 모두 갖춘 완전경쟁시장은 현실에 존재하지 않는다. 이론상으로 가능할 뿐이다. 농산물시장이나 주식시장은 완전경쟁시장에 비교적 가깝다고 할 수 있지만, 완전한 시장정보의 조건을 충족시키진 못한다. 다만, 완전경쟁시장은 이상적인 시장형태이기 때문에 지향점으로서 그 가치를 지닌다.

독점시장

독점시장이란 하나의 공급자로서의 독점기업이 가격설정자로 행동하는 시장을 말한다. 완전경쟁시장과 마찬가지로, 현실에서 이러한 정의에 정확히 부합하는 시장을 찾기는 어렵지만, 양극단으로 단순화하여 이해하는 데 도움을 준다는 면에서 의미가 있다. 한 상품의 공급이 하나의 기업에 의해서만 이루어지는 시장형태이기 때문에, 독점기업은 진입장벽을 활용해 장기적으로 초과이윤 확보가 가능하다.

◆ 진입장벽의 발생 원인

- **규모의 경제** : 생산량이 늘어남에 따라 단위당 생산비용이 감소하는 것을 규모의 경제라고 하는데, 이 경우에도 독점기업이 발생할 수 있다. 생산량이 증가하면, 단위당 생산비용도 증가하는 게 보통이지만, 규모의 경제가 존재하는 경우, 가장 큰 규모의 기업 외에는 모든 기업들이 비용 상 열세에 놓여 시장에서 쫓겨나게 된다.
- **생산요소의 공급 장악** : 하나의 기업이 생산에 필요한 핵심 생산요소를 독점하면, 다른 기업들은 재화를 생산할 수 없게 된다.
- **특허권과 자격증** : 지적 소유권을 보호하기 위한 특허권과 판권으로 독점기업이 형성되는 경우도 있다.
- **정부가 설정한 독점** : 정부가 공익을 위하여 독점기업을 만드는 경우도 있다. 전기 · 수도 · 철도 등의 공익사업에 대한 국가적 독점이 그 예이다.

독점기업은 재화의 생산을 독점하고 있기 때문에, 진입장벽을 활용해 재화의 가격을 올려 수익을 극대화 할 수 있다. 뿐만 아니라 독점기업은 소비자의 연령, 신분, 재화가 판매되는 공간의 지리적 요인에 따라 가격을 다르게 설정할 수도 있다**가격차별**. 이렇듯 독점기업은 자신의 이윤을 극대화하는 것만 생각한 채 생산량을 줄이고 가격은 높게 설정하기 때문에, 균형 생산량이 생산되지 않고 수요대로 소비가 되지 않아 전체적으로 사회적 후생이 감소하게 된다. 독점시장을 해소하는 방법은 제도를 통해 규제하는 방법과 그 독점기업을 국유화하여 가격을 고의로 낮추는 방법이 있다. 하지만 정부의 지나친 시장개입으로 나타나는 부작용도 있기 때문에, 무조건 옳은 방법이라고 볼 수는 없다.

독점적 경쟁시장

진입장벽이 없지만 제공하는 재화와 서비스의 차별성에 의해 독점력이 발생하는 시장을 말한다. 독점적 경쟁시장은 독점시장과는 다르게 진입과 퇴출이 자유롭다. 하지만 완전경쟁시장과는 달리 제품의 차이에 의한 독점이 가능하다. 삼성과 LG가 양분하고 있는 한국의 가전시장이 대표적인 예다. 타 브랜드들이 비슷한 부류의 전자제품으로 시장에 지속적으로 진입하고 있지만, 삼성과 LG는 브랜드 인지도, 디자인, 서비스, 품질, 기술력 등으로 차별화를 두며, 다른 브랜드를 압도하는 모습을 보여준다.

독점적 경쟁시장은 독점시장과 완전경쟁시장의 중간단계에 위치한다고 볼 수 있으며, 다양한 재화와 서비스가 다양한 가격으로 제공되는 시장이다. 독점적 경쟁시장에서는 다른 기업에 비해 뛰어난 기술력이나, 서비스로 단기 초과이윤을 창출할 수 있지만, 시간이 지나면 다른 기업이 금방 기술력과 서비스를 따라잡을 수 있기 때문에 장기적으로 완전경쟁시장과 유사한 측면이 있다. 완전경쟁시장, 독점시장과 달리 현실에서 흔하게 볼 수 있는 시장형태다.

독점적 경쟁시장에서 위치를 굳히기 위해서는 '차별화'라는 요소가 필요하다. 제품의 품질, 브랜드 인지도, 이미지 등을 어떻게 고객들의 눈에 돋보이게 할 것인지가 핵심이다. 차별화가 되지 않으면, 시장진입자들이 계속 치고 올라와 살아남을 수 없게 될 것이다.

과점시장

소수의 생산자들에 의해 재화와 서비스가 공급되는 시장을 말한다. 독점과의 차이점은 재화의 생산자가 오직 하나만 존재하느냐 아니면 소수로써 몇 개가 존재하느냐에 있다. 소수의 생산자가 공급을 독점하고 있기 때문에 시장의 진입장벽이 높기는 하지만, 독점시장보다는 낮다. 과점시장에서의 가격수준은 완전경쟁시장에서 보다 높고, 공급량은 적은 것이 일반적이다.

과점시장에서는 소수의 기업들만이 존재하기 때문에 한 기업의 행위는 다른 기업에 의해 쉽게 포착된다. 소수의 생산자들은 서로 경쟁을 하게 되고, 이중 어느 한 기업이 가격이나 생산량에 변동을 줄 경우 다른 기업에게 큰 영향을 주게 된다. 이처럼 과점시장은 과점기업 간의 의존 관계가 크기 때문에 개별기업은 경쟁기업의 반응을 감안하여 가격이나 생산량을 결정하게 된다. 이는 과점기업들이 자신의 생산량과 가격을 결정하는 데 있어 경쟁자들과 일종의 게임을 하는 것으로 해석할 수 있다.

만약, 하나의 상품을 생산, 공급하는 소수의 기업들이 이윤을 증대시키기 위해 담합하여 상호 간 경쟁을 제한하는 경우, 시장경쟁의 효율성을 제한하게 되고, 자원의 배분을 왜곡하게 된다.

각 시장의 특징

구분＼종류	완전경쟁시장	독점시장	독점적경쟁시장	과점시장
거래자의 수	다수	하나	다수	소수
상품의 질	동질	동질	이질	동질, 이질
진입장벽	없음	매우 높음	낮음	높음
특징	거래자들이 시장에 대해 완전한 정보 소유	독점기업이 시장가격 결정	- 상품 차별화로 특정 고객에게 독점적 시장지배력 소유 - 비가격 경쟁 치열	한 기업의 행동이 다른 기업에 큰 영향을 끼침

경제
06

외부효과

개인, 기업 등 어떤 경제주체의 행위가 금전적 거래 없이 다른 경제주체들에게 기대되지 않은 혜택이나 손해를 발생시키는 효과를 외부효과라고 하며, 외부효과는 '외부경제'와 '외부불경제'로 나뉜다. 어떤 경제주체의 행위가 다른 경제주체에게 긍정적 영향을 줄 때를 '외부경제'라 하고, 부정적 영향을 줄 때를 '외부불경제'라고 한다. 경제주체가 제3자에게 의도하지 않은 이익을 가져다주는데도 이에 대한 대가를 받지 않으며, 제3자에게 손해를 가져다주는 경우에도 보상을 하지 않는다.

긍정적 외부효과**외부경제** 와 관련해서 가장 흔하게 언급되는 고전적 사례는 과수농가와 양봉농가의 관계다. 과수농가와 양봉농가는 서로 기대하지 않은 상부상조 관계가 형성된다. 과수농가는 꽃가루를 옮겨 주는 양봉농가의 벌들 때문에 이익을 보고, 양봉농가는 벌들에게 꿀을 제공하는 과수농가의 꽃들 때문에 이익을 본다. 다른 예로, 드라마 촬영지에 관광객들이 늘어나면서, 주변 지역의 숙박시설이나 식당에 커다란 경제적 이익을 가져다주는 경우도 긍정적 외부효과라고 할 수 있다. 물론, 이에 대한 금전적 보상은 발생하지 않는다. 서로가 기대하지 않게 혜택을 주고받는 양방향의 긍정적 외부효과인 것이다.

한편, 부정적 외부효과**외부불경제** 의 사례로는 공장에서 발생하는 매연이나 폐수가 환경을 오염시켜서 인근 주민들에게 피해를 주는 것을 들 수 있다. 인근 주민들이 악취와 두통 등의 질환을 겪지만 이에 대한 금전적 보상 또한 수반되지 않는다.

개인이나 기업이 그들의 경제활동을 통해 외부경제 혹은 외부불경제를 창출할 경우에 시장기구를 통한 자원의 배분은 비효율적이 된다. 이러한 상황에서는 정부의 시장개입이 정당화된다. 외부효과는 시장에 의해 자율적으로 통제되기가 쉽지 않기 때문에 앞서 설명한 공장폐수의 예에서 정부가 기업의 공장폐수 방류로 인한 사회적 비용을 산출하여 기업에 공해방출세를 부과하는 등의 방식으로 개입하여 해결하게 된다.

수요와 수요곡선

일정 기간 동안 재화나 용역을 구매하고자 하는 욕구를 수요라고 한다. 구매의사가 있다고 하더라도 구매할 능력이 부족하다면 수요에서 제외된다. 해당 재화를 가지고 싶다는 생각 자체는 단순한 욕망에 지나지 않는다. 그 욕망을 충족시키기 위하여 제한된 소득 일부를 지출할 수 있을 때 비로소 수요가 된다. 이러한 의미의 수요를 유효수요라고 부른다.

수요곡선

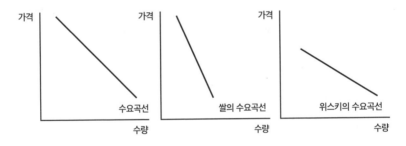

가격이 낮아지면 수요량이 증가하기 때문에 수요곡선은 우하향한다.

일반적으로 수요곡선은 우하향하지만, 재화의 종류에 따라 그 경사에 차이가 있다. 예를 들어, 쌀과 같은 필수품은 수요곡선의 경사가 급하여 가격이 다소 높아져도 그 수요량은 크게 감소하지 않지만, 위스키와 같은 기호품은 경사가 완만하여 가격이 약간만 올라도 그 수요량은 크게 감소한다. 이것을 수요의 탄력성이라고 한다. 필수품은 수요의 탄력성이 작고 기호품은 수요의 탄력성이 크다. 쌀은 필수품이다. 쌀값이 오른다고 해도 우리는 밥 먹는 것을 포기할 수 없다.

✦ 수요의 증가와 감소에 영향을 미치는 요인들 ───────────

- **소득** : 어떤 재화든지 그 재화를 구입하기 위해서는 돈이 있어야 한다. 다른 말로 소득이 있어야 하고 소비자의 소득수준이 변하면 그 소비자가 소비하는 재화들의 수요량도 변하게 된다.
- **연관재의 가격** : 대체재와 보완재 등이 이에 속한다. 대체재란 두 재화가 비슷한 성격을 지녀 한 재화 대신 다른 재화를 소비하더라도 만족에 별 차이가 없는 관계를 말한다. 만약 버터의 가격이 2배 오른다면, 버터의 수요는 감소하고 마가린에 대한 수요는 증가하게 될 것이다. 보완재는 각각의 재화를 소비하는 것보다 두 재화를 함께 소비할 때 만족을 주는 관계를 말한다. 빵의 가격이 하락하면 빵에 대한 수요가 증고, 덩달아 잼이나 우유에 대한 수요도 증가하게 될 것이다.
- **소비자의 선호** : 어떤 재화에 대한 소비자의 선호가 바뀌면 수요량은 변한다. 만약 소비자가 재화에 대한 새로운 정보를 입수하게 된다면, 수요량은 변할 수 있다.
- **미래에 대한 기대** : 소비자들의 미래에 대한 기대가 달라지면 현재 수요량이 변할 수 있다. 주식이나 부동산 등이 가장 대표적인 예인데 투자를 하게 되면 미래에 대한 수익을 기대할 수 있기 때문에 이 분야에 투자를 많이 하게 된다.

공급과 공급곡선

기업이 상품을 판매하고자 하는 의도를 말하며, 어떤 가격으로 시장에 팔려고 하는 상품의 수량으로 나타낸다. 구매자가 시장가격으로 사고자 하는 상품량이 공급량에 못 미칠 경우 초과 공급이 되어 가격은 하락하게 된다.

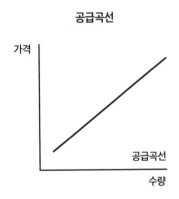

공급곡선

각 가격에서 공급하려는 상품의 양을 나타내는 곡선을 공급곡선이라 한다. 가격이 높을수록 공급량이 증가하기 때문에 공급곡선은 우상향한다. 곡선이 오른쪽으로 이동하면 공급의 증가가 되고, 왼쪽으로 이동하면 공급의 감소가 된다.

♦ 공급의 증가와 감소에 영향을 미치는 요인들

- **생산요소의 가격** : 기업이 어떤 재화를 생산하려면 생산요소가 필요하다. 생산요소의 가격이 상승하면, 재화의 생산에 들어가는 비용이 증가하므로 공급이 감소한다. 반대로 생산요소의 가격이 하락하면 생산량을 늘릴수록 더 많은 돈을 벌 수 있으므로, 가격이 그대로 있더라도 공급량을 증가시킬 것이다. 즉, 생산요소의 가격이 하락하면 공급량이 증가한다.

- **기술수준** : 기술수준이 향상되면 재화를 생산하는 데 들어가는 비용이 절감되고 재화의 가격이 그대로 있더라도 이익이 증가하므로 기업은 공급량을 늘리게 된다.

- **정부정책** : 정부가 최저임금을 올리면 기업의 노동비용이 상승하여 공급량이 감소할 것이다. 벤처기업에 대해 낮은 금리로 정책 금융을 공급한다면, 자금조달비용이 감소한 기업들은 공급량을 늘릴 것이다. 정부의 정책은 기업의 비용구조에 영향을 미치고 그에 따라 공급량이 증가하거나 감소하게 된다.

공급의 가격탄력성을 설명하는 그래프

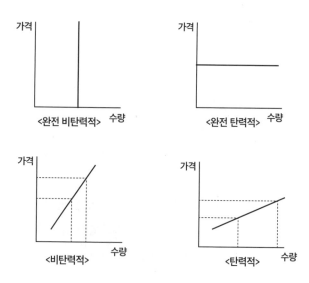

<단위 탄력적>

　　공급의 가격탄력성이란 어떤 상품의 가격에 생긴 작은 변화가 그 상품의 공급량에 얼마만큼 변화를 가져오는지를 나타내는 수치를 말한다. 공급이 가격에 대해 완전 비탄력적이라는 것은 가격이 변했을 때 공급량은 전혀 변하지 않는다는 것이고, 비탄력적이라는 것은 가격의 변화율보다 공급량의 변화율이 낮다는 것이고, 단위 탄력적이라는 것은 가격의 변화율과 공급량의 변화율이 같다는 의미이다. 그리고 탄력적이라는 것은 가격 변화율보다 공급량 변화율이 크다는 것이고 완전 탄력적이라는 것은 가격이 조금만 변해도 공급량이 무한대로 변한다는 것이다.

수요와 공급의 균형

수요와 공급 곡선

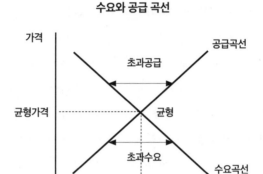

위의 그래프와 같이 시장 수요곡선과 공급곡선이 만나는 점을 '균형'이라고 한다. 정중앙인 점이 균형이고 두 곡선이 만나는 지점의 가격은 '균형가격', 거래량은 '균형거래량'이다. 이처럼 수요량과 공급량이 일치하면 소비자는 원하는 만큼 재화를 살 수 있고, 판매자는 원하는 만큼 재화를 팔 수 있으므로 소비자와 판매자가 모두 만족스러운 상태가 된다. 만약 수요량과 공급량이 일치하지 않으면 가격이 상승하거나 하락하여 균형점을 찾아가게 된다. 수요와 공급의 균형인 '균형가격'을 위해 시장은 자연스럽게 움직인다.

이를 이해하기 쉽게 설명하기 위해 반도체를 예로 들어보겠다.

반도체 대란으로 반도체가 부족한 상태라고 가정하면, 소비자들은 이를 구하기 위해 초과수요수요 증가가 발생할 것이고, 이때 반도체 기업은 판매량이 줄 것을 걱정하지 않고 가격을 올릴 수 있다. 가격을 계속 올리면, 이에 따라 수요가 감소하게 되고 시장은 다시 균형가격에 도달한다.

반대로 반도체 공장이 많아져서 초과공급이 생기면, 상대적으로 수요가 부족해 결국 판매를 하지 못하고 재고로 남게 된다. 반도체 기업은 재고를 줄이기 위해 가격을 낮추게 되고, 이에 수요가 증가해 시장은 다시 균형가격에 도달한다.

물론, 수요가 공급이 정확히 일치하기는 어렵지만, 일치하도록 올라갔다 내려갔다 하는 현상이 반복된다. 이처럼 수요량과 공급량이 일치하는 시점에서 시장가격이 결정된다는 법칙을 '수요공급 균등의 법칙'이라고 한다.

♦ 수요공급 균등의 법칙 ─────────────

- **공급이 일정하고 수요가 증가하는 경우** → 가격이 상승하고 거래량이 증가.
- **공급이 일정하고 수요가 감소하는 경우** → 가격이 하락하고 거래량이 감소.
- **수요가 일정하고 공급이 증가하는 경우** → 가격이 하락하고 거래량이 증가.
- **수요가 일정하고 공급이 감소하는 경우** → 가격이 상승하고 거래량이 감소.

10

기회비용과 매몰비용

우리의 일상생활은 경제활동의 연속이다. 식당에서 음식을 먹는 것, 옷과 신발을 사는 것, 냉장고와 자동차 같은 재화를 구매하는 것, 그리고 관광, 금융, 오락, 교육과 같은 서비스를 생산, 분배, 소비하는 것을 모두 경제활동이라고 할 수 있다. 하지만 이런 경제활동은 우리에게 끊임없는 선택을 요구한다. 우리가 가질 수 있는 자원에는 한계가 있기 때문이다. 경제문제는 자원이 부족한 '희소성' 때문에 생긴다. 즉 사람들이 각자 원하는 것을 다 가질 수 없다는 데에서 경제문제는 출발한다. 결국 사람들은 소득, 재산 등과 같은 자신의 능력 범위 내에서 최선의 선택을 하면서 살아가고 있는 셈이다. 경제활동은 선택의 연속이며, 현명한 선택은 자신의 행복한 삶에서 중요한 과정이라 말할 수 있다.

모든 선택에는 항상 무엇인가를 포기해야 한다는 대가가 뒤따른다. 여기에서 기회비용과 매몰비용이란 경제이론이 등장하며, 우리의 경제활동의 선택에 도움을 주는 기본 이론이 된다. 모든 욕구를 충족시키기에는 현실의 자원은 한정되어 있다. 그래서 선택에는 포기가 따를 수밖에 없다. 여러 대안 중 하나를 선택하면서 포기한 다른 대안들 가운데 최대 가치를 기회비용이라고 한다.

A, B, C, D의 대안 중 A를 선택했을 때, 포기한 B, C, D중 가장 가치가 높은 대안이 B라면, A안을 선택함으로 인해 발생하는 기회비용은 B라고 할 수 있다. 여기서 놓치지 말아야 할 부분은, 그 선택으로 인해 직접 발생하는 명시적 비용뿐만 아니라 그 선택에 따른 암묵적 비

용까지 기회비용에 포함된다는 것이다. 즉, 다른 선택의 기회를 포기함으로써 발생하는 모든 비용을 합하여 생각해야 한다.

> 기회비용 = 명시적 비용 + 암묵적비용 눈에 보이지 않는 잠재적 비용

만약 공장을 운영하기 위해 자기 소유의 건물을 직접 사용하는 경우, 자신의 건물에 대한 임대료를 자신에게 내는 것은 아니지만, 남에게 빌려주면 받을 수 있는 임대료를 포기한 것이므로 실질적으로는 기회비용에 포함해서 생각해야 한다. 합리적인 선택을 위해서는 선택으로 얻은 이익이 기회비용보다 커야 한다.

선택으로 인해 포기한 최대가치가 기회비용이라면, 매몰비용은 선택하면서 발생한 비용 중 다시 회수할 수 없는 비용을 말한다. 예를 들어, 영화 관람을 포기하더라도, 티켓 값을 되돌려 받을 수 없다면, 이미 지불한 영화 티켓 값은 매몰비용에 해당한다. 즉, 매몰비용은 이미 엎질러진 물과 같이 다시 주워 담을 수 없다. 이 경우 경제주체의 합리적 선택을 위해서는 매몰비용을 잊어야 한다. 매몰비용을 고려하는 것은 금물이다.

어떤 제품 개발에 시간과 비용을 투자했으나, 성공 가능성이 극히 희박한 경우가 있다. 이때의 합리적인 결정은 이미 투자한 비용 회수를 포기하고 제품개발을 중단하는 것이다. 이미 투입된 비용이 아까워서 계속해서 계속 투자를 하게 되면 더 나쁜 결과를 초래하게 된다. 이를 두고 매몰비용의 함정덫에 빠졌다고 말한다. 매몰비용 회수를 향한 집착이 불합리한 선택으로 이어지게 되는 것이다. 그래서 매몰비용을 고려하는 것은 금물이다.

한계효용 체감의 법칙

재화나 서비스를 이용할수록 느끼는 만족감이 계속 줄어드는 것을 가리켜 '한계효용 체감의 법칙'이라고 한다. 이 법칙은 독일의 경제학자 허만 고센이 발견해, '고센의 제1법칙'이라고도 불린다.

예를 들어, 무지 배가 고파 짜장면을 한 그릇 먹는다고 하자. 처음 짜장면 한 그릇을 먹을 때는 상당히 맛있게 먹을 수 있다. 식성이 좋은 사람은, 두 그릇째도 나름 맛있게 먹을 수 있겠지만, 그 만족감이 처음 한 그릇 먹을 때만은 못하게 된다. 하지만 세 그릇째라면 어떨까? 배가 불러 더는 먹을 수가 없으니, 억지로 먹게 되어 만족감이 거의 없게 될 것이다.

그렇다면 마지막으로 네 그릇째를 먹으면 어떨까? 이제는 만족감을 못 느끼는 수준을 넘어서서 마치 고문처럼 느껴질 것이다. 이를 그래프로 나타내면 아래와 같다. 짜장면을 한 그릇씩 더 먹을 때 만족의 누적은 조금씩 늘어나지만, 상대적 만족감은 줄어드는 것을 나타낸 것이다. 이를 달리 말하면 짜장면의 총효용은 증가하지만, 한계효용은 점차 감소한다고 할 수 있다.

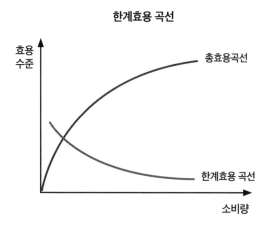

한계효용 곡선

효용
수준

총효용곡선

한계효용 곡선

소비량

　한계효용 체감의 법칙의 예외도 있는데, 대표적인 것이 바로 중독
이다. 게임을 좋아하는 사람이라도 장시간 게임에 집중하다 보면, 게
임에서 얻는 만족감이 떨어져서 결국, 유튜브 영상을 시청하거나 침대
에 누워 휴식을 취하게 될 것이다. 하지만 게임중독자는 효용체감의
법칙에 상관없이 10시간 이상, 심지어 온종일 게임만 할 수 있다.

국내총생산 GDP

생산자의 국적에 관계없이 한 나라의 국경 안에서 경제주체 가계, 기업, 정부가 일정한 기간 동안 보통 1년 새롭게 창출한 부가가치 또는 모든 최종재의 시장 가치를 화폐 단위로 합산한 것을 국내총생산Gross Domestic Product 이라고 한다. 한 나라의 모든 공장과 일터에서 일정 기간에 생산된 재화와 용역을 통하여 어느 정도의 소득이 창출되었는가를 측정하는 것으로, 국민 경제의 전체적인 생산 수준을 나타낸다. 하지만 국내에서 생산된 재화와 서비스만 반영되며, 해외에서 국민이 생산한 재화와 서비스는 반영되지 않는다. 가사노동이나 봉사활동, 지하경제 등도 반영되지 못하는 한계가 있다.

GDP는 당해연도와 기준년도 중 어느 해의 시장가격을 이용하여 생산액을 평가하느냐에 따라 명목 GDP와 실질 GDP로 구분된다. 이처럼 GDP를 명목과 실질로 구분하여 구하는 것은 각각의 용도가 다르기 때문이다. 재화와 서비스의 생산량을 측정하기 위해서는 생산단가를 적용하여 총 생산량의 가치를 측정해야 하는데, 명목 GDP는 당해년도 시장가격을, 실질 GDP는 기준년도의 시장가격을 곱해서 생산량을 계산한다. 하나씩 살펴보자.

> 명목 경상 GDP = '해당연도 시장가격 × 최종생산물'의 총계.

명목 GDP는 1인당 국민소득, 국가 경제규모 등 국민경제의 전체적인 규모나 구조변동 등을 파악할 때 주로 이용되는 지표다. 명목 GDP는 생산액을 당해연도 시장가격으로 평가한 것으로 물가상승분이 반영된 것이다. 하지만 명목 GDP에는 물가상승분이 반영되어 있기 때문에 경제성장을 연도별로 정확하게 비교하기는 어렵다. 예를 들어, 2020년과 2022년 생산량이 똑같이 100이었는데, 각각의 물가가 1만 원, 2만 원이었다고 가정해보자. 이때 2020년의 명목 GDP는 100만 원, 2020년 명목 GDP는 200만 원이 된다. 그렇다면 과연 2022년의 경제성장이 있었다고 볼 수 있을까? 생산량이 같았음에도 물가상승분이 GDP에 반영되었기 때문에, 국가의 경제규모를 파악하기에는 적합해도 실질적인 경제성장을 파악하는 데는 한계가 있다. 그래서 나온 개념이 실질 GDP다.

> 실질 GDP = '기준연도 시장가격 × 최종생산물'의 총계

실질 GDP는 경제성장, 경기변동 등 국민경제의 실질적인 생산활동 동향 등을 파악하는 데 이용되는 지표다. 경제성장률은 일정 기간 동안 각 경제활동 부문이 만들어낸 부가가치가 전년에 비하여 얼마나 증가하였는가를 파악하기 위한 지표로서 한 나라의 경제성과를 측정하는 중요한 척도이며 실질 GDP의 증감률로 나타낸다.

명목 GDP와 달리, 기준연도의 시장가격으로 총생산량을 계산한다. 동일 가격으로 생산량을 곱해서 계산하기 때문에 물가변동분을 제외하고 생산량의 변화만을 측정할 수 있게 된다.

'기준연도'는 실질 GDP를 평가하기 위해 적용하는 특정 연도의 시장가격으로, 한국은행이 결정하며, 현실 경제를 반영하기 위해 주기적으로 **보통 5년 단위** 갱신된다.

국민총생산 GNP

국민총생산Gross National Product 이란 한 국가의 국민이 일정 기간보통 1년 동안 생산한 재화와 서비스를 시장에서 가격을 매겨 평가하고, 이 가격에서 중간 생산물을 뺀 최종생산물의 총액을 말한다. 즉, 일정한 기간 동안에 한 나라의 국민이나 그 나라 국민이 소유하는 생산요소에 의해서 생산된 모든 최종생산물의 시장가치를 말한다. 하지만 암거래, 주부의 가사노동 등과 같이 시장에서 거래되지 않는 재화와 용역은 GNP에 포함되지 않는다. 그리고 국내에서든 국외에서든 우리나라 국민이 생산한 것만 계산한다. 해외에서 생산된 것이라도 우리나라 국민이 생산한 것은 GNP에 포함되며, 반대로 그 국가 안에서 생산이 이뤄졌다 해도 외국인이나 외국인이 소유한 기업에서 생산된 것은 GNP에서 제외된다.

GNP는 최종생산물의 가치를 나타낸다. 이 말은 중간생산물의 가격은 포함하지 않고 최종생산물의 가격만 계산한다는 뜻이다. 최종생산물의 가격에는 원자재, 부품, 가공비 등과 같은 중간생산물의 가격이 이미 포함되어 있기 때문에 중복계산을 피하는 것이다.

GNP에도 명목 GNP와 실질 GNP가 있다원리는 앞서 설명한 명목GDP, 실질 GDP와 같다. 일정한 기간 동안 한 나라의 국민이 생산한 모든 최종생산물을 당해년도의 가격으로 평가하여 얻은 GNP를 명목 GNP라고 한다. 명목 GNP는 물가에 따라 변하는 단점이 있긴 하지만 해당 기간 중의 경제활동 규모를 파악할 때 유용하게 쓰인다. 실질 GNP는 명목 GNP의 단점을 보완하기 위한 것이다. 가격의 변화에 따라 GNP가 변동하는 것을 막기 위해서 기준연도를 설정하여 계산을 하는 것이다. 단지 한 해 동안의 국민경제를 파악하기 위해서는 명목 GNP를 사용해도 상관 없을지 모르지만, 국민경제가 장기적으로 어떻게 변하고 있는지 파악하기 위해서는 실질 GNP를 사용해야 한다.

한편, 우리나라 국민**특히 기업**의 해외 진출이 활발해지면서부터, 대외수취소득을 제때에 정확하게 산출하는 것이 점점 어려워지게 되었고, 이에 GNP의 정확성은 전보다 떨어지게 되었다. 그래서 지금은 경제성장률을 측정할 때 GNP보다는 우리나라 영토 내에서 이뤄진 총생산을 나타내는 '국내총생산GDP'을 더 활용하는 추세다.

경제성장률

경제성장률은 일정 기간 동안 각 경제활동 부문이 만들어낸 부가가치가 전년에 비하여 얼마나 증가하였는가를 보기 위한 지표로서, 한 나라의 경제성과를 측정하는 중요한 척도이며 실질 GDP의 증감률로 나타낸다. 이전에는 실질 GNP의 증가율로 경제성장률을 나타냈으나 지금은 실질 GDP의 증가율을 주로 사용하고 있다. 한국은행은 경제성장률이 국내 경기활동을 더욱 정확히 반영할 수 있도록 함과 아울러 우리나라의 OECD 가입 등에 대비하여 1994년부터 경제성장률 주 지표를 종전의 GNP 증가율에서 GDP 증가율로 변경하였다.

$$\text{실질 경제 성장률} = \frac{\text{금년도 실질 GDP} - \text{전년도 실질 GDP}}{\text{전년도 실질 GDP}} \times 100$$

올해 실질 GDP가 작년 실질 GDP에 비해 얼마나 커졌을까? 만약 작년 실질 GDP가 1,000조 원, 올해가 1,050조 원이라면 경제성장률은 5%가된다. 경제성장률이 높으면 그만큼 경제가 성장했다는 뜻이고, 경제성장률이 낮다면 경기침체인 것이다.

경제성장률에는 실질성장률과 명목성장률이 있는데, 이 중 실질 경제성장률이 경제 성장의 속도를 정확하게 반영한다고 볼 수 있다. 명목 GDP로 계산하면 물가상승분도 포함되니 실제 경제가 얼마나 성장했는지 파악하기 어렵다. 그래서 실질 GDP를 사용하는 것이다.

3면 등가의 법칙

GDP는 3가지 다른 얼굴로 구할 수 있는데, 이를 생산국민소득, 분배국민소득, 지출국민소득이라 부르고 있다. 그러나 이러한 3가지 국민소득은 이론상 그 값의 크기가 똑같은데 그것은 국민소득이 생산·분배·지출 과정을 통하여 순환하기 때문이다. 이를 3면 등가의 법칙이라 부른다.

생산국민소득		분배국민소득		지출국민소득
최종 생산물 가치의합	=	임금 + 지대 + 이자 + 이윤	=	민간 소비 + 민간 투자 + 정부 지출 + 순수출(수출-수입)

생산국민소득이란 경제활동 별로 부가가치를 추계하는 것이다. 생산 측면에서 국민소득을 본 개념으로 총산출의 가치에서 생산을 위해 투입된 중간재 사용액을 공제한 국내총생산으로서의 국민소득을 말한다. 일정 기간에 생산된 생산물 부가가치의 합계를 뜻하기도 한다.

분배국민소득이란 일정 기간 국민의 생산활동에 있어서, 이들의 생산활동에 참가한 생산재 요소에 대하여 지급되는 소득의 총액을 말한다. 구체적으로는 고용자소득임금·봉급, 개인업주소득, 개인의 재산소득임대료·이자 및 배당, 정부의 사업소득 및 재산소득, 법인소득 등이 있다.

지출국민소득이란 최종생산물의 처분과정을 추계한 것으로, 분배된 소득은 소비되거나 저축을 통해 투자로 지출됨으로써 최종생산물에 대한 수요로 지출을 구한 것이다.

생산국민소득과 분배국민소득이 같다는 사실은 쉽게 이해할 수 있다. 그런데 어떻게 분배국민소득과 지출국민소득이 같을 수 있을까? 어떤 사람이 100만 원을 번다고 했을 때, 이 사람은 물건을 사기 위해 100만 원을 모두 지출하는 것은 아니기 때문이다. 50만 원은 쓰고 나머지 50만 원은 저축을 할 수도 있기 때문에 일반적으로 소득보다 지출이 작다. 그러나 은행에 저축한 돈 역시 은행에서 기업에 대출되므로 결국 그 사람의 돈이 은행을 통해서 지출된 것이라고 할 수 있으므로 총소득과 총지출은 같아진다.

게임이론

게임이론은 한 사람의 행위가 다른 사람의 행위에 미치는 상황에서, 의사 결정이 어떻게 이루어질 수 있는가를 연구하는 이론이다. 게임이론은 사람들이 상대방의 반응에 따라 의사결정을 내리고, 그 결정이 충분히 합리적이라는 것을 전제로 한다. 게임이론은 경기자, 전략, 보수라는 요소로 구성되어 있다. 경기자는 게임의 주체이고, 전략은 경기자가 행할 수 있는 행동이다. 보수는 경기자들이 결정한 전략에서 이들에게 돌아갈 결과금전적일 수도 있고, 단순 효용일 수 도 있음를 수치로 나타난 것이다.

이를 쉽게 이해할 수 있는 사례로 용의자의 딜레마 게임이 있다. 두 당사자가 서로 모의할 수 없는 상황에서 선택 안이 제시되고 그 중 하나를 선택하는 게임인 것이다. 만약, 공범 A와 B가 체포되어 격리된 채 형사의 심문을 받고 있다 가정해보자. 이 둘은 '자백한다'와 '부인한다'는 2가지 전략이 주어져 있고, 그에 따른 형량도 알고 있다. A와 B는 둘 중 하나를 선택하고 다른 공범도 무엇인가를 선택한다는 것을 알 수 있다. 이 상황은 밑에 주어진 표와 같다.

죄수의 딜레마		혐의자 A 선택	
		함구	고백
혐의자 B 선택	함구	A, B 3일씩 구류, 무죄	A 무죄 B 30년형
	고백	A 30년형 B 무죄	A B 10년형

이와 같은 상황에서 A와 B가 다 같이 범죄사실을 부인한다면, 모두 석방될 수 있다. 하지만 현실은 그렇지가 않다. 현실에서는 A와 B가 모두 자백하고 10년형을 받을 것이다. 왜냐하면 A는 최악의 경우를 생각했을 때, 만일 자신이 침묵하더라도 B가 자백을 하면 자신만 30년형을 살게 될 수 있기 때문이다. 게임이론에서는 각 개인이 주어진 상황에서 충분히 합리적인 선택을 할 수 있다고 가정하기에 A는 자백할 것이고, 이는 B도 마찬가지이다. 그렇기에 이 둘은 함께 10년형을 받을 것이다. 모두에게 유리한 선택은 함께 자백하지 않는 것이지만, 상대가 배신할지 알 수 없는 상황에 놓여있기 때문에 두 죄수는 협동하지 않고 자신의 이익만을 고려한 선택을 하게 된다.

'죄수의 딜레마'의 사례는 각 개인이 합리적 선택을 했지만, 결국 공멸하고 마는 현실을 보여준다. 이는 애덤 스미스가 《국부론》과 《도덕 감정론》에서 제시한 '인간은 충분히 합리적이기에 자신의 이익을 추구하면 사회의 이익부는 증가한다.'는 말과 충돌한다. 즉 게임이론은 이익을 창출하는 데 있어, 인간의 합리성을 믿고 이기심에 호소하는 것이 항상 좋은 결과를 가져오는 것은 아님을 주장하는 이론으로도 볼 수 있다.

실업

노동할 의욕과 능력을 가진 자가 능력에 상응하는 노동기회를 얻지 못한 상태를 말한다.

노동을 할 수 있는 능력이 있어도 일자리를 구하려는 의지가 없는 자는 실업률의 계산에서 제외한다.

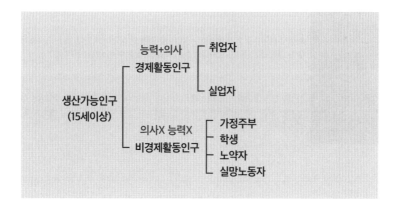

실업률% = [실업자수 ÷ 경제활동인구 취업자수+실업자수] × 100

✦ 실업의 유형

- **자발적 실업**: 일할 능력은 있지만, 임금 및 근로조건이 자신의 욕구와 맞지 않아 일할 의사가 없는 상태를 말한다. 자발적 실업에는 마찰적 실업과 탐색적 실업이 있다.

탐색적 실업	기존 직장보다 더 나은 직장을 찾기 위해 실업상태에 있는 것
마찰적 실업	취업정보의 불충분으로 직장 이동시 일시적으로 발생하는 실업의 형태이다. 이를 극복하기 위한 대책으로 취업정보 제공의 방안이 있다.

- **비자발적 실업** : 일할 능력과 의사가 있지만, 어떠한 환경적 조건에 의해 일자리를 얻지 못한 상태를 말한다. 비자발적 실업에는 경기적 실업, 계절적 실업, 구조적 실업이 있다.

경기적 실업	불황으로 인한 노동 수요의 부족으로 생기는 실업으로 이를 극복하기 위한 대책으로 공공 투자정책이 있다.
계절적 실업	계절적 요인으로 인해 발생하는 실업으로 건설업, 농업이 속한다. 이를 극복하기 위한 대책으로 공공 근로사업의 실시, 농촌의 가내 수공업 육성 등이 있다.
구조적 실업	산업구조의 고도화, 기술 혁신에 의해 낮은 기술 수준의 인력에 대한 수요감소로 생기는 실업으로 이를 극복하기 위한 대책으로 인력개발, 기술교육의 활성화 방안이 있다.

물가

개별 상품의 가격을 경제생활에서 차지하는 중요도 등을 고려하여 평균낸 값을 물가라고 한다. 우리가 필요로 하는 각각의 상품이 지닌 값을 가격이라고 부르는데, 개별 가격을 모아 평균 내어 얻은 값이 바로 물가인 것이다. 물가는 작년과 비교하여 등락 여부를 알 수 있다. 물가가 상승했다는 것은 시장에서 거래되는 상품과 서비스의 가격들이 전반적으로 올랐다는 것이고, 물가가 하락했다는 것은 상품과 서비스들의 가격이 전반적으로 내려갔다는 뜻이다.

물가는 물가지수로 표시할 수 있다. 물가지수란 물가의 움직임을 알기 쉽게 지수화한 경제지표를 말하며, 가격변화 추이를 수치로 나타냄으로써 조사 당시 전반적인 물가수준을 측정할 수 있다. 물가의 변동은 해당 국가의 투자와 생산, 소비 등을 모두 반영하는 것으로 경제정책 수립에 반드시 필요한 지표다.

물가안정 목표제는 중앙은행이 일정 기간 또는 장기적으로 달성해야 할 물가목표치를 미리 제시하고 이에 맞춰 통화정책을 수행하는 방식을 말한다. 중앙은행은 통화량, 금리, 환율 등 다양한 정보변수를 활용해 장래의 인플레이션을 예측하고 실제 물가상승률이 목표치에 수렴할 수 있도록 통화정책을 수행한다. 이후 그 성과를 평가하고 시장의 기대와 반응을 반영하면서 정책 방향을 수정해나간다. 1990년 뉴질랜드가 처음 도입했으며 이후 캐나다, 영국, 스웨덴, 멕시코, 체코, 폴란드 등으로 확산됐다. 우리나라는 1998년부터 물가안정 목표제를 도입해 운영하고 있다.

인플레이션

화폐가치 하락으로 모든 상품의 물가가 전반적으로 꾸준히 오르는 경제 현상을 말한다.

♦ 인플레이션의 원인

- **수요 인플레이션** : 늘어나는 수요에 비해 공급량이 따라가지 못하기 때문에 일어나는 인플레이션을 말한다. 가계에 돈이 많아지면 소비가 늘어나는데 그만큼 물건 공급이 되지 않을 경우, 상대적으로 돈의 가치가 하락하게 된다.
- **비용 인플레이션** : 재화를 생산하는 데 들어가는 비용이 증가하면 제품가격도 함께 올라, 전반적인 물가가 상승하게 된다. 예를 들어, 수입하는 석유값이 오르면 석유와 관련된 제품은 모두 오르게 되는 것이다.
- 저생산성으로 인한 공급의 부족이나 단순한 수요의 이동 등도 인플레이션의 원인이 될 수 있다.

물가의 꾸준한 상승, 통화량의 확대, 화폐가치의 하락을 의미하는 인플레이션은 사회에 어떤 영향을 주게 될까?

- 물가상승분만큼 월급인상이 되지 않을 경우 직장인들은 손해를 보게 된다. 물가가 상승하여 전반적으로 재화의 가격이 상승했는데, 월급만 그대로라면, 그만큼 저축할 수 있는 여유자금이 줄어들게 될 것이다.
- 둘째, 화폐가치의 하락으로 빚을 갚기가 쉬워지기 때문에 채무자는 빚을 갚기가 유리하고 빚을 받을 사람은 불리하게 된다. 빚을 진 사람은 아무래도 경

제적으로 어려운 사람들이니 부를 재분배하는 역할을 한다고 볼 수도 있다.

- 셋째, 상품값이 비싸지면 더 비싼 값으로 수출해야 되니 수출이 잘 이루어지지 않게 될 수 있다. 또한 국내 물건값이 비싸지는 만큼 수입물품을 쓰는 사람들이 상대적으로 증가하게 될 것이다. 이는 무역수지를 적자로 만드는 요인으로 작용할 수 있다.

- 넷째, 화폐가치가 장기적으로 하락하게 되면, 저축을 할 경우 손해를 볼 수 있기 때문에 저축하는 일이 줄어들게 된다. 이로 인해 은행에는 자금이 들어오지 않게 되고 자본부족으로 대출이 줄어들어 경제성장에 좋지 않은 영향을 주게 된다.

디플레이션

디플레이션이란, 통화량의 축소에 의하여 물가가 하락하고 경제활동이 침체되는 현상을 말한다. 물가가 계속 오르는 인플레이션과 반대되는 현상이다. 인플레는 광범위한 초과수요가 존재하는 상태인 데 반해, 디플레는 광범위한 초과공급이 존재하는 상태이다. 인플레이션은 물가상승 가져오지만, 디플레이션은 물가하락을 가져온다.

디플레이션은 돈의 구매력을 올려준다. 돈의 가치가 올라간 것이다. 돈이 귀해지면 사람들은 돈 쓰는 것을 주저하게 된다. 예를 들어, 디플레이션이 지속되면서 소비자들은 부동산이나 자동차와 같은 고가품의 구매를 유예한다. 집값이 떨어지는 추세에서 집을 구매하면, 엄청난 손해를 볼 가능성을 배제할 수 없기 때문이다. 기업들은 가격하락이 멈출 때까지 투자를 유보하게 된다. 새로 매입하려는 공장 부지나 기계의 구매가격이 더욱 내려갈 가능성이 있기 때문이다. 또한 생산한 상품의 가격이 하락하면 이윤이 감소하기 때문에 기업은 선뜻 신규 투자를 단행하기 어렵게 된다.

결국 소비와 투자의 감소는 전반적인 가격 하락을 초래한다. 가격하락은 생산위축을 초래하고, 생산위축은 고용감소와 임금하락을 초래하고, 실업과 소득감소는 상품과 서비스의 수요를 감소시켜 추가적인 가격하락을 초래한다. 디플레이션이 스스로 다시 디플레이션을 만드는 악순환이 지속되는 것이다. 더욱 우려되는 현상은 돈의 가치가 올라가기 때문에 빚을 갚아야 하는 채무자의 채무 실질가치가 더욱 상승하는 점이다. 채무자는 가중되는 채무압박에서 벗어나고자 소유한 자산과 재고를 처분하게 되고, 이 때문에 시장에서 자산과 상품의 가격은 더욱 하락하게 된다. 결국, 채무자가 아직 갚지 못한 잔여 채무의 실제 가치는 더욱 상승하고 만다. 채무부담을 줄이려는 노력이 역설적으로 채무부담을 가중시키는 것이다.

하지만 디플레이션의 원인에 따라 경제 구성원 모두에게 이익을 주는 경우도 있다. 기술의 진보, 경쟁적인 시장구조, 물류비용의 감소와 같은 요인에 의해 발생하는 디플레이션이 대표적인 예이다. 기술의 진보로 생산비용과 물류비용이 감소하면 경제 전반적으로 상품과 서비스의 가격은 하락한다. 시장구조가 경쟁적이면 가격 하락의 폭은 더욱 커질 것이다. 결국, 소비자는 낮은 가격으로 상품을 구매할 수 있고, 생산자도 정상적인 이윤을 얻을 수 있게 된다.

하지만 대부분의 디플레이션은 기술혁신보다는 상품과 서비스에 대한 총체적인 수요의 급격한 감소에 의하여 초래된 것일 경우가 많다.

스태그플레이션

스태그플레이션stagflation은 경기침체를 뜻하는 스태그네이션 stagnation과 물가상승을 뜻하는 인플레이션inflation을 합친 말로, 경제 불황 속에서 물가상승이 동시에 발생하는 경제현상을 말한다. 역사적 으로 스태그플레이션은 주로 공급 측 요인에 의해 발생되었다. 1970 년대 초와 말 두 차례에 걸쳐 석유수출국기구OPEC에서 원유가격을 크 게 인상했는데, 이것이 물가 상승과 생산 감소를 유발해 세계 각국이 스태그플레이션을 경험하게 된 것이다. 우리나라 역시 2차 오일쇼크 가 발생했던 1980년 경제성장률이 1.9%를 기록한 반면, 소비자물가지 수는 28.7%나 폭등한 바 있다.

원유나 원자재 가격이 급등하면 생산비용이 늘어나 제품가격이 오 르지만, 기업의 이익은 늘어나지 않는다. 그래서 직원들에게 월급을 올려주기가 어렵게 된다. 가계에 돈이 없으니 소비가 줄어들게 되고, 기업은 제품이 더 안 팔리게 되니 경영난을 겪게 된다. 결국 사회적으 로 실업자가 양산되는 것이다. 실업률과 물가상승률이 모두 상승하므 로 국민들의 경제적 고통은 크게 증가하게 된다.

스태그플레이션은 사람의 몸에 비유하자면 일종의 난치병이다. 명 쾌한 해결수단이 없기 때문이다. 경기가 좋아 물가가 오르면, 금리를 올리거나 정부의 재정지출을 줄이는 방법으로 문제를 해결할 수 있고, 반대로 경기가 좋지 않을 때는 금리를 내리거나 정부의 재정지출을 늘리는 방법으로 문제를 해결할 수 있다. 그러나 스태그플레이션 상황 에서는 명쾌한 해답이 없다. 침체된 경기를 살린다는 명목으로 금리를 내리거나 재정지출을 늘리면**쉽게 말해 돈을 풀면** 물가를 자극하게 되고, 반대로 물가를 잡기 위해 돈을 죄면 경기가 얼어붙게 된다.

스태그플레이션에서 벗어날 돌파구는 기술혁신에 있다. 기술혁신으로 원가를 감소시키면, 생산성이 높아지고, 더 좋은 상품을 값싸게 공급할 수 있게 된다. 이렇게 상품의 가격이 낮아지면 수요가 다시 늘어나고 상품의 재고는 줄어들게 된다. 그렇게 되면 다시 고용이 증대되고 차츰 경기가 회복 된다.

1929년, 경제대공황

1929년 경제대공황은 뉴욕 주가의 폭락에서 시작하여 전 세계적으로
파급, 모든 자본주의 국가들이 경제활동의 마비를 겪게 되었던 사건이
다. 경제대공황을 이해하기 위해선, 당시 미국의 상황을 살펴볼 필요
가 있다. 대공황이 미국에서 일어나게 된 중요한 원인은 자유로운 경
제활동에 따른 생산의 과잉이라고 할 수 있다. 1920년대 당시 미국은
자유방임주의 경제가 무르익던 시기다**자유방임주의란 개인의 경제활동 자유를 최
대한으로 보장하고, 이에 대한 국가의 간섭을 가능한 한 배제하려는 경제 사상 및 정책을 말한다**.
당시 미국의 경제상황은 간섭하지 않는 정부를 원하였고, 정부도 기업
의 활동에 적극적인 간섭을 하지 않았다. 자유방임주의를 표방한 미국
은 재정 지출과 간섭은 가능한 줄이고, 대신 기업의 경제활동을 최대
한 보장했다. 자유로운 경제활동이 보장되는 가운데 기업의 투자는 계
속 증대되었고 상품생산이 늘어났으며, 주식의 시세는 계속 상승행진
을 펼쳤다.

　자유방임주의의 경제환경은 기업인들을 만족시켰지만, 노동자들
에게는 상대적인 빈곤을 가져다주었다. 공장이 기계화되면서 노동자
들은 일자리를 빼앗겨야 했고, 이러한 상황에서 실업률은 점점 상승
하였다. 그러나 생산의 과잉이 계속 축적되면서 공장을 돌려도 이윤
이 제대로 남지 않게 되고**기업이 아무리 물건을 찍어내도, 높은 실업률과 가계의 빈곤으
로 그 물건을 사줄 사람이 없게 됨**, 상품의 재고가 쌓이는 가운데 물건이 제대로
팔리지 않기 시작했다. 더는, 예전처럼 물건만 찍어내면 팔리는 시대
가 아니었다.

당시 미국의 대표적인 공업은 철강공업과 자동차공업이었는데, 1929년에 경제의 주축을 이루었던 철강과 자동차 생산이 내리막길을 걷기 시작했으며, 계속 호황기를 보였던 증권시장도 내리막을 걷기 시작했다. 투자자들은 현금 마련을 위해 주식을 팔기 시작했고 이러한 가운데 주식시장은 하락을 거듭했다. 투자하기 위해 집이나 땅을 저당 잡혔던 사람들은 부채를 갚지 못하는 가운데 파산하였고, 은행은 돈을 돌려받지 못하였다. 이러한 가운데 경제대공황이 시작되었다.

경제대공황을 극복하기 위하여 실시한 정책이 그 유명한 뉴딜 정책이다. 뉴딜 정책은 경제대공황 당시 미국 대통령인 루스벨트가 경제대공황을 극복하기 위하여 실시한 정책이다. 미국 정부는 케인즈의 경제이론을 바탕으로 시장경제에 적극 개입하여 경제문제를 해결하려고 하였다. 뉴딜 정책은 그 일환이다. 루스벨트 대통령은 뉴딜 정책을 실시하여 테네시강 유역을 개발하는 대규모 공공사업을 전개하였고, 과잉생산을 방지하고, 노동자와 농민의 소득을 향상시킴으로써 유효수요를 창출하였다. 뉴딜 정책을 시행하는 과정에서 사회보장제도가 확충되었으며, 민간의 자유로운 경제활동에 적극적인 간섭을 하면서 정부가 중요한 경제 주체로 등장하기 시작하였다.

필립스 곡선 :
두 마리 토끼를 모두 잡는 것은 과욕이다

필립스 곡선

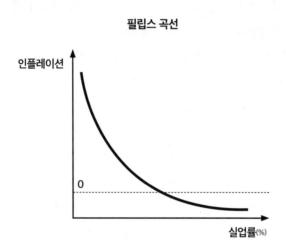

물가상승률과 실업률 사이에 있는 역의 상관관계를 나타낸 곡선을 필립스 곡선이라고 한다.

필립스 곡선에 의하면 물가안정과 완전고용을 모두 잡는 것은 불가능하다. 영국의 경제학자 필립스는 약 100년 간의 통계자료를 수집하여 실업률과 명목임금 상승률 간의 관계를 조사하면서, 실업률이 낮을 때는 임금상승률이 높고, 실업률이 높을 때는 임금상승률이 낮다는 사실을 발견하였다. 또한 명목 임금상승은 물가 상승과 비례하기 때문에 인플레이션율로 보자면 정부가 실업률을 낮추기 위해서는 어느 정도의 인플레이션을 감수해야 하고, 물가를 안정시키기 위해서는 실업률 상승을 받아들여야 한다는 이론적 근거가 되었다**물가안정과 완전고용이**

라는 2가지 정책 목표는 동시에 달성될 수 없다.

　　필립스 곡선은 정부가 개입하는 재정정책, 통화정책을 정당화하는 결정적인 증거가 되었다. 케인즈학파는 필립스 곡선을 한 사회가 선택할 수 있는 조합으로 여겼다. 정부는 필립스 곡선에서 사회후생이 극대화되는 한 점을 선택한 뒤 각종 정책수단을 활용해서 어떻게든 그 점에 도달하면 된다고 보았다. 즉, 필립스 곡선을 통해 재량적인 안정화정책 실시의 정당성을 확보하게 된다. 하지만 이후 1970년대, 인플레이션율과 실업률이 동시에 높아지는 스태그플레이션 현상이 나타나자 필립스 곡선에 대하여 여러 반론이 제기되기 시작했다스태그플레이션은 필립스 곡선이 불안정함을 보여주는 사례이다.

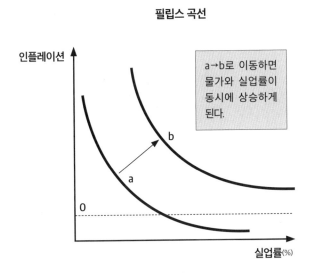

필립스 곡선

　　경제학자 프리드만은 필립스곡선 자체의 이동을 주장하며 케인즈학파에 반론을 펼쳤다. 케인즈학파가 필립스 곡선을 정책지표로 사용했는데 곡선 자체가 이동해버리기도 하는 변수투성이 지표를 국가의 정책지표로서 활용하는 것은 부적합하다는 것이다. 프리드만은 자연실업률 가설을 내세워 자기주장을 뒷받침했다. 자연실업률 가설은 정부의 개입**확대금융정책**은 단기적으로 실질실업률을 *자연실업률보다 낮출 수 있지만, 장기적으로는 결국 실질실업률은 자연실업률로 되돌아오고 물가만 상승하게 되므로, 정부는 개입하지 말라는 것이 골자다**정부의 개입이 물가만 올릴 뿐이라고 케인즈 학파를 반박**.

*자연실업률 : 경제의 산출량과 고용이 사실상 완전고용 수준을 유지하고 있는 중에서도 지속되는 실업률을 말한다.

로렌츠 곡선과 지니 계수

GDP나 1인당 GNI는 보통 한 나라의 국력이나 국민들의 생활수준을 말할 때 일반적으로 사용되는 지표이지만, 소득이 사회 각 계층에 얼마나 고루 분배되고 있는지는 보여주지 못한다. 그런 이유로 국민들의 생활수준을 더 자세히 파악하기 위해서는 소득 분배에 관한 여러 지표가 필요하다. 이를 위한 대표적인 지표가 바로 지니계수이며, 로렌츠 곡선에 기반하여 계수가 산출된다.

소득누적비율과 인구누적비율

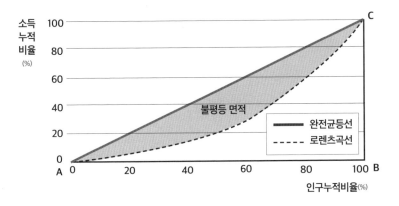

로렌츠 곡선은 미국의 통계학자 로렌츠가 고안한 것으로, 국민의 소득분배상태를 살펴보기 위해 인구의 누적비율과 소득의 누적점유율 간의 관계를 나타낸 곡선이다. 로렌츠 곡선이 직선에 가까울수록 소득이 평등하게 분배되는 것을 나타내며, 곡선이 많이 휠수록 소득의

분배가 불평등함을 보여준다. 이 소득의 불균등을 나타내는 곡선을 로렌츠 곡선이라고 하며, 균등분포선과 로렌츠 곡선의 사이의 면적을 불균등면적이라고 한다.

$$지니\ 계수 = \frac{불평등면적}{삼각형\ ABC\ 면적} = 0 \sim 1$$

지니 계수는 빈부격차와 계층 간 소득의 불균형 정도를 나타내는 수치로, 소득이 얼마나 균등하게 분배되는지를 알려준다. 지니계수는 0부터 1 사이의 값을 가지며, 값이 '0'완전평등에 가까울수록 소득분배가 균등하고 '1'완전불평등에 근접할수록 불평등하다는 것을 나타낸다. 지니계수를 통해 국가 간 소득분배는 물론 다양한 계층 간 소득분배를 비교할 수 있으며, 시간에 따른 국가 내 소득분배의 변화를 파악하여 소득불평등 정도의 변화를 알 수 있다.

경제
25

엥겔 지수

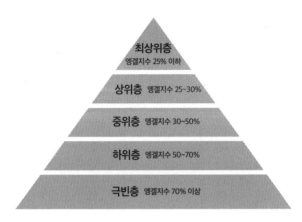

최상위층
엥겔지수 25% 이하

상위층 엥겔지수 25~30%

중위층 엥겔지수 30~50%

하위층 엥겔지수 50~70%

극빈층 엥겔지수 70% 이상

일정 기간 가계 소비지출 총액에서 식료품비가 차지하는 비율로서, 가계의 생활수준을 가늠하는 척도다. 저소득층일수록 엥겔지수는 높게 나타나는 경향이 있다. 독일의 통계학자 엥겔은 연구를 통해 가계 소득이 높아질수록 식료품비의 비중이 감소하는 가계소비의 특징을 발견했다. 가계소득이 올라도 필수 소비품목인 식료품의 소비량은 많이 늘어나지 않는다는 점에서, 가계지출에서 식료품비가 차지하는 비율이 높을수록 소득이 낮다는 사실을 어렵지 않게 짐작할 수 있다.

엥겔은 엥겔 지수가 25% 이하이면 소득 최상위, 25~30%이면 상위, 30~50%이면 중위, 50~70%이면 하위, 70% 이상이면 극빈층이라고 구분했다. 그러나 당시에는 외식비와 식료품 가격인상 등을 고려하지 않았다는 점에서 엥겔 지수를 통해 현재 가계의 생활수준을 측정하기에는 다소 무리가 따른다.

엥겔 지수와 비슷한 버전으로 슈바베 지수라는 것이 있다. 슈파베 지수는 일정 기간 가계 소비지출 총액에서 주거비가 차지하는 비율을 뜻한다. 소득수준이 높아질수록 주거비 규모는 커지지만, 소비지출 총액 대비 주거비 비중이 낮아진다는 사실을 흔히 슈바베의 법칙이라고 지칭한다.

가계소득 대비 주거비용이 차지하는 비율을 일컫는 말로, 독일 통계학자 슈바베의 이름을 땄다. 고소득층일수록 슈바베 지수는 낮으며 저소득층일수록 슈바베 지수는 높다. 슈바베 지수가 25%가 넘으면 빈곤층에 속한다고 본다. 오늘날 슈바베 지수는 엥겔 지수와 함께 빈곤의 척도를 가늠하는 지표 중 하나로 사용되고 있다.

금융이란 무엇인가

인간은 본질적으로 이익을 추구하는 존재이며, 인간 행동의 대부분은 욕망의 성취를 위한 동기에서 나온다. 오늘날과 같은 시대에는 욕망의 대상이 일방적으로 화폐인 돈에 집중된다. 인간이 자기 욕망에 지배를 받듯, 돈은 그러한 인간들로 구성된 세상을 지배한다. 그리고 그러한 돈을 필요로 하는 사람에게 자금을 원활하게 공급하여 경제활동이 지속적으로 이루어지게 하는 활동을 바로 금융이라고 한다**이자를 받고 자금을 융통하여 주는 것을 말한다**. 일반적인 재화시장에서 수요와 공급 원리에 의하여 재화의 가격이 결정되듯이, 자금시장에서도 자금의 수요와 공급 원리에 의해 자금의 가격**이자율**이 결정된다.

일정 기간을 정하고, 앞으로 있을 원금의 상환과 이자변제에 대해 상대방을 신용하여 자금을 이전하는 형태의 계약으로 나타나고, 약속된 상환기간이 장기냐 단기냐에 따라 단기금융과 장기금융으로 분류된다. 자금의 수요자**채무자**를 신용한다는 것은 자금의 반환능력과 반환의사를 신용한다는 말이다. 금융의 사전적 정의를 대출로만 한정시켜서 생각하는 경우가 많은데, 금융이라는 개념은 대출이라는 개념보다 포괄적이다. 자금을 빌려주고 빌리는 것과 관련된 모든 행위**자금의 융통과 관련된 모든 행위**가 금융이다. 돈의 직접적인 융통뿐만 아니라 이와 관련된 서비스를 통칭한다**신용평가, 대출자금 사용감시, 산업에 대한 전망 등**.

♦ 금융의 기능

- **결제 기능** : 원거리에 있는 사람과의 거래는 물론이고 사용하는 화폐가 다른

경우에도 거래와 지불을 가능하게 해주는 것이 금융의 역할이다. 금융산업의 발달로, 현금은 물론이고 신용카드, 체크카드, 전자상거래와 같이 수많은 지불수단이 등장했다. 금융의 첫 번째 역할은 안전하고 편리한 지불 시스템을 구축하여 거래가 가능하도록 하는 것이다.

- **중개 기능** : 흑자 경영 주체로부터 자금을 모아 적자 경영 주체로 자금 이전하는 기능을 수행한다. 금융시장은 수요자와 공급자에게 필요한 정보를 제공하여 금융거래 비용과 시간을 줄여주는 역할을 한다. 금융시장의 존재로, 여유자금을 가진 사람은 돈을 빌려주거나 저축할 곳을 적은 시간과 비용이 들여 찾을 수 있고, 반대로 자금이 필요한 사람들도 필요한 자금을 조달할 곳을 손쉽게 찾을 수 있다. 결국, 여유자금을 가진 자에겐 투자기회를 제공하고 자금이 필요한 사람에겐 자금을 공급하여 흑자경제 주체나 적자경제 주체 모두 경제적 후생이 증대된다.

- **위험의 전환**: 금융은 다양한 분산투자기회를 제공하고 비슷한 위험에 처한 사람들을 모아서 보험을 제공함으로써 위험에서 투자자를 보호한다.

금융의 종류

♦ 직접금융과 간접금융

직접금융이란 금융시장에서 자금의 수요자기업 가 주식이나 채권을 발행함으로써, 금융기관의 개입 없이 자금의 공급자개인투자자 에게서 자금을 직접적으로 조달하는 일을 말한다. 정부가 국채를 발행하고 가계가 그것을 구입하는 것 역시 직접 금융에 해당한다. 이는 금융비용이 적게 들고 거액의 자금을 조달할 수 있다는 장점이 있는 반면, 자금 공급자 입장에서는 원금보장을 받지 못하는 등 위험을 안게 되는 단점이 있다.

반면, 간접금융이란 자금의 공급자와 수요자가 은행과 같은 금융기관을 매개로 금융거래를 함으로써 자금의 공급자와 수요자 사이에 직접적인 거래관계가 형성되지 않는 것을 말한다. 가계가 은행에 예금을 하면 은행에는 자금이 축적되고, 기업은 그러한 은행에서 자금을 대출받는 것이다.

자금 공급자의 입장에서, 직접금융은 상대적으로 불확실성이 커서 위험이 따른다. 반면에 금융기관을 통할 경우, 수익성은 낮지만 안전성은 높다. 일반적으로 자금공급자가계 는 직접금융과 간접금융 형태의 자산을 적절히 보유하여 수익성과 안전성을 조화시키는 것이 바람직하다.

♦ 공금융과 사금융

공금융이란 법률에 의해 권리와 의무가 명확히 규정된 제도권의 금융시장이나 금융기관을 통해 이루어지는 자금거래를 말한다. 사금융이란 정부로부터 인허가를 받는 금융기관이 아닌 사채업자 등을 통해 직접 자금을 거래하는 것을 말한다. 따라서 거래에 따른 위험이 크며 사금융의 이자는 공금리보다 높아 급전이 필요하거나 신용도가 낮은 사람들이 주로 이용하고 있다.

♦ 가계금융과 기업금융

가계금융이란 가계가 미래의 소득이나 특정자산을 담보로, 지출에 충당할 돈을 융통하는 것을 말한다. 기업금융이란 투자의 주체인 기업이 금융시장에서 자금을 빌리는 것을 말한다. 따라서 금융기관은 기업의 신용과 사업 내용을 지속적으로 평가하여 자금제공 여부를 결정해야 한다.

금융문맹과 금융지능

문맹의 사전적 정의는 '글을 읽거나 쓸 줄 모름'이다. 말하고자 하는 것을 글로 표현할 수 있고, 글로 된 문서를 말로 읊을 수 있으면, 지식인 소리를 들을 수 있었던 때가 있었다. 앎과 모름을 나누는 기준의 중심에 '글'이 있던 시대의 이야기다. 하지만 세상은 많이 변했다. 모든 것이 복잡하고 다양해졌다. 국민들의 지적수준도 높아졌다. 한 개인의 지적수준을 가늠하는 잣대가 '글'말고도 매우 다양하게 존재한다. 그래서 오늘날 '문맹'이라는 단어는 본래의 뜻보다 더욱더 넓은 활용범위를 갖게 되었다.

미국연방준비제도이사회 FRB 의장이었던 앨런 그린스펀은 '금융문맹'이 사람들이 돈을 제대로 활용할 수 없게 만든다고 역설했다. 금융문맹을 현실적으로 느낄 수 있도록 쉽게 풀이하면, 금융이해력 Financial Literacy 의 결여라고 할 수 있다. 일상적인 생활 속에서 이루어지는 금융거래를 이해하고, 금융상품과 서비스를 능동적으로 선택하고 이에 따른 책임을 이해하는 능력을 금융이해력이라고 한다.

금융이해력이 현대 사회를 살아가는 데 있어서, 왜 그리고 얼마나 중요한지에 대해서는 금융전문가들이 끊임없이 강조하는 주제다. 예를 들면, 앨런 그린스펀은 2008년 미국을 뒤흔든 서브 프라임 모기지 사태의 원인으로 금융문맹이 많은 현실을 꼽았고, 부채증가나 개인파산 등이 급증하는 이유 가운데 하나로 금융문맹을 지적하는 전문가가 적지 않다.

금융문맹을 그대로 방치할 수 없는 이유는, 그것이 개인의 문제에 그치지 않고 사회적인 문제로 확산된다는 데 있다. 금융 관련 지식이 부족하여 돈의 소중함과 관리방식을 모르고 돈을 제대로 활용하지 못하는 금융문맹이 될 경우, 국민 개개인 삶의 질이 저하될 수 있음은 물론, 사회성장기반도 약화될 수 있다. 이러한 이유로 선진국에서는 어릴 때부터 가정에서 금융교육을 하고 있고, 정부에서는 체계적인 금융교육 프로그램과 정책을 개발해 금융문맹 퇴치에 노력을 기울이고 있다.

한편, 금융지능FQ : Financial Quotient 이라는 용어가 있는데, 이는 개인의 일상적인 금융거래에 대한 이해와 금융지식의 실제 활용능력 수준을 일컫는 말이다. 우리나라는 2003년부터 매년 청소년을 대상으로 소득의 이해, 재무관리의 이해, 저축과 투자의 이해, 지출과 부채의 이해 등과 관련된 금융지식 및 이해도 수준을 평가하고 있으며, 이를 통하여 청소년의 금융지식 수준을 파악하고, 이해력이 부족한 영역을 규명하여 향후 체계적인 금융교육 방향을 설정하는 기초자료로 활용하고 있다 금융감독원의 <금융감독용어사전> .

화폐의 발전

교환경제 사회에서 상품의 교환·유통을 원활하게하기 위한 일반적 교환수단 또는 일반적 유통수단을 화폐라고 한다.

화폐에는 다음의 4가지 기능이 있다.

구분	내용
교환수단	재화 및 용역을 교환하는 수단으로 화폐의 가장 근원적 기능이다.
지불수단	원하는 물건의 값을 치르는 지불기능과 거래로 인하여 발생한 채무를 결제할 수 있는 기능을 가지고 있다.
보관수단	언제든지 교환이 가능한 수단이기 때문에 부를 축적하는 기능을 가지고 있다.
가치척도	물건의 가치를 판단할 수 있는 기능을 가지고 있다.

화폐는 시대의 흐름에 따라 상품화폐, 금속화폐, 지폐, 신용화폐, 전자화폐 순으로 발전해왔다. 한국은행의 발표에 따르면, 지급수단으로서 동전이나 지폐를 사용하고 있는 경우는 10%가 되지 않는다고 한다. 90% 이상은 신용카드 거래처럼 컴퓨터에 기록된 숫자에 의한 거래가 주를 이룬다. 현재는 전자화폐가 발달하여 점차 확대되고 있는 추세이다. 왜 사람들은 지폐나 동전을 사용하지 않고 점차 카드를 비롯한 전자화폐로 옮겨가는 것일까?

알고 보면 화폐의 역사는 더욱더 편리한 지불수단을 개발해가는 과정이었다. 과거의 인류는 조개를 가치의 저장과 교환의 수단으로 활용하였다. 조개껍데기가 곧 화폐였던 셈이다. 이것이 점차 금·은·동의 금속으로 대체되고, 휴대의 편리성을 위해 다시 지폐로 바뀌었다. 인류는 가치의 저장과 교환의 수단으로서의 화폐를 더욱 편리한 방향으로 부단히 개발해왔음을 알 수 있다. 현재 우리가 사용하고 있는 지폐 역시, 편리성의 측면에서는 완전한 것이라 할 수는 없다.

많이 사용하고 유통됨에 따라 마모될 수밖에 없으며, 거액의 경우 휴대에 따르는 불편함과 위험이 따르게 된다. 이러한 불편을 해소하기 위해 수표가 등장했지만, 수표는 소액결제에 따르는 불편이 있다. 이것이 전자화폐가 등장한 배경이다. 전자화폐란 IC칩이 내장된 카드나 공중정보통신망과 연결된 PC 등의 전자기기에 전자기호 형태로 화폐적 가치를 저장했다가 상품 등의 구매에 사용할 수 있도록 하는 전자 지급수단을 말한다. 결제의 수단으로서 주화나 지폐가 지닌 속성을 그대로 가지고 있지만, 그것을 전자적인 정보로 변환시킨 것이다. 온라인상에서 이루어지는 모든 종류의 자금거래를 전자화폐라고 할 수 있다.

전자화폐는 가치의 저장과 교환에 따르는 모든 불편함을 해결해 준다. 전자화폐를 사용하면, 부피가 큰 지갑을 가지고 다닐 필요도 없고 일상생활의 모든 거래가 IC 카드 하나로 해결되며, 방 안에서도 인터넷 쇼핑을 즐길 수가 있다. 보안성 문제 역시 비밀번호를 통해 해결할 수 있으며, 개인 간 거래에 따른 자금이체도 오프라인 은행을 이용할 필요가 없이 가능해진다. 기업으로서는 대금결제 시 발생하는 기업 간의 사무처리 비용도 대폭 절감할 수 있게 된다.

전자화폐

간편한 화폐가 요구되는 정보화 사회에서 현금을 대신할 전자화폐의 출현은 필연적이라고 볼 수 있다. 하지만 전자화폐가 기존의 실물화폐를 대체하여 통용되기 위해서는 다음과 같은 요건들을 충족해야 한다.

- 복사, 위변조 등을 통한 부정사용이 불가능할 것.
- 사용의 비밀성이 보장될 것. 이용자의 구매나 결제 관련 정보가 추적되지 않아야 함
- 화폐를 주체 간에 쉽게 주고받을 수 있을 것.
- 사용이 간편하고 관리가 용이할 것.

전자화폐는 화폐적 가치가 어떻게 저장되었는지에 따라 전자지갑, 카드류, 가상화폐로 구분할 수 있다. 전자지갑은 화폐의 가치정보를 독립적인 매체에 저장해 온라인 연결 시 자유롭게 전송할 수 있는 형태로, IC 카드와 휴대단말기를 예로 들 수 있다. 카드류는 신용카드와 직불카드를 대표적인 예로 들 수 있는데, 이것들은 그 자체로 화폐의 가치는 없지만, 은행의 계좌를 서로 연결하여 결제를 중계하는 방식을 구현한다. 가상화폐는 그 자체로 화폐적 가치를 지닌 것으로 네트워크로 연결된 가상공간에서 전자형태로 사용된다.

가상화폐의 종류로는 발전과정에 따라 이캐시, 넷캐시, 페이미, 몬덱스가 있다. 비트코인과 같은 암호화폐도 가상화폐의 일종인데 은행 등을 통한 중앙관리방식의 가상화폐와 달리, 분산관리방식을 취한다는 점에서 그 두 개념을 구분하여 사용하기도 한다. 암호화폐

는 가상화폐의 한 종류이지만 발행 및 관리를 담당하는 중앙 주체가 없다는 점. 블록체인 기술을 기반으로 한다는 점에서 구별된다. 비트코인은 블록체인Block Chain 기술이 쓰인 가장 유명한 사례이다.

전자화폐의 형태적 분류

형태	특징	예시
전자지갑	화폐의 가치 정보를 독립적인 매체에 저장해 온라인 연결 시 자유롭게 전송 가능	IC 카드, 휴대 단말
신용카드	신용보증을 통한 결제 중계 방식으로, 후불 방식이 기본이며 즉시 거래가 이루어지는 직불 방식도 포함	신용카드
선불카드	제한된 용도로 폐쇄적 환경에서 운영되지만 화폐의 가치를 지님	버스카드, 공중전화카드
가상화폐	그 자체로 화폐의 가치를 지니며 범용성을 지닌 통화 시스템으로 중앙은행이 화폐가치를 통제	이캐시, 넷캐시, 몬덱스
암호화폐	독립된 화폐로서의 가치를 지닌 매체로 다수의 거래 참여자가 동등한 권한으로 분산 통제하는 방식	비트코인

비트코인과 블록체인

만약 A라는 사람이 B라는 사람에게 돈을 보내주려면 어떻게 해야 할까? 직접 만나서 실물화폐를 넘겨줄 수도 있겠지만, 보통은 은행계좌를 통해 이체해줄 것이다. 이 과정에서 A와 B의 중개자로 은행이라는 제3자가 등장하게 된다. A가 B에게 은행계좌를 통해 1만 원을 이체했다면 이때 은행은 그 사실을 은행의 중앙서버에 저장하게 된다. 문제는 이 중앙 서버가 철통보안을 유지한다고는 하지만, 해킹될 가능성이 언제나 잔존해 있다는 것이다.

또한 지속적인 보안유지에도 많은 비용이 소요된다. 만약 은행이 해킹을 당해 A가 B에게 돈을 이체한 내역이 사라진다면 어떻게 될까? 더 나아가 A가 평행 모아둔 돈의 금액이 순식간에 사라져 버리면 어떻게 할까? 해킹이 아니더라도 은행이 순식간에 파산해버린다면 그동안 맡겨놓았던 당신의 돈은 어떻게 될까? 이런 고민들을 하기 시작하면 은행도 완벽하게 안전하다고는 볼 수 없다. 바로 이 문제를 해결하고자 블록체인 기술을 가진 비트코인이 등장하게 된 것이다.

나카모토 사토시 가명이며, 그의 정체에 대해서는 명확히 밝혀진 바가 없다 가 2007년 세계금융 위기 사례를 통해 중앙집권화된 금융 시스템의 위험성을 극복하고자 개인 간 거래가 가능한 블록체인 기술을 고안하였으며, 2009년 이 기술이 적용되어 개발된 것이 바로 비트코인이다. 비트코인은 블록체인 기술을 기반으로 만들어진 대표적인 암호화폐로 중앙은행 없이 전 세계적 범위에서 직거래P2P 방식으로 개인들 간에 자유롭게 금융거래를 할 수 있다.

비트코인은 블록체인이라는 기술을 통해 작동되는데, 블록체인이란 모든 거래자의 거래 장부를 모두가 공유하는 방식이라고 설명할 수 있다. 이것을 분산형 시스템이라고 한다. A가 B에게 1만 원을 보낸다면 그 내역은 A와 B의 장부에만 기록되는 것이 아니라 동시에 수천수만 명 이상의 사람들의 장부에 동시에 기록되는 것이다. 따라서 이 내용은 조작될 수도 없고 해킹될 수도 없다. 수 천 수 만 명의 장부를 모두 조작하는 것은 매우 어려운 일이다.

블록Block은 네트워크에서 발생하는 모든 거래정보가 기록되는 장부로 데이터를 저장하는 단위를 말하며, 여기에는 수많은 사람의 거래내역이 쌓여 있다. 블록이 가득 차면 새로운 블록을 쌓아 내용을 기록하게 하고, 이 블록들을 서로 연결지어 보관한다. 이처럼 블록들이 연결된 형태를 체인Chain이라고 한다. 그래서 이름이 블록체인인 것이다. 블록체인의 핵심은 탈중앙화와 분산저장이다. 기존의 중앙 집중식 시스템에서는 은행의 온라인 뱅킹 거래기록 같은 장부가 중앙 서버에만 보관되기에, 내용의 신뢰성에 대해서는 은행과 같은 중앙의 권위를 믿고 의존하는 수밖에 없었다.

그러나 블록체인은 네트워크를 형성하는 모든 참여자가 데이터를 분산해서 저장하고 사전에 정해진 알고리즘에 따라 작업증명이 이뤄지기에 은행이나 정부 등의 중앙관리자가 필요가 없게 된다. 거래장부를 공개 및 분산 관리한다는 의미를 살려 블록체인을 '공공거래장부'나 '분산거래장부'라고 부르는 것이다. 비트코인은 이미 세계적인 관심과 논란의 대상이 되었으며, 지금 많은 사람들이 새로운 금융투자 방식으로 받아들이고 있다. 비트코인 돌풍은 블록체인의 상용화를 의미한다.

리디노미네이션

한 나라에서 통용되는 모든 지폐나 동전에 대해 실질가치는 그대로 두고 액면을 동일한 비율의 낮은 숫자로 하향 조정하는 것을 리디노미네이션이라고 한다. 이는 인플레이션, 경제규모의 확대 등으로 화폐금액의 자릿수가 늘어나면서 생겨나는 계산상의 불편을 해소하기 위해 실시한다. 이론상, 소득이나 물가 등 국민경제의 실질변수에 영향을 끼치지 않지만, 체감지수의 변화가 나타나기 때문에 물가변동 등 실질변수에 영향을 끼칠 수도 있다.

리디노미네이션을 통해 기대할 수 있는 긍정적 효과는 국민들의 거래상 편의를 제고할 수 있고, 회계장부의 기장처리를 간편화할 수 있다는 것이다. 그밖에 인플레이션 기대심리를 억제 하여 자국 통화의 대외적 위상을 제고할 수 있고, 지하 자금의 양성화 및 세수 증대 효과, 대금결제의 용이 등의 효과를 기대할 수 있다. 반면 화폐 단위 변경으로 인한 국민의 불안심리가 확산될 수 있으며, 새로운 화폐의 제조에 따른 비용발생과 신구 화폐의 교환 및 컴퓨터 시스템 교환에 수반되는 비용발생이 주요 단점으로 언급된다.

우리나라는 1953년 2월 15일과 1962년 6월 10일에 리디노미네이션을 실행하였다.

1953년, 당시 한국은 전쟁으로 인해 생산활동이 위축되고 군사비용으로 인한 막대한 지출로 통화의 대외가치가 폭락한 상황이었다. 이에 대한 해결책으로 화폐 액면금액을 100대 1로 줄이고 화폐단위를 '원'에서 '환'으로 바꾸는 조치를 단행한 것이다.

1962년, 당시 정부는 경제개발계획에 필요한 투자자금을 확보하고, 과잉통화를 흡수하여 인플레이션 요인을 제거하려는 목적으로 리디노미네이션을 실행하였으나, 예상치 못한 조치에 국민들은 크게 동요했고, 지하자금 회수율도 낮게 이뤄지면서 불안감만 증폭시켰다는 평가를 받고 있다. 해외에서는 터키, 루마니아, 짐바브웨, 가나, 북한, 아제르바이잔 등 다양한 나라에서 리디노미네이션이 진행되었다.

　　터키는 2005년 이후 리디노미네이션을 단행한 국가 중 대표적 성공 사례로 언급된다. 당시 터키는 경제정책의 실패와 초인플레이션으로 위기감을 느꼈지만, 2005년 1월 화폐단위를 100만 분의 1로 하향 조정하고 화폐의 명칭도 변경하면서 경제가 안정적인 단계로 접어들었다. 반면, 짐바브웨는 2006년에는 1,000대 1, 2008년에는 100억대 1, 2009년에는 1조대 1의 리디노미네이션을 시행하였으나 물가가 계속 치솟아 대표적인 실패 사례로 손꼽히고 있다.

환율과 환율제도

환율은 어떤 나라 통화 1단위를 다른 나라 통화와 바꿀 때 적용되는 교환비율로서 일국 통화의 외국 상품 및 용역에 대한 구매력, 즉, 대외 가치를 나타낸다.

고정환율제도는 정부가 특정 통화에 대한 환율을 일정 수준으로 고정하고 이를 유지하기 위해 중앙은행이 외환시장에 개입하는 제도 이다. 가장 전통적인 고정환율제도는 19세기 말~20세기 초의 금본위 제이다. 금본위제는 화폐단위의 가치와 금의 일정량의 가치가 등가관 계를 유지하도록 하는 제도다. 금본위제 하에서 각국은 자국 통화의 가치를 금에 고정시키고 금태환성**금이 다른 통화나 재화 또는 용역의 대가로 자유롭 게 교환될 수 있는 것** 을 보장함으로써 모든 통화에 대한 환율을 안정적으로 유지할 수 있었다.

고정환율제도는 금본위제처럼 절대 수준으로 환율을 고정시키는 경우와 일정하게 정해놓은 균형환율**중심환율** 을 중심으로 상하 소폭의 범위 내에서만 환율의 변동을 허용하는 경우가 있다. 이 범위를 벗어 나면 중앙은행이 개입하여 목표범위를 유지키는 경우가 있는데, 고정 환율제도를 채택하는 대부분의 국가들은 후자에 해당한다. 고정환율 제도는 환율이 안정적으로 유지됨에 따라 경제활동의 안정성이 보장 되어 대외거래를 촉진하고, 국내 인플레이션과 신용확대에 쉽게 대처 할 수 있다는 등의 장점이 있다. 하지만 환율 변동에 의한 자동적 국 제수지**한 나라가 일정한 기간 동안에 국제 거래를 통해 벌어들인 외화와 지급한 외화 사이의 차액** 를 조정할 수 없고 대외 부문의 충격이 국내 경제를 불안정하게 한다는 단점도 있다.

변동환율제도는 각국의 통화가치를 고정하지 않고 외환시장의 수급상태에 따라 자유롭게 변동하도록 하는 제도를 말한다. 외환시장에서 수급불일치가 있을 때 즉시 환율을 조정하여 균형을 회복하기 때문에 이론적으로 국제수지는 항상 균형을 이루게 된다. 따라서 변동환율제에서는 국제수지 불균형으로 인한 통화량 변화가 발생하지 않는다. 그러나 실제로는 각국의 환율제도는 고정환율제와 변동환율제를 절충한 방식을 사용하는 경우가 많다. 즉, 환율을 기본적으로 유지하더라도 환율의 일부 변동을 인정하는 고정환율제나 필요에 따라 정부가 개입하는 관리형 변동환율제를 채택하는 나라가 많다.

환율제도의 종류

고정 환율제도	정부가 환율을 일정 범위 내로 고정시켜 안정적으로 유지하는 제도 환율불균형에 의한 자본 이동의 폐해를 방지할 수 있는 장점이 있지만, 국제수지균형을 위한 신용제한과 무역 및 외환 관리로 인한 국내 압박으로 경제성장이 억제되고 무역 및 외환의 자유화가 불가능하다.
변동 환율제도	수요와 공급에 의하여 환율이 자유롭게 결정되도록 하는 제도다. 환율의 실세를 반영하여 융통성 있게 변동할 수 있는 장점이 있지만, 환 투기의 가능성이 있을 때는 환율의 안정을 잃게 된다.

평가절하와 평가절상

평가절하는 고정환율제도 하에서 환율을 상승시키는 것을 가리킨다. 예컨데, US$ 1= ₩1,200이었던 것을 US$ 1=₩1,400으로 하는 것을 말하며, 이는 자국 통화가치의 하락을 의미하는 것이다. 평가절하는 한 나라의 통화가치가 대외적으로 하락하는 것을 말한다. 돈의 가치가 떨어지면 외국돈을 사는 데 더 많은 액면의 국내 돈이 필요해지기 때문에 환율은 올라가게 된다. 한 나라가 자국 통화가치를 평가절하하면 수출가격이 낮아져서 경쟁력이 강화되는 반면, 수입가격 상승으로 물가는 오르게 된다.

지속되는 국제수지 적자로 고민하는 나라가 그 적자를 만회하는 한 수단으로서 평가절하를 하는 경우가 많다. 평가절하를 하면, 그 나라의 물가수준이 고정되어 있다고 가정할 때 절하국의 외화표시 수출가격은 그만큼 낮아지므로 전보다 해외수요가 증대하여 수출이 늘 것으로 기대된다. 한편 수입품의 자국화 표시가격은 높아지므로 수입이 감소되어, 국제수지의 적자가 개선되리라고 기대된다. 다만 평가절하는 수입원료의 가격상승을 가져오고, 그 원료를 사용에 만든 수출품이 가격이 상승하는 2차 효과를 가져와 절하효과를 상쇄할 수 있음을 주의해야 한다.

평가절상은 고정환율제도 하에서 환율을 하락시키는 것을 의미한다. 예컨대, US$ 1= ₩1,400이었던 것을 US$ 1=₩1,200으로 하는 것이며, 이는 자국 통화가치가 상승되는 것을 의미한다. 평가절상은 평가절하와 반대효과를 가져온다. 수출가격이 높아져서 전보다 해외수요가 감소하여 수출이 줄어들 것으로 기대되며, 수입상품에 대한 구매력이 높아지는 결과를 낳아 결국, 국제수지가 악화된다.

경제

35

1997년, IMF 외환위기

국가는 다른 국가에 진 빚을 갚을 때 또는 국제 경기가 악화될 때를 대비해 어느 정도의 돈을 보유해 놓고 있어야 한다. 이러한 목적으로 나라가 보유하고 있는 돈을 '외환보유액'이라고 한다. 한 마디로 나라가 급할 때 쓰려고 달러로 챙겨 놓은 비상금인 셈이다.

1997년에 우리나라는 외환보유액이 부족하고 경제가 어려워지면서 석유와 같이 외국에서 꼭 사 와야 할 물건들을 제대로 들여올 수 없었고, 그동안 외국에서 빌렸던 돈을 갚지 못하게 되었다. 당시, 수많은 기업과 금융기관이 문을 닫았으며, 직장을 잃은 실업자가 쏟아져 나와 가정경제는 큰 어려움에 빠졌다. 결국 부족한 외화를 빌리기 위해 국제통화기금IMF, International Monetary Fund의 지원을 받아야 했다.

IMF는 경제가 어려운 나라에 돈을 빌려 주는 곳이다. IMF에 가입한 나라들이 낸 돈을 모아 두었다가 경제가 어려운 나라에게 이 돈을 빌려 준다우리나라는 1955년에 IMF에 가입했다.

IMF는 가입국들이 외화자금을 원활히 마련할 수 있게 돕고, 세계여러 나라의 경제번영에 이바지한다는 목적으로 세워졌다. 1997년 11월 21일, 우리나라는 IMF에 돈을 빌려 달라고 요청했다. 그 후로 약 4년 동안 우리나라는 IMF의 관리를 받게 되었다. IMF는 돈을 빌려 주는 대가로 우리나라에 경제구조 개선을 요구하는 등 적극적인 개입을 하였다IMF는 우리나라에 금리인상, 구조조정, 노동시장의 유연화, 자본시장의 개방을 요구하였다.

외환위기의 원인은 무엇이었을까? 표면적인 이유는 그동안 우리나라 기업과 금융기관에 자금을 대 주던 해외 금융기관들이 외환, 즉 달러를 한꺼번에 되찾아 갔기 때문이다. 나라에 외환이 부족해서, 다른 나라에서 빌려온 돈을 제때에 갚지 못해 위기가 찾아온 것이다.

하지만 보다 근본적으로는, 지난 30여 년 간 급하게 성장해온 경제발전과정에서 쌓인 문제점이 폭발하면서 일어난 것이라는 진단이 많다. IMF 경제위기의 원인에 대해서는 여전히 논란이 많지만, 대기업들의 무리한 몸집 부풀리기, 엄청난 부채를 끌어다 쓴 문어발식 사업확장, 정경유착 등이 주로 지목된다.

외환위기를 벗어나기 위해, 국민들은 정부와 함께 많은 노력을 하였다. 금 모으기 운동과 아나바다 운동 아껴 쓰고, 나눠 쓰고, 바꿔 쓰고, 다시 쓰기를 실천하는 운동 을 펼쳤다. 기업들은 불필요한 경비를 줄였으며, 해외에 새로운 시장을 개척하기 위해 노력했다. 정부는 일자리를 만들고, 나라의 경쟁력을 높이기 위해 여러 제도를 정비했다. 그 결과 한국은 2001년에 IMF에서 빌린 돈을 모두 갚고 외환위기에서 완전히 벗어났다.

빅맥 지수

빅맥 지수란, 전 세계 맥도날드 매장에서 팔리는 빅맥 가격을 달러로 환산한 각국의 빅맥 가격을 말하며, 이 빅맥 지수를 통해 각국의 통화 가치를 파악한다. 빅맥 지수는 영국의 경제 주간지 《이코노미스트》가 1986년 고안했다. 이 지표는 '같은 물건은 어디서나 값이 같다.'는 일물일가의 원칙을 전제로, 각국의 통화가치가 적정 수준인지 살펴보는데 활용한다. 각국의 통화가치가 적정하다면, 전 세계의 거의 모든 맥도날드 매장에서 비슷한 재료와 조리법으로 만들어 판매하는 빅맥 가격이 국가별로 다를 이유가 없다고 본 것이다. 빅맥 지수가 낮을수록 달러화에 비해 해당 통화가 상대적으로 저평가된다고 해석한다.

✦ 빅맥지수로 파악할 수 있는 것

달러에 대한 국가별 통화평가

한 국가 국민의 구매력 지표

국가별 물가수준

환율 조작 가능성

　　하지만 국가마다 임금 등의 차이를 무시하거나, 단순히 비교역재인 버거를 일물일가의 법칙으로 설명하려는 것은 한계가 있다고 지적된다. 빅맥 가격은 빵·야채·고기 등의 원재료 가격에 따라서만 결정되는 것이 아니라 인건비나 건물임대료 같은 비교역재도 반영되기 때문에 상대적 물가수준이 높은 국가들의 지수는 미국보다 항상 높게 나타난다. 또한 나라마다 식습관이 다양하고 세금 및 관세, 판매경쟁의 정도 등도 서로 다르기 때문에 빅맥 지수가 항상 현실을 반영하는 것은 아니며, 그 나라의 경제상황 전반을 설명하는 데 한계가 있다.

빅맥 지수와 유사한 것으로 스타벅스의 카페라테 가격을 기준으로 살펴보는 스타벅스 지수, 애플사의 아이팟 판매가를 기준으로 산출한 아이팟 지수 등이 있다.

은행중심 금융제도와 시장중심 금융제도

시장중심 금융제도는 자금의 공급자와 수요자가 계약 당사자로서 직접 금융거래를 하는 직접금융이다. 자금 수요자가 주식, 채권 등의 발행을 통해 자금의 공급자에게서 자금을 조달하는 방식이 중요시 된다. 미국이나 영국은 직접금융 위주의 시장중심 금융제도를 취한다. 반면, 은행중심 금융제도는 간접금융 위주의 금융제도로 은행이 자금 수요자와 공급자 사이에서 금융거래의 중추적 역할을 담당한다.

우리나라의 금융제도는 자본시장의 미미한 발달로 인해 은행중심 금융제도가 발달하게 되었다. 은행중심 금융제도는 금융기관이 자금 공급자와 수요자를 연결하는 간접금융으로, 금융거래에서 은행이 중추적인 역할을 한다. 가령, 은행대출은 은행이 예금 등을 통해 자금을 조달해 기업과 대출계약을 맺음으로써 자금을 전달한다. 은행중심 금융제도는 정보의 비대칭 문제와 대리인 문제를 해결할 수 있고, 효율적이고 안정적으로 자금을 공급할 수 있는 장점이 있다. 단점으로는 은행이 기업에 대한 독점적인 정보를 바탕으로 많은 지대를 추구할 가능성이 있고, 은행대출이 특정 기업에 집중될 때 위험분산에 실패하여 동반 부실화가 나타날 위험이 있다는 것이다. 또한 은행과 대출회사의 경영자가 담합하는 경우 효율적인 지배구조를 달성하기가 어렵게 된다.

반면, 시장중심 제도는 투자자들이 잠재적 성장가능성이 높은 기업을 선호하기 때문에 첨단 기술산업에서 우위를 가지게 된다. 기업의 최적 의사결정을 위한 효율적인 정보제공이 이루어지기 때문에 자본

배분이 적정하게 이루어지고, 투자자의 위험분산이 가능하다. 장기적으로는 시장기구에 의해 부실기업은 조기에 정리됨으로써 은행과 기업의 동반 부실의 위험이 감소한다. 그러나 기업 내부자와 외부자 사이의 정보 불균형으로 인해 단기적인 이윤에 집착할 가능성이 있으며, 은행중심 금융제도에서처럼 효율적인 감시를 담당하는 은행과 같은 기능을 하는 기구가 부족하다.

한국은행 :
한국의 중앙은행

한국은행은 효율적인 통화신용정책의 수립과 집행을 통해 물가안정과 금융안정을 도모하는 것을 목적으로 1950년 6월 12일 한국은행법에 의해 설립되었다.

♦ 한국은행의 주요 역할

- **화폐발권** : 한국은행은 독점적인 화폐발행 권한을 가지고 있다. 지폐 4종류천 원, 오천 원, 만원, 오만 원 권와 주화 6종류 1원, 5원, 10원, 50원, 100원, 500원를 발행한다.

- **기준금리 결정** : 한 나라의 금리를 대표하는 정책금리로 각종 금리의 기준이 되는 금리를 기준금리라고 한다. 금융기관과 예금 및 대출 등의 거래를 할 때 기준이 된다. 한국은행의 최고 결정기구인 금융통화위원회에서 매달 회의를 거쳐 결정한다. 한국은행이 기준금리를 올리면 시중 금리도 오르게 되고 기준금리를 낮추면 시중 금리도 낮아지게 된다.

- **증권매매** : 국공채 등을 매매하여 자금을 공급하거나 회수하는 것을 말한다.

- **금융기관에 대한 대출** : 한국금융통화위원회가 정하는 바에 의거 금융기관에 여신업무를 할 수 있다.

- **금융기관의 예금과 예금지급금지** : 은행은 고객에게서 받아들인 예금의 일부를 중앙은행에 의무적으로 예입시키며, 중앙은행은 이를 통해 통화량을 조정한다. 이 경우 중앙은행에 예입시키는 금액의 예금잔액에 대한 비율이 예금지급준비율이며, 이는 한국은행법에 의해 금융통화위원회가 정한다.

- **한국은행 통화안정증권 발행** : 통화량을 조절하기 위해 한국은행이 금융기관 또는 일반인을 대상으로 발행하는 단기증권을 말한다. 통화수축이 필요한

경우에는 공개시장에서 이를 발행할 수 있으며, 반대로 통화공급이 필요한 경우에는 이를 환매하거나 만기 전에 상환하여 시중의 자금량을 조절한다. 한국의 경우, 공개시장조작의 대상이 될 만한 국공채 발행이 저조하고 유통시장의 발달이 미약하기 때문에 통화안정증권을 발행하여 제한적으로 공개시장조작을 실시하고 있다.

- **지급결제업무** : 경제주체 간의 각종 거래를 종결시켜 주는 제도다. 한국은행은 우리나라의 중앙은행으로서 지급결제수단제도를 총괄·감사하는 업무를 맡는다.

- **경제에 관한 조사연구 및 통계업무** : 통화금융통계, 국제수지표, 국민계정, 기업경영분석, 산업연관표, 자금순환표, 생산자물가 지수 등 통계를 낸다.

그림자 금융

그림자 금융Shadow Banking 이란 은행과 유사한 신용 중개기능을 수행하면서도 중앙은행의 규제와 감독을 받지 않는 금융회사를 말한다.

채권운용회사 핌코PIMCO 의 수석 경제학자 폴 맥컬리가 2007년 캔자스시티 연방준비은행이 주최한 잭슨홀 심포지엄에서 '그림자 금융'이라는 말을 사용하면서 널리 쓰이게 되었다. 규제와 통제를 덜 받으면서도 은행과 유사한 일을 한다는 차원에서 그림자 금융이라 부르는 것이다. 여기에는 투자은행, 헤지펀드, 사모펀드, 구조화 투자회사SIV 등이 있다.

은행 시스템에 속하지 않기 때문에 은행이 제공하지 못하는 다양한 금융중개기능신용접근성 확대, 시장유동성 보완, 리스크 관리 등 을 수행하여, 금융 수요자들의 효율적인 금융이용을 돕고 금융시스템 내 경쟁을 촉진함으로써 금융 산업 발전에 기여해왔다는 평가를 받는다. 예를 들어, 자산유동화증권 중 하나인 부동산저당채권을 기초자산으로 한 주택저당증권Mortgage Backed Security, MBS 의 경우, 은행의 입장에서는 유동성 확보의 주요 수단인 동시에 투자자들에게는 고수익을 올릴 수 있는 투자처가 된다. 은행은 부동산을 담보로 대출을 시행하고, 이 대출에서 발생하는 현금흐름원금 및 이자 상환액 을 바탕으로 유동화증권을 발행한다.

이 과정을 통해 얻은 자금으로 또 다른 대출을 실시할 수 있기 때문에 은행은 유동성 확보가 가능해진다. 하지만 2008년 '리먼 브라더스' 사태를 계기로 신용 및 유동성 리스크에 쉽게 노출되며 시스템적 위험을 초래할 수 있다는 지적도 나오고 있다. 은행 시스템에 속하지 않기 때문에 중앙은행의 유동성 지원이나 예금보호를 받을 수 없다. 또한 예금자와 대출자 등으로 자금중개경로가 단순한 은행에 비해 자금을 중개하는 과정에서 복수의 금융기관들이 서로 연계되어 있어 시스템 리스크를 초래할 가능성이 높은 것이다. 여러 은행들의 기초자산이 연계되어 있고, 투자를 하는 주체가 다양하기 때문에 부실이 발생하면 한꺼번에 부정적인 영향을 받을 수 있는 위험에 노출되어 있다. 더 나아가 투자가 대부분 기초자산의 담보가치를 이용한 대출을 통해 이루어지기 때문에, 자기자본 대비 투자액이 많아 원금손실의 위험이 일반 금융상품에 비해 높다.

국제결제은행BIS 과 BIS 자기자본 비율

국제결제은행은 1930년 헤이그 협정에 따라 설립되었다. 세계에서 가장 오래된 국제금융기구로서 각국 중앙은행 간의 정책협력을 주요 기능으로 하고 있다. 최고의사결정기관인 총회, 운영을 담당하는 이사회, 일반 업무를 관장하는 집행부로 구성되어 있다. 국제금융거래의 원활화를 위한 편의제공, 국제결제업무와 관련한 수탁자 및 대리인으로서의 역할도 수행하고 있으며, 중앙은행들의 중앙은행이라 부르기도 한다. 중앙은행 간 정보교환 기능을 강화하기 위해 총재회의, 특별회의, 각종 산하위원회 회의 등을 수시로 개최하고 있다. 아시아 지역과 아메리카 지역의 중앙은행과의 관계를 증진하기 위하여 홍콩 및 멕시코시티에 지역 사무소를 개설하였고, 한국은행은 1997년 정식 회원으로 가입하였다.

BIS 자기자본비율은 총자산 대비 자기자본의 비율을 의미한다. 국제결제은행이 정한, 총자산 대비 자기자본의 비율로 기업의 자본 건전성을 판단하는 데 중요한 기준이 된다. 과거 외환위기 당시 국내 은행의 건전성을 따지기 위해서 BIS 자기자본비율을 거론하면서 많이 알려졌다. 이 기준에 따라 적용대상 은행은 위험자산에 대하여 최소 8% 이상의 자기자본을 유지하도록 하였다. 즉, 은행의 경우 최소 8% 정도의 자기자본을 가지고 있어야 거래기업의 도산으로 부실채권이 갑자기 늘어나도 위기상황에 대처할 수 있다는 것이다.

$$\text{BIS 자기자본비율} = \frac{\text{자기자본}}{\text{위험가중자산}} \times 100$$

통상적으로 은행은 자기자본비율이 8%가 넘을 때, 일반 기업의 경우 50% 이상일 때 해당 기업이 건전하다고 평가한다. 위험가중치는 거래 상대방에 따라 중앙정부·중앙은행은 0%, 국내 공공기관은 10%, 은행은 20%, 주택담보대출은 50%, 그밖에 나머지는 100%를 적용한다.

BIS 비율을 높이려면 위험자산을 줄이거나 자기자본을 늘려야 하는데, 위험자산을 갑자기 줄이는 것은 현실적으로 불가능하므로 자기자본을 늘려 BIS 비율을 맞추는 것이 일반적이다. BIS 비율이 낮아지면 은행의 신인도 하락에 영향을 미치고 고객 이탈의 가능성이 커지기 때문에 은행들은 BIS 비율유지에 사활을 걸고 있다.

경제
41

금리

일반 시장에서 물건을 사고, 팔 때 가격이 존재하듯이 돈을 빌려주고 받는 금융시장에서도 가격이 존재한다. 금리란 자금이 거래되는 금융 시장에서 자금 공급자가 자금 수요자에게 자금을 빌려준 것에 대한 대가로 지급하는 이자금액 또는 이자율을 뜻한다.

◆금리의 기능

- **합리적 배분기능** : 여유 자금은 항상 금리가 높은 곳으로 흘러가는 경향이 있다. 이익을 많이 기대할 수 있는 산업으로 자금이 모여들게 하여 전체적인 규모로 볼 때 사업의 윤활유와 같은 기능을 하고 있다.
- **자금의 공급과 수요의 조절기능** : 시장의 일반 재화처럼 금리 역시 수요와 공급이 만나는 지점에서 가격이 결정되는데, 자금의 공급보다 수요가 많을 경우 금리는 오르게 되며, 반대로 공급이 수요보다 많아지게 되면 금리는 내려간다.

◆금리의 계산 방법 예금이자의 경우

- **단리법** : 원금에 대해 미리 약정한 이자율만큼 이자를 지급하는 것이다.
- **복리법** : 발생한 이자를 원금에 포함시킨 금액에 대해 이자율을 적용해 이자를 지급하는 것이다.

단리와 복리의 예시

종류	이자적용방법	계산 방법 이자율 5% 가정		3년 후 찾을 수 있는 돈
단리법	원금에 이자율 적용	1년	100만 원 + 이자 5%(5만 원)	115만 원
		2년	100만 원 + 이자 5%(5만 원) + 이자 5%(5만 원)	
		3년	100만 원 + 이자 5%(5만 원) + 이자 5%(5만 원) + 이자 5%(5만 원)	
복리법	원금+이자에 이자율 적용	1년	100만 원 + 이자 5%(5만 원)	115만 7,625원
		2년	105만 원 + 이자 5%(5만 2,500원)	
		3년	110만2,500원 + 이자 5%(5만 5,125 원)	

예금금리와 대출금리

은행의 업무는 크게 수신과 여신으로 나뉜다. 수신은 고객의 예금을 받는 업무를 뜻하고, 여신은 은행이 고객에게 자금을 대출해주는 것을 뜻한다. 그리고 각각에 대해 적용되는 금리를 수신금리, 여신금리라고 한다.

수신금리는 은행에 돈을 예금할 때 적용받는 금리이며, 여신금리는 은행에서 자금을 대출받을 때, 적용받는 금리다. 예금금리는 한국은행의 기준금리와 은행자금보유현황, 금융시장 상황 등이 고려되어 산정되며, 대부분의 은행에서 취급하는 예금상품들은 약정이율이 정해진 고정금리 방식을 사용하고 있다.

대출금리는 크게 고정금리와 변동금리로 나눌 수 있다. 고정금리는 대출기간 동안 약정한 금리가 일정한 수준으로 고정된 경우를 말한다. 변동금리는 대출기간 동안 적용되는 금리가 시장상황에 따라서 달라지는 것을 말하는데, 3개월이나 6개월의 주기를 두고 시장의 기준금리에 따라서 조정된다. 앞으로 금리가 내려갈 것을 예상한다면 변동금리로 대출을 받는 것이 유리하지만, 금리가 올라갈 것으로 예상하면 고정금리로 대출을 받는 것이 유리할 수 있다.

일반적으로 예금금리보다 대출금리가 높을 수밖에 없는데, 그 이유는 은행의 수익구조에서 찾을 수 있다. 은행은 예금된 돈으로 자금을 팔아 이자로 수익을 내는 곳이기 때문에, 마땅히 대출금리를 높게 받아야 은행의 수익성이 증대된다. 예금금리와 대출금리의 차이가 커질수록 은행의 이자수익이 증가하는데, 수신금리와 대출금리의 차이를 예대마진이라고 부른다.

그리고 금액을 기준으로 대출금 잔액을 예금잔액으로 나눈 비율을
예대율이라고 부른다.

예금과 대출의 분류

은행이 수많은 불특정 다수의 예금고객에게서 받은 자금을 예금이라고 한다. 은행의 차입금 등 여타 부채와 동일한 성격을 가지나 예금자에 대한 상환의무가 다른 부채보다 우선한다.

예금은 요구불예금과 저축성예금으로 분류할 수 있다.

요구불예금은 자금의 일시적 보관, 출납편의 등을 위해 일시 예탁한 것으로 예금주의 청구에 따라 즉시 인출이 보장되는 예금을 말한다. 입출금이 자유로운 만큼 받을 수 있는 이자가 없거나 매우 낮다. 요구불예금에는 보통예금, 당좌예금이 있다.

저축성예금은 입출금이 자유로운 요구불예금과 달리, 약정된 기간이 경과한 후 자금을 인출할 것을 약정하고 은행에 예치하는 것을 말한다. 은행 측에서는 약정한 기간 동안 자금을 자유로이 운용할 수 있으므로 다른 예금보다 안정이 보장되며, 예금주 측에서는 상대적으로 높은 이율이 적용되고 있어 재산증식을 위한 유리한 저축수단이 된다.

저축성예금에는 정기예금, 정기적금이 있다. 정기예금은 이자수익을 목적으로 일정 기간, 일정 자금을 예치하는 것이며, 만기 시 원금과 이자를 인출할 수 있는 예금이다. 정기적금은 약정기간 동안 매월 일정금액을 예치하고 만기 시 원금과 이자를 인출할 수 있는 예금이다. 저축성예금은 약정기간 동안 자금을 인출하지 않을 것을 전제로 높은 이자를 제공하는 것이기 때문에 중도해지를 하게 되면, 약정했던 이자보다 낮은 이자를 지급받게 된다.

대출은 크게 신용대출과 담보대출로 나눌 수 있다.

신용대출이란 금융회사가 고객의 신용도를 판단하여 자금을 빌려주는 것을 말한다. 고객의 경제력, 직업, 거래사항, 가족사항 등을 고려하여 대출금액과 금리를 결정한다. 신용대출은 순수한 무보증신용대출과 신용보증사의 보증서**차후 채무자의 대출금 상환에 문제가 생길 경우, 채무액의 일정 비율을 보증해 줌**를 세우는 신용대출로 분류되는데, 무보증신용대출은 진정한 신용대출로 본인의 신용도에 따라서 결정되는 대출이다. 신용대출에서 중요한 것은 직업의 유무이다. 직장을 일정 기간 이상 가지고 연봉이 일정 수준 이상이 되면 은행에게서 신용대출을 받을 수 있다. 그러나 자영업이나 전문직은 금융회사별로 별도로 신용판단 기준을 만족해야 신용대출을 받을 수 있다.

이에 비해서 담보대출은 신용대출보다 장기간이고 금액이 크며 대출금리가 낮은 것이 일반적이다. 돈을 빌려주는 은행은 돈을 돌려받지 못할 때를 대비하여 빌리는 사람에게서 부동산이나 경제적 가치가 있는 자산을 담보로 잡아두게 된다. 담보를 잡아두고 실행하는 대출이기 때문에, 신용대출보다 더 장기간이고 대출금액이 클 수 있는 것이다.

예금보험제도

예금보험제도란 금융기관이 경영부실이나 파산 등으로 예금을 지급할 수 없을 때, 제3자인 예금보험기관이 대신하여 예금을 지급해 주는 제도를 말한다. 예금업무를 취급하는 금융기관이 경영부실이나 파산 등으로 예금자의 예금을 지급할 수 없을 때, 제3자인 예금보험기관이 정해진 원칙에 따라 금융기관을 대신하여 예금을 지급해주고, 금융기관은 이러한 서비스의 대가로 예금보험기관에 소정의 수수료를 정기적으로 지급하는 제도이다.

예금보험의 구조

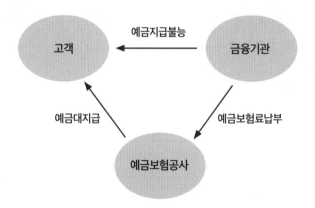

1933년 미국에서 처음으로 도입한 이후 캐나다, 노르웨이 등 여러 나라에서 시행되고 있다. 한국에서는 1982년 종합금융회사와 상호신용금고 등의 비은행 금융기관에 대해서 신용관리기금법에 따라 설치

된 신용관리기금이 예금보험업무를 수행하고 있으며, 1995년 예금자
보호법 제정에 따라 예금보험공사가 설립되면서 1997년에는 은행예
금에 대한 보험제도가 실시되었다.

예금보험은 예금자를 보호하기 위해 법에 의해 운영되는 공적보험
이다. 이런 이유로 금융기관이 납부한 예금보험료만으로 예금을 대신
지급할 재원이 부족할 경우에는, 예금보험공사가 직접 채권**예금보험기금
채권**을 발행하는 방법을 통해 재원을 조성하게 된다.

이 제도는 금융기관이 파산하더라도 사후적인 예금의 지급보증을
통해 대량예금인출에 따른 금융기관의 연쇄도산을 방지함으로써**뱅크
런 사태 방지,** 사전적으로 금융제도의 안정성을 제고하는 데 그 목적이
있다. 예금보험공사가 보호하는 금융기관을 '부보금융기관' 또는 '예
금보험가입금융기관'이라고 하는데, 구체적으로 은행, 증권회사, 보험
회사**생명보험회사, 손해보험회사**, 종합금융회사, 상호저축은행 등 5개 금융권
이 해당된다. 농협 및 수협중앙회 신용사업 부문의 본지점과 외국은행
지점은 은행법에 의한 은행으로서 예금보험 가입 금융기관이다. 다만,
농수협의 단위조합은 예금보험 가입 금융기관이 아니며, 각 중앙회가
자체적으로 설치.운영하는 '상호금융예금자보호기금'을 통하여 예금
자를 보호하고 있다.

핀테크

핀테크FinTech 는 금융을 뜻하는 파이낸스Finance 와 기술을 뜻하는 테크놀로지Technology 의 합성어로, 금융과 IT의 융합을 통한 금융 서비스 및 산업의 변화를 통칭한다. 예금, 대출, 자산관리, 결제, 송금 등 다양한 금융서비스가 IT, 모바일 기술의 발달과 더불어 새로운 형태로 진화하고 있으며, 넓은 의미에서 이러한 흐름에 해당하는 모든 서비스를 핀테크 서비스라고 할 수 있다. 전 세계적으로 IT와 금융의 융합 트렌드가 확산되고 있으며 국경 간 상거래가 급증하고 온라인과 모바일을 통한 금융거래도 늘고 있다. 금융 서비스 외에 관련된 소프트웨어나 솔루션, 플랫폼을 개발하기 위한 기술과 의사결정, 위험 관리, 포트폴리오 재구성, 성과관리, 시스템 통합 등 금융 시스템의 개선을 위한 기술도 핀테크의 일부라 할 수 있다.

화이트칼라를 대표하는 은행원이라는 직업도 이제 위기에 처해 있다. 과거에는 예금, 출금, 대출 등의 금융 서비스를 제공받기 위해서는 직접 은행에 방문해야 했지만, 이제는 인터넷 전문 은행, 비대면 대출이 활성화되고, 카카오뱅킹이나 토스 같은 핀테크 기술이 활성화되면서 금융 서비스를 제공받기 위해 굳이 은행에 갈 필요가 없어졌다. 자연히 은행의 지점수가 줄어드는 추세다. 은행의 지점수가 줄어든다는 것은 은행창구에서 우리를 맞이해주던 직원들의 수가 감소한다는 것을 의미한다.

핀테크라는 용어를 가장 빈번하게 사용하는 영국의 경우, 기술 기반 금융 서비스 혁신을 전통 핀테크로, 혁신적 비금융기업의 금융 서비스 직접 제공을 신생 핀테크로 정의한다.

구분	내용
전통적 핀테크	기존 금융 서비스를 자동화하려는 금융회사가 가치사슬 핵심에 있고 IT 기업은 이를 보조하는 역할을 수행한다. 블록체인 및 분산원장기술을 활용해서 디지털 화폐로 글로벌 본점 및 지점을 연결하여 자금을 결제 및 청산하는 시스템을 갖춘 씨티은행을 예로 들 수 있다.
신생 핀테크	플랫폼을 제공하는 IT기업이 가치사슬의 핵심을 맡고 기존 금융 서비스 전달 체계를 변혁하여 파괴적 속성을 갖는다. 공인인증서 없는 비대면 거래로 기존 관행을 파괴함으로써 단기간에 대규모 고객을 확보하고 기존 시중은행과 똑같은 개인 금융 서비스를 제공하는 *인터넷 전문은행을 예로 들 수 있다(ex, 카카오뱅크, 케이뱅크, 토스뱅크 등).

* 모바일과 인터넷만으로 영업을 하는 은행을 인터넷 전문은행이라고 말한다. 보조적으로 활용하는 오프라인 은행의 인터넷 뱅킹과는 다르다. 오프라인 지점이 없을 뿐 시중은행과 똑같은 개인 금융서비스를 제공한다. 오프라인 지점이 없어 비용을 줄인 만큼 더 높은 예금금리와 보다 낮은 대출금리를 적용할 수 있는 강점이 있다.

방카슈랑스

은행Banque 과 보험Assurance 합성어로 은행과 보험사가 협력하여 종합적인 금융 서비스 제공하는 것을 방카슈랑스Bancassurance 라고 한다. 보험사가 은행지점을 보험상품 판매대행사로 활용하고 은행원이 보험상품을 직접 판매하는 방식이다. 이 상품은 1986년 프랑스 크레디아그리콜 은행이 생명보험회사인 프레디카를 자회사로 설립해 전국 46개 은행창구에서 보험상품을 판매하면서 처음 등장했다. 이후 영국·독일·네덜란드 등 금융산업 간 경계가 느슨한 유럽에서 인기를 끌다가 전 세계 금융시장으로 확산됐다.

한국에서는 2003년 8월부터 은행과 증권사의 저축형 보험의 판매가 시작되었고, 2007년 4월부터 보험상품 판매가 전면 개방되었다. 방카슈랑스 기관으로는 시중은행, 증권, 상호저축은행, 그 외에도 산업은행, 기업은행, 그리고 시중은행과 유사한 기능을 수행하는 카드사가 있다.

방카슈랑스의 장점은 보험료가 비교적 저렴하다는 것이다. 은행은 이미 전국에 점포망과 판매 조직이 구축되어 있기 때문에, 시스템적 경쟁력을 보유한 상태에서 보험사와의 업무제휴를 통해 보험상품을 더 저렴하게 판매할 수 있는 것이다. 또한 one-stop 서비스가 가능하다는 것 역시 방카슈랑스의 장점 중 하나다. 고객은 자신의 자금을 맡고 있는 은행에서 다양한 금융상품과 함께, 보험 상품을 한 자리에서 바로 비교분석 해볼 수 있으며 저렴한 보험료로 만족도를 높일 수 있다. 이는 고객에게 결코 나쁘지 않은 일이고 은행도 마찬가지다.

반면, 방카슈랑스의 단점은 보험계약 이후의 관리가 미흡할 수 있다는 것이다. 보험상품은 그 특성상 가입 후 최소 몇 년에서 수십 년 유지되는 상품이므로, 계약 이후의 관리가 매우 중요하다. 일반 보험사와 달리 은행직원들은 점포이동을 하는 경우가 잦고, 보험업무는 은행의 전체 업무 중 일부에 불과하기 때문에 계약 시 구체적으로 논의했던 부분을 지속적으로 지킬 수 없는 경우가 많다.

경제

47

주식과 주식의 종류

주식이란 기업이 발행하는 유가증권의 하나로 투자자에게서 돈을 받고 증표를 발행한 것을 말한다. 기업은 주식을 왜 발행하는 것일까? 기업은 그 사업에 필요한 자금을 조달하는 데 있어서 한편으로는 자기 자금으로 조달하고, 다른 한편에선 기업의 외부에서 조달한다. 외부자금에는 금융기관의 차입·사채 및 주식이 있으며 주식은 그 회사의 자기 자본이 된다. 기업은 주식을 발행하고 그 대가로 돈을 받는다. 주식을 팔고 얻은 돈으로 회사빚을 줄이고, 신제품 개발에 투자하고, 새로운 분야로 사업을 확장한다. 회사는 이익이나 이자의 배당 또는 남은 재산의 분배에 관해 내용이 다른 여러 종류의 주식을 발행할 수 있다.

반대로, 투자자는 왜 주식을 사는 것일까? 투자자들은 낮은 가격에 주식을 사서 그 주식의 가격이 오를 때, 그 차익을 얻기 위해, 주주들에게 분배되는 회사 배당금을 받기 위해, 회사에 영향력을 행사하기 위해 주식을 산다. 주식은 은행 예금이나 적금과 달리 원금 보장이 안 되지만, 대신 회사가 성공할 경우 더 높은 수준의 수익을 얻을 수 있다. 앞으로 회사가 돈을 잘 벌 것으로 기대되면 높은 가격에 거래가 되고, 회사가 돈을 잘 못 벌 것 같으면 낮은 가격에 거래가 된다.

주식회사의 주식을 소유한 주주는 회사의 주인이며, 보유한 주식 수지분율에 따라 영향력에 차이가 생기게 된다. 주주의 지분은 1주 단위로 분할되고 각 주주의 지분 크기는 보유한 주식수에 따라 다르며 지분은 주권으로 표시된다. 주주는 주주총회의 의결권을 행사할 수 있고, 주식 가치 상승, 배당 등에 따른 이익을 얻을 수 있다.

주식의 종류

구분	내용
보통주	배당을 먼저 받을 수 있는 특별한 권리를 부여받지 않는 일반 주식을 말하며 보통주를 갖는 주주에게는 주주총회에 출석하여 결의에 참가할 수 있는 의결권이 부여된다.
우선주	보통주에 비해 배당이나 남은 재산 분배 등에서 우선권을 갖는 주식을 말한다.
혼합주	이익배당은 보통주에 우선하고 남은 재산 분배에 있어서는 열등한 지위에 있는 주식을 말한다.
상환주	회사가 자금이 필요한 경우 발행하였으나 일정 기간이 지난 후 해당 주식을 회수하여 소각하려는 경우에 발행하는 주식을 말한다.
후배주	배당이나 남은 재산분배 등의 이익분배의 참가순위가 보통주보다 열등한 지위에 있는 주식을 말한다.

주식시장

주식의 모집·매출 및 매매가 행해지는 시장을 주식시장이라고 한다. 주식시장은 주식이 처음 발행되는 발행시장과 발행된 주식이 투자자 간에 거래되는 유통시장으로 구분할 수 있다.

발행시장은 기업, 금융기관 등 자금 수요자인 발행인, 자금공급자인 투자자, 주식발행사무를 대행하고 발행위험을 부담하는 인수인으로 구성된다. 유통시장은 발행된 주식의 시장성과 환금성을 높여주고 자유경쟁을 통해 공정한 가격을 형성하는 역할을 한다.

국내 주식시장의 종류

시장의 종류	내용	시장구분
코스피 (KOSPI) 시장	증권거래소에 상장된 회사들의 유가증권이 유통되는 시장으로 코스피는 종합주가지수를 뜻하며, 유가증권 시장의 주가지수를 코스피지수, 유가증권시장을 코스피시장이라 부르기도 한다.	장내시장 : 상장 주식을 거래하는 시장
코스닥 (KOSDAQ) 시장	기업과 *벤처기업의 자금 조달을 목적으로 나스닥을 본떠 개설된 첨단 벤처기업 중심시장이다. 시장의 특성을 고려하여 코스피 시장에 비해 진입요건이 완화되었다.	
코넥스 (KONEX) 시장	설립 초기 중소기업에 특화되어 중소기업이 자금을 조달할 수 있도록 개장한 시장이다. 중소기업기본법 상 중소기업만 상장 가능하다.	
K-OTC 시장	금융투자협회가 운영하던 비상장 주식 장외 매매시장인 *프리보드를 확대 개편한 장외주식시장이다.	장외시장 : 비상장 주식을 거래하는 시장

* 벤처기업 : 고도의 전문 지식과 새로운 기술을 가지고 창조적·모험적 경영을 전개하는 중소기업
* 프리보드 : 비상장주권의 매매거래를 하기위해 금융투자협회가 운영하던 장외시장.

주식의 상장

상장이란 주식회사가 발행한 주권이 한국거래소가 정하는 일정한 요건을 충족하여 코스피 시장 또는 코스닥 시장에서 거래될 수 있는 자격을 부여하는 것을 말한다. 한국거래소는 기존의 한국증권거래소, 한국선물거래소, 코스닥증권시장, 코스닥위원회가 합병하여 한국증권선물거래소가 되었고, 이후 한국거래소로 이름을 바꾼 단체이며, 우리나라의 주식이나 채권들을 거래할 수 있도록 시장을 만들고 관리하는 단체다.

증권이 거래소에서 매매되면 발행회사는 필요자금의 조달이 쉬워지고, 기업인지도가 제고되는 등 여러 좋은 점이 있다 **유상증자, 전환사채, 교환사채, 등 다양한 방법으로 대규모 자금을 쉽게 조달할 수 있고, 상장법인의 주가 정보가 TV나 신**

상장의 종류

구분	내용
신규상장	기업이 발행한 주권을 처음 증권시장에 상장시키는 것을 말한다.
신주상장	증자, 합병, 전환사채 혹은 신주인수권부사채를 소유한 자의 권리행사 등으로 새롭게 발행한 주권을 상장시키는 것을 말한다.
재상장	상장법인의 분할 또는 분할합병에 의해 설립된 법인이나 상장법인 간의 합병에 의하여 설립된 법인 또는 상장 폐지된 후 5년이 경과되지 않은 법인이 발행한 주권을 상장시키는 것을 말한다.
변경상장	주권의 기재내용이 변경(상호, 종류, 액면금액 등)되거나 새 주권을 교체 및 발행하여 상장시키는 것을 말한다.

문 등 언론매체에서 수시로 보도되기 때문에 기업의 홍보 효과가 극대화되고 기업의 인지도가 높아지게 된다. 증권을 발행한 회사는 증권거래소에서 상장해줄 것을 요청하는데, 거래소로서는 공신력을 유지하기 위해 일정한 상장심사 기준을 설정해서 선별하고 있다.

상장Listing 과 기업공개Going Public 의 개념이 유사하여 혼동될 수 있으나 기업공개는 상장의 전 단계로 기업이 공모를 통해 대중에게 발행된 주식을 분산시키고 기업의 재무 등 실체를 알리는 것을 뜻한다. 반면 상장은 거래소가 요구하는 상장기준을 충족하는 증권에 대해 유가증권 시장에서 매매될 수 있도록 승인하는 행위를 말한다. 즉, 두 개념에는 시차가 존재한다. 또한 심사의 엄격성과 공신력에도 차이가 난다. 기업공개는 형식적 요건만 충족하면 감독 당국이 진실성 여부를 심사하지 않고 수리한다. 즉, 기업공개 내용이 진실인지 여부가 기업공개에 영향을 주지 못하는 것이다. 반면, 상장은 기업의 상품성과 존속가능성, 그리고 투자자 보호에 충실한지 등을 실질적으로 검토한다. 요건이 충족되지 않으면 상장되지 않고, 상장이 되었더라도 폐지될 수 있다.

주가지수

주식시장에는 다양한 종목이 거래되고 있다. 주식시장의 전체 성과를 확인하기 위해 평균 주식가격이 올랐는지 떨어졌는지를 확인하기 위한 지표가 바로 주가지수다.

$$주가지수 = \frac{비교시점의\ 시가총액}{기준시점의\ 시가총액} \times 100$$

한국 주식시장의 종합주가지수는 코스피KOSPI 다. 종합주가지수의 기준시점은 1980년 1월 4일로서 당일의 주가지수를 100으로 하고 있으며 상장된 보통주 전 종목을 대상으로 산출하고 있다. 주가지수가 올랐다는 것은 주가가 오른 주식이 많다는 의미고, 반대로 주가지수가 내려갔다는 것은 주가가 내려간 주식이 많다는 의미이다.

주가지수의 등락 상황은 한 국가의 경제상태를 보여 주기 때문에 증권시장뿐 아니라 국가 경제지표로서도 중요한 의미를 갖는다. 실제 통계청에서 경기 전반의 흐름을 보여주는 경기종합지수를 구할 때 코스피를 경기선행지수의 하나로 사용하고 있다. 한국의 대표적 주가지수에는 코스피, 코스피200, 코스닥종합지수가 있다. 미국은 다우존스공업평균지수', S&P500지수', '나스닥지수' 등이 있고 일본은 '니케이225지수', '동경종합주가지수'가 있다.

국내 시장은 코스피와 코스닥으로 나뉘어져 있다. 코스피는 우량주와 중견기업들이 상장되어 있고, 코스닥은 벤처기업, 중소기업으로 구성되어 있다.

국내 주가지수의 종류

국내 주가 지수	내용
코스피	한국증권거래소에 상장되어 거래되는 모든 주식을 산출하여 전체 장세의 흐름을 나타내는 지수다. 종합주가지수의 기준시점은 1980년 1월 4일로서 당일의 주가지수를 100으로 하고 있으며 상장된 보통주 전 종목을 대상으로 산출하고 있다. KOSPI = (비교시점의 시가총액/기준시점(1980년 1월 4일)의 시가총액) × 100
코스피 200	한국거래소 유가증권시장의 전 종목 가운데 시장 대표성, 유동성, 업종 대표성을 선정 기준으로 삼아, 이 가운데 시가총액과 거래량이 상위에 속하는 200종목을 선정해, 시가총액을 지수화한 것을 코스피200이라 한다. 코스피200 지수는 사실상 한국의 주요 기업들이 해당되고 이는 한국 주식시장의 시가총액 70% 가량을 차지하고 있기 때문에 코스피 전체 종합지수와 유사하게 움직이는 경향이 있다. 코스피200 지수는 높은 유동성으로 주목받는 코스피200 선물 및 옵션의 기초자산뿐만 아니라, 인덱스펀드, 상장지수펀드(ETF) 등 다양한 금융상품의 벤치마크 지수로 폭넓게 활용되고 있다. 지수 산출의 기준시점은 1990년 1월 3일이다. 즉 KOSPI 200 = (비교시점의 시가총액/기준시점(1990년 1월 3일)의 시가총액) × 100
코스닥 종합지수	코스닥 시장에 상장된 기업의 주가에 주식수를 가중한 시가총액 지수로 코스닥 시장 전체의 주가동향을 파악할 수 있는 투자분석지표다. 코스닥 종합지수는 주가에 등록 주식 수를 곱한 시가총액 방식을 택하고 있으며, 코스닥은 유가증권시장의 상장에 비하여 상장이 쉽기 때문에 벤처기업이 코스닥의 주요 종목이다. 코스닥은 중소기업이나 벤처기업의 장이기 때문에, 시장 흐름을 가늠하는 지수가 되기에 한계가 있는데, 이를 해결하기 위해 코스닥 시장의 특성을 잘 반영할 수 있도록 시장대표성, 유동성 및 상품성을 종합적으로 고려하여 150종목을 선정한 것이 코스닥150이다. 코스닥150은 2010년 1월 1일 종가의 시가총액을 100으로 하여 산정한다.

* 시가총액= 주가 × 상장주식수

주식거래와 현상에 대한 용어

- **레드칩** : 원래는 홍콩 증권시장에 상장된 중국 기업들의 주식을 통틀어 일컬었는데, 지금은 중국 정부와 국영기업이 최대주주로 참여해 홍콩에 설립한 기업들 가운데 우량기업들의 주식만 지칭하는 용어로 쓰인다.

- **블루칩** : 오랫동안 안정적인 이익을 창출하고 배당지급을 실행해온 기업의 주식을 블루칩이라고 한다. 카지노에서 쓰이는 흰색, 빨간색, 파란색 세 종류의 칩 가운데 가장 가치가 높은 것이 블루칩이라는 것에서 유래한다.

- **옐로우칩** : 블루칩에 비해 한 단계 낮은 주식을 지칭한다. 블루칩보다는 시가총액이 적지만 재무구조가 안정적이고 업종을 대표하는 우량종목들로 구성된다.

- **레버리지 효과** : 타인 자본을 지렛대 삼아 자기자본이익률을 높이는 것을 말한다. 예를 들어, 1억 원의 투하자본으로 1,000만 원의 순익을 올리면 자기자본이익률은 10%가 되지만, 자기자본 5,000만 원에 타인자본 5,000만 원을 더해 1,000만 원의 수익을 낸다면 자기자본이익률은 20%가 된다.

- **액면분할** : 한 장의 증권을 여러 개의 소액증권으로 분할하는 것을 말한다. 증권의 가격이 높아 매매가 어려울 때, 이를 소액으로 분할하여 매매가 가능하도록 하는 것이다.

- **액면병합** : 낮아진 주가를 끌어올리기 위해 사용한다. 주식수가 줄어든다는 점에서 감자와 유사하지만 자본금에 변화가 없으며 주주들의 지분가치에 변동이 없다는 점에서 차이가 있다.

- **손절매** : 이후 주가가 더욱 하락할 것으로 예상되고, 단기간에 반등이 어렵다고 판단될 경우, 보유한 주식을 손해를 감수하며 매입가격 이하로 파는 것을 말한다. 더 큰 손해를 보기 전에 빨리 팔아넘기는 것이다.

- **불마켓** : 황소Bull가 뿔을 하늘로 향해 찌르는 모습처럼 시장시세가 강세이

거나 강세가 예상되는 경우를 지칭한다. 통상 최근 지점대비 20% 이상 상승했을 때를 의미한다.

- **베어마켓** : 곰이 앞발을 아래로 내려치는 모습처럼 주식시장이 하락하거나 하락이 예상되는 경우를 말한다. 최근 고점 대비 20%이상 하락하는 경우를 말한다.

- **코요테 모먼트** : 피하고 싶은 절망적 상황에 부닥쳐 있음을 갑자기 깨닫게 되는 순간을 말한다. 증시의 갑작스러운 붕괴나 2008년 세계금융위기가 초래한 부동산 버블 붕괴 등을 일컫는다.

- **블랙스완** : 도저히 일어날 것 같지 않은 일이 현실에 일어나는 것을 말한다. 경제 영역에서 전 세계의 경제가 예상하지 못한 사건으로 위기를 맞을 수 있다는 의미로 사용된다. 미국의 뉴욕 대학교 교수인 탈레브가 월가의 허상을 파헤친 책 <블랙스완>을 출간하면서 널리 사용되기 시작하였다.

- **그레이 스완** : 이미 시장에 알려졌거나 예측 가능한 악재임에도 적절한 해결책이 없어 위험 요인이 계속 남아 있는 상태를 말한다.

- **회색코뿔소** : 계속해서 경고하는 위험요인이 보내는 신호를 무시하다가 큰 위험에 빠지는 것을 말한다. 코뿔소의 몸집이 커서 먼발치에서 위험성을 느낄 수 있지만, 막상 코뿔소가 가까이 다가오면 두려움 때문에 아무것도 하지 못하는 것을 비유한다. 예측이 가능하다는 점에서 블랙스완과 차이가 있다.

증자와 감자

증자는 기업이 주식을 추가로 발행해 자본금을 늘리는 것으로 유상증자와 무상증자가 있다. 유상증자는 새로 발행한 주식을 주주들에게 판매하여 자본금을 조달하는 방식이다. 발행 주식수가 늘어나기 때문에 주당순이익 = 기업의 당기순이익 / 총 발행 주식수 이 줄어드는 경향이 있다. 기업이 필요한 자금을 확보하는 데 가장 선호하는 방법 중 하나는 자본금 조달, 즉 유상증자다. 주식을 발행해 이를 수요자들에게 팔면서 일정한 가격을 받는 유상증자는 단순히 돈을 빌리는 대출이나 채권과 달리 원금과 이자상환의 부담이 없다는 장점이 있다. 또한 자본금은 회사의 안정성을 담보하는 지표이기 때문에 증자는 기업신용도를 제고하는 효과도 가져온다 기업의 건전성을 살피는 주요 지표 중에 부채비율이 있는데 이는 자본금과 기업의 채무를 비교한 수치로 통상 200%이내이면 우량기업으로 평가된다.

반면, 무상증자는 새로 발행한 주식을 주주들에게 무상 지급하는 방식으로 자본의 구성과 발행 주식수만 변경하는 형식적 증자다. 무상증자를 이해하기 위해선 회계상 기업의 자산을 이해해야 한다. 자산은 크게 자본자기자본 과 부채타인자본 로 나뉜다. 이 중 자기자본은 다시 자본금과 잉여금으로 구성된다. 결국, 무상증자란 잉여금에 담긴 돈을 자본금으로 옮기는 일이다. 잉여금에 담긴 돈을 일부 꺼내 그만큼 주식을 발행한 뒤 기존 주주들이 가진 지분에 비례해 주식을 나눠주면 잉여금은 줄어들고 자본금은 늘어난다. 당연히 자기자본의 총액은 변함이 없다. 유상증자처럼 외부의 돈을 끌어와 자본금을 불리는 것이 아니기 때문이다.

감자는 주식회사가 자본금을 줄이는 것이다. 자산에서 부채요인을 빼서 순수자산가치를 산정한 뒤 바로 그만큼만 자본으로 인정하는 것이다. 예를 들어, 순수자산가치가 자기자본의 절반밖에 안 되면 그만큼 자본을 줄여 기업의 거품을 빼는 것이다. 즉, 무상감자를 실시하는 가장 대표적인 이유는 회계상의 '재무건전성'을 높이기 위해서다.

예를 들어, 자본금이 100억 원인 회사의 잉여금이 −50억 원이 되었다고 가정해보자. 50%의 자본잠식이 발생해서 관리종목으로 지정될 위험에 처해졌다. 이 경우, 무상감자를 통해서 자본금 100억 중 50억을 잉여금 쪽으로 이동하면 자본금은 50억 원, 잉여금은 0원이 되어 자본잠식 상태에서 벗어나게 된다. 사실, 회계상의 재무건전성이 높아진다 뿐이지 실제 회사상태가 좋아지는 것은 아니다. 단지 회계상으로 돈의 계정과목만 변하게 되는 것이다. 그리고 줄어든 자본이 주주에게 지급되는 것은 아니기 때문에 '무상'이 되는 것이다. 그래서 무상감자를 형식적 감자라고 한다. 무상감자는 기업에서 감자를 할 때, 주주들이 아무런 보상을 받지 못하고 정해진 감자 비율만큼 주식수를 잃게 된다.

반면, 유상감자는 기업에서 감자를 할 때 주주들에게 보유한 주식가액의 일부를 환급하는 방식으로 보상하는 것을 말한다. 회사규모에 비해 자본금이 과잉이라 판단될 경우, 자본금 규모를 적정화해 기업의 가치를 제고하고 주가를 높이기 위해 사용된다. 감자를 통해 주식수가 줄어듦으로써 유통물량 부족으로 인한 주가 상승효과도 노릴 수 있다. 유상감자는 실질적으로 자산규모가 줄어들어 실질적 감자라고 하며, 무상감자는 자본금은 감소하지만, 자산은 변하지 않는다는 점에서 형식적 **또는 명목상** 감자라고 한다.

그린메일

경영권을 담보로 보유주식을 시가보다 비싸게 되파는 행위를 말한다. 경영권이 취약한 대주주에게 보유주식을 높은 가격에 팔아 프리미엄을 챙기는 투자자를 그린메일러green mailer 라 하고, 이때 보유주식을 팔기 위한 목적으로 대주주에게 편지를 보내는데 달러가 초록색이어서 그린메일이라는 이름이 붙여졌다.

그린메일러들은 대부분 기업사냥꾼이다. 이들은 자산가치가 높거나 첨단기술을 보유하고 있으면서 대주주의 지분이 낮은 기업을 대상으로 활동을 한다. 상장기업의 주식을 대량 매입한 뒤 경영진을 위협하여 적대적인 인수합병을 포기하는 대가로 자신들이 확보한 주식을 시가보다 높은 값에 되사도록 강요한다. 만약 요구에 불응하면 경영권을 탈취하기도 한다. 그러나 간혹 대주주에게 협박하면서 주식을 매입하라고 강요하는 경우가 있는데 이런 경우는 블랙메일 해당한다.

문제점은 경영권 위협을 가해오는 그린 메일러에게 막대한 이익을 안겨주면 그 기업의 재무구조는 취약해지고 인수가능성도 줄어들어 주가 역시 떨어지게 된다. 때로는 이런 상황을 이용하여 기업의 주식을 헐값에 구입하는 제2, 3의 그린 메일러가 속출할 수 있다는 것이다.

규제방안에는 매집 과정에 관한 불법성 조사, 매입주체에 대한 단기매매차익 환수 또는 과세, 기업 측의 정관을 통한 반그린메일 조항 마련 등이 있다. 국내에서는 현행법의 한계로 기업 스스로 정관이나 내부 규정에 반그린메일 조항을 마련하는 방안이 가장 효과적이다. 미국은 그린메일러가 특정사의 주식을 매입하여 회사 측에 매입을 요구하였을 때 이에 대응할 수 있도록 반그린메일 조항을 두고 있다.

사이드카와 서킷 브레이커

사이드카는 선물시장의 급등락이 현물시장에 과도하게 파급되는 것을 방지하기 위한 일종의 안전장치다 **선물시장은 정해진 날짜에 매매 약정을 맺는 거래가 이루어지는 시장을 말하고 현물시장은 개인 또는 기업에서 시중은행이나 거래사이트 등을 통해 실시간으로 거래가 이뤄지는 시장이다**. 선물가격이 급등하여 사이드카가 발동하면 프로그램 매수주문이 중지되고, 선물가격이 너무 내려가 사이드카가 발동하면, 프로그램 매도주문이 중지된다. 선물가격이 전날 종가보다 5%코스피 ~ 6%코스닥 이상 급등락하는 상태가 1분 간 지속되는 경우에 발동되며, 일단 발동이 되면 그 시점부터 프로그램 매매효과의 효력이 5분간 정지된다. 5분이 지나면 자동적으로 사이드카는 해제되고 다시 정상적으로 매매체결이 이뤄진다. 장 종료 40분 전인 오후 2시 20분 이후에는 발동될 수 없고 발동 횟수도 1일 1회로 제한된다.

서킷 브레이커는 과열된 회로를 차단한다는 그 의미처럼 주식시장에서 주가가 급등락하는 경우 시장에 미치는 충격을 완화하기 위해 주식매매를 일시 정지하는 장치다. 주식거래 일시 중단제도라고도 한다. 지수가 전날 종가보다 10% 이상 하락한 상태로 1분 간 지속되면 서킷 브레이커가 발동되며, 모든 종목의 거래가 20분 간 중단된다. 서킷 브레이커가 발동되면, 30분 후에 매매가 재개되는데 처음 20분 동안은 모든 종목의 호가접수 및 매매거래가 중단되고, 나머지 10분 동안은 새로 호가를 접수하여 단일가격으로 처리한다. 서킷 브레이커는 하루 한 번만 발동될 수 있으며, 주식시장 개장 5분 후부터 장이 끝나기 40분 전인 오후 2시 20분까지 발동될 수 있다. 한 번 발동한 후에는 요건이 충족되어도 재발동이 불가하다.

　사이드카는 선물이 현물에 영향을 미치기 전에 차단하는 예방적 성격이 강하고, 서킷브레이커는 증시 급등락에 대응하기 위한 사후처방에 가깝다. 서킷브레이커는 일단 발동되면 모든 거래가 중단되기 때문에, 매매주문 중 프로그램 매매에만 영향을 미치는 사이드카보다 범위가 넓다. 또한 서킷브레이커는 선물과 현물에 모두 적용되지만, 사이드카는 선물에만 적용된다. 결국 서킷브레이커는 증시 안정을 위한 '최후의 수단'인 셈이다.

채권

정부, 공공기관, 특수법인과 주식회사 형태를 갖춘 사적기업이 일반 대중 투자자들에게서 장기자금을 일시에 조달하기 위해 발행하는 일종의 차용증서다. 개인이 누군가의 자금을 빌리려면 얼마를 빌리고, 언제까지 어떻게 갚겠다는 약속을 해야 한다. 이러한 약속을 증명하는 것을 차용증서라고 한다. 명시된 발행자는 채무자를 뜻하며 액면가는 빌린 원금을 말한다. 금리는 대체로 은행의 예금금리보다 높다.

채권의 종류

구분	발행기관	내용	종류
국채	국가	국채는 중앙정부가 공공목적에 필요한 자금을 조달하기 위해 발행하는 채권이다. 국고채권이 국채의 대부분을 차지한다.	국고채, 국민주택채권, 외국환 평형기금채권
지방채	지방자치단체	지방자치단체가 재정자금을 조달하기 위해 발행하는 채권으로 지방 개발 사업에 필요한 경비를 조달하기 위해 발행된다.	상수도공채(서울특별시에서 발행),지역개발공채(각 지방자치단체에서 발행)
특수채	예금보험공사, 한전	예금보험공사나 한전처럼 특별법에 의해 설립된 법인이 발행하는 채권이다.	토지개발채권(한국토지공사가 발행), 한국전력공사채권(한국전력이 발행)
금융채	금융기관	은행, 여신금융전문회사 등 금융기관이 자금을 조달하기 위해 발행하는 채권이다. 한국은행이 발행하는 통화안정증권이 대표적이다.	금융채(일반은행이 발행), 산업금융채권(산업은행이 발행), 중소기업금융채권(기업은행이 발행)
회사채	일반주식회사	일반 주식회사가 자금을 조달하기 위해 발행하는 채권으로 사채라고도 하며, 대부분 국채보다 금리가 높다.	보증사채, 무보증사채, 전환사채, 신주인수권부사채, 교환사채, 이익참가사채

개인워크아웃과 프리워크아웃

과중한 채무로 고통을 받고 있는 채무자의 경제적 회생을 지원하는 제도를 채무자 구제제도라고 한다. 채무자 구제제도에는 신용회복위원회 **사적 구제제도**에서 지원하는 개인워크아웃제도와 프리워크아웃제도, 그리고 법원**공적 구제제도**에 의해 운영되는 개인회생과 개인파산이 있다.

개인워크아웃제도는 과중 채무자를 대상으로 채무감면, 분할상환, 변제기 유예 등 채무조정을 지원하는 제도이다. 원금분할 상환방식으로 원금상환이 완료되면 이행이 종료된다. 원칙적으로 원금은 감면되지 않으나 상각채권**채무자의 상환능력이 없거나 회수할 수 없는 채권으로 분류**의 경우 최대 50%, 사회 소외계층은 60~70% 감면할 수 있다. 지원 대상은 연체기간이 90일 이상 경과되고, 총채무액이 15억 원**담보채무 10억 원, 무담보 채무 5억 원** 이하인 자이다. 사적 조정제도이기 때문에 비교적 신속한 결정**동의율 98%**이 이루어지며, 신청 다음 날부터 채권금융회사의 추심, 법적 절차 등이 중단된다.

프리워크아웃제도는 과중채무자를 대상으로 연체이자 전액감면, 이자율 인하, 상환기간 연장을 통해 금융채무 불이행자로 전락하지 않도록 지원하는 제도다. 원리금**원금+이자** 분할 상환방식으로 원리금 상환이 완료되면 이행이 종료된다. 지원대상은 연체기간이 90일 이내**신청기준 연체일수가 31일~89일까지는 소득과 관계없이 신청 가능, 신청기준 연체일수가 31일이 되지 않으나 최근 1년 동안 반복된 연체 누적일수가 31일을 넘는 경우 연소득 4천만 원 이하인 경우에만 신청 가능**이고 총채무액이 15억 원**담보채무 10억 원, 무담보채무 5억 원** 이하인 자이다. 사적 조정제도이기 때문에 비교적 신속한 결정 동의율 98% 이 이루어지며, 신청 다음날부터 채권금융회사의 추심, 법적 절차 등이 중단된다.

개인회생과 개인파산

개인회생제도는 재정적 어려움으로 파탄에 직면하고 있는 개인채무자를 장래 또는 지속적으로 수입을 얻을 가능성이 있는지 등 이해관계인의 법률관계를 조정함으로써 채무자의 효율적 회생과 채권자의 이익을 도모하기 위해 마련된 제도다. 총채무액이 무담보채무는 10억 원, 담보부채무의 경우에는 15억 원 이하인 개인채무자로서 장래 계속적으로 또는 반복하여 수입을 얻을 가능성이 있는 자가 3년 또는 5년간 일정한 금액을 갚으면 나머지 채무에 대하여 면제를 받을 수 있다. 개인회생절차를 이용할 수 있는 채무자는 일정한 수입이 있는 '급여소득자'와 '영업소득자'로서 현재 과다한 채무로 인하여 지급불능의 상태에 빠져 있거나 지급불능의 상태가 발생할 염려가 있는 개인만이 신청할 수 있다.

개인파산제도는 모든 채권자가 평등하게 채권을 변제받도록 보장함과 동시에, 면책절차를 통해 채무자에게 남아 있는 채무에 관해 변제 책임을 면제하여 경제적으로 재기 및 갱생할 기회를 부여하는 제도이다. 파산 및 면책은 자신의 채무를 정상적인 방법으로 갚기가 어렵거나, 다른 채무조정방법 프리워크아웃, 개인워크아웃, 개인회생 등 에 따라 일부 변제가 가능하지 않은 경우 신청할 수 있다. 신용불량자가 아니라도 신청할 수 있다. 파산 및 면책 신청부터 면책여부의 결정까지는 통상적으로 약 5~6개월이 소요되는데, 처리기간은 파산선고 전 심문 여부, 재판부의 사정 등에 따라 늘어나거나 줄어들 수 있다.

파산선고가 내려지면 채무자는 파산자가 되고 파산자는 공사법상의 제한, 경제활동의 제한 같은 불이익이 있다. 파산선고결정이 확정되면 신원증명서에 신원증명사항의 하나로 기재되어 **가족관계등록부에 등재되지 않음** 각종 금융거래와 취직 등에 있어서 불이익을 받을 수 있다. 그러나 전부면책결정이 확정되면 위와 같은 불이익은 모두 소멸하고, 파산선고를 받은 사실이 신원증명사항에서 삭제된다. 한편, 채무자가 파산선고를 받았다고 하더라도, 채권자는 자신의 채권을 행사하는데 아무런 제약을 받지 않는다. 채권자는 소송을 제기하거나 변제를 독촉할 수 있으며, 채무자의 재산에 대한 가압류, 압류, 경매 등 집행행위도 아무런 제약 없이 행할 수 있다. 채무자는 파산선고를 받은 후 진행되는 면책절차에서 면책결정까지 받아야 비로소 채무로부터 해방될 수 있다.

파생금융상품

전통적인 금융상품을 기초자산으로 하여 기초자산의 가치변동에 따라 가격이 결정되는 금융상품을 말한다. 즉, 환율, 금리, 주가의 변동으로 인해 발생될 우려가 있는 손실의 위험을 회피하거나 위험을 최소화하고 수익을 낼 수 있도록 거래자가 요구하는 조건에 맞게 각종 금융상품을 결합시켜 완성한 것이다. 그 가치가 기초자산의 가치 변동으로부터 파생되어 결정되기 때문에 '파생상품'이란 이름이 붙여진 것이다.

파생상금융상품을 통해 기초금융자산의 가치가 달라짐에 따른 리스크를 회피할 수 있게 된다. 하지만 파생금융상품의 거래에는 위험을 회피하려는 투자자뿐만 아니라 이러한 위험을 사들임으로써 이익을 얻으려는 투기자도 참여하게 된다.

우리나라는 1996년 한국증권거래소에서 주가지수를 이용한 KOSPI 200 선물과 KOSPI 200 옵션을 상장하여 파생상품 거래가 처음 시작되었다. 파생금융상품은 거래소를 통해 거래하는 장내파생 상품과 당사자 간의 계약인 장외파생 상품으로 구분된다. 장내파생 상품은 거래소가 계약 이행을 보장하지만 장외파생 상품은 신용도에 의존하기 때문에 거래상대방 위험 거래상대방의 계약의무 불이행에 따른 위험 이 다소 높다. 장외 파생금융상품시장에서는 선물, 스와프, 옵션, 선도금리계약 등이 거래되고 있다.

파생금융상품의 종류

장내파생 상품	장외파생 상품
선물거래, 장내옵션	선도거래, 장외옵션, 스와프

선물Future 은 공인된 거래소에서 표준화된 상품의 매매계약을 체결하고 일정 기간이 경과한 후 이루어지는 거래를 말한다. 선도 Forward 는 표준화되지 않은 상품을 거래당사자 간에 직접 거래하며 구체적인 계약조건은 당사자 간 협상으로 이루어진다. 옵션Option 은 특정한 자산을 추후 가격변동에 상관없이 미리 정해진 계약조건에 의해 사고콜옵션 팔풋옵션 수 있는 권리를 말한다. 스와프Swap 는 두 당사자가 가지고 있는 미래의 서로 다른 자금 흐름을 일정 기간 동안 서로 교환하기로 한 계약을 말한다.

여기에는 금리 스와프와 통화 스와프가 있다. 금리 스와프는 금리변동 위험 헤지 및 차입비용 절감을 위해 원금 교환 없이 이자지급을 교환하는 것을 말한다. 변동금리와 고정금리의 교환이 대표적이다. 고정금리를 지급하고 변동금리를 수취하는 거래를 IRS Pay라고 하며, 고정금리를 수취하고 변동금리를 지급하는 거래를 IRS Receive라고 한다. 통화 스와프는 장외파생 상품의 일종으로 거래당사자끼리 서도 다른 통화를 교환하고 이자를 주고받으며, 만기 이후 원금을 재교환하기로 약정하는 거래다. 기업과 국가 모두 환율과 금리변동 리스크 방지와 외화 유동성 확충을 위해 사용한다.

옵션

옵션이란 파생상품의 하나로, 특정한 자산을 미리 정해진 계약조건에 의해 사고**콜옵션** 팔**풋옵션** 수 있는 권리를 말한다. 투자자는 주가의 등락을 예측하여 상승 또는 하락에 투자를 하며 옵션을 매수한 날을 기준으로 옵션 만기일에 주가의 위치에 따른 차익을 얻는 것이다.

다음의 예시를 보자.

5개월 뒤에 사과 가격의 변동이 예상되며, 사과는 2,000원이 될 수도 있고 1,000원이 될 수도 있다. 지금 현재 콜옵션 매수자는 5개월 뒤의 사과 가격변동에 상관없이 사과를 1,500원에 매수하고자 한다. 콜옵션 매수자가 5개월 뒤 1,500원에 사과를 매수하기 위해선 1,500원에 사과를 팔 콜옵션 매도자가 필요하다. 콜옵션 매수자는 5개월 뒤에 현재 사과값인 1,500원에 구매할 수 있는 권리를 콜옵션 매도자에게 프리미엄 100원을 주고 거래를 제안하며 이 제안이 성사된다면, 콜옵션 매수자는 5개월 뒤에 사과값이 얼마가 되든 1,500원에 구매할 수 있는 권리를 100원의 프리미엄으로 구입하게 되는 것이다.

5개월 뒤 사과값이 2,000원이 되었다고 할 때, 옵션 매수자는 500원이 차익을 얻고, 프리미엄으로 지불한 100원을 차감한 총 400원의 수익을 얻게 되는 것이다. 반대로 사과가 5개월 뒤에 1,000원이 되었다고 해보자. 콜옵션 매수자는 사과를 1,500원에 매수할 권리를 가지고 있지만 1,000원짜리 사과를 1,500이나 주고 살 필요가 없으므로 처음에 지불한 프리미엄 100원을 포기하면, 손해는 100원에 그치게 된다.

풋옵션은 콜옵션과 반대로 옵션 만기일에 특정 상품을 정해진 가격으로 판매할 수 있는 권리를 말한다. 이전의 예시와 동일하게 1,500원 하는 사과가 있고 풋옵션 매수자는 5개월 뒤에 사과값이 어떻든 1,500원에 팔고 싶어한다. 그래서 풋옵션 매도자에게 100원의 프리미엄 가격을 주고 사과를 팔 권리를 구매한다. 그리고 5개월이 지나 사과값이 2,000원이 되었다고 하면, 풋옵션 매수자는 사과를 1,500원에 팔 권리를 가지고 있기 때문에, 결국 손해다. 이때는 팔 권리를 포기하고 프리미엄 값 100원만 손해 보면 된다. 반대로 사과값이 1,000원으로 하락했다고 하면, 풋옵션 매수자는 사과를 1,500원에 팔 권리를 가지고 있기 때문에 차익500원에서 프리미엄 값 100원을 차감한 400원의 수익을 보게 되는 것이다.

위의 설명을 다시 3가지로 정리하면 다음과 같다.

첫째, 옵션 매수자는 콜과 풋의 구분 없이 선택권이 있기 때문에, 자신에게 유리한 경우에만 행사하고 불리하면 포기하는 것이 가능하다.

둘째, 옵션 매도자는 매수자로부터 프리미엄을 받았기 때문에 권리를 행사할 시 반드시 응해야 할 의무를 갖는다.

셋째, 옵션의 매수자가 권리를 행사하지 않을 경우 매도자는 프리미엄이 이익이 되지만, 권리를 행사하는 경우에는 손실을 지게 된다.

경제
60

펀드

펀드란 투자전문기관이 일반인 투자자들에게서 돈을 모아 그들을 대신해 주식, 채권, 부동산 등 자산에 투자하고 여기서 올린 수익을 다시 투자자에게 나눠주는 상품을 말한다. 전문가가 대신 운용하므로 일반 투자자는 시간과 노력을 절약할 수 있고, 소액의 자금으로 분산투자가 가능하기 때문에 위험을 줄일 수 있는 장점이 있다. 그러나 수수료 등으로 인해 직접 투자에 비해 거래비용이 크고, 다른 사람이 자금을 대신 운용·투자 함으로 인해 발생하는 위험은 투자자가 부담해야 한다.

♦ 펀드의 종류

- **공모 펀드** : 공개적으로 불특정 다수 투자자의 자금을 모으는 펀드다. 펀드 규모의 10% 이상을 한 주식에 투자할 수 없고, 유가증권에도 한 종목에 10% 이상 투자할 수 없으며, 투자자를 보호하기 위해 엄격한 규제가 적용된다는 특징이 있다.

- **사모 펀드** : 소수의 투자자의 자금을 모아 주식, 채권 등에 운용하는 펀드다. 공모펀드와 달리 운용 대상에 제한 없이 자유로운 운용이 가능하며 이익이 발생할 만한 곳이면 어떠한 투자 대상이든 투자할 수 있다.

- **헤지 펀드** : 소수의 거액 투자자들에 의해 투기적으로 운영되는 펀드다. 헤지 란 위험을 회피한다는 의미지만 투자에 있어 규제를 받지 않고 고수익을 노리는 만큼 투기성을 지닌다.

- **뮤추얼 펀드** : 투자자들의 자금을 모아 하나의 페이퍼 컴퍼니 물리적으로 실존하지 않으며 서류상, 법적으로 자격을 갖춘 회사 를 설립하여 주식이나 채권파생 상품 등에 투자한 후 그 운용 수익을 투자자들에게 해당 형태로 돌려주는 펀드다.

- **인덱스펀드** : 증권시장의 장기적 성장추세를 전제로 주가지표의 움직임에 연동되게 포트폴리오를 구성하여 운용함으로써 시장의 평균 수익을 실현하는 것을 목표로 하는 포트폴리오 운용기법이다. 최소의 인원과 비용으로 투자위험을 효율적으로 감소시키기 위하여 가능한 한 적은 종목으로도 주가지표의 움직임을 근접하게 추적할 수 있는 포트폴리오를 구성하는 것이 자산운용의 핵심이다. 일반 펀드에 비해 거래 수수료나 비용이 적게 드는 편이지만 시장이 침체될 경우 펀드 수익률도 동반하락한다는 단점이 있다.
- **벌처펀드** : 파산한 기업이나 부실기업의 채권을 저가에 인수하여 경영을 정상화 시킨 후 고가에 되팔아 단기간 차익을 내는 회사 또는 그 자금을 말한다.
- **메자닌펀드** : 메자닌은 건물 1층과 2층 사이의 라운지 공간을 의미하는 이탈리아어로 채권과 주식의 중간위험단계에 있는 상품에 투자하는 펀드를 말한다.
- **모태 펀드** : 직접 주식이나 채권에 투자하는 게 아니라, 주식이나 채권 등에 투자하는 펀드에 재투자하는 펀드로, 여러 펀드에 분산투자해 위험을 최소화하며 수익을 추구한다.
- **하이일드펀드** : 수익률은 매우 높지만, 신용도가 취약한 고수익, 고위험 채권에 투자하는 펀드를 말한다.
- **엄브렐러펀드** : 하나의 펀드 아래 서로 다른 여러 개의 하위 펀드가 모여 구성된 상품이다.
- **상장지수 펀드** : 일명 ETF라고 하며 거래는 주식처럼 하지만 성과는 펀드와 같은 효과를 얻는다. 주식처럼 거래가 가능한 펀드로 특정 주가지수의 수익률을 따라가는 지수연동형 펀드를 구성한 뒤 이를 거래소에 상장하여 개별 주식처럼 매매한다.

모기지론

부동산을 담보로 주택저당증권을 발행하여 장기주택자금을 대출해주는 제도를 모기지론mortgageoan 이라 한다. 쉽게 말해, 집을 구매할때 해당 주택을 담보로 잡고 주택구입자금을 빌려주는 제도라고 할수 있다.

주택자금 수요자가 은행을 비롯한 금융기관에서 장기로 저금리자금을 빌리면 은행은 주택을 담보로 주택저당증권을 발행하여 이를 중개기관에 팔아 대출자금을 회수한다. 중개기관은 주택저당증권을 다시 투자자에게 판매하고 그 대금을 금융기관에 지급하게 된다. 만기가 될 때까지 자금이 묶이는 일반대출과는 달리 대출할 때 취득한 저당권을 담보로 하는 증권을 발행 및 유통시켜 또 다른 대출자금을 마련할 수 있는 특징이 있다. 은행 입장에선 추가대출재원을 마련하여 대출을 확대할 수 있고, 이용자는 적은 금액으로 집을 마련할 수있다는 메리트가 있다. 일반적으로 주택금융공사에서 취급하는 모기지론은 구입한 주택을 담보로 제공하고 대출금을 차입자 소득에 근거하여 장기간에 걸쳐 상환해나가는 선진국형 주택담보대출 상품이며주로 만기가 최장 30년이다.

주택금융기관이 주택구입자에게 구입주택**부동산**을 담보로 대출한후 이 대출채권을 근거로 증권을 발행하는 전 과정을 통틀어 모기지시장이라고한다. 여기서 이 시장은 대출이 일어나는 1차 시장**발행시장**과 이를 근거로 채권이 발행되어 유통되는 2차 시장**유통시장**으로 분류할 수 있다. 한편 역모기지론reverse mortgage 이라는 것이 있는데, 집을 살 때 해당 주택을 담보로 잡고 주택구입자금을 빌려주는 제도가 모기지론이라면, 역모기지론은 이미 집을 가진 사람에게 이를 담보로 생활자금을 빌려주는 제도다.